KB200665

하용조 강해서 전집 21

로마서 1

로마서의 축복

(1-8장)

하용조 강해서 전집 21

로마서 1
로마서의 축복(1-8장)

지은이 | 하용조
초판 발행 | 2002. 6. 30
개정판 발행 | 2021. 7. 21
등록번호 | 제1988-000080호
등록된 곳 | 서울특별시 용산구 서빙고로 65길 38
발행처 | 사단법인 두란노서원
영업부 | 2078-3352   FAX | 080-749-3705
출판부 | 2078-3331

책값은 뒤표지에 있습니다.
ISBN 978-89-531-3499-7 04230

독자의 의견을 기다립니다.
tpress@duranno.com   www.duranno.com

두란노서원은 바울 사도가 3차 전도여행 때 에베소에서 성령 받은 제자들을 따로 세워 하나님의 말씀으로 양육하던 장소입니다. 사도행전 19장 8-20절의 정신에 따라 첫째 목회자를 돕는 사역과 평신도를 훈련시키는 사역, 둘째 세계선교(TIM)와 문서선교(단행본·잡지) 사역, 셋째 예수문화 및 경배와 찬양 사역, 그리고 가정·상담 사역 등을 감당하고 있습니다. 1980년 12월 22일에 창립된 두란노서원은 주님 오실 때까지 이 사역들을 계속할 것입니다.

하용조 강해서 전집 21

로마서 1
로마서의 축복
(1-8장)

두란노

능력과 축복의 복음

로마서를 강해하는 2년 동안 온누리교회와 저는, 한동대학교를 돕는다는 이유로 한동대학교 설립을 막으려는 이해 집단으로부터 집요한 공격을 받았던 적이 있습니다. 가장 힘들고 어렵고 고통스러운 시간에 주일마다 강단에서 로마서를 선포했고, 로마서는 그때마다 우리에게 힘이 되었고 흔들리지 않는 믿음을 주었습니다.

역시 로마서는 능력이고 축복입니다. 로마서 8장을 공부할 때쯤부터는 고난이 사라지기 시작했고, 결국 주님은 우리로 하여금 승리의 개선가를 부르게 해 주셨습니다.

생각하건대 현재의 고난은 장차 우리에게 나타날 영광과 비교할 수 없도다(롬 8:18).

우리가 알거니와 하나님을 사랑하는 자 곧 그의 뜻대로 부르심을 입은 자들에게는 모든 것이 합력하여 선을 이루느니라(롬 8:28).

너희 몸을 하나님이 기뻐하시는 거룩한 산 제물로 드리라(롬 12:1).

악에게 지지 말고 선으로 악을 이기라(롬 12:21).

특별히 이 네 말씀은 우리에게 매우 실감나는 말씀이었습니다. 그때의 로마서 설교들을 두 권의 책으로 묶어 출간하였습니다. 1권은 1장부터 8장까지의 구원의 감격을 다룬 내용으로 "로마서의 축복"이라고 제목을 정했습니다. 2권은 9장부터 16장까지의 이스라엘에 대한 비전과 구원받은 자의 삶을 다룬 내용으로 "로마서의 비전"이라고 정했습니다.

로마서는 환난 중에 가장 큰 위로와 용기와 믿음을 주는 책입니다. 그것은 믿음으로 구원받게 된 사실에 대한 감격의 책이요, 선교에 대해 눈을 뜨게 하는 비전의 책이요, 그리스도인의 참된 삶에 대한 도전의 책입니다.

이 책을 온누리교회 모든 성도님과 두란노의 형제 자매님들과 한동대학교 식구들에게 드리고 싶습니다. 특히 뒤에서 묵묵히 기도하는 아내와 성석, 성지와 함께 기쁨을 나누고 싶습니다.

차례

2부

믿음과 의

로마서 3:1-5:21

4부

생명과 성령의 법

로마서 8:1-39

1부

복음의 능력

로마서 1:1-2:29

복음의 기원은 하나님입니다. 따라서 복음은 하나님께 속한 것이며,
하나님이 우리에게 주신 기쁜 소식입니다.
복음의 능력은 땅의 능력이 아니요 하늘의 능력입니다.
사람의 능력이 아니라 하나님의 능력입니다.
외적인 능력이 아니라 내적인 능력입니다.
한마디로 구원을 얻게 하는 능력입니다.
믿는 자에게 구원을 주시는 하나님의 능력인 것입니다.

1

부름 받은 삶

로마서 1:1

우리가 잘 알다시피 로마서는 16장밖에 되지 않는 짧은 책이지만, 신구약을 합쳐 가장 사랑받는 책이 아닌가 생각합니다. 로마서가 재해석되고 재발견될 때마다 역사가 뒤집어지는 일이 일어났습니다. 중세가 변한 것도 로마서 때문이었습니다. 세계의 교회가 자유주의 신학으로 어려움을 겪고 있을 때 그 자유주의 신앙에서, 또 인본주의 신앙에서 건져 낸 것도 로마서라는 이 작은 책이었습니다.

로마서를 쓴 이유

로마서를 읽어 보면 크게 세 가지 동기로 집필된 것을 알 수 있습니다. 첫 번째 동기는 구원의 동기입니다. 그래서 로마서를 읽으면 우리의 구원에, 신앙에, 일대 혁신이 일어납니다. 우리는 우리 자신이 예수 그리스도를 누구보다도 잘 믿어 왔다고 생각합니다. 그러나 로마서를 다시 읽으면 우리 신앙의 허점들을 발견하게 됩니다. 우리 신앙의 과장된 부분, 왜곡된 부분, 편중된 부분들이 전부 드러나서 수술을 하지 않으면 안 되게 됩니다. 그래서 로마서를 읽으면 헬라인이나 야만인이나 지혜 있는 자나 어리석은 자에게 구원을 주시는 하나님의 능력을 체험하게 되는 것입니다. 구원은 '믿음으로 의롭게 된다'는 선언입니다.

두 번째, 바울은 선교적인 동기로 썼습니다. 지금까지 우리는 구원이 이방인들의 세계를 주무대로 하여 이루어져 왔다고 생각했습니다. 그러나 로마서 9장부터 11장까지의 내용을 자세히 살펴보면, 구원은 이스라엘을 통해서 왔습니다. 이스라엘을 통해서 하나님의 백성이 만들어졌고 이스라엘을 통해서 메시아가 오게 된 것입니다. 그러나 유감스럽게도 이스라엘 백성은 메시아를 거부하고 복음을 거부합니다. 따라서 복음은 할 수 없이 이방인들의 세계로 들어갑니다. 이스라엘이 복음을 배척한 결과, 온 이방 세계에 복음이 전파된 것입니다. 그렇다고 해서 하나님이 이스라엘을 버리신 것은 아닙니다. 복음을 이방인들에게 전하기 위하여 이스라엘로 하여금 복음을 거부하게 하셨고, 모든 이방인이 예수님을 믿게 되면 그 복음은 다시 이스라엘로 돌아오게 될 것입니다. 따라서 진정한 구원의 완성은 이방인의 구원과 이스라엘의 구원, 이 둘이 이루어짐으로써 가능하다는 것을 로마서는 말하고 있습니다.

마지막으로 로마서는 진정한 그리스도인의 삶이 무엇인가를 제시하기 위해 쓰였습니다. 로마서 12장부터 16장까지 그런 내용을 말하고 있습니다. 많은 사람들이 자기 나름대로 다 예수님을 잘 믿는다고 생각하고 있습니다. 그러나 로마서는 정말 잘 믿는다는 것이 무엇이고, 구원받은 자는 어떻게 살아야 하는지에 대해 두 가지 문제를 제시하고 있습니다.

첫째는 네 몸을 하나님이 기뻐하시는 산 제물로 드리면 진정한 그리스도인의 삶, 즉 산 제사가 이루어진다는 것입니다. 제물이 없는 제사는 존재하지 않습니다. 만약 예수님이 십자가에 못 박혀 돌아가시는 사건 없이 구원을 말했다면, 그 구원은 우리에게 설득력이 없었을 것입니다. 예수님 자신이 제물이 되셨기 때문에 그 구원이 십자가의 고난을 통한 부활로 말미암아 우리에게 이루어진 것입니다. 마찬가지입니다. 육체적 헌신 없이 진정한 그리스도인의 삶은 존재할 수 없습니다.

또 하나, 그리스도인의 삶은 하나님의 선하시고 기뻐하시고 온전하신 뜻이 무엇인지 깨닫고 사는 삶이라는 것입니다. 로마서는 이 엄청난 두 가지 사실을 우리에게 제시하고 있습니다.

로마서를 공부하기 전에 우리가 알아야 할 중요한 사실이 있습니다. 그것은 바로 사도행전의 심정을 가지고 로마서를 읽어야 하는 것입니다. 로마서만을 따로 떼어 신학적으로 공부하듯이, 지식을 습득하기 위해 읽어서는 안 됩니다. 왜냐하면 로마서는 사도행전에서 태어난 것이기 때문입니다. 사도 바울은 1, 2차 전도여행을 마치고 3차 전도여행을 끝낼 무렵 고린도에 갑니다. 고린도에 머문 약 3개월 동안 로마서를 씁니다. 그때 사도 바울의 몸과 마음과 생각은 온통 선교로 가득 차 있었습니다. 그런 사도행전적인 간절한 심정으로 로마에 있는 그리스도인들에게 편지를 썼습니다.

따라서 사도 바울의 그 영적 능력과 심정을 갖지 않고서는 로마서를 올바로 알 수 없습니다.

예수 그리스도의 종, 바울

바울은 자기의 세 가지 정체성을 소개하는데, 이 소개를 통해 우리도 세 가지 사실을 배우게 됩니다.

> 예수 그리스도의 종 바울은 사도로 부르심을 받아 하나님의 복음을 위하여 택정함을 입었으니(롬 1:1).

첫째, '예수 그리스도의 종'이라고 소개하고 있습니다. 자기 자신을 예수 그리스도의 종이라고 서슴없이 말하고 있습니다. 여러분은 '나는 무엇인가? 어디서 와서 무엇을 하다가 어디로 가는가?'라는 질문에 대답할 수 있겠습니까? 세상의 수많은 책들이 이 문제를 다루고 있지만 대답을 제대로 한 사람은 많지 않습니다.

여러분, 인간은 자기를 만드신 분을 만나기 전까지는 자신의 존재를 이해하지 못합니다. 절대로 인간은 스스로 자기 인생을 깨달을 수가 없습니다. 바울은 다메섹 도상에서 예수님을 만난 후 인생이 완전히 달라집니다. 그는 "나는 그리스도의 종이다"라고 선언합니다.

여기서 '종'이란 '노예'라는 말입니다. 노예란 무엇입니까? 자기 인생이 없는 사람입니다. 자기 의지가 없는 사람입니다. 자기주장이 없는, 어떻게 보면 인간의 모든 권리를 다 빼앗겨 버린 그런 사람들을 '노예'라고 하는 것입니다. 사람들은 노예가 되는 것을 싫어합니다. 하나님도 노예 된 이스라엘 백성을 애굽에서 건지셨으며, 또 바벨론에서 70년 동안 종으로 포로 생활을 하던 이들을 구원해 주셨습니다. 또한 하나님은 사람들이 마귀에게 종노릇하는 것을 보시고 예수 그리스도를 보내서 십자가에 달려 죽게 하심으로써 마귀로부터 인간을 끄집어내 하나님의 자녀로 삼으시고 종살이를 종식시키셨습니다.

바울은 "그리스도께서 우리를 자유롭게 하려고 자유를 주셨으니 그러므로 굳건하게 서서 다시는 종의 멍에를 메지 말라"(갈 5:1)고 말했습니다. 그런데 본문 말씀을 보면 바울 스스로 "그리스도의 종이다"라고 말한 것입니다. 이것은 엄청난 선언이며, 충격적인 자기이해입니다. 이렇게 말할 수 있는 사람은 바울처럼 살 수 있을 것입니다. 그러나 아무리 큰 은혜를 입어도, 은혜를 갚겠다고 말하지 종이 되겠다고 말하지는 않습니다. 그러므로 바울의 선언은 참으로 하기 어려운 말입니다.

종에게는 두 가지가 필요합니다. 첫째는 자기주장이 없어야 하고, 둘째는 주인의 주인 됨을 인정해야 합니다. 사도 바울을 보십시오. 그가 수없이 많은 고난을 겪은 이유가 무엇입니까? 종이었기 때문에 그렇습니다. 그는 사랑의 노예가 되었습니다. 그것을 택한 것입니다.

하나님의 사도, 바울

두 번째, '나는 하나님으로부터 사도로 부름을 받았다'는 것입니다. '내가 종이다'라는 것은 자기가 결정하는 것이지만 '내가 사도다'라는 것은 하나님으로부터 초청을 받은 것입니다. 여러분, 자기를 이해할 때 이 두 가지가 명확해야 합니다. '나는 누구인가'라는 질문과 '하나님이 나를 어떻게 생각하느냐'에 대한 답이 있어야 합니다. 열두 제자만 사도가 아닙니다. 바울 자신도 사도라는 확신과 권위를 가지고 땅끝까지 갔던 것입니다. 우리도 이 명령을 받았습니다. 하나님을 믿는 모든 백성은 사도성이 있습니다. 바울을 사도로 불러 주신 것처럼 하나님은 우리를 그리스도인으로 불러 주셨고 전도자로 불러 주셨습니다. 내 마음대로 사는 것이 아닙니다. 부르심입니다.

복음을 위한 사람, 바울

세 번째는 자기 이해와 부르심의 목적입니다. 그것은 '하나님의 복음을 위하여'입니다.

헬라인이나 야만인이나 지혜 있는 자나 어리석은 자에게 다 내가 빚진 자라 그러므로 나는 할 수 있는 대로 로마에 있는 너희에게도 복음 전하기를 원하노라(롬 1:14-15).

로마서 1장의 이 말씀 때문에 사도로 부르심을 받은 것입니다.

16절을 보십시오. "내가 복음을 부끄러워하지 아니하노니 이 복음은 모든 믿는 자에게 구원을 주시는 하나님의 능력이 됨이라 먼저는 유대인에게요 그리고 헬라인에게로다."

복음이 무엇입니까? 구원을 주시는 하나님의 능력입니다. 로마서 1장 17절에서는 "복음에는 하나님의 의가 나타나서"라고 말씀합니다. 이것이 복음입니다. 사도 바울은 하나님의 복음을 위하여 하나님께 특별히 선택받았다고 이야기하고 있습니다.

내가 너희 중에서 예수 그리스도와 그가 십자가에 못 박히신 것 외에는 아무것도 알지 아니하기로 작정하였음이라(고전 2:2).

그리스도를 만난 후, 바울은 그의 전공, 지식, 미래, 인격, 그리고 그가 하고 싶은 모든 것을 '복음'이라는 한마디에 담았습니다.

복음이 무엇입니까? 바로 예수 그리스도입니다. 이분은 우리를 위하여 세상에 오셨습니다. 십자가를 지기 위해 오셨습니다. 이분은 우리를 위해서 무덤에서 부활하셨고, 우리를 위해서 성령을 부어 주셨습니다.

사도 바울은 자기의 세 가지 정체성을 '예수 그리스도의 종', '하나님으로부터 부름받은 자', '하나님의 복음을 위해 사는 사람'으로 소개했습니다. 우리는 자신을 어떻게 정의하고 있습니까? 만약 바울처럼만 대답할 수 있다면 우리는 세상을 변화시킬 수 있는 사람이 될 것입니다.

o

2

약속된 비밀

로마서 1:2-7

o

사도 바울이 예수 그리스도의 종이 되고, 사도로 부르심을 받고, 복음을 위하여 선택된 이유는 오직 한 가지였습니다. 하나님의 복음 때문입니다. 그렇다면 이렇게 소중한 하나님의 복음이 대체 무엇입니까?

하나님의 복음이란

하나님의 복음은 '하나님께 속한 복음'이라는 뜻이기도 하지만 '하나님으로부터 온 복음'이라는 뜻이기도 합니다. 하나님이 우리에게 주신 것, 즉 하나님으로부터 온 것이 복음입니다. 복음은 헬라어로 '유안겔리온'인데 '좋은 소식'이라는 뜻입니다. 다른 말로 '기쁜 소식, 복된 소식'을 가리켜 복음이라고 합니다.

하나님으로부터 온 복되고 기쁜 소식이 바로 하나님의 복음입니다. 하나님의 복음은 "하나님의 아들이신 예수 그리스도가 인류의 죄를 구속하시기 위해 인간으로 오셨다"는 소식입니다.

사도 바울은 로마서를 시작하면서 자기 정체성을 세 가지로 소개합니다(롬 1:1). 그리고 이런저런 다른 이야기할 여유도 없이 바로 2절에서 그 하나님의 복음이 무엇인지를 이야기합니다. "내가 그리스도의 종 된 것은 바로 이 복음 때문이다. 내가 사도로 부름 받은 것도 이 복음 때문이다. 내가 이렇게 특별히 선택된 것도 바로 이 복음 때문이다"라는 사실을 빨리 이야기하고 싶은 것입니다. 그리고 이 복음에 대해 아주 짧고도 정확한 정의를 내리고 있습니다.

이 복음은 하나님이 선지자들을 통하여 그의 아들에 관하여 성경에 미리 약속하신 것이라(롬 1:2).

복음의 기원과 배경

첫째, 사도 바울은 복음의 기원과 배경에 대해 이야기합니다. 복음의 기원은 어디입니까? 사도 바울이나 예수님이 만들어 낸 것입니까? 아닙니다. 여기서 복음은 하나님으로부터 온 것이라고 합니다. 복음의 배경에는 하나님이 계시다는 것입니다. 죄인들을 위하여 예수님을 이 땅에 보내기로 작정하신 분은 바로 하나님 자신이십니다. 이에 대해 바울은 "우리가 아직 죄인 되었을 때에 그리스도께서 우리를 위하여 죽으심으로 하나님께서 우리에 대한 자기의 사랑을 확증하셨느니라"(롬 5:8)라고 분명하게 설명합니다.

따라서 복음은 하나님으로부터 온 것이며, 하나님께 속한 것이며, 하나님이 우리에게 주신 기쁜 소식입니다. 에베소서에서는 복음과 하나님의 관계에 대해 이렇게 설명합니다.

긍휼이 풍성하신 하나님이 우리를 사랑하신 그 큰 사랑을 인하여 허물로 죽은 우리를 그리스도와 함께 살리셨고 (너희는 은혜로 구원을 받은 것이라) 또 함께 일으키사 그리스도 예수 안에서 함께 하늘에 앉히시니(엡 2:4-6).

복음은, 긍휼이 풍성하신 하나님이 우리를 사랑하셔서 자기 아들을 십자가에 못 박혀 죽게 하시고 다시 부활시키신 바로 그 사건입니다. 우리는 십자가와 함께 죽었고 부활과 함께 다시 살아났습니다. 성경에 보면, 우리를 살리셨을 뿐만 아니라 그리스도와 함께 하늘에서 왕 노릇 하게 하셨다고 말씀합니다. 이것이 복음입니다.

복음의 배경에 하나님이 계시다는 것에는 또 한 가지 중요한 의미가 있습니다. 복음의 핵심인 예수 그리스도에 관한 사건이 꾸며낸 이야기가 아니라는 것입니다. 이미 오래 전에 선지자들에 의해 약속된 사건이라고 말합니다. 그분은 하나님의 아들 예수 그리스도, 우리의 주님 메시아이십니다. 메시아에 대한 예언은 성경과 함께 시작됩니다.

예언서는 여러 방법으로 "메시아가 올 것이다. 하나님이 약속하신 그분이 올 것이다. 인류의 구원자가 올 것이다"라고 예언하고 있었습니다. 로마서에서는 이것을 여러 번 강조합니다. "이제는 율법 외에 하나님의 한 의가 나타났으니 율법과 선지자들에게 증거를 받은 것이라"(롬 3:21). 구약에서는 율법을 주었는데 이제 율법 외에 한 의가 나타났고, 이 의는 구약의 율법서와 예언서에서 예언자들에 의해 이미 증거를 받은 것이라는 말입니다.

> 나의 복음과 예수 그리스도를 전파함은 영세 전부터 감추어졌다가 이제는 나타내신 바 되었으며 영원하신 하나님의 명을 따라 선지자들의 글로 말미암아 모든 민족이 믿어 순종하게 하시려고 알게 하신 바 그 신비의 계시를 따라 된 것이니 이 복음으로 너희를 능히 견고하게 하실 지혜로우신 하나님께 예수 그리스도로 말미암아 영광이 세세무궁하도록 있을지어다 아멘(롬 16:25-27).

로마서는 이렇게 끝납니다.

로마서 1장, 3장, 16장에서 복음이 비밀이었다는 것을 말합니다. 복음은 우주가 창조되기 전부터 하늘에 숨겨진 비밀이었는데, 그 비밀이 나타난 것입니다. 그 비밀의 약속이, 영원하신 하나님의 명을 따라 예언자들에 의해 성경에 이미 기록되었다고 합니다. 이것이 복음입니다. 이 복음의 기원은 깊고 영원한 것입니다. 자유주의 학자들이 말하는 것처럼 복음의 기원이 인간에 머물지 않습니다. 이것은 영원 전으로까지 올라가는 신적인 기원을 갖습니다. 하나님으로부터 시작된 영원한 하늘의 비밀이 이 땅에 온 것이요, 성경에 기록된 것이고 예언된 것이며 약속된 것입니다.

복음의 핵심, 예수 그리스도

사도 바울은 복음이 무엇인가에 대해 두 가지로 설명합니다. 첫 번째는 예수 그리스도의 인간적인 기원에 대해 말합니다. 인간적인 기원으로 그는 사람이라는 것입니다. 두 번째는 그의 신적인 기원인데, 신적인 기원으로 인해 그는 하나님이십니다.

> 그의 아들에 관하여 말하면 육신으로는 다윗의 혈통에서 나셨고
> (롬 1:3).

하나님으로부터 온 복음, 이 기쁜 소식은 예수 그리스도인데 육신적, 인간적 혈통으로는 다윗의 혈통에서 난 사람이라고 합니다. 예수님은 2천 년 전 팔레스타인의 한 마을에서 요셉과 마리아라는 부모 슬하에서 태어난 것이 분명합니다. 그러나 그는 단순히 남자와 여자 사이에서 태어난 아들이 아닙니다. 그에게는 놀라운 비밀이 있습니다.

우선, 혈통적인 비밀이 있습니다. 그는 다윗의 혈통입니다. 이것이 의미하는 바는 무엇입니까? 예수 그리스도는 역사적인 인물이라는 것입니다. 그는 가계와 혈통에 의해서 태어난 사람인 것입니다. 마태복음은 시작하자마자 예수님의 혈통에 대해 "아브라함과 다윗의 자손 예수 그리스도의 계보라"(마 1:1)고 설명합니다.

'예수님은 하나님의 아들이라'고 시작하는 것이 아니라 '인간의

아들이다'라고 말합니다. 우리 조상 대대로 태어났던 우리 가문의 사람이라는 것을 설명하고 있습니다. 마태복음 1장을 보면 아브라함에서 다윗까지 14대요, 다윗에서 바벨론 이주까지 14대요, 바벨론으로 이주한 후부터 예수 그리스도까지가 14대입니다. 누가복음에서는 예수님의 족보가 아담까지 올라갑니다. 그리고 아담 위에 하나님이 계십니다. 요한복음에서는 창조 전에 족보가 있었다고 합니다. 예수님의 족보는 세상이 시작되기 전에 있었다는 것입니다.

다윗의 혈통에서 나신 데에는 또 한 가지 중요한 이유가 있습니다. 다음 말씀에 나타나 있습니다.

> 네 집과 네 나라가 내 앞에서 영원히 보전되고 네 왕위가 영원히 견고하리라 하셨다 하라(삼하 7:16).

> 찬송하리로다 오는 우리 조상 다윗의 나라여 가장 높은 곳에서 호산나 하더라(막 11:10).

다윗의 혈통에서 메시아가 나온다는 것입니다. 구원자가 나오고 한 위가 세워진다는 것입니다. 이 말씀을 믿고 존재하는 나라가 이스라엘입니다. 아브라함과 다윗의 가문에서 바로 하나님이, 메시아가 오시는 것입니다.

하나님이 사람을 통하여 세상에 오신다는 내용이 본문에도 기록되어 있습니다. 이것이 예수님의 인적 기원입니다.

> 성결의 영으로는 죽은 자들 가운데서 부활하사 능력으로 하나님의
> 아들로 선포되셨으니 곧 우리 주 예수 그리스도시니라(롬 1:4).

여기서는 '육신'이라는 말 대신에 '영'이라는 말을 썼습니다. 예수
님이 다윗의 혈통에서 태어나셨으므로 역사적인 인물이요, 메시아
가 날 수 있는 그 혈통에서 태어나셨다는 것이 육체의 기원입니다.

그러나 성결의 영으로 보면, 그는 죽은 자 가운데서 부활하여 능
력으로 하나님의 아들로 선포되신 분입니다. 이 세상에 존재했던
인간들은 다 죽었지만 그는 하나님으로부터 오셨기 때문에 죽은
자들 가운데서 부활하십니다. 이것이 예수님의 신적인 기원입니
다. 부활했다는 것은 그분이 하나님이시고 하나님으로부터 오셨
다는 뜻입니다.

> 로마에서 하나님의 사랑하심을 받고 성도로 부르심을 받은 모든 자
> 에게 하나님 우리 아버지와 주 예수 그리스도로부터 은혜와 평강이
> 있기를 원하노라(롬 1:7).

성경에서는 예수 그리스도를 주로 '예수님', '예수 그리스도'라
고 소개하는데 위 구절에서는 '우리 주 예수 그리스도'라고 완벽

하게 소개하고 있습니다. 여기서 세 가지 고백이 나옵니다. 첫 번째, 신앙은 인간적인 기원을 가진 예수님을 믿는 것입니다. '예수'는 여호수아처럼 이스라엘에서 흔히 쓰이는 이름입니다. 또한 '인간 예수'라는 말을 쓸 때에는 그리스도라는 말을 함께 쓰지 않고 '예수'라고만 합니다.

우리는 예수님을 믿을 때, 그분이 한 사람의 인간이자 동정녀에게서 태어나셨음을 믿어야 합니다. 마태복음의 족보에 나타난 바로 그 예수님, 주무셨고 식사를 하셨고 피곤을 느끼셨고 십자가에 못 박혀 죽으셨던 인간 예수님을 그대로 믿어야 합니다. 구원은 여기서부터 시작됩니다.

어떤 사람들은 인간이며 육체로 오신 예수님은 받아들이지 않고, 신적인 존재로만 생각하려는 경향이 있습니다. 그렇게 되면 우리의 구원은 반쪽이 됩니다. 진정한 구원은 예수님이 인간이라는 점을 인정하고 우리 죄를 위하여 십자가에 돌아가신 분임을 믿는 것입니다. 그분은 우리를 위해 채찍에 맞으셨습니다. 우리를 위해 십자가에 못 박혀 죽으셨습니다. 왜냐하면 그는 인간이었기 때문입니다. 그러나 예수님이 단지 인간일 뿐입니까? 슈바이처가 말한 대로 그분이 단지 위대한 인간일 뿐이라면 구원은 없습니다. '그리스도'라는 고백은 그분이 하나님이시요, 하나님의 아들이시요, 인류를 구원하기 위해 하나님이 보내신 메시아라는 고백입니다. 이것이 우리의 두 번째 신앙 고백입니다.

신약의 모든 메시지의 요점은 예수님이 그리스도라는 것입니다. 유대인들은 이 고백을 하지 못했습니다. 유대인들의 눈에 보이는 예수님은 인간 예수일 뿐이었습니다. 단지 요셉의 아들인 목수 예수였습니다. 그래서 그들은 예수님을 거부했습니다. 구원이 사라진 것입니다. 예수님이 다윗과 아브라함의 자손인 사실을 믿으시기 바랍니다. 또한 그분이 하나님으로부터 온 메시아라는 사실도 믿어야 합니다.

세 번째, 온 인류의 메시아이신 그분이 '나의 주님, 우리의 주님'이라고 고백할 때 구원이 있습니다. 도마는 예수님이 부활하셨을 때 믿을 수 없었습니다. 그는 "내가 내 눈으로 보고 내 손으로 예수님의 손과 옆구리를 만지기 전까지는 믿을 수 없다"고 했습니다. 그런 도마 앞에 예수님이 나타나셨습니다. 도마는 무릎을 꿇고 "나의 주 나의 하나님이시여"라고 했습니다. 그때 예수님이 "너는 나를 본 고로 믿느냐 보지 못하고 믿는 자들은 복되도다"(요 20:29)라고 말씀하십니다.

우리가 예수님을 영접하기 전까지 예수님은 우리의 구원자가 아닙니다. 예수님을 지적으로 이해한다고 해도, 그리스도가 주님이시요 구원자시며 그분을 믿음으로 말미암아 우리가 죄 사함 받았음을 고백하기 전까지는 우리의 복음이 아닌 것입니다.

오늘날 교회의 심각한 위기는 복음이 분명하지 않다는 데 있습니다. 복음이 희미합니다. 많은 사람들이 예수를 믿고 있는 것 같은데 정확하게 복음을 고백하지 않기 때문에 능력이 나타나지 않습니다. 우리 신앙의 실패는 교회를 잘 나오지 않거나 예배에 자주 빠지는 데 있지 않습니다. 얼마나 봉사하고 희생하는가에 있는 것도 아닙니다. 가장 중요한 것은 이 복음을 정확하게 인정하고 믿느냐 하는 것입니다.

여러분은 예수님을 개인적으로 영접하고 사랑하십니까? 그럴 때 기적이 일어납니다. 내가 그분을 사랑하고, 그 사랑과 능력을 나의 것으로 만들고, 하나님과의 교제가 시작되면 기적이 일어납니다. 그것이 복음입니다.

복음을 소유하십시오

사도 바울은 이 복음을 깨닫고 "헬라인이나 야만인이나 지혜 있는 자나 어리석은 자에게 다 내가 빚진 자라"(롬 1:14)고 말합니다. 이 것을 바꿔 말하면, 우리에게 복음이 있느냐 없느냐의 여부는 모든 사람에게 빚진 마음이 있느냐 없느냐 하는 데 달려 있다는 것입니다. 여러분에게 북한이나 중국이나 몽골에 대한 부담이 있습니까? 제주도에 대한 부담이 있습니까? 노동자들에 대한 부담이 있습니까? 예수님을 믿지 않는 사람들에 대한 갈급하고 애타는 마음으로 잠 못 이루고, 그 부담 때문에 새벽마다 기도하고, 시간을 쪼개 전도할 만큼의 부담이 있습니까? 헬라인이나 야만인이나 저들을 향한 복음의 부담이 있다면 여러분은 복음을 아는 사람입니다. 그러나 만약 부담이 없다면 복음을 모르고 껍데기만 아는 사람입니다.

사도 바울은 복음을 부끄러워하지 않는다고 했습니다(롬 1:16). 복음을 알게 되었기 때문입니다. 복음을 깨닫게 되니까 자랑스러운 것입니다. 사람은 자신이 좋아하는 것은 숨기지 못합니다. 좋으면 드러나게 됩니다. 복음이 좋으면, 그것을 이야기하게 되고 말하게 되고 찬양하게 되는 것입니다. 이런 사람이 복음을 가진 자입니다. 복음을 소유하십시오. 빚진 마음을 가지고 부끄러워하지 말고 그것을 위해서라면 어떤 대가도 치르십시오.

바울은 복음에 하나님의 의가 있다는 사실을 알았습니다(롬 1:17). 영광스러운 복음에 대해 눈을 뜬 것입니다. 그래서 복음을 말한 것입니다. 영광스러운 복음이 우리에게도 흘러넘치기를 바랍니다. 복음이라는 이름만 가지고 있지 말고 복음의 능력도 가지시기 바랍니다. 복음이신 예수 그리스도, 나의 주님이 여러분의 주님이 되시기를 바랍니다.

3

복음에 빚진 자

로마서 1:8-15

그 사람이 어떤 사람인지 알려면 그 사람이 무슨 생각을 하고 있는 가를 알면 됩니다. 그 사람이 입고 있는 옷이나 사는 집이나 지위 나 명예를 봐서는 알 수 없습니다. 사람을 정확하게 이해하는 방법 은 그 사람의 생각과 사상을 파악하는 것입니다.

사도 바울은 오직 예수 그리스도만 생각하던 사람입니다. 좋은 환경이든 나쁜 환경이든, 높은 위치에 있든 낮은 위치에 있든, 그 의 관심은 예수님뿐이었습니다. 사도 바울은 이렇게 말합니다. "살 아도 주를 위하여 죽어도 주를 위하여. 무엇을 먹으나 굶으나 주를 위하여 나는 산다." 여러분을 지배하고 있는 생각은 무엇입니까? 여러분이 제일 많이 생각하는 것은 무엇입니까? 그것이 곧 여러분 자신입니다.

사도 바울의 피 속에는 예수님의 피가 있습니다. 사도 바울의 살 속에는 예수님이 살아 있습니다. 그의 몸은 예수님으로 가득 차 있 었기 때문에, 건드리기만 하면 '예수님'만 얘기했습니다. 사도 바울 을 이렇게 미치게 하고, 이렇게 한 생각으로 몰고 간 것은 바로 복음 입니다. 복음은 무엇입니까? 예수 그리스도가 바로 복음입니다. 사 도 바울은 로마에 있는 성도들에게 편지를 쓰면서, 문안 인사 이전 에 먼저 이 복음이 무엇인가를 설명합니다. 육신으로 말하면 이 복음은 다윗의 혈통에서 났고, 성결의 영으로 말하면 죽은 자 가운데서 나셨으며 부활하사 하나님의 아들로 인 치심을 받은 그분이 바로 복음이라는 것입니다. 그렇게 얘기한 다음 문안하기 시작합니다.

성도들을 향한 문안

고대 서신을 보면, 서두에 기본적으로 세 가지 내용을 씁니다. 첫째는 문안이요, 둘째는 감사요, 셋째는 기원입니다. 사도 바울 역시 로마의 성도들에게 우선 문안을 하고, 둘째는 감사를 하고, 세 번째로 기원을 하는 형태로 편지를 썼습니다. 사도 바울은 로마에 있는 주님의 교회, 하나님의 백성에게 하나님의 은혜와 예수님의 평화가 있기를 기원합니다(롬 1:7).

그런데 로마에 있는 성도들을 두 가지로 설명합니다(롬 1:7). 첫째, 하나님의 사랑하심을 받은 사람들이라고 말합니다. 이들이 바로 성도입니다. 둘째, 성도로 부르심을 받은 사람들이라고 말합니다. 우리도 우리 자신을 이렇게 설명할 수 있습니다. "우리는 하나님의 사랑을 받은 사람들이고, 성도로 부르심을 입은 사람들이다." 바로 이것이 교회입니다.

6절에서는 "너희도 그들 중에서 예수 그리스도의 것으로 부르심을 받은 자니라"고 하면서 성도는 예수 그리스도의 소유물이라고 말합니다. 이 표현이 재미있습니다. 우리는 그리스도의 소유물입니다. 예수 그리스도의 것입니다. 이방인들 중에서 예수를 믿어 순종하는 사람들이 나타나게 되었는데, 그들 중에 우리가 있습니다. 우리는 세상의 소유물이 아닙니다. 우리는 사탄의 것이 아니라 예수님의 것입니다. 사도 바울은 로마에 있는 교인들을 '하나님의 사랑을 받은 자들, 성도로 부르심을 받은 하나님의 소유물'이라고 표현하며 그들에게 하나님의 은혜와 예수 그리스도의 평화가 넘치기를 축원했던 것입니다. 이런 문안 인사와 축복을 하고 나서 사도 바울은 감사의 말을 합니다.

성도들로 인한 감사

바울이 로마의 성도들을 생각하면서 하나님께 정말로 감사를 드린다고 합니다. 무엇 때문입니까? "너희 믿음이 온 세상에 전파되었기" 때문입니다(롬 1:8).

그들은 소수의 무리였습니다. 유명하지 않은 사람들입니다. 사회적으로 영향력 있는 신분의 사람들도 아닙니다. 그런데 그런 사람들이 세계의 중심이요, 세계의 수도요, 모든 길이 다 통한다고 하는 대로마를 변화시켰다는 것입니다. 로마에 영향력을 발휘했다는 것입니다. 로마에 어떤 소문이 나게 했다는 것입니다. 그것을 생각하니 바울의 가슴이 벅찹니다. 너무 감동스럽습니다. 아직 로마를 가 보지는 않았지만 그 소문이 자기 귀에까지 들리게 된 것입니다. 이런 비슷한 표현을 데살로니가 성도들에게도 한 적이 있습니다. "주의 말씀이 너희에게로부터 마게도냐와 아가야에만 들릴 뿐 아니라 하나님을 향하는 너희 믿음의 소문이 각처에 퍼졌으므로 우리는 아무 말도 할 것이 없노라"(살전 1:8).

바울 일행은 데살로니가에서 3주 머물러 있었습니다. 날짜로 하면 20일 정도입니다. 그동안 복음을 전했고 핍박을 받아 쫓겨났습니다. 그런데 그 결과로 데살로니가에 교회가 세워졌고 그 믿음이 아주 신실했습니다. 재림과 하나님에 대한 믿음이 얼마나 순수하고 귀하던지, 그 소수의 무리가 드린 예배가 마게도냐와 아가야 전 지역에 소문났다고 합니다. 그 소문이 각처에 퍼져서 더 이상 할 말을 잃게 만들었다는 것입니다.

이런 일들이 로마에서도 일어났습니다. 대로마에 있는 소수의 사람들이 로마에 영향을 끼친 것입니다. 이것이 복음이며, 신앙이며, 교회입니다. 그 영향력은 결국 로마 전체를 뒤집어 버렸습니다. 로마가 기독교를 국교로 삼을 만큼 로마에 영향을 준 것은 소수의 사람들이었습니다. 저는 우리가 세상을 변화시킬 수 있다고 믿습니다. 로마도 변했는데 서울이라고 안 변하겠습니까? 로마가 그 소수의 믿음으로 변화되었다면 우리도 세상을 변화시킬 수 있으리라고 믿습니다.

어떻게 소문이 났을까요? 이에 대해 상세한 내용은 없지만, 상황으로 짐작할 수 있습니다. 분명한 것은 그 소수의 사람들이 다른 질의 삶을 살았다는 것입니다. 그렇지 않았다면 소문이 날 리가 없습니다. 너나 나나 같다면 무슨 소문이 나겠습니까? 세상 사람들이 우리를 향해 뭐라고 합니까? "안 믿는 나나 믿는 너나 무엇이 다른가?" 이렇게 말하지 않습니까? 달라야 변화를 일으킵니다. 그래야 소문이 납니다. 다 상식적이고 합리적이고 지성적이면, 다 똑같으면 변화도 소문도 없습니다. 믿음으로 살 때 기적이 일어나는 것입니다.

우리들의 삶의 질이 달라야 합니다. 즉 믿음의 내용이 달라야 합니다. 우리가 믿는 것이 세상적이지 않아야 합니다. 그때 세상 사람들은 충격을 받습니다. 교회 건물이 커서 충격받는 것이 아니라, 믿음의 질이 달라서 충격받는 것입니다. 생각하는 틀이 다를 때, 가치관이 다를 때 세상이 충격을 받는 것입니다.

생각이 다르면 소수의 사람들이라도 큰 영향을 미치게 됩니다. 진짜 믿음을 가지면 두세 사람이 예수님의 이름으로 모인 곳에서 기적과 역사가 일어납니다. 그래서 사도 바울은 감사의 말을 합니다. "너희를 생각하니 정말 뿌듯하구나. 너희를 안다는 것이, 예수를 믿는다는 것이 이렇게 좋구나. 감사하다." 다른 사람들이 여러분의 이름만 듣고도 감사하게 되기를 바랍니다. 우리의 이름이 아프리카에도 소문나고 북한에도 전해지기를 바랍니다. 우리의 믿음이 널리널리 소문나기를 바랍니다. 그때 우리는 세상을 변화시킬 수 있는 영적 능력과 영향력을 갖게 됩니다.

성도들을 위한 기원

사도 바울은 한 번도 보지 못했던 로마 교인들과 교회에 먼저 문안 인사를 하고, 그들의 믿음이 각처에 소문난 것 때문에 감사를 드린 후, 이제 기원을 합니다.

첫 번째 기원은 9-12절 말씀으로 "내가 어떤 신령한 은사를 너희에게 나눠 줌으로써, 우리가 서로 교제하고 위로받으며 아름다운 열매 맺는 삶을 살기 원한다"는 내용입니다. 두 번째 기원은 13-15절 말씀으로 "내가 그렇게 복음을 로마에 전하고자 하는 것은, 또 그렇게 가고자 했던 것은 복음에 빚진 나의 마음 때문이다. 따라서 나는 너희에게 가서 이 빚진 마음을 갚고자 한다"는 것입니다.

9절을 보면 사도 바울은 로마의 성도들을 위하여 쉬지 않고 기도해 왔다고 간증합니다. 가 본 적도 없지만 사도 바울의 마음속에는 로마가 있었습니다. 로마에 있는 성도들과 교회들에 대한 그리움과 사랑이 있었습니다. 그래서 가기 이전부터 끊임없이 기도해 왔다고 말합니다. 그 기도를 하나님이 증명하신다고 합니다. 굉장한 자신감입니다.

사랑하면 기도하게 되어 있습니다. 왜 기도하지 않는 줄 아십니까? 사랑하지 않기 때문입니다. 사랑하면 꼭 기도하게 되어 있습니다. 마음은 있지만 기도가 되지 않을 때도 있습니다. 마음이 없지는 않습니다. 그러나 사랑이 없는 것입니다. 원수라도 이름을 부르고 기도하면 사랑하게 됩니다. 기도하면 그 사람이 내 마음속에 있습니다. 그것이 기도입니다. 사도 바울의 마음속에는 한 번도 본 적 없는 로마의 성도들이 항상 있었습니다. 그는 로마에 가고 싶었습니다. 그래서 날마다 로마에 있는 성도들을 위해 기도했다고 말합니다. 이에 대해 "내 심령으로 섬기는 하나님이 증인이 되신다"고 말합니다. 여러분 안에도 이러한 마음이 있기를 기도합니다. 북한을 위한 기도가 매일 있기를 바랍니다. 복음이 없는 지역을 위한 기도가 여러분의 가슴속에서 흘러넘치기를 축원합니다.

예수님을 잘 믿던 한 여학생이 서른도 되지 않은 나이에 죽었습니다. 그녀의 삶은 성자와 같았다고 합니다. 그녀가 죽었을 때, 소지품 중에 4백여 명의 선교사 이름과 주소가 적힌 수첩이 있었습니다. 그런데 그녀의 장례식에 이상한 빛, 성령이 감돌았다는 한 참석자의 말이 기록으로 남아 있습니다. 그녀는 선교사도 아니었고, 비록 서른도 안 되는 나이에 죽었지만, 선교사들을 위해 계속 기도해 오고 있었던 것입니다. 그렇습니다. 우리들에게는 이런 기도가 필요합니다. 이런 기도가 사도 바울의 가슴속에 있었기 때문에 로마가 변했는지도 모릅니다.

그러면 간 적도 없고 본 적도 없는 사람들을 위하여 왜 그렇게 열심히 기도했을까요? 왜 그들을 그렇게 사랑했을까요?

로마 방문의 목적

바울은 로마에 가는 목적을 말합니다. "너희를 보고 싶은 이유는, 로마에 소문이 파다할 정도로 너희가 신앙생활을 열심히 하고 있으므로 내가 받은 성령 체험과 성령의 은사들을 나눠 주고 싶기 때문이다"(롬 1:11 참고).

은혜는 나눠 주고 싶은 것입니다. 은혜를 받으면 혼자 갖고 있지 못합니다. 만약 가지고 있기만 한다면 가짜입니다. 진짜 은혜는 꼭 나누게 되어 있습니다. 성령의 은사와 체험은 나누고 싶은 것입니다. 나눔으로써 믿음을 더욱 견고하게 만들어 주고 싶은 강한 영적 열망이 일어나는 것입니다.

한 가지 알아야 할 것은, 영적 은사들을 받거나 말씀을 배우는 것만으로 믿음이 강해지지 않는다는 것입니다. 성령의 은사들과 말씀이 합해질 때 체험으로 바뀌고, 믿음이 견고하게 됩니다. 머리로만, 마음으로만, 성경으로만 믿음이 모두 완성되었다고 생각하지 마십시오. 말씀으로 얻은 믿음은 성령 체험으로, 성령의 은사로, 성령의 열매들로 나타나야 하고 그것들이 합해질 때 비로소 견고해지고 흔들리지 않게 되는 것입니다.

바울이 로마를 가고 싶어 하는 두 번째 이유는 12절에 나옵니다. "내가 너희 가운데서 너희와 나의 믿음으로 말미암아 피차 안위함을 얻으려 함이라." 이 말을 쉽게 표현하면 "우리가 믿음을 가지고 있지만 서로 확인하는 과정이 필요하다. 믿음을 가진 사람들끼리 확인하고 권면하고 위로함으로 말미암아 서로 사랑과 선행을 격려하면서 나간다"는 것입니다.

아무리 믿음이 있다 하더라도 혼자 있으면 외롭고 흔들리기 쉽습니다. 모닥불은 모아져야 잘 탑니다. 성도들은 연합해야 합니다. 혼자 있으면 약해집니다. 혼자 있으면 잘 믿을 것 같지만 그렇지 않습니다. 믿음이 흔들리지 않게 하기 위해서는 성령의 은사들을 서로 나누고 교제해야 합니다. 그렇게 함으로써 서로 위로받고 격려해야 하는 것입니다. 인간은 위로받아야 할 존재입니다. 위로받지 않아도 될 만큼 강한 존재는 아무도 없습니다. 권력이 있고 똑똑하고 모든 것을 다 성취한 사람이라도 혼자서는 외롭습니다. 격려하고 위로해야 합니다. 서로 힘을 주면서 가야 합니다.

바울은 또 하나의 방문 이유를 이야기합니다. "이방인들에게 복음을 전하니 그들이 예수를 믿고 순종하게 되었다. 그들에게 성령의 체험들과 기적들과 초자연적인 역사들이 나타났고, 그들의 가치관과 생활양식이 변하기 시작했고, 그들의 삶에 열매들이 나타나게 되었기 때문이다"(롬 1:13 참조). 예수님을 믿는다는 것은, 어찌 보면 쉬운 것입니다. 복음을 들음으로써 구원을 얻고 믿게 되는 것, 성령 체험과 성령의 은사들이 나타나 삶이 변하고 가치관이 변하는 것입니다. 생각이 변하는 것입니다. 그러고 나서 예수님을 믿는 사람의 열매들을 맺으며 살아가는 것이 그리스도인들의 전체적인 그림입니다.

"이제 나는 너희들이 예수를 믿고 믿음이 단단해지기를 바란다. 그리고 서로 위로하고 격려하기를, 마지막으로 열매 맺기를 바란다. 믿음의 열매가 있었으면 좋겠다. 이러한 이유 때문에 나는 로마에 있는 너희들에게 가기를 원한다." 이것이 바울의 목적입니다.

13절에는 로마에 가기를 여러 번 시도했다는 말이 있는데, 사도행전 19장 21절에도 그 이야기가 나옵니다. "내가 거기 갔다가 후에 로마도 보아야 하리라." 사도 바울 개인의 생각이 아니라 성령의 감동을 받은 생각입니다. 관광을 하려는 것도 아니고, 성공하고 유명해지기 위해서도 아니고, 하나님의 복음, 예수 그리스도의 복음을 로마에 주기 위해 가고 싶다고 말합니다. 우리는 젊었을 때 야망을 갖습니다. 공부하러 유럽이나 미국으로 떠납니다. 돈을 벌려고 집과 고향을 떠납니다. 성공을 위해서입니다.

그러나 사도 바울은 공부도 아니고 장사도 아니고 복음을 위해서였습니다. 우리는 이렇게 이야기할 수 있습니다. "내가 떠나는 것은 주님을 위해서입니다. 내가 돈을 많이 벌려고 하는 것은 다 예수님을 위한 것입니다." 말은 그렇게 합니다. 죽을 때까지 계속 그 말만 합니다. 살아있는 동안은 개인 생활에 얽매여 아무것도 못 하다가 나이 들어 다 죽게 되어서야 주를 위해 무엇을 해보겠다고 생각하게 됩니다.

그러나 사도 바울은 이것과는 다릅니다. 그에게는 복음에 대한 열정이 있었습니다. 저는 여러분께 이런 말을 하고 싶습니다. "적당히 하고 오십시오. 세상을 졸업할 때가 되었습니다. 주님을 위해 일하십시오. 그렇지 않으면 쉽게 늙어 버리고 말 것입니다." 사도행전 23장 11절에서는, 로마군 군영에 갇혀 암살될 위기에 처해 있던 사도 바울에게 하나님의 성령이 나타나 이야기합니다. "담대하라 네가 예루살렘에서 나의 일을 증언한 것같이 로마에서도 증언하여야 하리라." 사도 바울과 로마는 뗄 수 없는 영적 관계가 있었던 것을 알 수 있습니다. 그래서 바울이 말했던 것입니다. "내가 로마를 보아야 하리라, 로마를 가야 하리라."

사도 바울의 마음속에는 '복음에 빚진 자'라는 의식이 있었습니다. 그래서 로마에 복음을 증거하러 가고자 한 것입니다. 앞서 언급했듯이 이것이 그의 로마 방문의 가장 중요한 목적입니다. 그런데 한 가지 생각해 볼 것은, 복음이 하나님을 알지 못하는 세상 사람들에게만 필요한가 하는 것입니다. 아닙니다. 복음은 이미 하나님을 알고 믿고 있는 사람에게도 필요한 것입니다. 바울은 "로마에 있는 너희들에게도 내가 또 다시 복음을 설명하고 싶다"고 말하고 있습니다(롬 1:15). 복음은 다시 들려져야 합니다. 복음은 계속 전해져야 합니다.

교회에서 문제를 일으키는 사람이 새신자입니까? 예수님을 오래 믿은 사람들입니까? 우리는 예수님을 처음 믿을 때는 복음을 듣습니다. 복음을 생각합니다. 복음대로 삽니다. 그러나 오래 믿으면 믿을수록 복음은 희미해집니다. 다 안다고 생각합니다. 교회 생활에 점점 익숙해지고 형식에 익숙해집니다. 예수님은 간 곳 없고 율법적인 신앙생활에 갇힌 우리는 얼굴이 두꺼워지고 반들반들해져 갑니다. 너무 익숙해진 탓에 내용에는 관심 없고, 자신도 모르는 사이에 형식주의와 율법주의, 매너리즘에 빠집니다. 복음을 자꾸만 행위와 율법으로 믿고 판단하며, 감격을 잃어버립니다. 예수님도 있고 구원도 있다고 말하지만 정작 구원의 기쁨은 없습니다.

믿음이 성장하거나 인격이 성숙해지는 것이 아니라 일종의 기술만 늘어갑니다. 그래서 자신이 자신을 속이게 됩니다. '나는 예수님을 잘 믿고 있다. 나는 다른 사람을 가르칠 자격이 있다'고 생각하지만, 아닙니다. 우리에게도 복음이 필요합니다. 복음을 또다시 들어야 합니다.

우리의 믿음은 언제나 순수해야 합니다. 복음과 순수한 첫사랑의 관계로 남아 있어야 합니다. 그래야 20년, 30년이 지나도 율법주의나 매너리즘에 빠지지 않습니다. 그리스도의 복음 때문에 감격하고, 새롭게 시작할 수 있고, 늘 신선하고 감동받는 삶을 유지할 수 있습니다.

로마 성도에 대한 빚

사도 바울은 항상 빚진 자의 마음이었습니다(롬 1:14). 빚진 자의 심정은 참 무겁습니다. 빚을 갚아야 하기 때문에 항상 죄인입니다.

누가 뭐라고 하지 않아도 항상 그것이 마음의 짐이 됩니다.

사도 바울은 한때 그리스도인들을 핍박했고, 율법적인 유대교인이었으며, 예수 그리스도를 전혀 몰랐던 사람입니다. 사회의 지성인이었습니다. 그런 그가 길을 가다가 예수님을 만났습니다. 복음에 눈을 떴습니다. 눈으로 보았고 귀로 들었고 손으로 만졌습니다. 머리로 안 것이 아니라 실제로 경험한 것입니다. 인격 속에 예수님이 들어왔습니다. 그 후로 그의 인생과 생각은 변했습니다. 복음을 모르는 사람에게 복음을 전해야 한다는 부담이 생기기 시작했습니다.

주의 일을 하는 사람들을 보면 두 종류가 있습니다. 정말 예수님을 사랑하는 사람과 단지 직업으로 그 일을 하는 사람입니다. 굉장히 유명하고 아주 많은 일을 하는 사람인데도 이야기해 보면 "저 사람 정말 주님을 사랑하는 걸까?" 하는 질문을 나도 모르게 하게 되는 경우가 있습니다. 반면에 어떤 사람을 보면 정말 주님을 사랑하는 것이 느껴질 때가 있습니다. 직업이나 자신의 위치 때문이 아니라 주님을 사랑하는 마음으로 해야 합니다. 주님을 사랑하는 사람은 어딘가 다릅니다. 말과 눈동자와 마음 씀씀이가 다릅니다. 주님을 사랑하는 사람들은 실연한 사람 같기도 하고 짝사랑하는 사람 같기도 합니다. 설명할 수 없는 무언가가 있습니다.

그것이 바로 복음에 빚진 마음입니다. '내가 복음을 전해야 한다'는 부담이 생기고, 복음을 듣지 못한 나라를 생각하면 안타깝고 미칠 것만 같아서 잠을 이룰 수가 없습니다. 그 마음의 충동 때문에, 긴박성 때문에 어쩔 줄을 모르는 것입니다. 이것이 복음에 빚진 자입니다. 그 생각에서 벗어날 수 없는 것이 복음의 부채 의식이요, 빚진 자의 마음입니다.

여러분이 이러한 마음을 갖게 되기를 축원합니다. 복음에 빚진 마음을 가진 사람들은 생각이 다르고 태도가 다릅니다. 복음에 빚진 마음이 없는 사람은 굉장히 냉정합니다. 예수님을 믿으면서도 냉정한 사람이 있습니다. 다른 사람이 어떻게 될까에 대한 긍휼한 마음이 없습니다. 율법적으로 사람을 정죄하고 칼로 자릅니다. 반면 긍휼이 있는 사람은 죄인을 보면, 그 죄는 죽어 마땅하지만, 죄로 말미암은 비참함에 대해 긍휼한 마음이 생겨서 눈물을 흘립니다. '어떻게 하면 도울 수 있을까' 하는 마음을 누를 길이 없습니다.

사도 바울에게는 빚진 마음이 있었습니다. 이 빚진 마음의 또 하나의 특징은 빚을 갚을 능력이 없다는 것입니다. 빚을 갚을 수 있으면 빚쟁이가 아닙니다. 비굴할 일이 뭐가 있겠습니까? 다 갚고 이자도 주고 보상하면 됩니다. 그러나 빚진 자는 갚을 능력이 없는 자입니다. 그렇게 되면 "내 몸을 가져가시오" 하게 됩니다. 상대방은 "당신, 종이나 되시오. 갚을 능력이 없으니 내 집에 와서 일하시오" 합니다. 정말 영적으로 빚진 자는 "이것을 내가 다 갚을 수 없다"고 말합니다. 그래서 이런 고백을 합니다. "주님, 나를 당신의 볼모로 잡으십시오. 나는 노예입니다. 나는 종입니다." 사도 바울은 이런 마음으로 사는 사람이었습니다. 하나님의 축복이 여러분과 함께하시기를 바랍니다.

4

하나님의 의

로마서 1:16-17

로마서 1장 16 - 17절은 로마서 전체의 주제가 되는 말씀입니다. 그 주제는 하나님의 복음입니다.

사도 바울이 가장 중요하게 생각했던 단어는 '복음'입니다. 1장 에서만 '복음'이라는 단어를 여섯 번 언급합니다. 그는 하나님의 복음 때문에 택함을 받았다고 말했습니다(롬 1:1). 또 아들의 복음 안에서 하나님이 자신의 증인이 되셨다고 고백합니다(롬 1:9). 이렇 게 예수 그리스도의 복음 때문에 그는 하나님에 대해서 눈을 뜨게 된 것입니다.

사도 바울은 복음 때문에 빚진 자가 되었고 복음 때문에 "로마 에 있는 너희들에게 가고자 했다"고 말합니다(롬 1:14-15). 그는 늘, 끊임없이 '나는 복음에 빚진 자다!'라는 생각을 했습니다. 그 리고 16절에서 "나는 이 복음을 부끄러워하지 않는다"고 말하고 있습니다.

복음은 능력입니다. 그것은 땅의 능력이 아니요 하늘의 능력입 니다. 사람의 능력이 아니라 하나님의 능력입니다. 외적인 능력이 아니라 내적인 능력입니다. 한마디로 복음의 능력은 구원을 얻게 하는 능력입니다. 믿는 자에게 구원을 주시는 하나님의 능력인 것 입니다. 그래서 사도 바울은 "나는 복음을 부끄러워하지 아니한다!

나는 복음을 자랑한다! 나는 복음을 선포한다! 나는 복음을 위하여 죽겠다!"고 했습니다. 바울에게 있어서 삶의 가치는 복음의 가치요, 죽음의 가치도 복음의 가치입니다. 한마디로 그의 인생은 복음입니다. 사실 복음은 영광스러운 것입니다. 무엇과도 비교할 수 없이 영광스럽고 귀한 것입니다. 왜냐하면 구원을 사모하는 모든 이에게 주시는 하나님의 선물과 능력이기 때문입니다.

구원, 하나님의 선물

그럼, 이렇게 중요한 구원이 주는 메시지는 무엇입니까? 로마서 1장 16절에서 구원의 메시지 네 가지를 찾아볼 수 있습니다.

첫째, 구원이란 나의 노력으로 얻어지는 것이 아니라는 뜻이 있습니다. 구원은 하나님의 선물입니다. 선물이란 사람이 노력해서 얻는 것이 아닙니다. 성경은 예수 믿는 사람들을 가리켜 구원받은 자라고 하는데, 대부분의 많은 사람들이 예수 믿고 구원을 받았다고 말합니다.

그런데 문제는, 구원에 대한 확신이 흔들린다는 것입니다. 어떤 때는 구원받은 것 같지만 또 어떤 날은 구원을 안 받은 것 같습니다. "구원받은 것을 믿습니까?"라고 질문하면 "아멘! 할렐루야!"라고 대답은 합니다. 그런데 왠지 불안한 생각이 듭니다. 이것이 우리가 일반적으로 갖게 되는 구원에 대한 고민입니다. 왜 구원에 대해 이런 불안한 마음이 드는 걸까요?

그 이유를 살펴보면, 1장 16절에 나타난 대로 구원에 대한 정의를 정확하게 이해하지 못했기 때문입니다. 생각해 보십시오. 내가 노력해서, 선행을 해서, 구제를 해서, 착한 일을 해서, 교회에 열심히 나와서, 헌금 열심히 해서 얻는 구원이 어느 정도나 안전하겠습니까? 불안한 것입니다. 그것이 당연하지 않겠습니까?

사람이 노력해서 만든 것은 구원이 아닙니다. 인간은 절대로 인간을 구원할 수 없습니다. 진정한 구원은 인간 밖에서 와야 합니다. 구원은 하나님으로부터 오는 것이 진짜입니다. 많은 사람들이 구원은 하나님으로부터 오는 것이라고 믿으면서도, 한편으로는 내가 노력해서 얻는 것이라는 이중적인 생각을 합니다. 여기에 구원에 대한 불안이 있습니다.

> 복음은 모든 믿는 자에게 구원을 주시는 하나님의 능력이 됨이라
> (롬 1:16).

구원은 누가 주신다고 합니까? 하나님이 주시는 것입니다. 사람이 노력해서 얻는 것이 아닙니다.

하나님이 주신 구원에 대해서 예를 들어 설명하면 쉽게 이해할 수 있을 것 같습니다. 사람이 노력해서 얻는 구원을 촛불에 비유한다면, 하나님이 주시는 구원은 태양에 비유할 수 있습니다. 태양

앞에 서 있으면 아무리 오래 있어도 불안하지 않습니다. 꺼질 염려가 없기 때문입니다. 그러나 촛불 앞에 서 있으면 언제 꺼질까 걱정됩니다. 그리고 촛불은 모든 것을 다 비출 수가 없습니다. 인간이 노력해서 얻은 구원은 촛불처럼 언제나 불안합니다. 선행을 통해서 얻은 구원은 불안합니다. 지금은 내가 착하고 선하다 하더라도 한 시간 후에는 상상할 수 없을 정도로 변할 수 있는 것입니다. 다른 비유를 생각해 본다면, 하나님이 주시는 구원은 공기와 같고 사람이 만든 구원은 산소 호흡기와 같습니다. 이렇게 인간이 만든 구원은 불안한 것입니다.

에베소서는 하나님이 주시는 구원을 "너희는 그 은혜에 의하여 믿음으로 말미암아 구원을 받았으니 이것은 너희에게서 난 것이 아니요 하나님의 선물이라"(엡 2:8)라고 설명하고 있습니다.

만약 우리 스스로 이 말씀을 선언할 수 있다면 구원의 모든 불안에서 당장 해방될 수 있을 것입니다. 구원은 사람에게서 난 것이 아니요, 사람이 만든 것도 아니요, 교회에 열심히 다닌다고 해서 보장되는 것도 아닙니다. 구원은 하나님이 주시는 선물입니다. 그래서 구원받은 자는 감격이 있고 감사가 있습니다. 로마서 5장 8절에도 구원에 대한 말씀이 있습니다. "우리가 아직 죄인 되었을 때에 그리스도께서 우리를 위하여 죽으심으로 하나님께서 우리에 대한 자기의 사랑을 확증하셨느니라."

구원은 우리가 죄인 되었을 때에 얻어집니다. 의인에게도, 잘난 사람에게도 구원은 필요 없습니다. 건강한 사람에게는 의사가 필요 없는 것입니다. 의사가 필요한 사람은 환자입니다. 마찬가지로, 죄도 없고 똑똑하고 잘났다고 생각하는 사람에게 구원이 무슨 의미가 있겠습니까? 죄인이라고 느끼는 사람, 죽어 마땅하다고 생각하는 사람에게 구원이 절실히 요청되는 것입니다.

우리가 아직 죄인 되었을 때에 하나님이 우리를 사랑하심으로 말미암아 자기 아들을 십자가에 못 박혀 죽게 하신 것입니다. 구원은 하나님이 은혜로, 선물로, 공짜로 나에게 주신 것입니다. 구원은 값으로 계산될 수 없습니다.

값으로 계산될 수 있는 것은 다 싼 것입니다. 골동품이든 뭐든 값을 지불할 수 있는 것은 다 싼 것입니다. 진정한 사랑은 값으로 계산할 수 없습니다. 돈으로 안 됩니다. 그러나 요즘 세상 사람들은 사랑조차 돈 주고 사려 합니다. 이것은 얼마짜리, 저것은 얼마짜리, 계산하는 것은 진짜 사랑이 아닙니다. 동물적인 사랑에 불과한 것입니다. '진정한 구원은 사람이 만드는 것이 아니라 하나님이 주시는 선물'이라는 사실을 기억하십시오. 이것이 16절에 나타난 구원의 첫 번째 의미입니다.

구원, 오직 예수

16절에 나타난 구원의 두 번째 메시지는 무엇입니까? 오직 예수 그리스도를 통해서만 구원이 있다는 것입니다. 구원을 우리에게 주시는 하나님의 능력은 무엇입니까? 복음입니다. 복음만이 우리에게 구원을 줍니다. 그 복음은 누구입니까? 예수 그리스도이십니다.

요한복음 14장 6절에서 예수님은 "내가 곧 길이요 진리요 생명이니 나로 말미암지 않고는 아버지께로 올 자가 없느니라"라고 말씀하십니다. 예수님은 "내가 길 중의 하나요 진리 중의 하나요 생명 중의 하나"라고 말씀하지 않으셨습니다. 공자는 "아침에 도를 깨달으면 저녁에 죽어도 한이 없다"라는 겸손한 말을 했습니다. 순수한 도를 깨우친 사람입니다. 석가모니도 "나는 니르반(열반)을 향하여 가르치는 선이다"라고 말했습니다. 그들은 참 겸손했던 사람들입니다. 그러나 예수님은 그렇게 말씀하시지 않았습니다. "내가 길이다"라고 말씀하셨습니다. 길을 가르치는 것과 길은 다릅니다. 진리를 가르치는 사람과 진리는 다른 것입니다.

예수님이 하신 말씀을 예수님이니까 우리가 듣지, 가만히 생각해 보면 굉장히 교만한 말입니다. 또 예수님은 "나를 본 자는 아버지를 보았느니라"는 말씀도 했습니다. 자신이 하나님이라고 말할 수 있는 이가 누가 있겠습니까? 예수님 외에는 없습니다.

이것보다 더 놀라운 이야기를 우리는 사도행전 4장 12절에서 봅니다. "다른 이로써는 구원을 받을 수 없나니 천하 사람 중에 구원을 받을 만한 다른 이름을 우리에게 주신 일이 없음이라 하였더라." 이 말을 듣고 많은 사람이 공격했습니다. "기독교는 너무나 독선적이고 위선적이다. 그게 무슨 종교냐? 다 좋은 게 좋은 거지, 왜 너만 진리라고 말하느냐? 다른 것은 진리가 아니라는 말이냐?" 이렇게 많은 사람들이 시험 들어 공격을 했습니다.

아주 고전적인 예화를 하나 소개하겠습니다. "남산에 올라가는 길이 어찌 하나뿐이랴"라는 말이 있습니다. 남산에 올라가는 길은 앞길도 있고 뒷길도 있고 샛길도 있는데 왜 하나뿐이라고 하느냐는 것입니다. 아무 길로나 올라가기만 하면 되지 왜 꼭 그 길로 가라고 하느냐는 말입니다. 그렇게 생각하면 그 말이 틀린 말이 아니라 맞는 말입니다. 남산에 올라가는 길은 여러 개가 있습니다. 하지만 천국 가는 길은 오직 하나밖에 없습니다.

제가 영국에 있을 때, 어떤 사람이 도버 해협을 헤엄쳐 건너는 모습을 TV에서 생중계한 적이 있습니다. 일본과 한국 사이에 있는 현해탄은 조오련 씨가 헤엄쳐 건넜습니다. 도버 해협이나 현해탄은 아니더라도, 한강 정도는 많은 사람들이 쉽게 건너갑니다. 그러나 태평양을 헤엄쳐 가겠다고 하는 사람은 없습니다. 갈 수도 없고 간 사람도 없고 갈려고 생각하는 사람도 없습니다. 왜 그렇습니까? 죽으니까 그렇습니다. 그것은 절대 불가능합니다.

현해탄이나 도버 해협은 헤엄을 잘 치느냐 못 치느냐가 중요할 수 있지만 태평양을 건너가는 데는 헤엄을 잘 치느냐 못 치느냐가 아무 의미가 없습니다. 마찬가지입니다. 구원받고 천국 가는 데 더 착하냐, 덜 착하냐는 아무런 의미가 없습니다. 헤엄을 아무리 잘 치는 사람도 태평양을 헤엄쳐 미국에 갈 수 없듯이 아무리 착한 일을 많이 해도 천국에 갈 수 없습니다. 한국에서 미국에 가려면 비행기를 타든지 배를 타든지 해야 합니다. 다른 길은 없습니다.

천국 가는 길은 오직 하나입니다. 예수 그리스도뿐입니다. 지상에 사는 동안 이룰 수 있는 일들은 여러 가지 다른 방법으로도 가능합니다. 그러나 천국 가는 길은 한 길뿐입니다.

혹시 비행기에서 뜀박질하는 사람을 본 적 있습니까? 비행기는 그냥 타고 있으면 됩니다. 내가 움직여서 가는 것이 아닙니다. 비행기가 나를 실어 가는 것입니다. 마찬가지로 예수님이 나를 천국으로 실어 가십니다. 구원은 예수 그리스도로만 가능합니다.

옛날에 기독교 어느 교파의 한 신학자가 "불교에도 구원이 있다"는 말을 해서 쫓겨난 일이 있습니다. 세상 사람들은 "다원주의 사회에서, 포스트모더니즘 사회에서, 모든 것이 상대화되는 사회에서, 어떻게 예수만이 절대라고 말하느냐? 그런 독선과 위선이 어디 있느냐?"라고 공격합니다. 그렇게 믿는 것을 몹시 불편해합니다. 그런데 태양이 하나여서, 태양이 두 개가 아니어서 불편합니까? 태양은 하나입니다. 나를 낳으신 부모님도 한 분이십니다. 천국에 가는 길도 하나입니다. 하나님도 한 분이십니다. 진리는 하나입니다. 그분이 예수 그리스도십니다.

구원, 모든 믿는 자를 위한 것

16절에서 발견되는 구원에 관한 세 번째 진리는, '믿는 자에게 구원이 온다'는 것입니다. 예수님이 구원입니다. 예수님은 우리에게 구원을 주시는 하나님의 능력입니다. 어떻게 하면 그 구원을 얻을 수 있습니까? 구원은 하나님의 공짜 선물이요 은혜로 주어지는 것이기 때문에, 누구든지 자동적으로 구원을 받는 것일까요? 아닙니다. 예수님을 믿어야 합니다. '구원' 앞에 '모든 믿는 자들에게'라는 말이 있습니다. '모든 믿는 자들에게'는 '예수님을 영접하고 믿는 사람들에게'라는 뜻입니다. 하나님이 예비하신 구원을 그 사람들에게 주십니다.

> 영접하는 자 곧 그 이름을 믿는 자들에게는 하나님의 자녀가 되는 권세를 주셨으니(요 1:12).

예수님을 영접하는 자, 곧 예수님의 이름을 믿는 자들에게는 하나님의 자녀가 되는 권세를 주셨습니다. 이 말씀에 근거하면 우리는 구원을 다 받았습니다! 구원은 자기감정으로 받는 것이 아닙니다. 구원은 철저하게 하나님의 도움으로 받는 것입니다.

사랑하는 성도 여러분, 예수 그리스도를 영접하고 그 이름을 믿음으로써 하나님의 자녀가 되는 권세를 받으십시오. 믿고 영접하는 것은 내가 하지만, 하나님의 자녀가 되는 권세를 주시는 분은 하나님이십니다. 그러므로 우리가 정말 예수님을 영접하고 믿었다면 하나님의 자녀가 되는 권세는 이미 이루어진 것입니다. 우리가 원하든 원하지 않든 이미 자녀가 된 것입니다. 요한복음 1장 12절 말씀에 의해 "나는 구원받은 게 분명하다"라고 말해야 됩니다. 그러면 틀림없습니다.

> 내가 진실로 진실로 너희에게 이르노니 내 말을 듣고 또 나 보내신 이를 믿는 자는 영생을 얻었고 심판에 이르지 아니하나니 사망에서 생명으로 옮겼느니라(요 5:24).

그렇습니다. 누구든지 주 예수 그리스도의 이름을 부르는 자에게는 구원이 있습니다. 모든 믿는 자들, 즉 예수 그리스도를 영접하고 어린아이처럼 믿는 자들에게 구원이 있습니다. 성경을 한 번도 못 읽었다거나 교회를 자주 빠졌다고 해서 받은 구원이 없어지지는 않습니다. 그것 때문에 구원이 있는 것이 아닙니다. 예수 그리스도를 믿기 때문에 구원이 있는 것입니다.

구원, 제한도 차별도 없는 것

마지막으로 한 가지 더 살펴보겠습니다. "먼저는 유대인에게요 그리고 헬라인에게로다"(롬 1:16). 이 말이 무슨 뜻입니까? 구원의 대상에는 제한이 없다는 뜻입니다. 유대인에게도 헬라인에게도 똑같이 구원은 임한다는 뜻이요, 남자에게도 여자에게도, 어린아이에게도 어른에게도, 피부 색깔이 다른 사람들에게도, 구원은 똑같이 임한다는 뜻입니다. 원시인이든 현대인이든, 시대를 초월한 누구든지, 예수 그리스도를 부르기만 하면 구원을 얻는다는 것입니다.

유대인들은 이방인은 구원받을 수 없다고 생각했습니다. 구원은 자기들의 전유물이라고 생각했습니다. 요즘도 그런 사람들이 많습니다. 자기들만 구원받고 다른 사람들은 다 구원받지 못한다고 생각하는 사람들이 많습니다. 이스라엘 백성은 하나님이 자기들만의 신이라고 생각했습니다.

하나님이 이스라엘만의 하나님이라면 그분은 참 하나님이 아닐 것입니다. 온 인류의, 모든 족속의 하나님일 때 참 하나님입니다. 구원이 어느 누구만을 위한 구원이라면 그건 구원이 아닙니다. 모든 인류를 위한 구원이요 우리를 위한 구원이요 나를 위한 구원일 때 참 구원인 것입니다. "말세에 내가 내 영을 모든 육체에 부어 주리니"(행 2:17)라는 말씀이 있습니다. 말세에는 모든 육체에 제한 없이, 조건 없이, 구별 없이, 주 예수 그리스도의 이름을 부르는 누구에게든지 이 구원과 성령이 임하는 것입니다.

우리는 구원이 주는 네 가지 메시지를 16절에서 살펴보았습니다. 첫째, 구원은 사람이 만드는 것이 아니며 사람이 주는 것도 아닙니다. 구원은 하나님의 선물이며 하나님이 주시는 것입니다. 그것은 공짜이고 은혜이며 축복입니다.

둘째, 그 구원은 예수 그리스도로 말미암아 오는 것입니다. 그리스도 외에는 구원이 없습니다. 상대적 구원은 세상에 많이 있지만 절대적 구원, 유일한 구원은 하나뿐입니다. 태평양은 헤엄쳐서 못 갑니다. 비행기를 타는 믿음으로 가는 것입니다. 예수 그리스도를 믿음으로써 구원받는 것입니다.

셋째, 구원은 그냥 얻어지는 것이 아니라 내가 믿음으로 얻어지는 것입니다. 수도꼭지까지 물이 꽉 차 있지만 내가 물을 만들 수는 없습니다. 내가 물을 거기까지 가져 올 수도 없습니다. 물이 와 있는 것입니다. 그 물을 내가 먹으려면, 수도꼭지를 틀어야 합니다. 구원은 받아들이면 되는 것입니다. 예수님을 인정하면 되는 것입니다. 그분이 나를 위하여 십자가에 못 박혀 돌아가셨고 부활하셨다는 사실, 성경에 기록된 그 사실을 믿고 예수님을 영접하고 따르면, 구원이 즉각 내게 임하게 되어 있습니다.

마지막으로 이 구원은 제한이 없습니다. 모든 민족과 열방에게, 모든 사람에게 하나님은 이 구원을 주십니다.

의인은 오직 믿음으로

복음으로 말미암아 얻은 이 구원에 대해 17절에서 좀 더 자세히 설명합니다.

복음에는 하나님의 의가 나타나서 믿음으로 믿음에 이르게 하나 니 기록된 바 오직 의인은 믿음으로 말미암아 살리라 함과 같으니 라(롬 1:17).

우리를 이렇게 구원하게 하신 하나님의 복음이란 무엇입니까? 복음이 무엇이길래 하나님의 능력이요 하나님의 지혜라고 하는 것입니까? 그 복음이 어떻게 값없이 우리로 하여금 하나님의 자 녀가 되게 하고 구원을 얻게 하는 것입니까? 거기에 대해 17절에 서는 한마디로 '복음에는 하나님의 의가 있다'고 설명합니다. 다 른 말로 하면 복음에 하나님의 의가 나타났다는 것입니다. 복음이 있는 곳에는 하나님의 의로움이 있다는 것입니다. 그러면 "하나님 의 의가 복음 안에 있다"는 말은 무슨 뜻일까요? 그것은 사람을 의 롭게 하는 하나님의 의가 거기에 있다는 것입니다. 사람을 하나님 의 의의 기준까지 이르게 하는 능력이 그 복음 안에 있다는 것입니 다. 복음 안에 이 의롭게 하는 능력, 의롭게 하시는 하나님이 있습 니다. 그래서 누구든지 예수 그리스도를 믿으면 죄인도 의인이 되 고 구원받게 됩니다.

하나님의 의는 예수 그리스도의 십자가의 보혈과 부활을 통하 여 나타납니다. 죄인을 의롭게 만들고 하나님의 자녀가 되게 하는 그 놀라운 복음의 능력이 그 하나님의 의 안에 감추어져 있습니다.

그 다음 문장이 참 재미있습니다. 복음에는 하나님의 의가 나타나서 "믿음으로 믿음에 이르게 하나니"라는 것입니다. 이 구절을 영어로 보면 from과 to라는 전치사가 나옵니다. from은 믿음의 출처를 말하고 to는 믿음의 방향을 말합니다. 복음 안에 구원의 능력이 있고 그 구원은 하나님의 의에 이르게 합니다. 이 모든 것은 믿음으로 되는 것입니다. 그다음에 사도 바울은 하박국 선지자가 했던 유명한 말씀 "의인은 그의 믿음으로 말미암아 살리라"(합 2:4)를 인용합니다.

이 말씀이 종교개혁을 일으켰습니다. 모든 가짜 종교를 때려 부쉈습니다. 잘못된 신앙, 전통적인 신앙, 형식적인 신앙을 이 말씀 한마디로 산산조각 내 버렸습니다. 무섭고 어두운 중세를 이 말씀으로 탈출하기 시작했습니다.

이 말씀이 우리의 신앙을 새롭게 만들 것입니다. 이것이 참 믿음이요, 참 신앙이요, 참 구원입니다. 기독교의 핵심 진리는 여기에 있습니다. 그러나 오늘날 교회의 현실은 믿음으로 구원받는다는 기독교의 핵심 진리를 다 분산시켜 놓았습니다. 믿는 사람들이 '예수 믿으면 만사형통한다, 건강해진다, 복 받는다'고 말합니다. 물론 맞는 말입니다. 예수님을 믿으면 건강하고 축복을 받으며, 만사형통합니다. 그러나 그것은 중심 진리가 아닙니다. 중심 진리는, 우리가 믿음으로 산다는 것입니다. 의인은 오직 믿음으로 살며 믿음으로 믿음에 이른다는 것입니다. 복음을 믿는 믿음, 복음 안에 있는 하나님의 의를 이루는 믿음이 기독교의 진정한 믿음입니다.

그러나 요즘 기독교는 '하면 된다'는 적극적 사고방식 또는 긍정적 사고방식 등으로 믿음을 전부 이상하게 해석해 버렸습니다. 그래서 사람들이 예수 그리스도에게 집중하지 않습니다. 자기 정신력에 집중합니다. 자기 기도에 도취해 있습니다.

예수님을 믿는다고 다 오래 삽니까? 아닙니다. 일찍 죽은 사람도 있습니다. 예수님을 믿으면 다 부자가 됩니까? 아닙니다. 가난해질 수도 있습니다. 예수님을 믿으면 다 성공합니까? 아닙니다. 실수할 수도, 실패할 수도 있는 것입니다.

오래 사는 것이 진리입니까? 예수님은 서른세 살에 죽었다는 사실을 기억하십시오. 그분은 결혼도 안 했습니다. 무엇이 진리이며, 참 복음입니까? 현상학적이고 기복신앙적인 것에 신앙의 기초를 두지 마십시오. 물론 예수를 믿으면 복을 받습니다. 땅의 축복을 받을 뿐만 아니라 하늘의 영원한 축복도 받는 것입니다. 중요한 것은 믿음입니다. 구원은 믿음으로 받습니다. 내 행위로 받는 것이 아니요 감정으로 받는 것도 아니요 믿음으로 받습니다.

성령도 어떻게 받습니까? 믿음으로 받습니다. 감정으로 받는 것이 아닙니다. 영생도 믿음으로 받습니다. 그리스도인들은 믿음으로 사는 사람들입니다. 위대한 믿음, 그것이 곧 신앙입니다.

오늘 교회는 타락해 가고 있습니다. 흔들리고 있습니다. 말씀에서 떠났기 때문에 그렇습니다. 이상한 이야기를 많이 합니다. 핵심이 아닌 것을 핵심인 것처럼 이야기합니다. 그렇게 하면 사람들이 모일 수 있습니다. 사람들이 귀를 기울일 수 있습니다. 그러나 그것은 복음의 핵심이 아닙니다. 복음의 핵심은 하나님의 의가 나타나는 것입니다. 믿음으로 의인은 사는 것입니다. 복음 안에서 사십시오. 의인은 참된 믿음으로 존재하는 것이며, 위대한 믿음이 모든 것을 가능하게 합니다.

5

불경건의 죄

로마서 1:18-23

성경이 끝까지 선포하는 것은 인간은 죄인이라는 것입니다. 적당히 죄를 지은 죄인이 아니라, 철저한 죄인이라는 것입니다. 성경은 "인간 안에는 구원이 없다, 선한 것이 없다, 인간은 구원받을 만한 구석이 전혀 없다"고 합니다.

기록된 바 의인은 없나니 하나도 없으며 깨닫는 자도 없고 하나님을 찾는 자도 없고 다 치우쳐 함께 무익하게 되고 선을 행하는 자는 없나니 하나도 없도다 그들의 목구멍은 열린 무덤이요 그 혀로는 속임을 일삼으며 그 입술에는 독사의 독이 있고 그 입에는 저주와 악독이 가득하고 그 발은 피 흘리는 데 빠른지라 파멸과 고생이 그 길에 있어 평강의 길을 알지 못하였고 그들의 눈앞에 하나님을 두려워함이 없느니라 함과 같으니라(롬 3:10-18).

모든 사람이 죄를 범하였으매 하나님의 영광에 이르지 못하더니 (롬 3:23).

'인간이란 과연 무엇인가'에 대해 자신과 주변과 역사를 깊이 묵상해 보면 죄인이라는 말밖에는 할 말이 없습니다. 누구를 막론하고 그렇습니다. 도덕적으로 좀 선하고 덜 선한 차이는 있을지 모르겠습니다. 그러나 인간은 다 죄인입니다.

용서받아야 할 두 가지 죄

죄에는 두 가지 종류가 있습니다. 하나는 하나님을 믿지 않는 불신자의 죄입니다. 두 번째는 하나님을 믿는다고 자처하는 신자의 죄입니다. 다 도피할 수 없는 죄입니다.

죄 역시 다 같은 것이 아닙니다. 하나님께 대한 죄가 있고 사람에 대한 죄가 있습니다. 하나님께 지은 죄는 하나님께 용서를 받아야 합니다. 우리가 세상에서 사람에게 지은 죄는 사람에게 용서를 받아야 합니다. 이것을 구분하지 못하면 사람에게 죄를 짓고 하나님께 용서를 빕니다. 세상에서 죄를 지으면 세상 법에 의해 처벌을 받아야 합니다. 그것은 우리가 세상에서 사람에게 죄를 지었기 때문입니다. 반대로, 하나님께 지은 죄에 대해 사람에게 용서해 달라고 하는 것 역시 소용이 없습니다. 그것은 하나님 앞에서 해결을 받아야 합니다.

로마서 1장 18절에서는 모든 인간이 죄인임을, 18 - 32절에서는 모든 자연인이 죄인이라고 설명하고 있습니다. 2장으로 넘어가면 하나님을 믿는 신자들에 대해 이야기하는데, 신자들 역시 죄인이라고 합니다. 그래서 하나님을 믿든지 안 믿든지, 똑같이 도망갈 수 없는 죄인이라고 기록하고 있습니다.

로마서가 이토록 철저하게 인간을 죄인이라고 하는 이유는 인간이 죄인이 아니라면 구원이 없기 때문입니다. 절망이 없이는 소망이 없으며 복음이 없이는 부활이 없습니다. 철저한 자기 부정 없이는 주님을 따르는 길이 없습니다. 우리의 구원이 왜 희미하며, 감격과 능력이 없습니까? 우리가 죄인이라고 고백하지 않았기 때문입니다. 자기의 죄를 철저하게 규명하지 않았기 때문입니다. 마치 태양 앞에 촛불이 있는 것과 마찬가지입니다. 그래서 예수님의 이름으로 구원받았음에도, 그것이 기쁘지 않은 것입니다. 감격스럽지 않고 소중하지 않은 것입니다. 즉 자기 죄에 대한, 죄의 본질에 대한 철저한 깨달음과 경험이 없기 때문에 그렇습니다.

쌓이는 하나님의 진노

하나님의 진노가 불의로 진리를 막는 사람들의 모든 경건하지 않음과 불의에 대하여 하늘로부터 나타나나니(롬 1:18).

이것은 하나의 서론입니다. 모든 사람이 죄를 지었기 때문에 하나님의 진노 아래 있다는 말입니다. 철저한 하나님의 심판과 진노 아래 있을 수밖에 없다는 것입니다.

로마서 1장 서론의 주제는 두 가지입니다. '복음 안에는 하나님의 의가 나타났다. 믿음으로 믿음에 이른다'는 것입니다. 16 - 17절에서 그것에 대해 말씀하고 있습니다. 복음 안에는 하나님의 의가 나타나고, 죄 안에는 하나님의 진노가 나타난다는 내용이 대칭을 이루고 있습니다. 우리는 예수 그리스도의 복음으로 말미암아 이 진노 가운데서 구원을 받았습니다.

사실 우리는 하나님의 진노와 상관이 없는 사람들입니다. 왜냐하면 복음 안에는 하나님의 의가 나타났기 때문입니다. 그러나 죄 문제를 해결하지 않은 사람은 진노 아래 있게 됩니다. 우리가 살고 있는 세상을 생각해 보십시오. 하나님의 의가 나타났습니까? 하나님의 진노가 나타났습니까? 이 세상은 하나님의 진노로 가득 차 있습니다. 죄는 용서받기 전까지는 절대로 없어지지 않습니다. 숨겨도 안 되고 세월도 별로 도움이 되지 않습니다.

하나님의 진노는 쌓이는 것입니다. 우리의 죄는 없어지지 않고 쌓여 갑니다. 잊어버린 것 같아도 없어지지 않습니다. 예수 그리스도의 피로 그 죄를 씻지 않는 한 그 죄는 그대로 있습니다. 우리가 죽는 날 그것이 터지는 것입니다. "한 번 죽는 것은 사람에게 정해진 것이요 그 후에는 심판이 있으리니"(히 9:27)라고 하지 않습니까? 십자가의 피와 예수 그리스도의 말씀과 복음으로 그 죄가 용서받아야 합니다.

지금은 괜찮습니다. 그러나 세무서에 우리의 금융 정보가 쌓이듯이, 지난날 우리가 지은 죄의 목록들이 다 쌓이고 있습니다. 역사의 죄들도 씻김받고 용서받지 않고서는 없어지지 않습니다. 그대로 있습니다. 이것이 진노입니다. 하나님의 진노가 경건치 않음과 모든 불의에 대하여 하늘로부터 임한다고 성경은 말합니다. 이것이 앞으로 우리에게 나타날 대환난의 모습들입니다.

아담 이후 홍수, 바벨탑, 소돔과 고모라 사건들을 보십시오. 역사의 대문명들, 앗시리아, 바벨론, 페르시아, 로마, 그리스, 중세를 거치면서 인간이 지은 모든 죄악들, 소련 등 공산주의가 저지른 많은 죄악들, 자본주의가 저지른 많은 죄악들, 여러 모습의 선이라는 미명하에 인간이 저지른 많은 죄악들은 어디로 갔습니까? 사람이 죽으면 없어집니까? 다 쌓여 있습니다. 이것이 대환난이요 심판입니다. 심판이 없다면 하나님은 거룩하신 분이 아닙니다. 심판이 있어야 합니다. 그래서 정의로운 자들이, 순교자들이 하소연할 곳이 있는 것입니다.

우리와 국가와 인류가 저지른 죄악들은 절대로 없어지지 않고, 다 쌓입니다. 이 심판을 막을 수 있는 분은 오직 한 분, 예수 그리스도입니다. "누구든지 예수를 믿는 자는 구원을 얻으리라"고 말씀하셨습니다. 그분 안에서 모든 죄악과 저주가 사라지는 것입니다. 이에 대해 다윗은 "우리의 모든 날이 주의 분노 중에 지나가며"(시 90:9)라고 고백합니다.

하나님이 공의롭고 거룩하신 분이라면, 사람들을 보면서 분노를 안 터뜨리신 날이 하루라도 있겠습니까? 시편 7편 11절을 보면 알 수 있습니다. "하나님은 의로우신 재판장이심이여 매일 분노하시는 하나님이시로다."

세례 요한은 비유적으로 도끼가 나무뿌리에 닿았다고 표현했습니다. 하나님의 진노가 우리 안에 가득 찼다는 말입니다. 그러한 진노들이 하나씩 터지는 것입니다.

하나님의 진노를 가져오는 자

그렇다면 이러한 하나님의 진노를 일으키는, 불의로 진리를 막는 사람들은 누구입니까? 성경은 그에 대해 두 가지로 설명합니다. 첫째는 경건하지 않은 것이고, 둘째는 불의한 것입니다. 경건하지 않은 것은 1장 18-23절에 나타나 있으며, 불의에 대해서는 24-32절까지에서 설명하고 있습니다. 이것을 다른 말로 표현하면, 본질적인 죄와 도덕적이고 윤리적인 죄를 말합니다.

사람들은 일반적으로 진리보다는 거짓을 좋아합니다. 표면적으로는 진리를 좋아하는 것 같기도 합니다. 그런데 사는 것을 보면, 마음은 진리를 원하면서도, 악을 선택합니다. 자꾸 부정적으로 바뀝니다. 비판하고, 독점하고, 지배하고 싶습니다. 이것은 누가 가르쳐 준 것이 아닙니다. 원래부터 그런 경향이 있는 것입니다.

우리는 선합니까, 악합니까? 악합니다. 죄에 대한 깊은 상처와 하나님에 대한 깊은 상처가 있습니다. 이런 사람은 하나님을 모르고 하나님 찾기를 거부하며 하나님 자체를 거부합니다. 부정적인 성향은 같습니다.

먼저, 첫 번째 부류는 하나님을 우습게 생각하는 불경건한 사람입니다. '불경건'은 "하나님이 없다(godless)"고 하는 것입니다. 이런 사람은 하나님을 자신의 마음에 두기를 싫어하며 그분의 존재를 인정하지 않으려 합니다. 하나님과 내 인생이 관계 맺는 것을 거부하며, 하나님을 경외할 수 없습니다. 경건이 '하나님을 존경하고 거룩하게 생각하고 경외하는 마음'이라면 불경건은 그와 반대입니다.

이것은 가장 큰 죄입니다. 하나님을 내 마음속에 모시지 않으려고 하는 것, 하나님께 경배와 찬양과 존귀를 올려 드리려고 하지 않는 것들이 죄입니다. 이러한 죄가 본질적인 죄이며 영적인 죄이며 원죄입니다.

음식은 가만히 두면 썩고, 사람이 살지 않는 집은 폐허가 됩니다. 내 인생의 주인이신 하나님이 내 삶에 계시면 모든 일이 질서가 잡힙니다. 본능을 제어하고 내 마음속의 죄 성향을 제어할 수 있습니다. 그러나 하나님을 거부하고 내 마음속에 하나님이 없으면, 전등에 빛이 없는 것과 같습니다. 빛을 비출 수가 없고 캄캄합니다. 어두움만이 있습니다. 우리 인생이 어두워지고 불안해집니다. 도덕적으로 썩고 곰팡이가 생깁니다. 그러나 생명이 있으면 썩지 않습니다. 하나님이 계시면 썩지 않습니다.

하나님의 진노를 가져오는 두 번째 부류의 사람은 불의한 사람입니다. 불의는 하나님을 모시지 않거나 경건하게 생활하지 않는 데서 옵니다. 이런 이들은 죄를 이길 힘이 없어서 도덕적, 윤리적으로 타락합니다. 걷잡을 수 없이 부패하고 맙니다. 그런 상태가 불의입니다.

하나님을 거부하는 죄

불경건의 첫 번째 뜻은, 하나님을 우습게 여기는 것입니다. 하나님이 인간을 창조하실 때, 분명히 인간에게 하나님을 알 만한 것을 주었다고 했습니다.

> 이는 하나님을 알 만한 것이 그들 속에 보임이라 하나님께서 이를 그들에게 보이셨느니라(롬 1:19).

인간의 이성과 양심에 하나님을 느끼도록 하셨다는 말입니다. 즉 하나님을 믿지 않는 무신론자나 불가지론자들은 다 거짓말쟁이라는 뜻입니다. 하나님이 존재하신다는 것을 사람의 이성과 양심이 다 알도록 만드셨는데, 하나님이 없다고 하는 것은 거짓말입니다.

무신론 역시 하나의 신앙입니다. 하나님이 없다고 믿는 것입니다. 하나의 주장이요, 사상입니다. 하나님에 대한 반항이요, 거부요, 도전입니다. 하나님과 전쟁을 하겠다고 우기는 것입니다. 인간은 죄의 상처가 있기 때문에 하나님이 내 속에 들어오는 것을 자꾸 거부합니다.

이에 대해 성경은 '하나님을 알 만한 것이 그들 속에 있다'고 말씀합니다. 사람들은 언제 이것을 알게 됩니까? 병들고 죽을 때가 되면 이것을 알게 됩니다. 권력 있고 돈 있고 젊고 기운이 있을 때는 잘 모릅니다. 병들어 죽음 앞에 섰을 때, 인간 본연의 자세로 돌아갔을 때에야 하나님께로 돌아옵니다. 하나님은 살아 계십니다. 이 사실을 하나님이 사람에게 심어 주셨다고 합니다.

불경건의 두 번째 뜻을 보겠습니다.

창세로부터 그의 보이지 아니하는 것들 곧 그의 영원하신 능력과 신성이 그가 만드신 만물에 분명히 보여 알려졌나니 그러므로 그들이 핑계하지 못할지니라(롬 1:20).

하나님은 자신의 모든 보이지 않는 능력과 신성을 모든 자연 만물에 심어 두셨다고 합니다. 창조자가 만든 것들과 그분 자신은 당연히 상관이 있습니다. 유명한 화가의 그림 속에는 그 화가가 들어 있습니다. 작품을 보면 그 작가의 성품을 알 수 있습니다.

이 우주 만물에는 하나님이 계십니다. 그가 만드신 것에는 만드신 이의 호흡과 인격이 들어 있습니다. 들에 핀 꽃 한 송이에도 하나님이 계십니다. 흐르는 공기에도 하나님이 계십니다. 인간의 몸은 어떻습니까? 이것이 어찌 우연일 수 있겠습니까? 어떻게 진화되었다고, 우연히 이렇게 만들어졌다고 생각할 수 있습니까? 창조자가 없이 어찌 인간이 있을 수 있겠습니까? 인간이 깨끗한 양심과 이성으로 판단한다면 이 모든 것을 다 알 수 있습니다.

그럼에도 불구하고 인간은 오만하게 '하나님이 없다'고 말합니다. 이것이 죄입니다. 하나님이 없다고 하는 것은 인간의 죄 의지입니다. 자연스러운 것이 아닙니다. 그 뒤에는 사탄의 세력이 웅크리고 있습니다. 본문은 이것을 말하고 있는 것입니다. 어느 누구도 핑계 댈 수 없다고 말씀합니다. 하나님은 공의로우시며 거룩하시며 인간의 죄에 진노를 쌓으십니다. 그러므로 회개하고 정리하십시오. 끌고 다니지 마십시오. 죄를 씻을 수 있는 것이 구원이고 축복입니다.

저항과 거부의 결과

이제 하나님을 마음속에 두기 싫어함으로써 오는 결과를 보겠습니다.

하나님을 알되 하나님을 영화롭게도 아니하며 감사하지도 아니하고 오히려 그 생각이 허망하여지며 미련한 마음이 어두워졌나니(롬 1:21).

하나님이 없으면 감사가 없습니다. 하나님을 영화롭게 할 수 없습니다. 마음이 허망하고 미련해지며 어두워집니다. 그 결과는 곰팡이가 생기고 썩고 지저분해지고 부식됩니다. 그래서 절제와 통제가 안 됩니다. 기준이 없고, 인격이 없어서 자기 마음대로 삽니다. 그 마음에 하나님이 계시지 않기 때문입니다.

썩어지지 아니하는 하나님의 영광을 썩어질 사람과 새와 짐승과 기어 다니는 동물 모양의 우상으로 바꾸었느니라(롬 1:23).

하나님이 없으면 썩어질 인간과 썩어질 동물이 그 자리를 대신합니다. 쉽게 말하면 이것이 우상 숭배입니다. 우상 숭배는 하나님 없는 인간의 본질입니다. 하나님 없이 인간은 살 수 없습니다. 하나님 없이 사는 사람은 다 미쳐 버립니다. 그래서 그 자리에 인간을 가져다 놓습니다. 히틀러와 스탈린이 바로 그런 경우입니다. 국가적, 집단적 우상이었습니다. 로마 황제는 스스로 신이었습니다. "하나님을 믿으려면 내 주먹을 믿으라"고 하면서 하나님을 망령되이 욕하는 이들이 있습니다. 자기 자신이 신이고, 자신의 정욕과 야망대로 삽니다. 많은 사람들을 죽이고 피해를 줍니다.

그렇지 못한 사람들은 짐승과 벌레의 우상을 가지고 살아갑니다. 이것이 우리에게 주는 메시지입니다. 죄에는 하나님의 진노가 나타납니다. 그러나 복음에는 하나님의 의가 나타납니다. 하나님을 믿는 사람에게는 영생이 있으며, 용서가 있습니다. 진노가 사라지고 심판이 사라지는 것입니다. 환난이 와도 그 사람은 피해 가는 것입니다. 그에게는 영원한 생명이 약속되어 있습니다. 죄의 삯은 사망이요, 예수 그리스도는 우리의 소망이십니다. 인간이 죄인임을 고백해야 합니다. 하나님의 진노가 우리 안에 있다는 사실을 인정해야 합니다. 예수 그리스도의 의로 새로 옷 입고 그 앞에 나아가기를 축원합니다.

6

부도덕의 죄

로마서 1:24-27

인간의 내면세계를 깊이 들여다보면 온갖 오물과 더러운 죄들로 가득한 호수와 같습니다. 겉보기에는 잔잔하고 평화로워 보이지만 그것은 죽음의 호수요, 저주의 호수입니다.

스코틀랜드의 네스 호에 가 본 적이 있습니다. 괴물이 있다는 곳입니다. 그러나 괴물은 보이지 않았습니다. 인간의 마음도 똑같습니다. 겉으로 보기에는 아무것도 없는 듯한데, 깊은 곳에 들어가 보면 거대한 괴물 같은 사탄이 거친 숨을 몰아쉬며 살고 있습니다. 그것이 내 영혼의 깊은 곳에서 내 인격과 성격을 지배하고 내 삶을 지배합니다. 긍휼과 사랑이 있어 보이지만, 조금만 더 깊이 내면을 들여다보면 질투와 야망과 시기와 온갖 더러운 것들이 가득 차 있는 것을 발견하게 됩니다.

인간의 죽음과 심판

어느 신학자는 인간의 마음을 '악의 제조 공장'과 같다고 했습니다. 샘물이 나오듯 인간의 마음속에서 끊임없이 솟아 나오는 것은 악한 생각뿐이요 더러운 생각뿐이라는 것입니다. 로마서는 모든 인간은 스스로 하나님을 떠난 죄인이라고 선언합니다. 즉 사탄의 종노릇하는 죄인이 되었다고 이야기합니다. 로마서 6장 23절은 "죄의 삯은 사망이요"라고 말씀합니다. 죄를 지은 인간에게 죽음과 사망이 찾아온 것입니다. 그래서 인간은 사망의 그늘에 앉아 있는 존재입니다. 그것이 인간입니다. 하나님이 없는 인간, 하나님을 떠난 인간에게는 죽음에 대한 불안과 그림자만 있습니다. 이것이 하나님 없는 인생입니다.

히브리서 9장 27절은 "한 번 죽는 것은 사람에게 정해진 것이요 그 후에는 심판이 있으리니"라고 말씀합니다. 이것이 인생에 대한 두 가지 진리입니다. 사람은 반드시 죽는다는 것과 살아온 대로 심판을 받게 된다는 것입니다. 마치 식사 후 식사 값을 계산해야 하는 것처럼 우리의 인생을 계산해야 합니다. 사망한 인간, 사망의 그늘에 앉아 있는 인간에게 주어지는 것은 그가 행한 대로 받는 심판입니다.

사람들은 자기가 지은 죄를 잊어버리거나 무시하려고 합니다. 그래서 오랜 세월이 지나면 자신도 기억하지 못하고 다른 사람들도 기억하지 못합니다. 그렇다고 죄가 없어집니까? 그렇지 않습니다. 그 죄가 하나님으로부터 가려지거나 용서받지 못했다면 그 죄는 그대로 있습니다. 개인이 지은 죄는 그가 죽는 날 다 심판받게 될 것이며, 인류 역사가 지은 죄도 역사의 종말에 남김없이 다 계산될 것입니다. 이것이 말세에 나타날 대환난과 심판입니다.

지금도 세계 도처에서는 사람이 억울하게 죽고 약탈과 폭력이 난무하고 있습니다. 어떤 경우에는 나라를 빼앗고, 기업을 빼앗고, 가정을 빼앗아 갑니다. 또 어린 생명도 빼앗아 갑니다. 그러나 분명한 사실이 있습니다. 개인이든 나라든 간에, 이 모든 죄악은 하나도 어김없이 그 대가를 치르게 된다는 것입니다. 우리가 분노하고 저주하고 욕한 모든 것도, 약탈하고 폭력을 행한 모든 것도 그대로 심판받게 될 것입니다. 이러한 이유 때문에 하나님이 자신의 독생자 어린 양 예수 그리스도를 이 세상에 보내 십자가에 못 박혀 죽게 하셨습니다. 예수 그리스도가 우리 죄를 대신하여 십자가에 피 흘려 죽으신 이유는, 하나님의 진노와 심판으로부터 구원하기 위해서입니다.

예수 그리스도의 피로 구원받으셨습니까? 지체하지 마십시오. 지금 이 시간 여러분의 모든 죄를 회개하고 예수 그리스도의 피로 씻음을 받으십시오. 성경은 그 죄가 진홍같이 붉을지라도 눈과 같이 희어질 것이라고 말했습니다. 하나님은 동이 서에서 먼 것처럼 그 죄를 멀리하겠다고 하셨습니다. 또 그것을 기억도 하지 않겠다고 하셨습니다. 그러나 회개하지 않은 죄는 그대로 남아 있습니다. 용서받지 못한 죄, 예수 그리스도의 피로 씻음 받지 못한 죄는 물건을 쌓아 놓듯 차곡차곡 쌓입니다. 그리고 어느 날 그 쌓인 죄는 하나님의 진노로 나타납니다.

하나님의 진노, 내버려 두심

진노란 하나님의 은혜가 있다가 없어지는 것을 의미합니다. 가만히 생각해 보면 인간의 삶은 내가 잘나고 똑똑해서 유지되는 것이 아니라 하나님이 보호해 주셔서 내가 존재하는 것입니다. 그런데 어느 날 보호막이 사라져 버린 사실을 알게 되었습니다. 이것은 마치 손수레가 벼랑 끝에 있는 것과 같습니다. 누가 붙잡지 않으면 그냥 내려가기 시작합니다. 경사가 가파를수록 더 빨리 내려갑니다. 혹시 리어카가 언덕에서 미끄러져 내려오는 광경을 본 적 있습니까? 무서운 속도로 내려옵니다. 그것이 심판입니다.

은혜란 하나님이 붙잡고 계셔서 내가 존재하는 것을 의미합니다. 그런데 하나님의 이러한 은혜가 나타나지 않는다면 하나님의 진노가 그대로 나타나게 됩니다. 하나님의 포기란 "그래, 네 맘대로 살아라"고 하는 것입니다. 하나님의 간섭이 사랑이라면 하나님의 포기는 곧 심판입니다. 생각해 보십시오. 부모들은 자기 자녀가 조금만 잘못을 해도 간섭합니다. 반대로 다른 사람의 자녀에 대해서는 간섭하지 않습니다.

병든 것을 감사하십시오. 사업이 잘 되지 않고 부도나는 것도 감사하십시오. 하나님의 사인입니다. 하나님의 간섭입니다. 나쁜 짓을 해도 잘되는 것은 저주입니다. 죄를 저질렀는데도 간섭하지 않으시는 것입니다. 하나님이 간섭하시고 죄를 막아 주시는 것이 축복입니다. 그러나 만일 이러한 하나님의 간섭을 싫어하고 하나님을 마음에 두기 싫어하면 어떤 일이 일어납니까? 하나님이 보호막을 치워 버리십니다. 즉 손을 놓아 버리십니다.

이때 인간은 죄의 본성대로 욕망을 따라 걷잡을 수 없이 곤두박질하여 온갖 죄를 저지르게 됩니다. 이러한 저주에 대해 세 번 반복해서 언급하고 있습니다. 다음 말씀을 보십시오.

> 그러므로 하나님께서 그들을 마음의 정욕대로 더러움에 내버려 두사(롬 1:24).

> 이 때문에 하나님께서 그들을 부끄러운 욕심에 내버려 두셨으니(롬 1:26).

> 또한 그들이 마음에 하나님 두기를 싫어하매 하나님께서 그들을 그 상실한 마음대로 내버려 두사(롬 1:28).

하나님의 은혜의 보호막이 사라지는 것이 저주요 심판입니다. 이것이 모든 불신자에게 임하는 하나님의 심판이요 진노입니다. 살아오면서 어떤 은혜의 손이 나를 붙잡고 있었다는 생각이 들지 않습니까? 누군가 나를 위해 계속 기도해 왔다는 생각을 해보지 않았습니까? 그렇게 위험한 순간에도 하나님이 나를 지켜 주시고 보호해 주셨던 것은 기적 아닙니까? 지나고 생각해 보면 그것은 놀라운 일이었습니다. 이미 하늘나라로 가셨지만 제 아버님께서는 하루에 3시간 이상 기도하셨습니다. 제 목회 생활을 돌이켜보면 '그 기도가 보호막이었구나' 하는 생각을 떨칠 수가 없습니다. 제가 그렇게 잘나고 훌륭한 사람이 아님에도 불구하고 이렇게 목회를 할 수 있는 것은 하나님의 보호하심이 있었기 때문입니다. 어떤 돕는 손이 있다는 것을 저는 압니다. 제 삶뿐만 아니라 여러분의 삶에도 분명히 그러한 일이 있었을 것입니다.

하나님이 인간에게 아무리 말씀하셔도 듣지 않으면 어떻게 하십니까? "네가 원하는 대로, 정욕대로 본능대로 네 마음대로 살라"고 하십니다. 이것이 하나님의 진노입니다. 만일 하나님이 우리를 마음의 정욕과 본능대로 살도록 두시면 어떤 일이 생깁니까?

본능대로 사는 인간

24절을 보면, 첫째, 그들의 몸을 서로 욕되게 한다고 하셨습니다. 본능대로 산다는 뜻입니다. 느끼는 대로 살고 동물처럼 사는 것입니다. 그래서 결과적으로 몸을 욕되게 합니다. 두 번째는 하나님의 진리를 거짓되게 합니다. 거짓말이 판을 치고 뇌물이 통용되며 악한 권모술수가 판치는 사회가 옵니다. 세 번째, 피조물을 조물주보다 더 경배하고 섬기는 사회가 됩니다. 인간을 하나님보다 더 섬기고 돈을 하나님보다 더 섬기는 사회가 됩니다. 돈이 중요하고 권력이 중요하게 됩니다. 이런 것을 사람들이 경배하고 섬기는 사회가 옵니다. 이는 저주받은 사회입니다. 하나님의 심판이 있는 사회입니다. 우리가 살고 있는 세상이 혹시 그런 사회는 아닙니까?

이 때문에 하나님께서 그들을 부끄러운 욕심에 내버려 두셨으니 곧 그들의 여자들도 순리대로 쓸 것을 바꾸어 역리로 쓰며 그와 같이 남자들도 순리대로 여자 쓰기를 버리고 서로 향하여 음욕이 불 일 듯하매 남자가 남자와 더불어 부끄러운 일을 행하여 그들의 그릇됨에 상당한 보응을 그들 자신이 받았느니라(롬 1:26 - 27).

인간이 정욕대로 살게 되면, 자기 몸을 더럽히는 본능과 쾌락 중심의 사회가 되고 거짓이 판치는 사회가 되고 물질 중심의 사회가 됩니다. 다른 말로 표현하면 성적으로 타락한 사회입니다. 모든 광고, 물건이 성에 초점을 맞춥니다. 성이 상품화되는 사회입니다.

이때 어떤 일이 생깁니까? 여자들이 순리대로 쓸 것을 바꾸어 역리로 씁니다. 여성과 남성이 결혼해서 함께 사는 것이 하나님의 법도입니다. 하나님이 남자와 여자를 만드셨습니다. 남자는 남자답게, 여자는 여자답게 살라고 남자와 여자를 만드셨습니다. 남자는 남자답게 사는 것이 하나님의 평등이요 여자는 여자답게 사는 것이 하나님이 평등입니다. 그러나 사람들은 이 역할을 섞어 버렸습니다. 인간은 마음대로 자신의 권리를 주장합니다. 하나님의 법을 무시하고 깨 버립니다. 이러한 사회를 가리켜 '성욕이 지배하는 사회'라고 말합니다. 이것이 저주입니다.

　여자와 여자가 살면 무슨 일이 생깁니까? 하나님이 만들어 주신 가정이 없어집니다. 보통 일이 아닙니다. 마귀의 방법입니다. 미국 사회는 동성연애를 합법화하기 시작했습니다. 그들이 정치적인 세력을 갖기 시작했습니다. 하나님의 법을 인간의 숫자의 힘으로 바꾸어 버리기 시작했습니다. 저주받은 사회입니다. 미국에서는 동성연애 하는 사람들끼리 교회를 만들어 버립니다. 그래서 동성연애 하는 사람도 목사 안수를 주어야 한다고 주장합니다. 그러나 하나님이 허락하지 않으십니다. 기뻐하지 않으십니다. 가정을 파괴하는 것입니다. 여자와 남자의 역할이 다릅니다. 그러나 인간들은 여자와 남자의 역할을 다 바꾸고는 그것을 평등이라고 부릅니다. 그 결과는 무엇입니까?

　"그들의 그릇됨에 상당한 보응을 받았다"고 합니다. 이러한 일들은 로마 시대에도 있었습니다. 역사상 이러한 일들이 반복되어 왔습니다. 무서운 일입니다. 인간이 상상할 수 있는 모든 더러운 짓들을 다 동원해서 하는 것입니다. 그러고도 축복이 있겠습니까? 아닙니다. 진노와 심판이 옵니다. 모든 하나님의 백성은 가정을 성결하게 지켜야 합니다. 모든 남성은 순결을 지켜야 합니다. 결혼 전에도 지켜야 하고 결혼 후에도 지켜야 합니다. 남자만 그렇습니까? 여자도 지켜야 합니다. 이혼을 막아야 합니다. 가정을 파괴하는 어떤 세력에도 대항해야 합니다. 가정이 무너지면 다 무너집니다. 자녀를 보호할 길이 더 이상 없습니다. 이미 우리나라도 보호할 수 없는 지경까지 이르렀습니다.

더 이상 사탄의 세력이 판치지 않도록 막아야 합니다. 우리는 타협해서는 안 됩니다. 특별히 사오십 대 남자와 여자들이 순결을 약속해야 합니다. 이들이 도덕적으로 윤리적으로 순결을 약속해야 합니다. "나는 내 가정을 지키겠다. 나는 내 가정에 대해서 도덕적 순결을 지키겠다"고 약속하면 사회는 깨끗해지고 술집은 없어지고 자녀들은 부모들처럼 순결해질 것입니다. 그때가 되면 이 민족은 심판이 아니라 구원을 받게 되는 것입니다.

또한 그들이 마음에 하나님 두기를 싫어하매 하나님께서 그들을 그 상실한 마음대로 내버려 두사 합당하지 못한 일을 하게 하셨으니(롬 1:28).

성이 지배하는 사회가 되면 사람들은 마음에 하나님 두기를 싫어합니다. 하나님이 사라지면 온갖 부도덕과 부패가 나타나기 시작합니다. 하나님이 불편해지고 성령이 불편해지기 시작합니다. 하나님을 거부하고 성경을 거부합니다. 이렇게 되면 하나님은 그들을 상실한 마음대로 내버려 두십니다. 이때 사람들은 독버섯 같은 21가지의 죄들을 저지릅니다. 근본적인 원인은 하나님을 거부한 데에 있습니다. 빛을 거부하면 어둠이 옵니다. 하나님을 거부하면 어둠이 찾아옵니다. 어둠이란 빛이 없는 상태를 의미합니다. 축축하고 습해집니다. 거기에 온갖 곰팡이와 바이러스가 생깁니다. 모든 유기체들을 다 부식시켜 버립니다. 이것이 저주요 심판이요 파멸입니다.

어둠의 골방을 나와서

이 어둠의 골방을 청소하려면 어떻게 해야 할까요? 첫째는 빛을 받아들여야 합니다. 그러면 치유하는 하나님의 광선이 나타납니다. 모든 습기와 곰팡이가 다 제거됩니다. 더러운 것이 드러나고 깨끗해지기 시작합니다. 계속 빛을 쪼이면 더 완전하게 치유되고 새 생명이 나타나기 시작합니다.

우리 안에 있는 어둠과 죽음의 세력들을 다 몰아내면 얼마나 좋겠습니까? 그런데 우리가 한 가지 꼭 기억할 것이 있습니다. 그것은 스스로 청소할 수 없다는 사실입니다. 내 자신이 어둠을 몰아낼 수 없습니다. 생각해 보십시오. 우리가 참으려고 하면 화가 더 나고, 죄를 안 지으려고 할수록 더 죄를 짓게 되지 않습니까?

죄를 안 짓는 길은 한 가지밖에 없습니다. 우리 자신의 힘으로 안 지으려고 하는 것이 아니라 우리의 마음속에 빛 되신 예수님을 모시는 것입니다. 우리 스스로 청소하려고 하지 말고 빛 되신 하나님이 우리 안에 계시게 하십시오. 그러면 그 하나님이 우리에게 치유의 광선을 보내 주십니다. 모든 쓰레기와 죄악들을 예수 그리스도의 보혈로 말끔히 씻어 주십니다. 그래야 내 영혼이 빛나고 밝아지고 건강해지기 시작합니다. 어둠의 세력들이 빛 앞에서는 있을 수 없기 때문입니다. 이러한 치유와 축복이 우리에게 있게 되기를 기도합니다. 그러나 하나님을 거부하고 하나님을 모시지 않는 세계에는, 이런 어둠과 진노와 저주와 심판이 있다는 사실을 기억하십시오.

7

하나님의 진노

로마서 1:28-32

인간의 죄는 하나님을 거부하는 데서 시작되었습니다. 썩지 아니할 하나님의 영광을 썩어질 사람과 동물과 벌레 형상으로, 그 위치를 바꾸어 버린 것입니다. 그 결과 하나님의 진노가 나타나 심판에 이르게 되었습니다. 앞 장에서도 언급했듯이, 하나님의 심판은 '하나님의 포기'입니다. '네 멋대로 살아라' 하고 내버려 두신 것입니다. 하나님은 왜 그들을 인간의 죄의 본성대로 살도록 내버려 두시는지 아십니까?

대답은 간단합니다. 그들이 하나님을 마음에 두기 싫어했기 때문입니다(롬 1:28). 하나님이 없는 인간, 하나님을 거부한 인간은 참으로 비참합니다. 그것은 추악하고 참혹한 죄의 모습 그대로입니다.

예수님은 이렇게 말씀하셨습니다.

속에서 곧 사람의 마음에서 나오는 것은 악한 생각 곧 음란과 도둑질과 살인과 간음과 탐욕과 악독과 속임과 음탕과 질투와 비방과 교만과 우매함이니 이 모든 악한 것이 다 속에서 나와서 사람을 더럽게 하느니라(막 7:21-23).

갈라디아서에서도 인간의 마음속에서 나오는 추악한 죄목들을 다음과 같이 열거하고 있습니다.

> 육체의 일은 분명하니 곧 음행과 더러운 것과 호색과 우상 숭배와 주술과 원수 맺는 것과 분쟁과 시기와 분냄과 당 짓는 것과 분열함과 이단과 투기와 술 취함과 방탕함과 또 그와 같은 것들이라(갈 5:19-21).

이러한 죄악들이 거미가 알을 낳듯 줄줄이 나오는 것입니다. 누군가 막아 주지 않으면 주체할 수 없이 솟아나는 것입니다.

죄의 첫 번째 그룹

29 – 32절에서는 하나님을 거부한 인간들에게서 나오는 죄악들을 좀 더 자세하게 분류하고 있습니다. 첫 번째 죄의 그룹은 인간 자신 안에 나타나는 근본적인 죄들입니다. 29절 전반부를 보십시오. "곧 모든 불의, 추악, 탐욕, 악의가 가득한 자요."

첫째, 모든 불의입니다. 불의는 '하나님의 의'의 반대말로, 모든 죄를 총괄한 것입니다. 이런 의미에서 불의는 죄의 운영 체제와도 같습니다. 즉 인간은 불의라는 구조를 가지고 있습니다. 둘째, 추악입니다. 추악이란 불의라는 뿌리에서 나오는 악의 모습입니다.

그래서 악을 보면 기뻐하고 악이 활개 치는 것을 보면 더 좋아합니다. 그 악 때문에 고통 겪는 사람들을 보며 고소해 합니다.

셋째, 탐욕입니다. 악의 결과는 탐욕으로 나타납니다. 더 많이 가지고 더 많이 소유하려는 욕망입니다. 인간은 욕망 덩어리입니다. 탐욕을 충족시키기 위해서는 어떤 희생과 대가를 치르는 것도 두려워하지 않습니다. 넷째, 악의입니다. 불의와 추악과 탐욕은 악한 생각과 의도 때문에 나타나는 것입니다. 29절을 보면 이러한 죄들이 가득하다고 했는데 마치 홍수 때 물이 흘러넘치는 것과 같은 모습을 떠올리게 합니다.

죄의 두 번째 그룹

두 번째 그룹은 다른 사람을 적극적으로 괴롭히는 죄의 목록들입니다. 모든 불의, 추악, 탐욕, 악의는 물론 시기, 살인, 분쟁, 사기, 악독들이 나타나게 됩니다. 29절 후반부를 보십시오. "시기, 살인, 분쟁, 사기, 악독이 가득한 자요."

첫째, 시기입니다. 시기는 남을 미워하고 정죄하는 마음입니다. 시기는 미움을 잉태합니다. 시기에서 각종 모함과 경쟁과 질투가 생겨납니다. 시기 속에는 사람을 죽이는 독이 있습니다. 둘째는 살인입니다. 시기는 결국 살인하는 데까지 가게 합니다. 살인은 마귀의 전공과목입니다. 마귀는 사망 권세를 가지고 있습니다. 하나님이 주신 생명을 죽이고 파괴합니다.

셋째, 분쟁입니다. 시기는 살인까지 가지 않더라도 대부분 분쟁을 일으킵니다. 마귀가 있는 곳에는 언제나 분열과 분쟁이 일어납니다. 하나님의 성령이 있는 곳에는 일치와 화해가 이루어지는 반면, 마귀가 있는 곳에는 언제나 시기, 살인, 분쟁이 있습니다. 넷째는 사기입니다. 이것은 마치 낚시 바늘에 미끼를 끼어 고기를 잡듯 속임수를 쓰는 것을 의미합니다. 요한복음 8장 44절에서 예수님은 "너희는 너희 아비 마귀에게서 났으니 너희 아비의 욕심대로 너희도 행하고자 하느니라 그는 처음부터 살인한 자요 진리가 그 속에 없으므로 진리에 서지 못하고 거짓을 말할 때마다 제 것으로 말하나니 이는 그가 거짓말쟁이요 거짓의 아비가 되었음이니라"고 말씀하셨습니다. 마귀는 사기꾼입니다.

다섯째는 악독입니다. 이것은 악한 성질의 죄로, 의도적으로 행하는 악한 행동입니다. 이러한 악독은 사악한 것으로 모든 사람에게 결정적인 피해를 줍니다.

죄의 세 번째 그룹

세 번째 그룹은 인간의 저주받은 12가지 모습들을 보여 줍니다. 이들은 언제나 부정적 역할을 하고 파괴하는 역할을 합니다. 29절 후반부에서 31절을 보십시오. "수군수군하는 자요 비방하는 자요 하나님께서 미워하시는 자요 능욕하는 자요 교만한 자요 자랑하는 자요 악을 도모하는 자요 부모를 거역하는 자요 우매한 자요 배약하는 자요 무정한 자요 무자비한 자라."

첫째, 수군수군하는 자입니다. 사람들이 보지 않는 데서 남을 악평하고 비방하는 것을 의미합니다. 사실보다는 소문일 경우가 많습니다. 좋은 내용보다는 나쁜 내용이 많고 긍정적이기보다는 부정적인 경우가 많습니다. 둘째, 비방하는 자입니다. 사람들이 보는 데서 공개적으로 상대의 잘못을 공격합니다. 헐뜯고 깎아 내립니다.

셋째, 하나님이 미워하시는 자입니다. 결국 이러한 모든 죄들 때문에 하나님으로부터 미움을 받게 되고 버림을 받게 된 자를 뜻합니다. 넷째, 능욕하는 자입니다. 악의를 가지고 다른 사람을 경멸하고 인권을 유린하는 자를 의미합니다. 한 사람을 철저히 괴롭히고 파멸로 이끕니다.

다섯째, 교만한 자입니다. 다른 사람을 멸시하고 자신은 높아지기를 원하는 사람입니다. 다른 사람의 충고나 권면을 거부합니다. 우월감에 사로잡혀 있는 사람입니다. 여섯째, 자랑하는 자입니다. 자랑이란 교만이 언어로 표현되는 것을 의미합니다. 교만하면 스스로 자랑하게 됩니다. 자기가 중요하고 모든 것이 자기중심이 됩니다. 능욕하는 자와 교만한 자와 자랑하는 자는 다 같은 개념으로서 자신을 과신하고 잘난 체하는 자를 뜻합니다.

일곱째, 악을 도모하는 자입니다. 스스로 악할 뿐 아니라 다른 사람들과 악을 도모하는 사람입니다. 악은 전염성이 있고 악은 공범자를 찾습니다. 한 가지 악으로 만족하지 못하고 또 다른 악을 추구하는 자입니다. 여덟째, 부모를 거역하는 자입니다. 배은망덕이라고 말합니다. 하나님을 거부하는 사람은 부모에게도 순종하지 않고 거역합니다.

아홉째, 우매한 자입니다. 그는 어리석기 때문에 하나님을 거부하고 하나님을 멸시합니다. "어리석은 자는 그의 마음에 이르기를 하나님이 없다 하는도다"(시 14:1)라고 했습니다. 하나님을 상실하면 사람은 우준하게 되어 판단력이 사라지게 됩니다. 열 번째, 배약하는 자입니다. 약속을 쉽게 깨뜨리고 지키지 않는 사람입니다.

열한 번째, 무정한 자입니다. 감정이 거세된 기계 같은 인간입니다. 특히 미래 시대의 인간이 갖는 특징입니다. 열두 번째, 무자비한 자입니다. 하나님의 긍휼을 상실한 자입니다. 냉혈 동물과 같습니다. 무정한 자와 무자비한 자란 본능적으로 인간의 내면의 감정을 상실한 자입니다.

결코 정죄함이 없나니

이런 자들에 대한 결론을 보겠습니다.

그들이 이같은 일을 행하는 자는 사형에 해당한다고 하나님께서 정하심을 알고도 자기들만 행할 뿐 아니라 또한 그런 일을 행하는 자들을 옳다 하느니라(롬 1:32).

여기서 우리는 두 가지 사실을 배우게 됩니다. 첫째, 이런 일들은 사형에 해당하는 죄라는 사실을 우리도 잘 알고 있다는 점입니다. 그것은 로마서 1장 19절에서 말한 바와 같이, '하나님을 알 만한 것이 그들 속에 있기' 때문입니다. 몰라서 짓는 죄가 아닙니다. 다 알면서 짓는 죄들이요 의도적으로 짓는 죄입니다. 이런 죄들은 마귀로부터 오는 것이며, 궁극적으로는 하나님이 사형에 해당하는 죄로 정하셨다는 사실을 이미 다 알고 있습니다.

둘째, 알고도 행할 뿐 아니라 그런 일을 행하는 자들을 우리가 옹호한다는 사실입니다. 알고 죄를 지을 뿐 아니라 한걸음 더 나아가서 그러한 죄를 짓는 사람을 옳다 하고 옹호하고 있다는 점입니다. 이 얼마나 사악하고 간교한 모습입니까? 이것은 의도적인 반역이요 하나님에 대한 도전입니다.

우리의 결론은 간단합니다. 두렵고 떨리는 마음으로 회개하고 하나님 앞에 나아오든지, 아니면 아무런 마음의 찔림과 회개 없이 그냥 살든지 하는 것입니다.

다음 말씀을 기억하십시오. "그리스도 예수 안에 있는 자에게는 결코 정죄함이 없나니"(롬 8:1). 해답은 오직 한 가지입니다. 우리의 이러한 죄악을 보고 마음의 찔림과 회개를 통하여 주님의 십자가 앞에 겸손히 나아가는 것입니다. 그리스도 예수 안에 있는 자에게는 결코 정죄함이 없습니다. 우리가 지금 그리스도 안에 있기만 하면 이 모든 정죄는 사라지게 될 것입니다.

8

남을 판단하는 자

로마서 2:1-5

하나님의 진노는 하나님의 포기였습니다. 하나님은 더 이상 간섭하지 않으시고 그들이 마음의 정욕대로 살게 내버려 두십니다. 그 결과 그들은 21가지나 되는 악한 죄들을 짓게 됩니다. 그리고 이 모든 죄들은 사형에 해당하는 것들입니다.

똑같이 심판받아야 할 죄인

그러면 이처럼 하나님을 거부한 불신자들만이 하나님의 진노와 심판을 받아야 할 죄인입니까? 그렇지 않습니다. 이런 죄를 지은 사람을 정죄하고 비판하는 사람도 똑같이 심판받아야 할 죄인이라고 사도 바울은 말하고 있습니다.

> 그러므로 남을 판단하는 사람아, 누구를 막론하고 네가 핑계하지 못할 것은 남을 판단하는 것으로 네가 너를 정죄함이니 판단하는 네가 같은 일을 행함이니라(롬 2:1).

여기서 "남을 판단하는 사람"도 하나님은 비판받아야 할 죄인과 똑같이 취급하신다는 것입니다. 일반적으로, 죄인을 심판하고 비판하는 사람은 훌륭하고 의로운 사람으로 생각합니다. 정말 그렇습니까? 검사나 판사는 죄인으로 법정에 서 있는 사람보다 의인이고 훌륭한 사람입니까? 물론 세상 사회에서는 그렇게 말할 수 있을 것입니다. 그러나 하나님은 그렇게 말씀하지 않으십니다. 교수는 학생보다 훌륭하고 목사는 교인보다 훌륭하고 부자는 가난한 자보다 훌륭하고 배운 자는 못 배운 자보다 훌륭하다고 말씀하시지 않습니다. 모두가 다 하나님 앞에서는 죄인이라고 선언하십니다.

이 세상에는 자신이 비교적 착하고 선하다고 속으로 생각하는 사람이 꽤 있습니다. 이런 사람일수록 하나님을 믿는 데 아주 인색합니다. 그들은 자기가 다른 사람과 다르다고 외치고 주장합니다. 자신은 비교적 죄를 덜 짓고 남에게 좋은 일을 많이 하는 선한 사람이라고 생각하기 때문입니다. 어떤 면에서는 그것이 사실입니다. 거짓말도 안 하고 남에게 피해도 안 주고 신세도 짓지 않기 때문입니다. 법 없이 살 수 있는 사람이라는 소리도 듣습니다. 남모르게 선한 일도 많이 합니다. 좀 더 적극적일 때는 불의에 항거하기도 하고 진리를 위해서는 손해도 보고 핍박도 받습니다. 그런데 이런 사람일수록 죄인 취급을 받으면 분해서 못 삽니다. 자기 기준에 맞지 않으면 남을 쉽게 비판합니다. 항상 남을 훈계해야 하고 언제나 충고하려 듭니다. 누가 어떤 죄인에 대해서 이야기하면, 그는 언제나 떳떳하고 자기와는 상관이 없다는 듯한 태도를 취합니다.

판단하는 이들의 잘못된 태도

그러나 1절을 보면 이런 사람들이 갖는 두 가지 잘못된 태도를 발견하게 됩니다.

첫째, "남을 판단하는 사람아"라는 말 속에서 이 사람이 남의 허물과 약점에 대해 민감하다는 사실을 알 수 있습니다. 그 이유는 자신이 선하고 착하다고 생각하기 때문입니다. 계속해서 다른 사람의 약점을 파고들어 비판하고 정죄하는 사람이 있는데, 이런 사람일수록 우월감이 크고 다른 사람을 이해하거나 용서하지 않습니다. 그리고 비교적 교만하기 쉬운 사람입니다.

둘째, "누구를 막론하고 네가 핑계하지 못할 것은 남을 판단하는 것으로 네가 너를 정죄함이니 판단하는 네가 같은 일을 행함이니라"는 말 속에서 이 사람은 자신의 허물이나 약점에 대해서는 상대적으로 둔감하고 관대함을 알 수 있습니다. 이 사람이 약점이나 실수가 없다는 뜻이 아니라 노출하지 않으려고 필사의 노력을 하고 있다는 것입니다. 그래서 이런 사람이 하는 언행은 자연스러운 것이 없습니다. 모든 것이 인위적이고 형식적입니다. 그래야만 모든 것을 감추기 쉽기 때문입니다.

죄에 대한 하나님의 기준

문제는 죄의 형태가 외형적인가 내면적인가입니다. 대부분의 사람들은 겉으로 드러난 문제에 대해 이야기하고 판단합니다. 그러나 하나님의 관심은 내면적이고 본질적인 문제에 있습니다. '네가 겉으로는 죄를 짓고 있지 않지만 사실 내면적으로는 똑같은 죄를 너도 짓고 있지 않느냐'는 것입니다.

예수님은 마태복음 5장 21절 이하에서 '너희들은 겉으로 살인하지 않으면 계명을 다 지킨 것으로 생각하지만, 마음속으로 형제를 미워하고 욕했다면 그것은 살인한 것과 똑같다'고 말씀하셨습니다. 또 마태복음 5장 27절 이하에서도 '네가 사람들 보는 데서 간음하지 않았다고 주장하면서 계명을 다 지킨 것으로 생각하지만, 여자를 보고 마음속으로 음욕을 품었다면 그것은 이미 간음한 것과 마찬가지다'라고 하셨습니다.

그러면 하나님의 기준은 무엇입니까? 겉으로 나타나는 것으로만 판단하지 않으신다는 것입니다. 마음속에 똑같은 미움과 살의와 탐욕과 음욕이 있었다면 하나님은 진리대로 똑같이 심판하신다고 합니다. 하나님의 판단 기준은 사람의 판단 기준과 다르다는 것입니다.

이런 일을 행하는 자에게 하나님의 심판이 진리대로 되는 줄 우리가 아노라 이런 일을 행하는 자를 판단하고도 같은 일을 행하는 사람아, 네가 하나님의 심판을 피할 줄로 생각하느냐(롬 2:2-3).

이 말씀을 잘 묵상해 보십시오. 인간의 내면세계를 얼마나 깊이 들여다보고 있습니까? 결국 모든 인간은 겉으로 잘난 척하고 있을 뿐이지, 다 욕심과 질투와 시기심과 음란을 품은 똑같이 뻔뻔한 존재라는 것입니다. 사람들은 이런 일을 행하는 자들을 판단합니다. 겉으로는 그렇게 합니다. 특히 교육적이고 종교적인 사람들, 상류 사회에 속한 사람들의 경우에 더 심한 편입니다.

그러나 실제로는 다 똑같다는 것입니다. 아니, 이런 사람일수록 더 위선적이고 율법적이면서 숨어 있는 내면의 죄는 더욱 강할 수 있다는 말입니다. 이런 사람들의 문제는, 속으로 짓는 죄는 아무도 보지 않기 때문에 하나님도 크게 심판하시지 않을 것이라고 생각하면서 똑같은 죄를 즐기고 있다는 것입니다. 정말 하나님이 속으셔서 우리가 심판을 피할 수 있을까요? 하나님은 어떤 경우에도 결코 속지 않으십니다.

혹 네가 하나님의 인자하심이 너를 인도하여 회개하게 하심을 알지 못하여 그의 인자하심과 용납하심과 길이 참으심이 풍성함을 멸시 하느냐(롬 2:4).

착각하거나 오해하지 말라고 엄숙히 경고하는 말씀입니다. 우리를 인도하여 회개하게 하시려는 하나님의 인자하심과 용서하심과 오래 참으심을 멸시하거나 오해하지 말라는 것입니다.

다만 네 고집과 회개하지 아니한 마음을 따라 진노의 날 곧 하나님의 의로우신 심판이 나타나는 그날에 임할 진노를 네게 쌓는도다 (롬 2:5).

결국 우리의 고집과 회개하지 않는 그 마음 때문에 하나님의 진노가 쌓인다는 말입니다. 멸망할 때까지 가는 것이 고집입니다. 하나님은 각 사람이 행한 그대로 보응하십니다. "나는 한다면 하는 사람이야", "고집이 세" 이런 말은 좋은 말이 아닙니다. 체면이 그렇게 중요합니까? 영생과 체면을 바꾸라 하면 바꾸시겠습니까? 하나님의 축복과 영생을 맞바꾸시겠습니까? 그러지 마십시오. 고집은 교만 때문입니다. 우리의 교만과 고집과 회개하지 않는 마음이 하나님의 진노를 자꾸 쌓이게 합니다. 얼마나 무서운 일입니까? 하나님은 각 사람의 고집과 회개하지 않는 대로 보응하십니다.

바리새인과 같은 교회

이러한 종류의 사람에 대하여 예수님도 말씀하신 적이 있습니다.

또 자기를 의롭다고 믿고 다른 사람을 멸시하는 자들에게 이 비유로 말씀하시되 두 사람이 기도하러 성전에 올라가니 하나는 바리새인이요 하나는 세리라 바리새인은 서서 따로 기도하여 이르되 하나님이여 나는 다른 사람들 곧 토색, 불의, 간음을 하는 자들과 같지 아니하고 이 세리와도 같지 아니함을 감사하나이다 나는 이레에 두 번씩 금식하고 또 소득의 십일조를 드리나이다 하고 세리는 멀리 서서 감히 눈을 들어 하늘을 쳐다보지도 못하고 다만 가슴을 치며 이르되 하나님이여 불쌍히 여기소서 나는 죄인이로소이다 하였느니라(눅 18:9-13).

교회 밖이 아니라 교회 안에 있는 우리가 위기의 인간들입니다. 예수를 믿는다고 자칭하기 때문에 오히려 위선자가 될 확률이 많습니다. 사기꾼이 될 확률이 많습니다. 잘 믿는 척하기 때문에 그런 모든 추악한 것들이 가려집니다. 우리는 자칫하면 위기의 인간이 될 수 있습니다. 하나님을 독점하고 신앙을 독점하려고 합니다. 교회를 독점한 사람들은 그렇게 하지 못한 사람들을 쉽게 심판하고 정죄하곤 합니다. 그래서 누가복음의 비유를 말씀하신 것입니다.

위 비유의 두 사람 중 누가 더 의인입니까? 누가 진실한 사람입니까? 바리새인의 기도를 분석해 볼 필요가 있습니다. 바리새인은 서서 따로 기도합니다. 항상 자신은 특별 대우를 받아야 한다는 사람을 조심하십시오. 바리새인이 그렇습니다. 따로 구별해서 기도를 드립니다. 그리고 다른 사람과 같지 않음을 감사하면서 하나님께 영광을 올려 드립니다. 그의 생각은 '나는 다른 사람이다'라는 것입니다. 하나님께 그것을 기억해 달라고 기도하는 것입니다. 기도도 따로 하고 주변 사람들과는 질이 다르다고 생각하는 사람입니다. 그래서 자신만 항상 중요하고 자기 판단만 중요합니다. 다른 사람의 생각은 중요하지 않습니다. 항상 자신이 결론을 내려야 합니다. 불행한 사람입니다. "나는 일주일에 두 번 금식합니다. 소득의 십일조를 냅니다." 이것이 바리새인이 하는 기도의 전부입니다.

교회도 마찬가지입니다. "우리는 선교하는 교회입니다. 우리는 구제하는 교회입니다" 하고 소리를 높이면 안 됩니다. 그저 선교하고 구제하면 됩니다. 그렇지 않으면 위기의 교회가 됩니다. 우리의 관심은 하나님입니다. '우리가 무엇을 하는가'가 아니라 '하나님이 어떤 일을 하셨는가'에 관심을 두어야 합니다. 찬양은 하나님이 나를 위하여 어떤 일을 하셨는가에 대해 감사의 말을 올려 드리는 것입니다.

세리를 보십시오. 그는 감히 눈을 들지도 못했고 하늘을 올려다보지도 못했습니다. 눈에 띌까 부끄러워하고 가슴을 치면서 "하나님이여, 하나님이여, 나를 불쌍히 여기십시오"라고 했습니다. 이것이 그의 기도의 전부입니다.

우리는 누구입니까? 우리에게는 하나님의 용서가 필요하지 않습니까? 우리는 남을 비판하고 정죄하기에 합당하고 당당한 사람입니까? 아닙니다. 그런 사람들 역시 심판을 받게 될 것입니다. 왜냐하면 내면적으로 똑같은 죄가 있기 때문입니다.

하나님은 어떤 사람을 기뻐하십니까? "주여, 저는 죄인입니다.

저는 얼굴을 똑바로 들 수가 없습니다. 내가 누구를 비판하고 누구를 정죄할 만한 사람이 아닙니다. 하나님 나를 불쌍히 여겨 주십시오. 내 죄를 용서하여 주십시오." 이렇게 자신의 내면세계를 들여다보고, 하나님 앞에서 파산된 자신의 마음을 돌이켜 보며, 의를 사모하고, 십자가 앞에 나아가는 사람, 그 사람이 하나님의 사람입니다.

9

심판의 기준

로마서 2:6-16

로마서 2장 5절에서, 내면적인 죄의 특징은 고집과 회개하지 않음이라고 했습니다. 고집은 거부요 교만이요 불순종입니다. 틀린 것을 주장합니다. 이에 반대되는 것은 신념입니다. 옳은 것을 주장하는 것입니다. 신념과 반대로 고집은 망할 때까지 계속 죄를 짓습니다. 자기자신과 자존심이 중요하기 때문에 그렇습니다. 회개하지 않는 것과 고집은 하나님 앞에서 다른 사람들로 하여금 많은 죄를 짓게 합니다.

행한 대로 갚으시는 하나님

하나님께서 각 사람에게 그 행한 대로 보응하시되(롬 2:6).

하나님은 각 사람이 행한 대로 보응하십니다. 모든 사람이 알게 겉으로 죄를 짓든, 아무도 모르게 속으로 죄를 짓든, 하나님 보시기에는 모두 다 죄인입니다. 하나님의 판단에는 실수나 타협이 있을 수 없습니다.

물론 하나님은 우리 죄가 주홍 같을지라도 눈과 같이 희게 하실 것이며 진홍같이 붉을지라도 양털같이 희게 하실 것입니다. 그러나 이것은 무조건 그렇게 되는 것이 아닙니다. 고집을 꺾고 지은 그 죄를 회개할 때 되는 것입니다.

참고 선을 행하여 영광과 존귀와 썩지 아니함을 구하는 자에게는 영생으로 하시고 오직 당을 지어 진리를 따르지 아니하고 불의를 따르는 자에게는 진노와 분노로 하시리라(롬 2:7-8).

하나님은 오래 참고 진실하게 선을 행하여 하나님의 영광과 존귀와 썩지 아니함을 구하는 자들에게는 예비하신 영생을 주십니다. 그러나 반대로 당을 짓고 진리대로 살지 않고 불의를 따르는 사람들에게는 진노와 분노를 발하십니다. 씨는 뿌리는 대로 자라납니다. 팥 심은 데 팥 나고 콩 심은 데 콩 납니다. 누구도 바꿀 수 없는 하나님의 법칙입니다.

여기서 남을 판단하는 사람들이 갖고 있는 또 하나의 오류를 발견하게 되는데, 팥 심은 데서 콩도 나고 콩 심은 데서 팥도 날 수 있다고 착각하는 것입니다. 즉 언제나 자기는 예외라는 생각을 합니다. 다른 사람은 다 망해도 자신은 망하지 않을 것이며, 다른 사람은 다 죽어도 자신은 죽지 않을 것이라는 미신 같은 생각을 합니다. 그래서 하나님의 심판이 다른 사람의 허물과 실수에 대해서는 엄격하게 적용되지만 자신은 예외일 것이라는 마음이 강합니다.

그러나 이러한 생각은 하나님이 행한 대로 갚으신다는 생각과 정반대입니다.

> 악을 행하는 각 사람의 영에는 환난과 곤고가 있으리니 먼저는 유대인에게요 그리고 헬라인에게며 선을 행하는 각 사람에게는 영광과 존귀와 평강이 있으리니 먼저는 유대인에게요 그리고 헬라인에게라(롬 2:9-10).

하나님은 사람이 행한 대로 보응하신다는 것을 다시 강조하고 있습니다. 악을 행하는 각 사람의 영에는 환난과 곤고가 있고, 반대로 선을 행하는 각 사람에게는 영광과 존귀와 평강이 있습니다. 이것은 어떤 이에게만 예외적으로 적용되는 것이 아닙니다. 선택받은 유대인이나 선택받지 못한 헬라인이나, 다 마찬가지로 적용된다고 말씀합니다. 사람들은 예외를 좋아합니다. 그러나 하나님의 경우에는 예외가 없습니다. 예외가 있다면 그것은 오직 한 분 예수 그리스도뿐입니다. 예수 그리스도는 악인에게나 선인에게나 구원이 되시는 분이요, 헬라인에게나 유대인에게나 구원이 되시는 분입니다.

하나님의 기준은 다음 말씀에 나옵니다.

> 이는 하나님께서 외모로 사람을 취하지 아니하심이라(롬 2:11).

외형적인 것이 기준이 아니라 내면적인 것이 기준이라는 말입니다. 우리 주변에는 자칭 선하고 의롭다고 생각하는 사람들이 많이 있습니다. 물론 어떤 면에서는 사회의 모범생이요 교양 있고 도덕적인 사람들입니다. 그러나 그들은 자기보다 조금 못한 사람을 보면 쉽게 멸시하려 듭니다. 외형적인 것을 가지고 모든 것을 평가하기 때문입니다. 중심이야 어떻든 간에 밖으로 드러난 부분만 보면서 말합니다. 그러나 하나님은 외형을 기준으로 삼지 않으십니다. 여기서 우리가 평가했던 모든 것들이 산산조각 나는 이유를 알 수 있습니다. 하나님 앞에서는 누구라도 자랑할 수 없습니다. 사람들의 선과 의에는 참된 기쁨이나 평강이나 긍휼이나 사랑이나 용서가 없습니다. 거기에는 오직 무서운 율법과 비교와 채찍이 있을 뿐입니다.

율법 없는 자에게 주신 양심

하나님의 기준에 의하면, 자칭 불의하고 악하다고 정죄받은 사람도 죄인이요, 자칭 의롭고 선하다고 생각하는 사람도 죄인입니다. 사실 누구 하나 하나님 앞에서 죄인이 아니라고 주장할 수 있는 사람은 없습니다.

무릇 율법 없이 범죄한 자는 또한 율법 없이 망하고 무릇 율법이 있고 범죄한 자는 율법으로 말미암아 심판을 받으리라(롬 2:12).

여기서 율법 없이 범죄한 사람이란 이방인들을 의미합니다. 그들에게는 하나님의 율법이 없습니다. 그렇다고 판단의 기준이 없는 것은 아닙니다. 그들에게는 양심이 있습니다.

> 율법 없는 이방인이 본성으로 율법의 일을 행할 때에는 이 사람은 율법이 없어도 자기가 자기에게 율법이 되나니 이런 이들은 그 양심이 증거가 되어 그 생각들이 서로 혹은 고발하며 혹은 변명하여 그 마음에 새긴 율법의 행위를 나타내느니라(롬 2:14 - 15).

그러면 율법이 주어지기 전에는 어떻게 했습니까? 동물들은 서로 잡아먹어도 그것을 죄라고 하지 않습니다. 동물의 세계는 본능의 세계이기 때문입니다. 이들에게는 영혼이 없습니다. 약육강식의 세계입니다. 힘이 센 쪽이 이기는 비정한 세계입니다. 그런데 인간이 이 동물의 법칙을 사람의 세계로 가져 왔습니다. 그래서 권력을 가진 자, 돈 많은 자가 선이 되었습니다. 가난은 악이라고 생각합니다. 악이기 때문에 착취하고 부려 먹어도 괜찮다고 합니다. 얼마나 무서운 죄악입니까? 인간은 하나님의 형상대로, 하나님의 영으로 지음받은 존재입니다. 동물과는 달리, 율법이 없는 시대에도 양심이 그 작용을 해 주었던 것입니다.

하나님이 양심을 주셨습니다. 사람들은 자기가 자기에게 율법이 되었다고 했습니다. 율법 없는 이방인은 본능대로 살지만, 자기가 자기에게 율법이 되고 증거가 되어서 잘못을 저지르면 죄책감에 빠졌던 것입니다. 그것이 인간입니다. 로마서 1장을 보면 하나님이 모든 만물 위에 하나님의 신성을 주셨다고 했습니다. 그리고 하나님이 인간을 만드실 때에 하나님을 알 만한 것을 그 속에 넣으셨다고 했습니다. 인간은 하나님을 찾게 되어 있습니다. 하나님이 그렇게 하도록 만드셨습니다. 인간은 그 마음에 새긴 율법의 행위대로 나타나기 때문에 핑계 댈 수 없습니다.

들은 자와 행하는 자

율법이 있는 인간은 죄를 지으면 율법 때문에 망합니다.

> 하나님 앞에서는 율법을 듣는 자가 의인이 아니요 오직 율법을 행하는 자라야 의롭다 하심을 얻으리니(롬 2:13).

여기서 두 부류의 사람에 대해 이야기하고 있습니다. 율법을 듣는 자와 율법을 행하는 자입니다.

하나님 믿는다고 안심할 것이 아니라 말씀을 듣고 행해야 합니다. 말씀을 듣기만 하는 자는 모래 위에 집을 지은 사람이요, 행하는 사람은 반석 위에 집을 지은 사람입니다. 예수님을 믿어야 합니다. 십자가를 믿고 부활과 영생을 믿고 예수님을 믿는 자에게 복

주신다는 이 놀라운 말씀을, 듣고 믿고 그대로 사는 자에게 축복이 있습니다.

양심과 율법이라는 두 기준에서 볼 때 인간은 피해 갈 수 없는 죄인입니다. 인간의 걸레 같은 선과 의가 어찌 인간에게 주신 양심과 하나님의 율법 앞에 바로 설 수 있겠습니까? 다음이 결론입니다.

> 곧 나의 복음에 이른 바와 같이 하나님이 예수 그리스도로 말미암아 사람들의 은밀한 것을 심판하시는 그날이라(롬 2:16).

은밀한 것을 심판하시는 날이 바로 진노의 날입니다. 우리가 도덕적으로 선하다고 안심하지 마십시오. 하나님은 겉으로 드러난 것을 보시지 않고 중심을 보십니다.

"오호라 나는 곤고한 사람이로다 이 사망의 몸에서 누가 나를 건져 내랴"(롬 7:24). 사도 바울은 "내가 선을 행하고 싶지만 선을 행하지 않고 도리어 행하는 것은 악이구나. 이 악을 내가 어떻게 해야 하는가?"라고 말하는 것입니다. 이것이 사도 바울의 실존이었습니다.

예수 그리스도만이 우리의 죄를 씻어 주시고 용서해 주십니다. 남을 정죄하지 말고 죄인을 불쌍히 여기고 긍휼히 여기십시오. 그리고 우리도 똑같이 죄인이라는 사실을 고백하십시오. 우리는 정죄할 자격이 있는 것이 아니라 사랑할 자격만 있습니다. 그 형제를 위해 기도하고 사랑하고 관용을 베풀고 용서할 자격밖에 없습니다. 남을 훈계하고 재판해야 하는 자리에 있는 사람일수록 겸손해야 합니다. 그 권위를 잘못 사용하면 안 됩니다. 하나님의 축복이 여러분과 함께하시기를 바랍니다.

10

세 종류의 죄인들

로마서 2:17-29

하나님의 진노와 심판에는 거짓이 없습니다. 불의로 진리를 막는 모든 사람에게 반드시 심판이 임하는 것입니다. 그 심판은 세 종류의 사람들에게 내려졌습니다. 우리는 지금까지 두 종류의 사람들에게 하나님의 진노와 심판이 임하는 것을 보았습니다.

누가 돌을 던질 수 있는가

첫 번째는, 하나님 믿기를 거부하면서 노골적으로 눈에 띄는 죄를 짓는 무리에 대해서 하나님의 진노와 심판이 내려진다는 것입니다. 그들은 하나님이 계심을 알면서도 의도적으로 하나님을 거부하는 사람들입니다. 몰라서 거부하는 것이 아닙니다. 하나님이 계신 것, 진노와 심판이 있다는 것을 알면서도 의도적으로 죄를 짓는 무리입니다. 썩어질 우상을 썩지 아니할 하나님의 영광과 바꾸어 버린 사람들입니다. 이런 사람들에게 하나님의 진노와 심판이 하늘로부터 내려진다는 것입니다.

두 번째 종류의 사람들에게도 하나님의 진노와 심판이 임합니다. 그들은 드러난 죄를 지은 사람들을 심판하는 사람들입니다. 이들은 도덕적으로 윤리적으로 비교적 흠이 없습니다. 그리고 스스로 자신이 착하고 선하다고 생각합니다. '그래도 나는 너보다 낫다'라고 생각합니다.

앞서 살펴보았듯이, 이렇게 생각하는 사람들에게도 똑같이 하나님의 진노와 심판이 임합니다. 그들은 겉으로만 죄를 짓지 않고 들키지 않았을 뿐이지, 마음속으로는 이미 죄를 지었고 짓고 있기 때문입니다. 하나님은 죄가 드러났건 드러나지 않았건 똑같다고 합니다. 따라서 죄가 드러나지 않는 사람에게도 하나님의 진노와 심판이 용서 없이, 타협 없이 그대로 임하는 것입니다. 오히려 죄가 드러나지 않은 사람들은 위선과 허위라는 죄를 더 가지고 있다고 볼 수 있습니다.

죄는 드러나는 것이 속이 더 편합니다. 감옥에 있는 사람들은 이미 죄가 드러났고 심판을 받고 있기 때문에 오히려 속이 더 편합니다. 그러나 죄가 안 드러난 사람은 언제 들킬지 몰라 항상 불안합니다.

하나님은 죄가 드러나지 않은 자들에게 "남을 심판하는 사람아, 비판하는 사람아, 정죄하는 사람아, 너는 누구냐?"라고 하십니다. "너도 똑같은 죄를 짓지 않았느냐?"라고 물으십니다.

우리 사회에서 비자금 사건이 터졌을 때 모두가 충격을 받았습니다. 개인적으로 가장 충격을 받은 것은 우리 모두 공범자가 아니었는가 하는 점입니다. 돌을 던질 수 있는 사람이 과연 누구이겠느냐는 것입니다. 액수의 크고 작은 차이만 있을 뿐이지 비슷한 유형의 죄들을 다 지으며 살고 있습니다. 우리는 다 비슷합니다. 그러니까 욕을 하면서도 속으로 다 불안합니다. 모두 겁을 내고 있습니다. 왜 그럴까요? 우리는 다 죄인이기 때문입니다.

하나님의 심판과 진노는 죄가 드러난 사람에게도, 드러나지 않는 사람에게도 임합니다. 죄가 숨겨진 사람이라고 죄가 없는 것이 아닙니다.

종교적인 사람들

하나님이 세 번째로 심판하실 부류의 사람은 종교적인 사람입니다. 종교가 직업인 사람들입니다. 이들은 '나는 특별히 구별되어 선택받았다. 하나님을 독점했다'라고 생각합니다. 신앙을 독점했다는 자부심이 있습니다. 사실 이런 종교인들 때문에 사람들이 하나님께 쉽게 접근하지 못합니다.

그 이유는 두 가지입니다. 첫 번째, '하나님을 믿으려면 저렇게 살아야 하는가 보다'라는 생각이 드니까 겁이 납니다. 이 사람이 너무나 종교적인 열심과 율법과 완벽주의를 추구하기 때문입니다. '하나님을 섬기려면 금식해야 하고, 철야해야 하고, 뭐해야 하고 뭐해야 하고…'라는 생각을 하다 보니 질리는 것입니다.

두 번째 이유는 '별것 없다'는 것입니다. 저렇게 해도 내용을 보니까 아무것도 아니라는 것입니다. 얼마나 많은 사람들이 종교에 억압되어서 참 하나님을 발견하지 못합니까?

사탄은 두 가지 조직을 가지고 세상을 지배합니다. 하나는 국가 조직이요 또 하나는 종교와 우상 숭배입니다. 지상에는 얼마나 다양한 종교가 있습니까? 토속 종교를 비롯하여 많은 종교들이 있습니다. 얼마나 많은 사람들이 종교에 억압되어서 하나님을 발견하지 못하고 그 율법 안에서 절망하고 사는지 모릅니다.

유대인이라 불리는 네가 율법을 의지하며 하나님을 자랑하며 율법의 교훈을 받아 하나님의 뜻을 알고 지극히 선한 것을 분간하며(롬 2:17-18).

사도 바울은 유대인이면서 유대주의에 깊이 빠졌던 사람으로 누구보다도 유대인에 대해서 잘 알고 있습니다. 가말리엘 문하에서 공부했던 사람입니다. 즉 율법에 있어서는 그 이상의 전문가가 없습니다. 그런 사람이 이렇게 말합니다. "유대인이라 불리는 네가"(롬 2:17).

유대인은 종교적인 사람입니다. 그들은 이방인과 달리 하나님의 특별한 선택을 받았다고 생각합니다. 그런데 하나님의 특별한 선택을 받은 이 종교 전문가들은 '악이냐 선이냐' 하는 문제는 별로 생각하지 않습니다. 참 역설적입니다. 중요한 것은 자신이 선택받았다는 사실입니다. 선택받은 자신은 선하고 의롭다고 생각합니다. 선택받지 못한 사람은 악한 죄인이라고 봅니다.

따라서 선택받은 유대인들은 아무리 나쁜 짓을 해도 구원받고 하나님의 백성이 된다고 생각합니다. 선택받지 못한 이방인들은 아무리 착한 일을 해도 하나님의 백성이 될 수 없다고 단정해 버립니다. 그래서 그들에게 무엇보다도 중요한 것은 율법을 소유하는 것이고, 할례를 하는 것입니다. 이런 이들이 종교인들입니다. 이들은 하나님보다도 율법과 형식과 조직에 익숙합니다. 종교적인 사람들의 몇 가지 특징들이 나옵니다.

이들은 율법을 아주 중요하게 생각하고 하나님을 자랑합니다. 율법 없이는 살 수 없습니다. 율법을 달달 외웁니다. 율법의 뜻에 예민하게 반응합니다. 유대인들이 그랬습니다. 십계명을 하나님이 주셨는데 그냥 하나님이 주신 것으로 받지 않고 아주 세분화해서 생각합니다. 안식일을 지키라는 십계명에 대해 안식일에 글자를 한꺼번에 읽으면 노동이고 따로따로 읽으면 노동이 아니라고 생각했습니다. 얼마까지 걸어가면 죄가 아니고 얼마 이상 걸어가면 죄라고 생각했습니다. 이렇게까지 그들은 율법을 지키려고 했고 율법을 소유하려고 했습니다. 이것이 곧 구원이라고 생각했습니다. 그 율법을 지키려다 보니 그들의 생활이 피곤했던 것입니다.

뿐만 아니라. 그들은 하나님을 자랑했습니다. 하나님이라면 그 이상 더 높은 가치가 없다고 생각했습니다. 그러나 문제는 그들이 정말 하나님을 사랑했는가 하는 것입니다.

하나님을 자랑하는 자들

하나님을 자랑한다는 말에는 두 가지 뜻이 있습니다. 정말 하나님을 자랑하는 경우와 이용하는 경우입니다. 그들은 하나님을 자랑했습니다. 하나님을 섬긴다고 생각했습니다. 금식을 하고 헌금과 십일조를 내고 모든 종교 활동을 다함으로써 하나님을 자랑했던 것입니다.

그러나 이 사람들의 특징은 하나님을 소유물이라고 생각해서, 하나님을 자기들만이 독점했다고 여긴 것입니다. 이것은 마치 내가 부유층이나 유명한 인사나 권력을 가진 사람을 안다고 하는 것과 같습니다. 인맥을 드러내며 자신이 그런 종류의 사람이라고 자랑하는 것입니다. 자신은 하나님을 안다는 것입니다. 하나님이 자기 말이라면 당장 들어주신다는 것입니다. 그런 사람을 가리켜 '종교인'이라고 합니다. 그들은 종교라는 껍질을 뒤집어쓰고 그 안에서 삽니다.

이 사람들의 두 번째 특징은 율법의 교훈과 하나님의 뜻대로 지고의 선을 추구합니다(롬 2:18). 이런 사람일수록 얼마나 자신이 위대한가에 대해 감격합니다. 종교인들은 자기가 자신에게 감격합니다. 십일조를 처음 하면 가장 먼저 놀라는 사람은 누구인지 아십니까? 스스로가 가장 놀랍습니다. 종교인들은 자신이 가장 훌륭하다고 생각합니다. '나만큼 성경 읽고 나만큼 기도하고 나만큼 봉사하는 사람이 없다'고 생각합니다. 자신의 모습에 도취되어, 스스로 지고의 선을 추구합니다.

이상한 착각을 하는 사람이 있습니다. 어떤 글을 쓰고 글을 쓴 대로의 모습이 자신이라고 생각합니다. 주인공이 자기라고 생각합니다. 그래서 가장 착각을 잘하는 사람이 글 쓰는 직업과 말하는 직업을 가진 사람들입니다. 자신이 설교하면 그 설교가 자기의 삶인 줄 압니다. 그렇게 환상 속에 살지만, 현실은 다릅니다. 신경질도 내고 욕심도 있고 야망도 있는 것입니다. 이것이 인간입니다. 현실과 이상이 맞지 않습니다. 그래서 항상 자신이 쓴 글로 도망갑니다. 글 쓴 대로의 모습이, 설교한 대로의 사람이 나라면 얼마나 좋겠습니까? 그러나 그렇지 않습니다.

본문 말씀은 우리에게 바로 이 점을 지적하고 있습니다. "종교의 형식과 틀과 습관에 들어갔다고 네가 그런 사람인가? 아니다"라는 것입니다. 오히려 위선자라고 합니다. 하나님의 사람이 아니라는 것입니다.

맹인의 길을 인도하는 자요 어둠에 있는 자의 빛이요 율법에 있는 지식과 진리의 모본을 가진 자로서 어리석은 자의 교사요 어린아이의 선생이라고 스스로 믿으니(롬 2:19 - 20).

종교적인 틀을 가진 사람은 율법의 지식과 진리를 통달한 자신

이야말로 모본을 가진 자라고 생각합니다. 그래서 길 잃은 맹인들을 진리로 인도하는 자라고 스스로 생각합니다. 자기는 어둠 속에서 방황하는 사람들의 빛이요 어리석은 자들을 위한 교사요, 어린아이들의 선생이라고 생각합니다. 20절 마지막 부분에 뭐라고 했습니까? "스스로 믿으니."

자기 스스로 그렇게 생각하는 것입니다. 얼마나 가증스럽습니까? 정말 우리가 어둠을 밝히는 빛이며, 맹인을 인도하며, 어리석고 무지몽매한 사람들에게 도를 깨우쳐 주는 사람들입니까? 그런 것처럼 보일 뿐입니다. 기도를 많이 하는 것처럼 보입니다. 그렇게 착각을 하는 것입니다.

종교인들을 향한 하나님의 질문

> 그러면 다른 사람을 가르치는 네가 네 자신은 가르치지 아니하느냐 도둑질하지 말라 선포하는 네가 도둑질하느냐 간음하지 말라 말하는 네가 간음하느냐 우상을 가증히 여기는 네가 신전 물건을 도둑질하느냐 율법을 자랑하는 네가 율법을 범함으로 하나님을 욕되게 하느냐(롬 2:21 - 23).

이 말씀은 종교인들에게 던지는 하나님의 질문입니다. 종교 전문가들, 종교로 밥을 먹고사는 사람들, 하나님을 독점하는 사람들, 교회를 독점했다고 생각하는 사람들을 향한 하나님의 질문입니다.

이 말씀에는 다섯 가지 문제가 제기되고 있습니다. 가르치는 문제, 도둑질하는 문제, 간음하는 문제, 우상 숭배할 때 사용하는 재물의 문제, 율법을 자랑하는 문제입니다. 이런 것들을 가지고 종교 전문가들이 살아왔습니다. 이런 것들을 말하면 하나님이 자신을 좀 봐주신다고 생각했던 것입니다.

하나님은 죄가 드러났든지 죄를 숨겼든지 종교적인 전문가가 됐든지 간에 봐주시는 것이 없습니다. 오직 예수 그리스도를 통해서만 봐주십니다. 종교적인 특권을 가진 자들의 일반적인 문제점은, 스스로 착하고 선하다고 주장하면서도 무엇을 가르치고 난 다음에 자신이 그 죄를 짓는다는 것입니다. 도둑질하면 안 된다고 말하고, 그 말이 끝나자마자 도둑질합니다. 간음하면 안 된다고 설교하고, 그 다음에 바로 간음합니다. 우상 숭배의 물건은 더럽다고 말하면서, 그 물건에 눈독을 들이고 있습니다.

그런 사람이 종교인입니다. 그는 율법을 자랑하지만 율법을 범함으로써 하나님의 영광을 가리는 사람입니다. 차라리 솔직하게 죄짓는 편이 낫습니다. 단계적으로 보면 종교인들의 죄가 가장 더럽습니다. 종교 전문가들의 죄는 추악하고 가증스럽습니다. 그가 가장 거룩한 말을 하고 있기 때문에 그렇습니다.

하나님의 진노와 심판은 예외가 없습니다. 하나님의 심판은 죄

가 드러난 자에게도 있고 죄를 숨긴 사람에게도 있습니다. 성직자
도 예외는 아닙니다.

죄인으로 오십시오

종교적인 틀을 가지고 교회에 오지 마십시오. 우리의 행위 때문에
용서받는 것이 아닙니다. 구제하고 십일조 하고 봉사하고 새벽 기
도하고 금식했다고 하나님이 구원을 주시는 것도, 죄가 없어지는
것도 아닙니다. 예수 그리스도를 믿어야 합니다. 예수 그리스도로
말미암아 죄씻음을 받고 구원을 얻은 자만이 그 죄를 용서받습니
다. 예수 그리스도가 나를 위해 십자가에 피 흘리고 못 박혀 돌아
가셨기 때문입니다.

  그것밖에 없습니다. 죄가 드러난 사람도 눈물 흘리며 겸손히 나
와야 합니다. 죄가 드러나지 않은 사람도 겸허한 마음으로 통회하
고 자복해야 합니다. "오, 주님! 내 죄가 이렇게 붉습니다. 내 죄가
이렇게 추악합니다. 사람들은 그 죄를 모르고 나를 좋은 사람이라
고 하지만 실제로는 그렇지 않습니다." 이런 마음으로 나와야 합
니다. 이것이 교회입니다.

  목사로, 장로로, 선교사로 오지 마십시오. 죄인으로 오십시오.
교회는 죄인이 오는 곳입니다. 저는 목사가 아니라 죄인입니다. 저
는 하나님의 은혜와 긍휼이 없으면 한 순간도 살 수 없는 죄인입

니다. 제가 하나님을 위해서 무엇을 했는지는 중요하지 않습니다.

빌리 그래함 목사님이 이런 말을 했습니다. "내가 구원받은 것은 내가 수십만 명을 주님 앞에 인도했기 때문이 아니라 내가 죄인이기 때문이다." 우리가 하나님 앞에 내놓을 수 있는 것은 없습니다. 하나님은 오직 예수 그리스도를 영접하고 그 안에서 죄 씻음을 받은 사람에게만 구원을 주십니다.

> 기록된 바와 같이 하나님의 이름이 너희 때문에 이방인 중에서 모독을 받는도다(롬 2:24).

하나님을 믿는다고 자랑하지 마십시오. 우리가 교회에 얼마 동안 다녔느냐는 중요하지 않습니다. 우리가 예수님을 믿느냐가 중요합니다. 앞에서 이야기한 대로 구원받은 사람, 용서받은 사람은 다른 사람의 허물에 대해서 비판하거나 정죄하지 않습니다. "나도 똑같은 죄인입니다"라는 겸손함과 온유함이 있습니다. 눈물을 흘리며 그 사람을 위해 기도합니다. 그는 마음이 가난하고 의를 갈망합니다.

그러나 구원받지 않고 의롭다고 하는 사람들은 자기보다 조금 못한 사람들을 징계합니다. 징계는 하나님이 하시는 것입니다. 모두가 죄인인데 누가 누구를 욕하고 징계합니까? '나는 죽어 마땅한 죄인입니다' 하는 마음으로 교회 와서 기도하고 하나님의 은혜를 사모하십시오. "나는 이 성전을 향하여 눈을 뜰 수 없는 사람입니다. 나는 주장할 것이 아무것도 없는 사람입니다"라고 고백하는 것이 예배입니다. 그 사람을 하나님이 기뻐하시며, 축복하십니다.

종교적인 사람은 이방인들에게 오히려 이야깃거리가 됩니다. 하나님의 이름을 모욕하는 사람이 된다는 것입니다. 이스라엘 사람들이 종교적인 사람들이 되었을 때 이방인들에게 잡혀 가서 수치를 당했습니다. 우리는 하나님께 영광 돌릴 수 있는 사람이면서 동시에 하나님을 욕보일 수 있는 사람들입니다. 교회에서 성경 공부, 제자 훈련을 하며, 종교적인 것들에 익숙하다고 안심하지 마십시오. 아무리 많은 일을 해도 예수님과 상관이 없으면 아무것도 아닙니다. 예수님을 믿으십시오.

자신에게 속지 마십시오

예수님과 관계를 가지십시오. 우리의 죄를 십자가의 피에 씻어 용서받고 구원받아야 합니다. 그것이 전부입니다. 겉으로 나타난 할례는 중요하지 않습니다. 25절은 "네가 율법을 행하면 할례가 유익하나 만일 율법을 범하면 네 할례가 무할례가 되느니라"라고 말합니다. 할례를 받았다고 하더라도 율법을 지키지 못하면 그것은 무할례와 같다는 것입니다. 26절은 그 반대입니다. "그런즉 무할례자가 율법의 규례를 지키면 그 무할례를 할례와 같이 여길 것이 아니냐." 비록 무할례자라고 할지라도 율법을 제대로 지켰다면 그것은 할례 받은 것과 같은 것이 아니냐는 말입니다.

"무릇 표면적 유대인이 유대인이 아니요 표면적 육신의 할례가 할례가 아니니라"라는 28절 말씀은, 유대인이라고 주장하는 것이나 할례를 받았다고 말하는 것은 아무 의미가 없다는 뜻입니다. 우리의 종교성이 우리를 구원해 주지 않는다는 것입니다. 많은 교인들이 자신의 종교성으로 구원을 받는다고 생각합니다. 종교에 익숙해지면 구원이 있다고 생각합니다. 교회에 계속 나오면 괜찮다고 생각합니다. 물론 계속 나오다 보면 어느 날 예수님을 믿게 될 가능성이 있습니다. 그러나 교회에 매일 나왔다는 것 자체가 구원을 보장하는 것은 아니라는 말입니다. 오직 예수님이 구원입니다. 이 사실이 불분명한 사람은 다시 한번 이 문제를 가지고 기도해야 합니다.

> 오직 이면적 유대인이 유대인이며 할례는 마음에 할지니 영에 있고 율법 조문에 있지 아니한 것이라 그 칭찬이 사람에게서가 아니요 다만 하나님에게서니라(롬 2:29).

참된 구원은 유대인이냐 아니냐, 할례를 받았느냐 아니냐에 있지 않습니다. 행위가 의롭고 선하고 착한가에 있지도 않습니다. 29절의 말씀대로 구원은 문자가 아닙니다. 영입니다. 참된 축복과 칭찬은 사람에게서가 아니라 하나님에게서 나와야 합니다. 하나님이 인정하시고 축복해야 하는 것입니다.

자신에게 속지 마십시오. 제일 속기 쉬운 것이 자기 자신입니다. 사람들은 자신의 논리가 맞다고 생각합니다. 괜찮다고 생각합니다. 그러나 우리는 좋은 사람이 아닙니다. 남의 잘못을 지적한다고 해서 의로운 사람이 되는 것은 아닙니다. 예수님을 믿어야 의로운 사람이 됩니다. 종교적인, 아주 그럴듯한 사람들에게 속지 마십시오. 거기에 구원이 있지 않습니다. 행위와 전통과 익숙함에 구원이 있지 않습니다. 구원은 예수 그리스도에게 있습니다. 예수 그리스도를 믿으십시오. 예수 그리스도 안에서 죄 씻음을 받고 중생을 경험하십시오. 그때 우리는 하나님의 자녀로서, 우리의 생애를 천국으로 이어갈 수 있을 줄 믿습니다.

2부

믿음과 의

로마서 3:1 - 5:21

우리에게 '한 의'가 나타났습니다.
그분은 2천 년 전에 세상에 오셔서, 내가 지은 모든 죄를
대신 지시고 십자가에서 돌아가셨습니다.
구원은 예수님이 십자가에 피 흘려 죽으심으로써 이루어진 것입니다.
구원은 우리가 죄인 되었을 때에 베풀어 주신 것이며,
하나님 사랑의 확증입니다.
하나님은 이토록 우리를 사랑하셨습니다.

○

11

죄 아래 놓인 존재

로마서 3:1-19

○

성경은 죄의 삯은 사망이라고 말합니다. 그래서 우리가 다 죽음의 존재가 된 것입니다. 우리는 지금 죽음으로 향해 가고 있습니다. 사람들은 살고 있다고 착각합니다. 그러나 우리는 다 죽고 있는 것입니다. 히브리서 9장 27절에서 선언합니다. "한 번 죽는 것은 사람에게 정해진 것이요 그 후에는 심판이 있으리니."

죽음을 생각할 수 있는 사람은 지혜로운 사람입니다. 우리가 죽게 되면 우리가 살았던 대로 심판을 받습니다. 재판이나 심판은 죄가 있는 사람에게는 아주 무서운 것입니다. 그러나 죄를 용서받은 사람들은 아무리 심판이 오고 재판이 있고 진노가 있더라도 떳떳합니다.

인생의 가장 중요한 문제는 죄 문제입니다. 그러나 많은 사람들이 죄 문제를 이야기하기 꺼려합니다. 덮어 두고 싶고 피하고 싶은 것입니다. 덮어 두고 피했다고 죄가 없어지면 얼마나 좋겠습니까? 죄 문제는 정면 돌파해야 합니다. 이것은 부딪쳐서 해결해야 합니다. 이것을 해결하지 않으면 우리는 평생을 괴로움 속에 삽니다. 겉으로는 아무 문제가 없는 것 같습니다. 그러나 심각한 죄책감에 빠집니다. 세상에 살 때뿐만 아니라 죽고 나서도 그것은 심각한 문제가 되는 것입니다. 죄는 그런 특징을 가지고 있습니다.

하나님의 진노와 심판은 첫째, 드러나게 죄를 지은 사람에게 임합니다. 둘째, 겉으로는 선한 척하면서 속으로 죄 짓는 사람들에게 임합니다. 셋째, 종교적인 사람들, 유대인들에게 임합니다. 이것이 로마서 2장에서 사도 바울이 우리에게 말하는 내용입니다.

유대인들의 착각

종교적인 사람들도 심판을 피해 갈 수 없다는 선언에 대해서 유대인들은 동의하지 않으려고 합니다. 하나님의 특별한 선택을 받았기 때문에 자신들은 예외라고 생각합니다. 이 세상에서 늘 대접받고 돈 있고 권력 있는 사람은 항상 자신은 특별대우를 받아야 한다고 생각합니다. 그렇게 생각하는 사람이 유대인이었습니다. 유대인들은 하나님의 부르심을 받은 자신들을 이방인들과 똑같이 대우하는 것을 못 참았습니다. 이방인들이 심판받는 것처럼 자신들도 심판을 받아야 한다는 명제 앞에서, 하나님의 말씀을 위탁받은 자신들이 어떻게 이방인들과 똑같은 취급을 받는다는 것인지에 대해 갈등했습니다.

그것이 그들이 고민하는 내용입니다. 로마서 3장 1절에서는 이렇게 이야기하고 있습니다. "그런즉 유대인의 나음이 무엇이며 할례의 유익이 무엇이냐." 유대인들은 당연히 이렇게 질문할 것입니다. "유대인이 선택받았다는 것이 무슨 뜻인가? 유대인과 이방인의 차이가 무엇인가? 할례를 받은 것과 할례를 받지 않은 것이 어떤 차이가 있는가? 그러면 할례를 특별히 받아야 할 이유가 없지 않은가?" 맞는 말입니다. 그렇게 여길 만합니다. 사도 바울도 그 질문들에 대해서는 동의합니다. "범사에 많으니 우선은 그들이 하나님의 말씀을 맡았음이니라"(롬 3:2).

사도 바울도 그들에게 나은 점이 있다는 것을 인정합니다. 유대인들은 특별합니다. 할례를 받았다는 것은 어떤 의미에서는 큰 특권입니다. 사도 바울도 그 점을 인정하여 '범사에 많다'고 했습니다. 로마서 9장은 범사에 많은 것들에 대해 설명하고 있습니다.

> 그들은 이스라엘 사람이라 그들에게는 양자 됨과 영광과 언약들과 율법을 세우신 것과 예배와 약속들이 있고 조상들도 그들의 것이요 육신으로 하면 그리스도가 그들에게서 나셨으니 그는 만물 위에 계셔서 세세에 찬양을 받으실 하나님이시니라 아멘(롬 9:4-5).

이스라엘 백성은 많은 축복을 받았습니다. 양자 됨, 영광, 언약, 율법, 예배, 약속, 조상, 그리스도까지 그들에게 주어졌습니다. 자랑할 만합니다. 이렇기 때문에 그들의 선택 의식은 뿌리 뽑기가 어렵습니다.

그런데 이러한 모든 축복보다 더욱 결정적인 축복이 있습니다. 2절에서 말한 대로 하나님의 말씀을 맡은 축복입니다. 우리가 세상에서 어떤 일을 맡아도 축복이라고 생각합니다. 그런데 하나님의 일을 맡았으니 얼마나 큰 축복입니까? 우리가 세상의 진리를 깨달아도 그것을 축복이라고 말하는데, 하나님의 진리를 알게 되었으니 얼마나 자부심이 대단하겠습니까?

이것이 유대인들의 생각의 뿌리입니다. 분명히 이스라엘 사람들에게는 축복과 특권이 있습니다. 그러나 예외가 딱 한 가지 있습니다. 죄 문제입니다. 죄 문제에 대해서는 특권이 없습니다. 이스라엘 사람들에게는 많은 특권과 예외가 있는데, 죄 문제만큼은 예외가 없습니다. 이스라엘 사람들이 예수님을 거절했을 때 그들은 비참하게 저주를 받았습니다. 그것이 죄 문제입니다.

이스라엘에게도 하나님이 이렇게 하셨거늘 하물며 이방인에게는 어떻겠습니까? 죄 문제는 절대로 그냥 넘어가지 않습니다. 당신의 죄가 드러났거나 숨겨졌거나, 유대인이거나 헬라인이거나, 죄 문제만은 예외가 없습니다. 아무리 목사고 유대인이고 성직자라 할지라도 예수 그리스도의 이름으로 죄 사함을 받지 않는다면 구원받지 못한다는 것입니다. 이런 말씀 앞에서 유대인들은 다음과 같이 항변합니다.

어떤 자들이 믿지 아니하였으면 어찌하리요 그 믿지 아니함이 하나님의 미쁘심을 폐하겠느냐(롬 3:3).

거짓된 사람, 의로우신 하나님

사람들은 자신들의 교만과 불신앙을 감추고 다음과 같은 질문을 합니다. "만일 하나님의 약속이나 말씀을 믿지 않는다면 어떻게 되는가? 믿지 않는 것으로 하나님의 신실함을 폐할 수 있는가?"

우리가 태양을 믿지 않는다고 태양이 없어집니까? 우리가 진리를 거부한다고 해서 진리가 사라집니까? 우리가 하나님을 믿지 않는다고 해서 하나님이 어디로 가십니까? 그렇지 않습니다. 우리가 믿건 안 믿건 하나님은 신실하시고 살아계십니다.

니체는 하나님이 죽었다고 말했습니다. 하지만 그가 하나님이 죽었다고 말해서 하나님이 죽으셨습니까? 그렇지 않습니다. 니체의 마음속에 계시는 하나님이 죽으신 것입니다. 결국은 하나님이 죽으신 것이 아니라 니체가 죽었습니다. 우리가 하나님을 거부하거나 믿지 않는다고 하나님의 신실함이 없어지지 않습니다. 인간은 우둔하고 어리석어서 부인하면 모든 것이 없어진다고 생각합니다. 믿지 않으면 없다고 생각합니다. 그러나 성경은 그렇게 이야기하지 않습니다.

그럴 수 없느니라 사람은 다 거짓되되 오직 하나님은 참되시다 할지어다 기록된 바 주께서 주의 말씀에 의롭다 함을 얻으시고 판단 받으실 때에 이기려 하심이라 함과 같으니라(롬 3:4).

인간은 거짓된 존재입니다. 그러나 하나님은 신실하십니다. 인간이 하나님에 대해서 부정적인 견해를 가지고 있다고 해서 하나님이 부정적이실까요? 그렇지 않습니다. 이것이 유대인에 대한 바울의 대답이었습니다.

유대인들은 또 한 가지 질문을 합니다.

그러나 우리 불의가 하나님의 의를 드러나게 하면 무슨 말 하리요 내가 사람의 말하는 대로 말하노니 진노를 내리시는 하나님이 불의하시냐 결코 그렇지 아니하니라 만일 그러하면 하나님께서 어찌 세상을 심판하시리요 그러나 나의 거짓말로 하나님의 참되심이 더 풍성하여 그의 영광이 되었다면 어찌 내가 죄인처럼 심판을 받으리요(롬 3:5-7).

이 구절은 유대인들이 늘어놓는 궤변에 대한 이야기입니다. 하나님을 안 믿는 사람들은 궤변이 많습니다. 똑똑한 사람일수록 아주 이상한 논리와 궤변을 늘어놓아 하나님께 대항하려고 합니다. 하나님을 믿지 못하고 거부하는 것에 대해 이론을 만들려고 합니다. 인간의 불의와 불신앙이 하나님의 신실함을 드러낸 것이었다면, 결국 하나님의 불의가 하나님의 의를 드러낸 것이 아니겠는가 하는 것입니다. 다시 말하면 인간의 불의가 하나님의 의를 나타낸 것이기 때문에 불의는 상급을 받을 만하다는 것입니다.

어떤 사람은 가룟 유다가 예수님을 죽도록 만들었으니까 구원 사역에 공헌한 것이라고도 합니다. 예수님이 죽어야 그의 피로 모든 사람이 구원을 받는 것이 아니냐는 말입니다. 얼마나 많은 사람들이 이런 궤변을 늘어놓는지 모르겠습니다. 인간의 불의가 하나님의 의를 드러낸 것이면 인간의 불의가 하나님 일을 이루는 데 도움이 되지 않느냐는 것입니다. 그런데 왜 불의한 사람에게 진노를 내리는 것이냐고, 그렇다면 하나님은 불의하지 않느냐고 묻습니다.

그러나 사도 바울은 6절에서 결코 그렇지 않다고 합니다. 만일 그렇다면 하나님이 세상을 심판할 수 있었겠습니까? 인간의 거짓말로 하나님의 영광을 나타낼 수 있다는 억지 주장에 대해 사도 바울은 단호히 그렇지 않다고 대답합니다. 8절을 보십시오. "어떤 이들이 이렇게 비방하여 우리가 이런 말을 한다고 하니 그들은 정죄받는 것이 마땅하니라." 선을 위하여 악을 행한다는 논리는 맞지 않습니다. 이런 자들은 정죄받는 것이 옳으며 이런 궤변을 늘어놓는 자들에게 하나님의 심판이 임한다는 것입니다.

죄 아래 있는 존재

그렇다면 결론은 무엇입니까? 유대인들은 궤변을 늘어놓으면서까지 자신을 합리화하려고 하는데 그것이 옳은 것입니까? 유대인들은 죄 문제에 대해서 특권을 받아야 합니까? 그렇지 않습니다.

선택받은 유대인이라고 할지라도, 하나님의 말씀을 위임받았고 예수 그리스도의 가문이라고 할지라도, 그들이 회개하지 않고 죄 문제를 해결하지 않으면 하나님의 진노와 심판을 피할 수 없습니다.

우리도 마찬가지입니다. 죄가 드러난 사람이든 죄가 드러나지 않은 사람이든, 인간은 누구든지 죄 아래 있습니다. 따라서 죄 문제를 해결하지 않고 돈 문제, 직장 문제, 결혼 문제, 자녀 문제 혹은 세상을 살아가면서 겪는 크고 작은 문제들을 아무리 말해 봐도 소용이 없습니다. 왜냐하면 우리는 근본적으로 죄 아래 있는 존재들이기 때문입니다.

그러면 어떠하냐 우리는 나으냐 결코 아니라 유대인이나 헬라인이나 다 죄 아래에 있다고 우리가 이미 선언하였느니라(롬 3:9).

여기서 주목해야 할 두 구절이 있습니다. 첫째는 "우리는 나으냐"라는 구절입니다. '나는 나은가? 나는 회개하지 않아도 구원받을 수 있는가? 내 죄 문제를 건드리지 않고도 구원받을 수 있는가? 교회 열심히 다니고 봉사 많이 하고 십일조 하고 전도했다고 구원받는가?' 이렇게 묻는 것입니다. 사도 바울은 자기가 복음을 전하고 자기가 저주받을까 두렵다고 했습니다. 이것이 죄의 실존입니다. 죄 문제를 통과하지 않고 구원은 가능하지 않습니다.

두 번째는 "다 죄 아래에"라는 구절입니다. '다'라는 말은 이 지구상의 누구도 예외가 없다는 것입니다. 영웅이든, 대통령이든, 부자든, 성직자든 예외 없이 다 죄 아래에 있다는 것입니다.

죄인끼리 더 잘났다 더 못났다 말할 수 있습니까? 이것은 마치 인간이 해 아래 살고 있다고 말하는 것과 같습니다. 해 아래 있지 않은 인간이 어디 있습니까? 인간은 다 태양 아래 존재합니다. 그 누구도 비켜 갈 수가 없습니다. 태양을 손바닥으로 가릴 수 없는 것과 같습니다.

태양을 양산으로 가려서 생긴 그늘로 인해 괜찮다고 말하는 사람은 정말 불행한 사람입니다. 이런 사람보다는 차라리 죄를 들켜 감옥에 가 있는 사람이 낫습니다. 감옥에 가 있는 사람은 예수 그리스도를 더 잘 믿습니다. 그 마음이 드러났기 때문입니다. 예수님을 믿기 힘든 사람은 죄가 안 드러난 사람입니다. 자신은 선하고 성품이 착하고 남들을 구제하며 사는 사람이라고 생각하는 자들이 그렇습니다. 남을 돕고 사는 사람들, 전도하고 사는 사람들은 더 어렵습니다. 하나님이 나를 봐주실 것이라고 착각하기 때문입니다. 하나님이 그 사람을 봐주시지 않습니다. 죄 문제가 해결되기 전까지, 즉 예수 그리스도의 보혈로 그 사람의 죄가 씻어지기 전까지는 죄가 그대로 있습니다. 죄가 있는 한 하나님의 진노와 심판도 그대로 있습니다.

인정하고 고백해야

우리는 9절을 통해서 다음 질문들을 스스로에게 던져야 합니다. '우리는 더 나은가? 우리가 죄 아래 있다고 성경은 말하고 있는데 과연 이것이 사실인가? 나도 그 안에 들어가 있는가?' 이에 대해 바울은 구약의 시편과 이사야서 구절들을 인용하여 인간이 죄인임을 설명하고 있습니다.

> 기록된 바 의인은 없나니 하나도 없으며 깨닫는 자도 없고 하나님을 찾는 자도 없고 다 치우쳐 함께 무익하게 되고 선을 행하는 자는 없나니 하나도 없도다 그들의 목구멍은 열린 무덤이요 그 혀로는 속임을 일삼으며 그 입술에는 독사의 독이 있고 그 입에는 저주와 악독이 가득하고 그 발은 피 흘리는 데 빠른지라 파멸과 고생이 그 길에 있어 평강의 길을 알지 못하였고 그들의 눈앞에 하나님을 두려워함이 없느니라 함과 같으니라(롬 3:10-18).

10 - 18절에서는 '없다'라는 말을 일곱 번 강조하고 있습니다. 이것이 인생입니다. 죄가 드러났건 드러나지 않았건 성경은 인간에 대한 정의를 이렇게 내리고 있습니다. 어떤 사람은 이 말씀에 동의하지 않을지도 모르겠습니다. 우리 자신을 다시 한번 자세히 돌이켜 보십시오.

10 - 12절에서는 일반적인 죄 상태에 대해서 말하고 있고, 13 - 14절

에서는 입술로 저지르는 모든 죄에 대해서 이야기하고 있습니다. 15 - 17절에서는 행위에 대한 모든 죄를 이야기하고, 18절에서는 죄의 원천에 대해서 이야기하고 있습니다.

구약에 나오는 나아만 장군은 한센병이 있었습니다. 병을 고쳐 보려고 여러 사람을 찾아다녔지만 고칠 길이 없었습니다. 그런데 병을 고칠 수 있는 하나님의 사람이 있다는 얘기를 들었습니다. 그 사람은 엘리사였습니다. 그에게 안수를 받고 기도를 받으면 병이 낫겠다는 생각으로 부하들을 데리고 찾아갔습니다. 그런데 놀랍게도 엘리사는 안수를 안 해줬습니다. 엘리사가 요구한 것은 무엇입니까? 요단강에 가서 일곱 번 목욕하는 것입니다. 나아만 장군은 화를 내며 그냥 돌아가려고 합니다. 그때 부하가 말합니다. "장군이시여, 요단강에 가서 일곱 번 목욕하는 것이 무엇이 어렵습니까? 한 번 순종해 보십시오."

이런 겸손이 필요합니다. 죄가 있다고 말하는 것이 뭐가 그렇게 어렵습니까? 병이 있다고 말하는 것이 뭐가 그렇게 부끄럽습니까? 우리는 다 병을 가지고 있는데, 병을 안 가지고 있다고 하면 병이 고쳐지겠습니까? 나아만 장군이 자존심을 꺾고 요단강으로 들어갔습니다. 옷을 벗을 때 얼마나 부끄러웠겠습니까? 헐고 상한 몸을 다 보여야 했습니다.

하나님 앞에서 우리는, 이 한센병자처럼 약한 사람이라는 점을 고백해야 합니다. 우리가 의사 앞에서 옷을 벗지 않으면 진찰할 수가 없습니다. 의사 앞에서 병을 인정하고 증상을 말하고 옷을 벗고 진료를 받아야 원인을 밝혀 낼 수가 있습니다. 그리고 의사가 처방한 대로 겸손히 그 치료를 받아들일 때 고칠 수 있는 것입니다.

하물며 우리 영혼의 죄는 어떻겠습니까? 우리는 우리의 죄를 인정하고, 드러내야 합니다. 감추면 아무 일도 일어나지 않고 곪아서 썩어 죽고 말 것입니다. 로마서에서는 줄기차게 이 이야기를 하고 있습니다. 여러분의 죄 문제를 지금 해결하시기 바랍니다. 이 죄는 오직 예수 그리스도만이 해결하십니다.

보혈의 십자가 앞으로

유대인들도 예수를 믿어야 합니다. 죄가 드러난 사람도, 죄가 밖으로 드러나지 않은 사람도 예수를 믿어야 합니다. 도덕적으로 선하다고 하는 사람들도, 종교적인 사람들도 예수 그리스도로 말미암아 죄 씻음을 받고 구원을 받아야 합니다.

하나님은 불꽃 같은 눈으로 그것들을 꿰뚫어 보고 계십니다. 우리가 그것을 표현하지 않는다고 해서 하나님이 보시지 않는 것이 아닙니다. 우리의 모든 죄를 예수 그리스도 앞에 다 가지고 나아와야 합니다. "너희의 죄가 주홍 같을지라도 눈과 같이 희어질 것이요 진홍같이 붉을지라도 양털같이 희게 되리라"(사 1:18)라고 말씀하셨습니다. 또 '너의 죄가 동이 서에서 먼 것같이 멀리하여질 것이며 깊은 바다에 던지는 것처럼 던지게 할 것이며 빽빽한 구름이 사라진 것처럼 없어질 것이라'고도 합니다.

죄 용서함을 받지 않으시겠습니까? 예수 그리스도의 피로 구원 받지 않으시겠습니까? 이것이 우리에게 주시는 하나님의 말씀입니다. 이 말씀을 통해서 우리는 몇 가지 결론을 얻습니다. '죄를 고백하지 않고서 구원은 절대 불가능하다', '죄를 철저히 인정하고 고백하라'는 것입니다. 우리의 죄가 아무리 창피해도 드러내야 합니다. 사람 앞에 드러내라는 것이 아닙니다. 하나님 앞에 드러내라는 것입니다. 인간의 선행으로는 구원받을 수 없습니다. 그것으로는 하나님께 나아갈 수가 없습니다. 우리 모두에게 이런 축복이 있기를 바랍니다. 다시는 죄로 인한 죄책감과 고통을 겪지 않기를 바랍니다. 우리의 죄를 인정하고 보혈의 십자가 앞에, 은혜의 보좌 앞에 담대히 나아가기를 바랍니다.

12

조건 없는 의

로마서 3:20-24

의인은 없나니 하나도 없으며 깨닫는 자도 없고 하나님을 찾는 자
도 없고 다 치우쳐 함께 무익하게 되고 선을 행하는 자는 없나니 하
나도 없도다(롬 3:10-12).

이 말씀처럼 깊이 공감되는 말씀도 없습니다. 의인이라고 주장하
는 사람은 많지만 의인이 없습니다. 하나도 없습니다. 다 깨닫는
것 같아도 깨닫지 못하고, 하나님을 찾고 예배하는 것 같아도 실제
로 하나님을 찾는 자가 없습니다. 자기가 균형 있다고 생각하지만
모두 한쪽으로 치우쳐 있습니다. 유익하다고 생각했는데 나중에
보면 아무짝에도 쓸모없는 것으로 세월을 보냈습니다. 선을 행하
고 나면 내 안에서 "이 도둑놈! 사기꾼" 하는 소리가 들리는 것 같
습니다. 그것이 인간입니다.

　주님을 위해 일한다고 말하지만, 또 내가 의롭게 산다고 주장하
지만, 실제로 내 안에는 오만과 교만과 위선과 허물이 숨어 있는
것입니다. 하나님 앞에서는 누구를 막론하고 다 죄인입니다.

말씀 앞에서 드러나는 죄

어찌하여 이방 나라들이 분노하며 민족들이 헛된 일을 꾸미는가 세
상의 군왕들이 나서며 관원들이 서로 꾀하여 여호와와 그의 기름
부음 받은 자를 대적하며 우리가 그들의 맨 것을 끊고 그의 결박을
벗어 버리자 하는도다 하늘에 계신 이가 웃으심이여 주께서 그들을
비웃으시리로다(시 2:1-4).

그렇게 잘난 척하고 분노하고 자기가 모든 것을 해결할 것처럼
말하는 자를 하나님이 비웃으신다는 것입니다. 그들은 하나님 없
이도 살 수 있다고 생각하는 자들입니다. 마음대로 죄를 짓고도 괜
찮다고 생각하는 그 오만을 하나님이 비웃으신다는 것입니다. 인
생이란 무엇입니까? 우리가 살고 있는 이 세상이란 무엇입니까?
파멸과 고생입니다.

사람들이 평강의 길을 알지 못하고 눈앞에 계신 하나님을 두려
워하지 않는 것이 이 세상이요, 이것이 바로 하나님을 모르고 사는
인간들의 영적 상태입니다. 요즘 밝혀지는 모든 죄들을 어떻게 우
리가 알게 되었습니까? 옛날에는 죄인 줄 모르고 살았습니다. 그
래서 뻔뻔하고 떳떳하게 그렇게 자신만만하게 살 수 있었던 것입
니다. 그러나 이제 영혼이 새로워지고 양심이 새로워지자, 예전에
는 발견하지 못했던 죄들이 하나씩 하나씩 보이는 것입니다.

우리가 알거니와 무릇 율법이 말하는 바는 율법 아래에 있는 자들에게 말하는 것이니 이는 모든 입을 막고 온 세상으로 하나님의 심판 아래에 있게 하려 함이라(롬 3:19).

어쩌면 우리가 교회에 온 것이 문제입니다. 교회에 오지 않았다면 차라리 몰랐을 것입니다. 빛을 보지 않은 사람은 거짓이 무엇인지 모릅니다. 진짜가 오기 전에는 가짜가 판을 칩니다. 그러나 진짜가 나타나면 가짜는 꼬리를 감추는 것입니다. 사탄과 죄가 득세할 때 빛이 오고, 진리가 오면 그 거짓, 사탄, 귀신들은 통곡하며 떠나는 것입니다.

죄가 어떻게 드러납니까? 19절을 보면, 율법이 말하는 것은 율법 아래 있는 사람들을 위한 것이라고 합니다. 율법은 하나님의 말씀입니다. 죄가 드러나지 않았을 때는 자신이 죄인이라고 생각하지 않습니다. 그러나 하나님의 말씀, 율법이 내게 임하면 그 숨겨져 있던 모든 죄들이 다 드러납니다.

죄가 드러나면 어떤 현상이 일어납니까? 우선, 할 말이 없습니다. 우리 속담에 "입이 열 개라도 할 말이 없다"는 말이 있습니다. 죄가 드러나면 입이 열 개라도 할 말이 없습니다. 또 19절 후반에 보면, 율법은 온 세상이 하나님의 심판 아래 있게 하기 위한 것이라고 말합니다. 율법이 드러나면 세상의 죄가 다 드러납니다. 하나님 앞에서는 죄에 대한 어떤 변명도, 궤변도 통하지 않습니다. 하나님의 율법, 즉 말씀이 나타나면 온 거짓이 다 드러나게 됩니다. 이 드러난 죄를 어떻게 해결할 수 있습니까?

> 그러므로 율법의 행위로 그의 앞에 의롭다 하심을 얻을 육체가 없
> 나니 율법으로는 죄를 깨달음이니라(롬 3:20).

죄를 해결하기 위해서 선행을 하고 양심적으로 살아도 소용없습니다. 율법의 행위로는 구원을 얻을 만한 길이 없다고 성경은 말하고 있습니다. 율법 앞에, 하나님의 말씀 앞에 서면 설수록 죄만 더 드러나게 됩니다. 내가 선을 행하면 행할수록 마음속에서는 '사기꾼!' 소리가 들립니다. 끊임없이 선이란 것으로 나를 위장합니다. 신앙이 하나의 종교적인 행위라고 생각하는 사람들은 신앙적인 행위, 금식이나 헌금이나 선행 같은 것들을 행하고 좋아합니다. 그러나 돌아서면 마음속에서 '위선자'라는 소리가 들립니다.

오호라, 곤고한 사람아

왜 율법의 행위로는 구원을 얻을 수가 없습니까? 20절 후반부에 그 해답이 있습니다. "율법으로는 죄를 깨달음이니라."

율법에는 죄를 제거하는 힘이 없습니다. 죄를 드러나게 할 수만 있습니다. 시편 기자는 하나님의 말씀, 율법에 대해 이렇게 고백합

니다.

여호와의 율법은 완전하여 영혼을 소성시키며 여호와의 증거는 확
실하여 우둔한 자를 지혜롭게 하며 여호와의 교훈은 정직하여 마
음을 기쁘게 하고 여호와의 계명은 순결하여 눈을 밝게 하시도다.

하나님의 말씀은 거짓과 더러운 것이 다 드러나게 합니다. 하나
님의 말씀이 오면, 하나님은 보이지 않고 숨어 있는 자신의 죄만
다 드러나게 됩니다. 그래서 하나님의 말씀, 율법 앞에 서면 숨이
막힙니다. 살 길이 없습니다. 자신의 숨어 있는 죄들, 이전에는 드
러나리라고 상상도 못했던 죄들이 드러납니다.

이렇게 율법은 우리를 절망케 하고, 좌절케 합니다. 율법이 악해
서 그런 것이 아닙니다. 율법은 선합니다. 그럼에도 불구하고 율법
으로 구원을 얻을 만한 육체는 없습니다.

인간이 선행으로, 봉사로, 구제로, 무슨 좋은 일을 해 보겠다고
했을 때 그것이 되지 않습니다. 왜냐하면 인간에게는 선의 능력이
없기 때문입니다. 선을 행할 능력이 없는 인간이 선을 행하겠다고
아등바등하면 죄만 더 짓습니다. 사랑할 능력이 없는 사람이 사랑
하겠다고 하면 더 위선자가 되고 마는 것입니다. 죄를 지은 인간은
선을 행할 능력도 없고, 율법을 행할 능력도 없습니다. 그렇게 함
으로써 느끼게 되는 것은 오로지 좌절이고 절망입니다.

이러한 자기 경험을 심각하게 고백한 사람이 사도 바울입니다. 그는 "내 속 곧 내 육신에 선한 것이 거하지 아니하는 줄을 아노니 원함은 내게 있으나 선을 행하는 것은 없노라 내가 원하는 바 선은 행하지 아니하고 도리어 원하지 아니하는 바 악을 행하는도다"(롬 7:18-19)라고 이야기합니다. 이 말은 "내 안에는 선이 없구나. 오직 죄밖에 없구나. 내가 선을 행하고 싶어도 그 선을 행할 능력이 내 안에 없구나. 내가 원하는 바 선을 행하지 아니하고 도리어 악을 행하는구나"라는 고백입니다.

사도 바울이 예수님을 믿기 전이 아니라, 예수님을 믿은 후 성령 세례 받고 구원받고 나서 한 고백입니다. 예수님을 믿고 나서 구원받으면, 죄 안 짓는 완전한 사람이 됩니까? 성령의 능력을 받으면 유혹도 없고 갈등도 없습니까? 그렇지 않습니다. 우리 안에 그런 것들은 그대로 있습니다. 그것이 인간입니다. 우리는 완벽할 수 없고, 실수가 없을 수 없습니다.

사도 바울의 그 다음 고백이 무엇입니까? "오호라 나는 곤고한 사람이로다 이 사망의 몸에서 누가 나를 건져내랴"(롬 7:24). 착각 중에 가장 큰 착각은, 종교적인 예식을 행하면서 인간이 선하다고 생각하는 것입니다. 이런 의미에서 종교는 인간에게 소망을 주는 것 같지만 실제로는 절망을 줍니다. 모든 종교는 이 세상에 희망을 주는 것 같습니다. 그래서 '이렇게 저렇게 하면 구원을 얻는다'고 이야기하기도 합니다. 금식도 하고 노동도 하고 종교적인 것들을 다 행하면 무엇인가 될 거라고 말합니다. 그런데 그렇게 해서 구원받지 못합니다.

절망 중 나타난 '한 의'

기독교가 종교가 되면 기독교는 썩습니다. 부담을 주게 됩니다. 기독교는 종교가 아니라 생명입니다. 기독교의 예배를 드리고 교회에 왔다갔다 하고 새벽기도 하고 주일 성수를 함으로써 구원을 얻을 수 있습니까? 그렇지 않습니다. 예수 그리스도를 믿어야 구원을 받는 것입니다. 종교적인 행위로는 구원받고 마음의 평안을 얻을 수 없습니다.

인간의 선행과 구제도 인간을 절망케 합니다. 인간의 종교적인 행위도 인간을 절망케 합니다. 인간의 철학과 사상도 인간을 절망케 합니다. 인간이란 마치 끝없는 사막에 던져진 존재와 같습니다. 목마른 채 걸어가야 하는 존재가 인간입니다. 처음에는 힘이 있습니다. 먹을 것도 마실 것도 있습니다. 그래서 어느 정도 버티고 견디면서 내리쬐는 태양 아래, 길도 없는 길을 걸어갑니다. 그러나 한 달 두 달, 아무리 헤매도 길이 보이지 않습니다. 이 사람이 마지막으로 원하는 것은 무엇이겠습니까? "누군가 구원자가 나타났으면 좋겠다"는 것입니다. 이 절대 절망 속에서 그는 어떻게 해야 합니까? 이것이 인생입니다.

사람들은 더불어 살아간다고 이야기합니다. 자녀도 있고 부인도 있지만 죽을 때는 혼자입니다. 대신 못 죽습니다. 그 마지막을 고독하게 스스로 맞이해야 합니다. 옆에서 사람이 아무리 울어 주어도 소용없습니다. 자신이 홀로 그 길을 가야 합니다. 자식이나 남편이 위로가 되겠습니까? 자기 자신이 죽어 가는 것입니다.

그 공포감이 얼마나 크겠습니까? 1분이라도 안 죽으려고 애쓸 것입니다. 불안하고 무서워서 그렇습니다. 천국이 있는 사람은 천국 가면 되니까 안심하지만 천국이 없는 사람들은 얼마나 두렵겠습니까? 그것이 인생입니다. 누가 와서 나를 건져 주었으면, 누가 와서 나를 구원해 주었으면 좋겠다고 갈망하는 것입니다.

이제는 율법 외에 하나님의 한 의가 나타났으니 율법과 선지자들에게 증거를 받은 것이라(롬 3:21).

율법은 죄를 깨닫게 할 뿐이지 죄 문제를 해결할 수는 없습니다. 종교인이든 선행을 한 사람이든, 이 죄 문제에서 빠져 나갈 길이 없습니다. 그런데 구조대가 나타났습니다. "율법 외에 하나님의 한 의"가 나타난 것입니다. 이 하나님의 의는 창세기, 출애굽기 등의 율법서에서 예언되었고, 네 예언자가 말했고, 열두 소예언자가 말했던 바로 그분입니다. 전혀 생각하지 못했던 순간에 한 구원자가 나타나서 나에게 손을 펴신 것입니다. 이것이 21절에서 말하는

"한 의"입니다.

하나님은 우리에게 말씀만 주신 것이 아니라 의를 주신 것입니다. 이분은 나의 노력과는 상관없이 오셨습니다. 나는 연락도 하지 않았는데 그분이 오셨습니다. 값없이, 조건 없이 오셨습니다. 그것 때문에 내가 충격받은 것입니다. 구원이란 충격입니다. 만약 구원받았다고 하면서도 영적인 충격이 없다면 그것은 무언가 잘못된 것인지도 모릅니다.

구원은 전율하는 것입니다. 기가 막힌 것입니다. 사막에서 죽어가던 사람이, 구해 주러 온 헬리콥터를 타면서 "어디 한번 타 볼까" 하면서 타지 않습니다. 이 사람 눈에는 눈물이 고이고, 죽음에 대한 공포와 긴장감으로부터의 자유를 느끼면서 '이제 살았다' 하는 감탄사가 터져 나옵니다. 그런 감격이 있는 것이 구원입니다. 왜 우리 신앙생활이 희미합니까? 구원의 감격이 없어서입니다. 왜 우리의 신앙생활에 능력이 없습니까? 구원의 진실한 느낌을 갖지 못했기 때문입니다.

구조선으로 뛰어들어야

그렇다면 어떻게 이 구원자가 우리에게 올 수 있으며, 구원이 임할 수 있다고 합니까?

곧 예수 그리스도를 믿음으로 말미암아 모든 믿는 자에게 미치는
하나님의 의니 차별이 없느니라(롬 3:22).

바울은 '예수 그리스도를 믿음으로 말미암아'라고 말합니다. 구
원자가 내게 찾아왔을 때 그분이 나의 구원자라는 것을 믿어야 합
니다. 그가 구원자라는 사실에 동의하지 않으면 그 구원은 내게 아
무 의미가 없습니다.

예를 들어, 바다에 떠 있던 배에 불이 났습니다. 불이 점점 배 전
체로 번지기 시작합니다. 구조를 요청하자 구조선이 왔습니다. 그
럼 어떻게 해야 합니까? 구조선으로 뛰어들어야 합니다. 그래야
구조 받습니다. 예수 그리스도가 오셨을 때 그분에게로 뛰어가야
합니다. "예수님, 내가 여기 있습니다!"라고 소리 질러야 합니다.
이렇게 예수 그리스도를 믿음으로 받아들이는 모든 자들에게 하
나님의 의의 옷을 입혀 주시는 것이 구원입니다.

가장 큰 불행은, 죽어 가고 있으면서도 자신이 죽는다는 사실을
모르는 것입니다. 그런 이들은 구원 요청을 하지 않습니다. 심각한
죄의 병을 앓고 있으면서도, 귀가 썩고 코가 문드러지는데도 자각
증세가 없습니다. 죄로 인해서, 아프다고 소리도 지르지 못합니다.
소리를 지를 수 있어야 합니다. 내 영혼이 고독하면 고독하다고 말
해야 합니다. 죽음의 공포가 있으면 있다고 말해야 합니다. 그때
구원자가 우리를 구원해 주십니다.

모든 사람이 죄를 범하였으매 하나님의 영광에 이르지 못하더니
(롬 3:23).

성경은 모든 사람이 죄를 범하였다고 말합니다. 모든 인간은 다 죄 아래 있다고 선언합니다. 감옥에 있는 사람이건 감옥 밖에 있는 사람이건 하나님 보시기에는 모두 지옥에 갈 사람들입니다. 이러한 죄의 결과는 하나님과의 단절입니다. 하나님의 영광에 이를 수 없습니다. 하나님은 죄인은 사랑하시지만 죄는 사랑하시지 않습니다. 하나님은 죄인을 받아들이십니다. 그러나 죄인을 그대로 받지는 않으십니다. 그렇게 하실 수 없습니다. 하나님 자신이 거룩하시기 때문입니다. 죄가 씻겨야 하나님을 만날 수 있습니다. 내 안에 죄가 있으면 하나님의 음성이 들리지 않습니다. 우리 앞에 죄가 있으면 하나님은 그 기도를 듣지 않으십니다. 죄를 씻지 않으면 하나님과 교제할 수 없습니다. 따라서 하나님을 만나고 교제하고 하나님의 영광 가운데 있으려면 죄가 없어야 합니다. 그런데 우리에게는 죄를 없애는 방법이 없습니다. 율법이 죄를 드러나게 하기 때문입니다.

이런 우리에게 "한 의"가 나타났습니다. 그분은 2천 년 전에 세상에 오셔서, 내가 지은 모든 죄를 대신 지시고 십자가에서 돌아가셨습니다. 예수 그리스도십니다. 내가 지불해야 할 대가를 치르셨습니다. 그리고 지금 여기 계십니다. 우리가 요청하기만 하면 됩니

다. "예수님, 제게 오십시오. 주님, 제가 당신 안에 들어가겠습니다. 당신을 의지하겠습니다. 저를 구원해 주십시오." 그렇게 고백할 때, 예수님이 십자가에서 흘리신 보혈의 대가로 말미암아 우리가 구원을 받습니다.

그리스도 예수 안에 있는 속량으로 말미암아 하나님의 은혜로 값없이 의롭다 하심을 얻은 자 되었느니라(롬 3:24).

우리가 어떻게 하나님의 자녀가 됩니까? "그리스도 예수 안에 있는 속량" 때문이라고 합니다. 예수 그리스도 안에 구원이 없다면 예수님께 아무리 가 봐도 소용 없습니다. 우리가 구원을 받을 수 있는 근거는, 예수 그리스도 안에 구속, 구원이 있기 때문입니다. 이미 그분이 나를 위해 십자가에 못 박혀 돌아가셨고 부활하셨기 때문입니다. 이미 예수님 안에 내 죄와 허물을 용서하시고 내 죄의 옷을 벗기고 의의 옷을 입혀 줄 수 있는 그 구원이 있기 때문입니다. 그러니까 요청하라고 하십니다. "그 구원을 나에게 주십시오" 말할 때 구원이 이루어지는 것입니다.

값없이 주어진 구원
"하나님의 은혜로 값없이 의롭다 하심을 얻은 자"(롬 3:24)가 되었다고 합니다. 여기서 '값없이'란 무슨 말입니까? '공짜로'라는 뜻입니다. 구원을 돈 주고 산다면 그것은 가짜입니다. 구원을 얻기 위하여 어떤 대가를 치러야 하면 그것은 구원이 아닙니다.

대부분의 사람들이 구원의 감격을 얻지 못하는 이유가 여기 있습니다. 하나님이 공짜로, 은혜로 주시는 이 구원에 대해 어떤 대가를 지불하려고 하기 때문입니다. 어떤 이들은, 헌금을 많이 하면 대가를 많이 치른 것처럼 여기고 헌금을 내지 않을 때는 구원을 받지 못한 것 같은 느낌을 받습니다. 전도나 봉사를 많이 하면 어깨를 펴고 다니고, 그렇지 못할 경우에는 어딘가 창피하게 느끼는 이들도 있습니다. 그것은 구원이 아닙니다.

헌금을 많이 해도 적게 해도 구원받은 것입니다. 은혜로, 공짜로 얻은 것이기 때문입니다. 그러나 사람들은 이 은혜로 받은 구원에 값을 매겨서 평가하려고 합니다. 그렇게 하면 믿음이 흔들리고, 구원의 기쁨과 감격도 사라져 버리고 맙니다.

구원은 예수 그리스도 안에 있는 그 구속으로 인해 하나님의 은혜로 받은 것입니다. 따라서 구원받은 사람은 누구든지 겸손할 수밖에 없습니다. 미안하고 감사하고 주장할 것이 없게 됩니다. 예수님 믿는다고 큰소리치는 것은 이상한 것입니다. 소리 지르고 남을 비판하는 사람은 진정한 그리스도인이 아닙니다. 예수님은 십자가에 못 박혀 돌아가실 때도 "아버지여, 저들의 죄를 용서해 주십시오"라고 기도하셨습니다.

예수님은 남을 정죄하거나 심판하지 않으셨습니다. 도살장에 끌려가는 어린 양과 같았다고 했습니다. 다른 사람의 허물과 약점과 질병을 대신 지고, 조용히 십자가의 길을 걸어가신 것입니다. 이런 사람들이 세상을 변화시킬 수 있는 그리스도인들입니다.

마지막으로, 구원을 받은 자는 다른 말로 '의롭다 하심을 얻은 자'입니다. 죄인이었는데 의롭게 되었습니다. 죄인의 옷을 벗고 의인의 옷을 입었습니다. 어떤 분이 오셔서 죄인의 옷을 벗기고 새 옷을 입혀 주신 것입니다. 세마포 옷을 입혀 주시고 내 손을 잡고 하나님 앞으로 인도해 주셨습니다. 그래서 하나님의 자녀가 되었습니다. 누군가 나의 무거운 짐을 덜어 주었고 누군가 내 죄의 옷을 벗겨 준 것입니다. 내가 노력해서 그렇게 된 것이 아닙니다. 그분이 와 주신 것입니다. 이것이 구원입니다.

구원의 감격과 기쁨에 젖어 "오! 하나님, 어찌하여 내게 이런 축복과 특혜를 주십니까? 내 죄가 녹아졌습니다. 할렐루야!"라고 고백하시기 바랍니다. 그리고 당당하게 세상에 나가서 승리하시기 바랍니다.

13

화목 제물의 피

로마서 3:25-31

특별한 악인이 아닌 이상, 보통 사람들은 죄 짓는 것을 좋아하지 않습니다. 죄를 짓고 싶지 않은데 무의식적으로 죄를 짓게 되는 것입니다. 악한 생각을 하고 싶지 않은데 나도 모르게 그런 생각이 드는 것입니다. 그것이 인간입니다. 특별한 예외는 있습니다. 악인이 되기로 결정한 사람입니다. 자기 전공이 악인 것처럼 아주 악한 일만 골라서 하는 사람이 있기도 합니다.

그러나 대부분의 사람들은 의도적으로 죄를 지으려 하지는 않습니다. 일반적으로 사람들은 죄가 밖으로 드러나기 전에는 떳떳합니다. 그리고 얼굴이 밝습니다. 순수합니다. 자신이 죄를 짓지 않았기 때문에 그렇습니다. 죄를 짓지 않은 사람은 상처가 없습니다. 누가 죄지었다고 해도 상처를 받지 않습니다. 사실이 아니기 때문에 그렇습니다. 그러나 마음속에 죄가 있는 사람은 상처받기 쉽습니다. 왜냐하면 사실이기 때문입니다. 일단 마음속에 죄가 생겼거나 그 죄가 밖으로 드러났을 경우에는 부끄럽습니다.

죄와 수치심

죄와 부끄러움은 이상한 관계입니다. 죄를 짓기 전에는 벌거벗은 것이 문제가 되지 않습니다. 그러나 죄를 짓고 나면 벌거벗은 것이 부끄러워집니다. 수치감이 생깁니다. 인간의 본능 속에는 이런 수치감이 있습니다. 죄와 수치감은 밀접한 관계가 있습니다. 아담과 하와는 죄를 짓고 난 다음에 수치감이 생겼습니다. 누가 시킨 것도 아닌데 그렇게 되었습니다. 왠지 부끄러워졌고 표정이 어두워졌습니다. 그리고 변명을 하기 시작했습니다. "하나님, 제가 선악과를 먹으려고 한 것이 아니라 하와라는 여인이 주어서 먹었습니다. 하나님이 하와를 주셨지 제가 언제 하와를 달라고 했습니까? 그 죄는 하나님께 있습니다. 내가 죄를 안 짓게 만드시지 왜 죄를 짓게 만드셨습니까? 하나님의 창조에 문제 있는 것이 아닙니까? 하나님의 능력에 문제 있는 것이 아닙니까? 처음부터 죄 안 짓도록 만드셨으면 제가 죄를 짓지 않았을 것 아닙니까?" 이렇게 인간은 하나님께 책임 전가를 합니다.

죄란 책임 전가입니다. 죄는 변명을 하고, 도피하게 하며, 숨기게 합니다. 이것이 죄의 현상입니다. 죄를 지으면 떳떳하지 않고 거짓말을 하게 됩니다. 죄를 안 지었다고 하기 위해서 많은 변명 거리를 만들어야 합니다. 그리고 나중에 죄를 인정하게 되면 그럴 수밖에 없었다고 말합니다. 사람은 죄를 지을 때 숨을 수 있는 이론을 만듭니다. 이론 속에 숨어서 합리화하면서 살아가는 것입니다.

제거되지 않는 죄

여기 한 가지 문제가 있습니다. 죄는 일단 발생하면 속에 있든지 밖으로 드러났든지 없어지지 않는다는 것입니다. 세월이 가도 없어지지 않습니다. 내가 잊어버린다고 해서 없어지지 않습니다. 일단 저지른 죄는 어딘가에 있습니다. 그리고는 그 죄에 대한 대가가 나타납니다. 서서히 그 죄가 영향력을 발휘하기 시작합니다. 초기에는 병균이 영향력을 크게 발휘하지 못하다가 시간이 지날수록, 그 병균이 없어지지 않는 한, 몸에 더욱 큰 영향을 미치는 것과 같습니다.

죄도 그렇습니다. 죄로 인해 인격이 파괴됩니다. 죄가 있으면 영성이 둔해집니다. 그리고 육체도 파괴되기 시작합니다. 어떤 사람은 갑자기, 또 어떤 사람은 오랜 세월에 걸쳐 서서히 파괴됩니다.

이 죄는 어둠 속에 감추어져 있습니다. 어두운 방에 들어가면 무슨 물건이 어디에 있는지 잘 안 보이지 않습니까? 어둠에 익숙해지면 조금씩 보이기 시작합니다. 그래도 확실히 알 수는 없습니다. 죄는 어둠과 같아서 사람들은 죄 가운데 있으면서도 그것이 죄인 줄을 모릅니다. 그러나 가만히 살피고 나면 "나도 잘못했지"라며 조금씩 인정합니다. 그때 누군가가 전깃불을 확 켭니다. 그러면 모든 더러운 것들을 환히 볼 수 있습니다.

그 전깃불이 율법입니다. 율법이 오기 전까지는 죄가 드러나지 않습니다. 하지만 율법이 오면 죄가 드러나기 시작합니다. 숨겨진 것까지 다 드러납니다. 율법이 하나님의 말씀이요 빛이기 때문에 그렇습니다. 말씀 앞에 서면, 예전에는 죄인이 아니라고 했던 사람이 죄인이라고 고백합니다. 예전에는 떳떳했던 사람들이 다른 태도를 취합니다. 예전에는 핏대를 세우고 자기주장이 많았던 사람들이, 율법을 만나면 자신의 모습을 보기 때문에 태도가 달라집니다.

그러나 율법에도 한 가지 문제가 있습니다. 죄를 드러나게 할 뿐이지 죄를 제거할 능력은 없다는 것입니다. 어떤 방에 더러운 물건들이 있다고 합시다. 어두울 때는 그것들이 보이지 않다가 불을 켜면 보입니다. 그러나 불을 켰다고 해서 더러운 물건들이 사라지지는 않는 것과 같습니다. 이 더러운 물건들이 사라지게 하려면 누군가 그 더러운 물건들을 치워야 합니다. 청소를 하고 약을 뿌려야 합니다. 의사가 환자를 진단했다고 해서 병이 없어지는 것은 아닙니다. 병이 없어지려면 수술을 하든지 약을 먹든지 어떤 치료를 받아야 합니다. 인간 안에 있는 죄는 어둠 속에 갇혀 있습니다. 빙산의 일각처럼 다 숨겨져 있는 것입니다. 이것이 빛이 오면, 말씀이 오면, 율법이 오면 다 드러나게 됩니다. 그러나 단지 그뿐입니다. 율법은 우리 죄를 제거할 능력이 없습니다.

"하나님의 한 의"(롬 3:21)는 우리 죄를 드러내어 청소해 줄 수 있고, 우리의 환부를 째고 고름을 짜 내어 병을 치유할 수 있습니다. 이것이 하나님의 의입니다. 그래서 로마서 1장 17절에서 바울은 복음에는 하나님의 의가 나타났다고 이야기합니다. '율법 외에 한 의'(롬 3:21)를 말씀했는데, 그 한 의가 우리의 죄를 제거할 수 있는 것입니다.

죗값을 치러 주신 구속

하나님은 우리에게 두 가지 일을 하셨습니다. 첫째는 죄를 훤히 보아 인정할 수 있도록 율법을 주셨습니다. 그래서 하나님의 말씀과 율법이 없는 사람들은 자기 스스로를 죄인이라고 고백할 능력이 없습니다. 죄인인 줄 모릅니다. 죄를 인정하지 않으려고 합니다. 그러나 성령이 임하고 하나님의 말씀이 임하면 자기 죄를 인정하게 됩니다. 그리고 그 죄를 적극적으로 치우도록, 죄를 제거하도록 하나님은 우리에게 역사하셨습니다.

우리 안에 있는 죄를 제거할 수 있는 방법은 무엇입니까? 바로 그리스도 예수 안에 있는 구속입니다. 구속이란 '대신 그 죗값을 치러 준 것'이라는 의미입니다. 어떤 사람이 잘못해서 백만 원 빚을 지고 잡혔습니다. 아버지가 가서 그 빚을 갚고 아들을 데려옵니다. 이처럼, 죗값을 갚아야 하는데 갚을 능력이 없는 나를 위해 누군가가 와서 값을 치러 준 것이 구속입니다. 속전해 주신 것입니다. 돈을 대신 내고 구해 주신 것입니다. 죗값은 사망입니다. 그래서 죗값을 치를 수 있는 길은 심판밖에 없었습니다. 선을 행해도, 어떤 노력을 해도 해결이 되지 않습니다. 구원이 없습니다. 이 사람은 드디어 이렇게 이야기합니다. "하나님, 내 안에는 구원이 없습니다. 내 힘으로는 구원받을 길이 없습니다. 나를 도와주십시오." 이렇게 인정하는 것에서부터 구원이 시작됩니다.

화목 제물 예수 그리스도

죄인은 죄인을 구원하지 못합니다. 죄인은 자기 죗값으로 죽어야 합니다. 죄인을 구원하려면 죄 없는 사람이 죽어야 합니다. 물에 빠진 사람은 물에 빠진 사람을 구원하지 못합니다. 구해 줄 수 있는 사람은 물 밖에 있는 사람입니다. 왜 세상의 모든 성자들과 종교가 인류를 구원할 수 없습니까? 그들이 덜 선하거나 행위가 나빠서가 아닙니다. 그들이 죄인이기 때문입니다.

　죄인을 구원하기 위한 절대 조건은, 구원하는 사람이 의인이어야 한다는 것입니다. 그래서 예수 그리스도가 우리를 구원하신 것입니다. 그분은 죄가 없으시기 때문입니다. 예수님의 특징은 죄가 없으시다는 점입니다. 그렇기에 예수님은 성령에 의해서 태어나셔야만 했습니다. 그분이 인간에 의해서 세상에 태어난 분이 아니라 하나님으로 말미암아 태어난 분이라야만 우리를 구원하실 수 있는 것입니다. 동정녀를 통해 하나님으로 인하여 인간의 몸을 입고 태어나신 분이 예수 그리스도입니다. 죄 없으신 그분이 내 죗값을 대신 지불하셨습니다. 그것이 십자가에서 못 박혀 돌아가신 예수님의 죽음입니다. 이것은 너무나 중요한 구원의 핵심 진리입니다.

성경은 여러 곳에서 이 내용을 반복합니다. 베드로전서에서는 "친히 나무에 달려 그 몸으로 우리 죄를 담당하셨으니 이는 우리로 죄에 대하여 죽고 의에 대하여 살게 하심이라 그가 채찍에 맞음으로 너희는 나음을 얻었나니"(벤전 2:24)라고 말씀하고 있습니다.

예수님은 우리 죄를 용서하실 때에 말로 하시지 않았습니다. 생각으로 하시지 않았습니다. 돈을 주어서 하시지 않았습니다. 예수님이 우리를 구원하신 방법은 몸이었습니다. 우리를 위하여 육신을 입으신 그분이 대신 돌아가셔야만 했습니다. 예수님의 육체적 죽음이 없으면 구원은 없습니다.

우리는 '하나님은 능력이 있으시니까 한마디만 하시면 될 것이다'라고 쉽게 생각하지만 그렇지 않습니다. 몸이 죽어야만 우리 죄를 담당하게 된다고 말씀하고 있습니다. 예수님이 채찍에 맞지 않으시면 우리는 나음을 입을 수가 없습니다. 예수님이 십자가에서 죽지 아니하셨으면 우리는 구원받을 수가 없었습니다. 빚을 진 사람이 한번만 봐 달라고 해서 빚이 청산되지 않습니다. 대가를 치러야만 합니다. 무엇인가가 이 사람의 죄를 대신해야 합니다. 그것을 제물이라고 합니다.

이 예수를 하나님이 그의 피로써 믿음으로 말미암는 화목 제물로 세우셨으니 이는 하나님께서 길이 참으시는 중에 전에 지은 죄를 간과하심으로 자기의 의로우심을 나타내려 하심이니(롬 3:25).

　다시 말하면 예수님이 속전이 되신 것입니다. 예수님이 화목 제
물이 되셨습니다. 화목 제물은 주는 것입니다. 그 사람을 데려오는
대신 죽이는 것이 제물입니다. 제물은 죽어야 제물이 됩니다. 대신
죽어야 효과가 있는 것입니다. 인간이 하나님을 거부해서 죽게 되
었는데, 이 인간의 죽음을 대신할 수 있는 사람은 이 지상에 없었
습니다. 인류 역사상 죄인이 아닌 사람은 오직 한 분이었습니다.
그분만이 인간의 죄를 대신할 수 있습니다. 예수 그리스도입니다.

제물의 두 가지 조건

제물에는 두 가지 조건이 있습니다. 25절에 "그의 피로써"라는 구
절이 있는데, 이 '피'가 첫 번째 조건입니다. 우리는 〈우리를 죄에
서 구하시려 주 예수 십자가 지셨으니〉라는 찬송을 수없이 불러 왔
습니다. 이 찬송가를 부를 때 이상하게 힘이 솟습니다. 예수님의 피
와 관련된 찬송가를 부르면 성령의 능력을 체험하게 됩니다. 이것
이 보혈의 능력입니다. 보혈의 능력으로부터 성령의 능력으로 연
결되는 것입니다. 히브리서는 "율법을 따라 거의 모든 물건이 피로
써 정결하게 되나니 피 흘림이 없은즉 사함이 없느니라"(히 9:22)라
고 말씀합니다.

피가 흘려질 때 그 죄가 용서됩니다. 예수님이 십자가에서 피 흘리심으로 말미암아 우리 죄가 용서받았습니다. 피를 흘려야만 구원받는다는 것은 어떤 의미입니까? 구약에서 피는 생명을 의미합니다. 피 묻은 채로 먹지 말라는 말씀은 바로 그런 맥락에서 하신 말씀입니다. 피는 또 하나의 의미를 가집니다. 피는 죽음을 의미합니다. 예수님이 죽어야만 내가 구원을 받는 것입니다. 이 피는 우리 죄를 녹여 버리는 하나님의 능력입니다. 소나 염소의 피는 안됩니다. 히브리서 9장 12절을 보겠습니다. "염소와 송아지의 피로 하지 아니하고 오직 자기의 피로 영원한 속죄를 이루사 단번에 성소에 들어가셨느니라."

죄 없는 자, 예수 그리스도의 피여야 합니다. 하나님의 피입니다. 예수님의 피는 모든 인류의 죄를 구원하고도 남는 능력이 있습니다. 예수님의 피는 시간과 공간을 초월하여 누구든지 이 피가 뿌려진 자에게는 놀라운 능력이 임합니다. 몸에 수혈이 되어야 합니다. 수혈이 되어야만 내 피가 되는 것입니다. 따라서 예수 그리스도의 피는 뿌려져야 합니다.

화목 제물의 두 번째 조건은 믿음입니다. 25절에 "믿음으로 말미암는"의 의미는 피가 내게 뿌려졌다는 것입니다. 예수 그리스도의 피가 뿌려지면 더러운 귀신과 어두움의 세력들이 침범할 수 없습니다. 예수 그리스도의 피가 믿음으로 뿌려졌을 때 우리 안에 있는 모든 질병이 떠나가고 어두운 세력들이 떠나가고 염려와 근심과 걱정이 떠나가게 되는 것입니다. 예수님의 피를 믿어야만 그 피의 축복과 능력이 내게 나타납니다.

따라서 예수님의 피가 없는 믿음은 믿음이 아닙니다. 그것은 세상의 믿음입니다. 성경에서 말하고 있는 믿음은 예수님의 피가 있는 믿음입니다. 믿음은 고난을 통과하면서 자라납니다. 믿음으로 말미암지 않는 예수님의 피는 우리와 상관이 없습니다.

피 뿌림의 의미

요약하면, 화목 제물의 두 가지 조건은 그리스도의 피와 믿음입니다. 이 피의 능력은 '하나님이 길이 참으시는 중에 전에 지은 죄를 간과하신다'는 것입니다. 예수의 피를 믿으면, 전에 지었던 모든 죄가 사라진다는 말입니다. 없는 것같이 지워 버리겠다고 하십니다. 기억도 나지 않게 하겠다고 하십니다. 이것을 믿지 못하기 때문에 많은 사람들이 예수를 믿고도 죄책감에 사로잡힙니다. 너무나 엄청난 일이기 때문에 잘 믿어지지 않습니다. 만약 이 사실을 영적으로 깨닫고 이해한다면 충격을 받습니다. 이것을 가리켜 구원의 감격이라고 합니다. 구원의 기쁨입니다. 너무나 놀라워서, 이 사실을 아직 모르는 사람들에게 전하러 뛰어가는 것입니다. 충격을 받을 때 사람이 변합니다. 죄의 충격도 큰데, 이 죄가 피 뿌림으로 인해 용서받고 다 없어졌다는 말에 충격받지 않을 수 있겠습니까? 이 사실을 못 믿는 인간들을 위해 성경에서는 여러 가지 말로 반복하고 있습니다. 예수 그리스도와 그의 보혈을 믿으십니까? 그 보혈로 죄가 없어진 것입니다.

그런데 죄는 다 제거되었는데도 여전히 받아들이지 못합니다. "그래, 죄는 용서가 되었지만…"이라고 말합니다. 용서가 안 되었다고 말하는 것이 아닙니다. 자신의 감정을 의지하기 때문에 새벽마다 회개 기도의 보따리를 풉니다. "하나님, 제가 이런 이런 죄를 지었습니다." 그리고는 다시 그 보따리를 싸서 가지고 갑니다. 계속 반복하는 것입니다.

죄가 용서되었다는 사실을 믿으십시오. 그렇지 않다면 예수 그리스도의 피는 헛것입니다. 아무 능력이 없는 것입니다. 구원도 능력이 없는 것입니다. 우리의 죄는 십자가의 피로 용서받았습니다. 이것이 예수 그리스도로 말미암은 구속입니다. 얼마나 놀라운 일입니까? 한번 이 점을 깊이 생각해 보십시오.

이렇게 믿지 못하는 자는 자꾸 보상 행위를 합니다. "그래, 구원받으려면 10명 정도는 전도해야지. 성경을 20번 정도는 읽어야지" 이러면서 율법으로 돌아갑니다. 그것이 바로 종교적인 행위입니다. 그래서 보상 행위를 시키는 종교들도 있습니다. "구원을 얻기 위해 1백만 원 내라"는 식입니다. 이렇게 해서 마음의 평안을 얻으려고 합니다. 일종의 자기 학대입니다. 자꾸 자기가 보상 행위를 합니다. 그런데 이렇게 보상 행위를 하면 할수록 더 비참해집니다. 그런 사람들이 교회 안에 너무나 많이 있습니다.

진정한 구원은 자기 절망으로부터 시작합니다. "나는 예수 그리스도를 믿을 수 있는 존재가 아니라는 사실을 나 자신이 압니다. 하나님 나를 도와주십시오. 내 힘으로는 예수 믿기가 힘듭니다. 내가 살아온 방식으로는, 내 이성이나 상식으로는, 하나님이 이해되지 않습니다. 믿고 싶은 마음은 있는데 믿어지지 않습니다. 하나님 내가 믿게끔 도와주십시오. 내 마음을 열어 주십시오." 이렇게 말하는 것입니다.

내 의지로 믿었을 때는 할 말이 많습니다. 그러나 자신의 의지로 하지 못한다는 고백을 하고 하나님의 도우심을 구하는 사람은 감사가 나옵니다. 그 이야기가 27절입니다. "그런즉 자랑할 데가 어디냐 있을 수가 없느니라 무슨 법으로냐 행위로냐 아니라 오직 믿음의 법으로니라."

구원받은 사람은 절대로 자랑하거나 과시하지 않습니다. 오직 송구한 마음, 죄송한 마음, 감사한 마음만 있을 뿐입니다. 그 사람은 자신의 노력이나 선행으로 구원받지 않았다는 점을 알고 있기 때문입니다. 주장보다는 순종이 있습니다. 28절을 보십시오. "그러므로 사람이 의롭다 하심을 얻는 것은 율법의 행위에 있지 않고 믿음으로 되는 줄 우리가 인정하노라."

구원은 내 노력으로 얻은 것이 아니요 하나님의 은혜로 얻은 것, 좌절과 절망에서 시작된 것입니다. 우리는 율법의 행위로가 아니라 믿음으로 구원받습니다.

하나님은 다만 유대인의 하나님이시냐 또한 이방인의 하나님은 아
니시냐 진실로 이방인의 하나님도 되시느니라 할례자도 믿음으로
말미암아 또는 무할례자도 믿음으로 말미암아 의롭다 하실 하나님
은 한 분이시니라(롬 3:29 - 30).

유대인은 하나님이 자기편이라고 생각합니다. 이방인은 하나
님이 우상이라고 생각합니다. 그러나 성경은 하나님이 유대인의
하나님이실 뿐 아니라 이방인의 하나님도 되신다고 합니다. 하나
님은 한 분이신 하나님입니다. 천지를 창조하시고 우주를 창조하
시고 인류를 만드신 분입니다. 과거, 현재, 미래에 계시는 변함이
없는 한 분이십니다. 그렇기 때문에 30절에서는 할례자도 믿음으
로 구원을 얻고 무할례자도 믿음으로 구원을 얻는다고 말합니다.
31절을 보십시오. "그런즉 우리가 믿음으로 말미암아 율법을 파기
하느냐 그럴 수 없느니라 도리어 율법을 굳게 세우느니라."
  믿음은 율법을 폐하는 것이 아닙니다. 성경은 믿음이 율법과 모
순 관계에 있지 않다고 말합니다. 믿음과 율법은 상호 보완 관계에
있습니다. 믿음은 율법을 완전하게 만듭니다. 이것이 우리가 받은
구원입니다. 흔들리지 마십시오. 의심하지 마십시오. 환상과 고통
에서 벗어나십시오. 우리의 죄는 용서받았습니다.

14

구원의 기초

로마서 4:1-12

구원에는 두 종류가 있습니다. 첫째는, 우리의 일상적인 생활에서 경험할 수 있는 일시적이고 상대적인 구원입니다. 예를 들면 노총각이나 노처녀가 결혼하게 될 때 상대방이 자기를 구원해 줬다고 생각합니다. 아주 어려운 시험에 떨어진 줄 알았는데 붙었을 때 마치 구원받은 것 같습니다. 교통사고로 죽을 뻔 했거나 죽을병에 걸렸다가 기적적으로 살아났던 경우에도 구원받았다고 말합니다.

또한 허무와 좌절감 속에서 방황하다가 빛을 보고 구원의 느낌을 갖는 사람도 있습니다. 문학적 구원, 철학적 구원, 종교적 구원이 있습니다. 이런 것들은 다 사람들이 노력하거나 기다려서 얻을 수 있는 것들이고, 어찌 보면 우연히 얻어지는 것들입니다. 세상 사는 동안에 얻어지는 구원인데, 대부분 사람들이 말하는 구원은 여기에 속하는 구원입니다.

그러나 다른 차원의 구원이 있는데, 이것은 우리가 이 세상에서 경험할 수 없는 것으로서 영원하고 절대적인 구원입니다. 성경에서 말하는 구원이 바로 일시적이고 상대적인 구원이 아니라 이 영원하고 절대적인 구원입니다. 이것은 인생의 존재와 죽음 이후의 세계와 연관됩니다. 사람들은 현재 우리가 사는 세상에 대해서도 모르는데 죽음 이후의 세상을 어떻게 알 수 있느냐며, 사후 세계에 대해서 방관하거나 도피적인 생각을 합니다. 그렇지만 아무리 도피하고 방관한다고 할지라도 그것은 없어지지 않는 사실입니다.

창세기로부터 시작된 구원

눈에 보이는 일시적인 구원이나 상대적인 구원이 중요하게 느껴지지만, 사실 그런 것들은 안개처럼 다 지나가 버립니다. 문제는 절대적이고 영원한 구원이 무엇이냐 하는 것입니다. 피조물인 인간에게 절대적인 구원이란 없습니다. 절대적이고 영원한 구원은 영원하시고 절대적이신 하나님께만 있습니다.

인간 구원의 필수 조건은 두 가지로 요약할 수 있습니다. 상대적이고 유한한 인간에게 절대적 구원은 있을 수 없다는 사실과, 인간 자신의 노력과 선행과 철학적 연구로는 구원받을 수 없다는 사실입니다. 이 두 가지 사실을 인정하지 않으면 우리의 구원은 진정으로 이루어질 수 없습니다. 따라서 진정한 구원을 얻으려면 구원은 하나님께 속한 것이며 하나님만이 이 구원을 주실 수 있다는 사실에 동의해야 합니다. 이 사실에 동의하지 않는다면 구원은 우리에게 불가능합니다.

이러한 구원의 내용이 창세기에서 시작된다는 것을 알 수 있습니다.

그런즉 육신으로 우리 조상인 아브라함이 무엇을 얻었다 하리요 만일 아브라함이 행위로써 의롭다 하심을 받았으면 자랑할 것이 있으려니와 하나님 앞에서는 없느니라(롬 4:1-2).

창세기에 나타난 아브라함은 이스라엘 백성에게 있어서 영적인 지주가 되는 인물입니다. 믿음의 조상일 뿐만 아니라 이스라엘 종교의 창시자라고 할 수 있을 만큼 그는 아주 중요합니다. 이스라엘뿐 아니라 이슬람권에서도 아브라함은 중요합니다. 구원은 이 아브라함에게서 찾아야 합니다.

이런 의미에서 보면, 창세기 50장에 걸친 수많은 기사는 하나로 집중됩니다. 바로 우리에게 구원을 베풀어 주시는 예수 그리스도입니다. 창세기는 로마서를 위해 존재한다고 볼 수 있을 정도로 구원의 핵심을 가르쳐 주고 있습니다. '아브라함이 받은 구원과 믿음이 무엇인가'는 바로 '이스라엘이 받아야 할 구원과 믿음이 무엇인가'를 설명해 줍니다. 이는 또한 '우리가 받아야 할 구원과 믿음이 무엇인가'를 설명해 주는 기초입니다.

하나님의 선택

그러면 어떻게 아브라함이 하나님의 택함을 받고 온 유대인들이 추앙하는 믿음의 조상이 되었을까요? 창세기에 그 이유가 나타나 있습니다. "여호와께서 아브람에게 이르시되 너는 너의 고향과 친척과 아버지의 집을 떠나 내가 네게 보여 줄 땅으로 가라"(창 12:1).

여기서 우리는 아브라함과 하나님이 처음으로 만나는 장면을 볼 수 있는데, 한 가지 중요한 사실이 있습니다. 아브라함이 하나님을 찾은 것이 아니라 하나님이 아브라함을 찾으셨다는 점입니다. 이것이 믿음의 시작입니다. 하나님은 일방적으로 아브라함을 찾으셨습니다. 그 이유는 모릅니다. 설명할 수가 없습니다. 이것을 가리켜 하나님의 선택, 하나님의 은혜라고 합니다.

하나님이 우리를 왜 찾으셨고 구원하셨습니까? 모릅니다. 은혜입니다. 우리가 예수님을 믿게 된 것도 은혜입니다. 하나님이 우리를 선택하신 것은 하나님의 결정입니다. 내가 잘났거나 구원받을 만한 자격이 있는 것이 아니기 때문에 설명할 수 없습니다. 아브라함에게 찾아오신 하나님. 이것이 창세기의 시작이자 전부입니다. 결코 아브라함이 쓸 만한 재목이었거나 믿음이 있었기 때문이 아닙니다. 하나님이 선택하셨기 때문입니다. 아브라함이 믿음의 조상이라는 특권을 받게 된 것은, 그가 노력해서가 아닙니다. 아브라함의 인생 전체는 실수투성이었습니다. 그럼에도 불구하고 하나님은 그를 믿음의 조상으로 삼아 주셨습니다.

자식이 잘나면 부모는 얼마나 좋습니까? 공부도 잘하고 인격도 바르고 매사에 지혜로우면 그 부모가 얼마나 기쁘겠습니까? 그러나 그렇지 않을지라도 자녀를 사랑합니다. 그러면 그 자녀를 왜 사랑합니까? 자식이기 때문입니다. 그 이상의 대답이 없습니다. 자식이 무슨 권리가 있어서 부모에게 횡포를 부릴 수 있습니까? 없습니다. 그러나 횡포를 부립니다. 그래도 부모는 자녀를 사랑합니다. 그것이 하나님과 우리의 관계입니다. 이것이 구원을 이해할 수 있는 열쇠입니다. 이것을 이해하지 못하면 하나님과 우리의 관계를 이해하지 못합니다.

> 내가 너로 큰 민족을 이루고 네게 복을 주어 네 이름을 창대하게 하리니 너는 복이 될지라 너를 축복하는 자에게는 내가 복을 내리고 너를 저주하는 자에게는 내가 저주하리니 땅의 모든 족속이 너로 말미암아 복을 얻을 것이라 하신지라(창 12:2-3).

아브라함은 복의 근원입니다. 그가 왜 복을 받았습니까? 그저 하나님이 그에게 복을 주시겠다고 약속하셨기 때문입니다. 왜 자녀에게 유산을 남겨 주고, 조건 없이 사랑합니까? 그것이 부모의 사랑이기 때문입니다.

하나님은 우리를 사랑하십니다. 틀림없는 사실입니다. 육신의 부모가 사랑하는 것과 비교할 수 없이 우리를 사랑하십니다. 세상의 부모가 우리를 버릴지라도 하나님은 우리를 버리지 않으십니다. 이것이 구원의 기초입니다. "너는 큰 민족을 이루게 될 것이다. 네 이름은 창대하게 될 것이다. 너를 축복하는 자를 내가 축복할 것이다. 너를 저주하는 자는 내가 다 저주할 것이다. 모든 민족이 너로 인하여 복을 받을 것이다." 이런 말을 들을 정도로 아브라함이 훌륭한 인물이었습니까? 아니었습니다. 세상 돌아가는 것을 보면, 악인에게는 벌이, 선인에게는 상이 주어지는 논리가 통용됩니다. 정의는 실현되어야 합니다. 그러나 정의보다 더 중요한 것은 용서와 사랑과 은혜입니다. 그것이 없으면 우리는 다 죽습니다.

아브라함이 정말 하나님께 충성하고 많은 노력을 했습니까? 전혀 그렇지 않습니다. 어떤 행위를 함으로써 하나님께 인정받고 의로워진 것이 아닙니다. 만일 아브라함이 자신의 의로운 행위 때문에 구원을 받았다면 아브라함에게도 자랑할 것이 있고 내세울 것이 있었을 것입니다. 이렇게, 구원의 시작이란 감격과 황송함과 죄송함과 말할 수 없는 부끄러움입니다.

믿음, 구원의 뿌리

아브라함이 무조건적인 하나님의 은혜와 선택을 입고 축복과 약속을 받게 된 이유는 오직 한 가지입니다. 그저 하나님을 믿은 것입니다. 무슨 행위를 한 것이 아니라 하나님을 믿고 순종한 것입니다. 그냥 따라간 것입니다. 하나님은 이것이 너무나 흡족하셨습니다. 사람도 그렇습니다. 누군가를 사랑할 때 그 사람이 그 사실을 알아주면 너무나 고맙고 좋습니다. 알아만 줘도 그렇게 좋습니다. 하나님도 그러셨습니다. 아브라함은 하나님을 알았고 인정했고 신뢰했으며 말씀에 따랐습니다.

민수기에 뱀에게 물린 이스라엘 백성에게 놋뱀을 쳐다보면 낫는다고 하는 이야기가 있습니다(민 21:8-9). 이 말을 안 믿고 보지 않은 사람은 다 죽었고 본 사람은 다 살았습니다. 세상에 믿을 수 없고 얼토당토않은 일들이 있습니다. 예수님을 믿는 사람에게 구원받는다는 것은 어떻습니까? 이론적으로 따지면 말이 안 됩니다. 그런데 예수님을 믿으면 구원받습니다. 이 사실을 믿는 사람은 구원받고 믿지 않는 사람은 구원을 받지 못합니다. 민수기의 이야기와 같은 것입니다.

아브라함의 위대함은 하나님을 믿고 신뢰했다는 점입니다. 이번 장의 말씀에 중요한 단어가 있습니다. '하나님에 대한 신뢰', 바로 이것이 우리 구원의 뿌리요 동기라는 것입니다.

성경이 무엇을 말하느냐 아브라함이 하나님을 믿으매 그것이 그에게 의로 여겨진 바 되었느니라(롬 4:3).

'믿었기 때문에 의롭게 된 것'이 아니라 '믿은 것을 의롭다고 여기셨다'는 것입니다. 하나님의 말씀을 순종하고 믿은 것입니다. 믿고 그대로 따른 것입니다. 아주 놀라운 사실입니다. 우리가 하나님을 믿는다고 하는데도 실제로는 의롭게 되지 못하고, 부르심을 받았다고 하는데도 계속 목마르고, 그 능력이 나타나지 않는 이유가 무엇입니까? 간단합니다. 하나님을 믿고 신뢰한다고 하지만 실제로 신뢰하지 않기 때문입니다.

우리는 "여호와는 나의 목자시니 부족함이 없으리로다"라고 고백한 시편 23편 기자처럼 하나님을 신뢰하고 있습니까? 어떤 이들은 신앙의 힘으로 얻어진 부와 능력을 의지합니다. 모든 사람들이 하나님을 의지하는 것처럼 보이지만, 결국 자신이나 자신이 행한 것, 성취한 것, 소유한 지식에 의지하여 판단하고 결정합니다. 이것은 의가 되지 않습니다. 하나님을 신뢰하는 것만이 의가 됩니다.

일하는 자에게는 그 삯이 은혜로 여겨지지 아니하고 보수로 여겨지거니와 일을 아니할지라도 경건하지 아니한 자를 의롭다 하시는 이를 믿는 자에게는 그의 믿음을 의로 여기시나니(롬 4:4-5).

일하는 사람에게는 그 행한 일이 공짜일 수 없습니다. 그렇지만 일하지 않은 사람에게도 일한 사람과 똑같은 보수를 주었다면 그것은 공짜입니다. 은혜입니다. 하지 않았는데 똑같이 월급을 준 것입니다. 그런데 그렇게 받으면 마음 한구석이 찜찜합니다. 구원도 그렇게 얻는 것이 찜찜한 사람들은, 잘 이해가 안 되니까 어떻게 해서든지 보상을 하려고 합니다. 이 보상 심리가 잘못되면 율법이 됩니다. 구원은, 우리의 구원자이신 예수 그리스도가 나를 위하여 십자가에 피 흘려 돌아가셔서 구원해 주셨다는 사실을 믿음으로 말미암아 얻는 것입니다.

일한 것이 없는데도 삯을 받았다는 것은 놀라운 일입니다. 놀랍고 좋기는 한데, 노력하지 않고 구원을 받았기 때문에 황당합니다. 나 같은 죄인을 그냥 구원해 주었기 때문에 설명이 안 되는 것입니다. 사도 바울은 구원에 대한 구약에서의 두 번째 근거를 다윗의 시편을 인용하여 설명합니다.

일한 것이 없이 하나님께 의로 여기심을 받는 사람의 복에 대하여 다윗이 말한 바 불법이 사함을 받고 죄가 가리어짐을 받는 사람들은 복이 있고 주께서 그 죄를 인정하지 아니하실 사람은 복이 있도다 함과 같으니라(롬 4:6-8).

이 세상에서 행복한 사람은, 죄가 있는데 없는 것처럼 가려진 사람입니다. 남의 죄는 들켰으면 좋겠고 자신의 죄는 감추어졌으면 좋겠다는 것이 일반적인 생각입니다. 그것이 사람들의 심리입니다. 그래서 다윗도 '네 죄가 감추어지면 그것이 행복'이라고 말합니다. 성령으로 한 이야기입니다. 남의 이야기를 들춰내는 것은 좋은 것이 아닙니다. 그 죄는 하나님이 상관하실 것입니다. 그 죄가 가리어짐을 받는 사람은 복이 있다고 했습니다. 다른 사람의 죄를 덮어 주십시오. 쫓기던 사람이 누군가가 숨겨 줘서 간신히 살아날 때 얼마나 고맙겠습니까? 주님이 그 죄를 인정하지 않으시는 사람은 복이 있다고 합니다. 사람들은 죄에 대한 대가는 반드시 치러야 한다고 이야기하지만, 하나님은 우리의 붉은 죄, 검은 죄를 다 덮어 주십니다. 우리 죄를 덮으시기 위하여 예수 그리스도를 이 땅에 보내셔서 십자가에 달려 돌아가시게 했습니다. 진정한 행복은 죄가 용서받고 가리어짐을 받는 데서 옵니다.

행복의 조건

구원에 대한 구약에서의 세 번째 말씀입니다.

> 그런즉 이 복이 할례자에게냐 혹은 무할례자에게도냐 무릇 우리가 말하기를 아브라함에게는 그 믿음이 의로 여겨졌다 하노라 그런즉 그것이 어떻게 여겨졌느냐 할례시냐 무할례시냐 할례시가 아니요 무할례시니라 그가 할례의 표를 받은 것은 무할례시에 믿음으로 된 의를 인친 것이니 이는 무할례자로서 믿는 모든 자의 조상이 되어 그들도 의로 여기심을 얻게 하려 하심이라(롬 4:9-11).

첫째는 아브라함의 이야기였습니다. 둘째는 다윗의 이야기였습니다. 세 번째는 할례에 대한 이야기입니다. 다윗이 말한, 죄가 가리어진 자가 행복하다는 말은 죄를 얼렁뚱땅 적당하게 무마한다는 뜻이 아닙니다. 왜냐하면 하나님은 죄를 용납하실 수 없는 분이시기 때문입니다. 죄를 인정하고 고백하고 정리하지 않으면, 구원은 시작될 수 없기 때문입니다. 그러나 죄가 드러나고 들추어지면 그 죄 자체로는 징벌이 되지 않습니다. 그 죄는 용서받고 치유받고 또한 화해되어야 하는 것이기 때문입니다.

본문의 할례 문제는, 할례가 행복의 조건인가 하는 것입니다. 할례 받았기 때문에 참된 행복이 나타나는 것입니까? 그렇지 않습니다. 참된 행복은 할례의 유무에 있지 않습니다. 아브라함이 믿어서 의롭다 하심을 얻었다고 성경은 말합니다. 할례를 받았건 받지 않았건, 하나님을 정말로 신뢰하는가에 행복의 기준이 있다고 사도 바울은 우리에게 이야기하는 것입니다.

아브라함은 무할례자였는데, 하나님이 할례를 받으라고 하셨습니다. 그러면 할례를 받아서 아브라함이 의롭게 된 것입니까? 아닙니다. 할례를 받으라는 하나님의 말씀을 믿고 순종해서 의롭게 된 것입니다. 아브라함이 믿음의 조상이 된 것은, 할례를 명하신 그 하나님을 신뢰함으로써 의롭게 되었기 때문입니다. 그래서 아브라함은 모든 무할례자의 조상입니다. 믿음의 조상입니다. 하나님이 아브라함에게 할례 받게 하신 후 그 뒤에 오는 사람들도 모두 할례를 받게 되었는데, 그들도 다 하나님의 말씀을 신뢰했기 때문에 할례를 받은 것입니다. 모든 사람이 할례를 받았다면 아브라함은 할례자의 믿음의 조상도 됩니다.

또한 할례자의 조상이 되었나니 곧 할례 받을 자에게뿐 아니라 우리 조상 아브라함이 무할례시에 가졌던 믿음의 자취를 따르는 자들에게도 그러하니라(롬 4:12).

그가 믿음으로 인 치심을 받은 것은 무할례시에 하나님을 신뢰함으로 된 것입니다. 할례 때문이 아닙니다. 그렇기 때문에 할례냐 무할례냐 하는 것은 중요하지 않습니다. 하나님을 신뢰했느냐 신뢰하지 않았느냐가 중요한 문제입니다. 성경을 백 번 옮겨 쓰는 것도 중요하지 않습니다. 금식의 위험성도 여기에 있습니다. 40일 금식을 한 후 계속 그 이야기를 하면서 그것으로 무엇인가 하려는 이들이 있습니다. 기적의 위험성은, 기적을 베풀어 주신 분은 생각하지 않고 기적 자체만을 생각하는 것입니다. 이것은 신앙의 위기입니다. 무서운 비신앙의 자리에 들어가게 되는 위기가 됩니다.

우리는 날마다 하나님을 신뢰하기로 결정해야 합니다. 어제 하나님을 신뢰한 것은 하나님께 의가 되지 않습니다. 지금 이 순간 하나님을 신뢰하거나, 혹은 어떤 새로운 사실을 결정하는 그 순간에 하나님을 신뢰해야 의가 되는 것입니다. 매일매일 결단하고 사는 것입니다. 내 신앙의 전통이 중요한 것이 아니고, 내 믿음의 결단이 중요합니다.

행위가 아닌 믿음으로

구원 문제에 대해 깊고 예리하고 분명하게 정의를 내려야 합니다. 우리는 일시적이고 상대적인 구원을 바라는 사람들이 아니라 영원하고 절대적인 구원을 바라는 사람들입니다. 구원은 공짜로 얻어지는 것입니다. 공짜로 얻었지만 시시한 것이 아닙니다. 절대적이고 영원한 진리를 우리에게 주신 것입니다. 성경은 "두렵고 떨림으로 너희 구원을 이루라"(빌 2:12)고 말합니다. 우리는 지금 이 구원을 이루어 가고 있습니다. 언젠가 그 구원은 주님과 함께 천국에서 완성될 것입니다. 구원은 행위로 얻어지는 것이 아니라 믿음으로 얻어지는 것입니다.

○

15

선택과 약속

로마서 4:13-25

자연 세계의 법칙이 있듯이 하나님의 세계, 영의 세계에도 하나님의 법칙이 있습니다. 우리가 신앙생활에 있어서 갈등을 느끼는 것은 이 두 세계 간에 혼동을 느끼기 때문입니다. 자연 세계의 법칙을 하나님 세계에 적용한다든지, 하나님 세계의 법칙을 자연 세계에 적용하려고 하면 갈등이 생깁니다. 하나님 나라에서 기적은 중요하지 않습니다. 그러나 자연 세계에 그것을 가지고 오면 굉장한 충격입니다. 이 세상은 상식과 합리성이 그 기초를 이루지만, 하나님 세계의 기초는 믿음이기 때문입니다.

우리는 어릴 때부터 이 합리성을 추구하도록 훈련받아 왔습니다. 이성과 상식에 맞춰 판단하도록 훈련을 계속해 온 것입니다. 그래서 상식과 합리성에 익숙합니다. 그런데 이것들을 통해 하나님 세계를 이해하려고 하면 갈등하고 고민하게 되는 것입니다. 구원은 세상 질서 속에 있는 것이 아닙니다. 세상의 원리에 따라 구원이 만들어지는 것이 아닙니다. 율법에 따라 그 구원을 얻고 의로워지는 것이 아니라 믿음으로 말미암아 의로워집니다. 천국의 질서, 하나님의 질서에 따라 구원이 이루어지는 것입니다.

구원과 축복

그런데 고민이 한 가지 생깁니다. 구원은 그렇게 이루어졌는데 축복은 어떻게 되는 것인가 하는 점입니다. 사람들은 구원에도 관심이 많지만 축복에 관심이 더 많습니다. 이 약속과 축복은 어떻게 얻어지는 것일까요? 믿음으로 의롭다 함을 얻는 것처럼, 하나님 나라의 축복과 약속 역시 믿음으로 얻어지는 것입니다. 그에 대해 이렇게 말하고 있습니다.

> 아브라함이나 그 후손에게 세상의 상속자가 되리라고 하신 언약은 율법으로 말미암은 것이 아니요 오직 믿음의 의로 말미암은 것이니라(롬 4:13).

상속자는 노력해서 되는 것이 아닙니다. 상속자는 자녀여야 합니다. 어떤 다른 사람이 선한 성품을 가지려 노력하고 착하게 산다고 해서 상속자가 되는 것이 아닙니다. 우리가 왜 상속자가 되었습니까? 그분의 자녀가 되었기 때문에 은혜로 된 것이지 무슨 노력이 필요했던 것이 아닙니다. 구원 역시 노력해서 되는 것이 아니라 하나님의 자녀가 되었기 때문에 받는 것입니다. 은혜와 구원과 축복을 율법으로 말미암아 받는 것이라면 우리의 믿음은 헛것이 되고 말 것입니다. 이에 대한 말씀을 보십시오.

만일 율법에 속한 자들이 상속자이면 믿음은 헛것이 되고 약속은 파기되었느니라 율법은 진노를 이루게 하나니 율법이 없는 곳에는 범법도 없느니라(롬 4:14-15).

예수를 믿는다는 것은 은혜로, 믿음으로 구원을 얻는 것입니다. 그렇게 되면 나 같은 죄인을 예수님이 살리셨다는 고백이 눈물과 함께 터져 나옵니다. 기쁨이 넘치고 감격스럽고 춤추게 됩니다. 그런데 예수님을 믿고 한참 지나다 보면 기쁨을 잃어버리고 감격도 잃어버립니다. 교회에 나오고 십일조도 하고 봉사도 하지만 마음에 기쁨이 없습니다. 원망이 생기고 불평이 생깁니다. 처음에는 믿음으로 구원을 얻었는데, 믿음을 얻고 나서 율법으로 돌아갔기 때문입니다.

우리는 원래 율법과 합리성, 상식에 익숙한 사람들입니다. 은혜의 생활에는 감격과 눈물과 기쁨이 있지만, 율법 생활에는 의무와 부담과 피곤함과 경쟁만이 따릅니다. 자신의 행위를 강조하게 됩니다. 공짜로 예수님을 믿는다는 사실이, 우리의 경험과 지금까지 살아왔던 교육에 위배되기 때문입니다. 은혜로 산다는 이 개념은 이해하기 어렵고 생활화하기도 어렵습니다. 따라서 우리는 은혜로 구원을 얻지만 행위로 돌아가는 것입니다.

구원의 대가

율법을 가진 자는 어떻게 구원받습니까? 율법을 가진 자도 믿음으로 구원을 받습니다. 율법을 가진 자나 갖지 않은 자나, 할례 받은 자나 받지 않은 자나, 하나님은 다 구원하십니다. 행위로 구원하지 아니하시고 믿음으로 구원하십니다. 우리 중에 신앙생활이 피곤하고 시험이 많고 마음이 복잡한 이들이 있다면, 율법으로 돌아간 것입니다. 믿음으로 얻은 구원을 율법으로 바꿔 버린 것입니다. 눈물도 감격도 감사도 찾아볼 수 없는 메마른 사람이 되어 버린 것입니다.

> 그러므로 상속자가 되는 그것이 은혜에 속하기 위하여 믿음으로 되나니 이는 그 약속을 그 모든 후손에게 굳게 하려 하심이라 율법에 속한 자에게뿐만 아니라 아브라함의 믿음에 속한 자에게도 그러하니 아브라함은 우리 모든 사람의 조상이라(롬 4:16).

우리가 아버지의 재산을 상속받는 것은 아버지의 자녀이기 때문이지 공부를 잘하거나 선행을 해서가 아닙니다. 부모가 자녀를 사랑하는 데 무슨 조건이 있습니까? 부모가 자녀에게 밥값 내놔라 하는 것은 율법입니다. 율법은 "내가 너를 위해 얼마나 고생했는데"하면서 보상을 받으려고 합니다. "부모로서 당연히 받아야 되지 않는가"그러면서 눌러앉습니다. 다 받을 때까지 그렇게 행동

합니다. 이런 이들은 부모 되기를 포기한 사람들입니다. 자녀들은 부모한테 값을 내고 밥을 먹지 않습니다.

이 이야기는 우리 신앙생활을 잘 드러내는 한 예입니다. 우리는 자꾸 밥값 내고 밥 먹겠다고 고집합니다. 구원을 은혜로 주었는데, 율법으로 바꾸고 따지고 고치고 계산하려 합니다. 계산하면 피곤해집니다. 우리가 상속자가 된 것은, 믿음으로 은혜로 된 것입니다. 율법으로 된 것이 아니요 행위로 된 것이 아닙니다.

믿는 자에게 주신 이 구원은 율법을 가진 자에게도 구원이요 율법을 갖지 않은 자에게도 구원입니다. 이스라엘에게도 구원이요 이방인에게도 구원입니다. 그래서 아브라함은 하나님 앞에서 우리 모든 사람의 믿음의 조상이 된 것입니다. 이 구원은 실로 감격스럽고 놀라운 것입니다. 우리가 공부하고 배우고 경험했던 것이 구원이라면 그것은 구원이 아닙니다. 한 번도 내가 맛보거나 경험하지 못한 것, 상상할 수 없었던 것이 하나님의 엄청난 구원입니다.

그래서 이 구원을 받은 사람은 당황합니다. 너무 감격해서 자다가도 깨고 밥 먹다가도 눈물이 납니다. "하나님, 어찌하여 저를 구원해 주셨습니까? 저는 죄인입니다. 저는 천국에 있을 사람이 아닌데 어찌하여 제게 천국을 선물로 주십니까?" 우리가 살아가는 세상 질서 속에서는 전혀 상상할 수 없는 개념이기 때문에 구원받은 자는 굉장히 놀랍니다. 믿을 수가 없습니다. 그래서 우리는 믿음으로 구원을 받고도 율법으로 돌아가기 쉽습니다. 자신이 이전에 살았던 세상의 개념으로 살려고 하기 때문입니다. 이것은 하나의 위기입니다.

민족의 조상

이러한 구원을 주시는 하나님은 어떤 분이십니까? 아브라함이 경험한 하나님은 어떤 분이십니까? 믿음은 공부해서 얻어지는 것이 아닙니다. 믿음에 대해 학문적으로 정의를 내린다고 믿음이 있는 것이 아닙니다. 경험해야 합니다. 지식으로 공부해서 하나님을 알 수 있을지도 모릅니다. 그러나 그분은 진짜 하나님이 아닙니다. 하나님은 우리 자신이 하나님과 함께 살아가면서 알게 됩니다. "와, 이분이 하나님이구나"라고 고백하는 것입니다.

아브라함은 하나님을 어떻게 배웠습니까? 25년 동안 하나님과 살아가다 보니까 '이것이 믿음이구나', '이 분이 하나님이시구나'라는 고백을 하게 되었습니다. 홍해를 건너 보지 않은 사람은 믿음이 무엇인지 모릅니다. 아무리 지식으로 홍해를 건너 봐도 안 됩니다. 직접 건너 봐야 믿음을 고백하고 하나님을 알게 됩니다.

기록된 바 내가 너를 많은 민족의 조상으로 세웠다 하심과 같으니 그가 믿은 바 하나님은 죽은 자를 살리시며 없는 것을 있는 것으로 부르시는 이시니라 아브라함이 바랄 수 없는 중에 바라고 믿었으니 이는 네 후손이 이같으리라 하신 말씀대로 많은 민족의 조상이 되게 하려 하심이라(롬 4:17 - 18).

성경은 아브라함을 "모든 사람의 조상"(롬 4:16), "민족의 조상"(롬 4:17), "많은 민족의 조상"(롬 4:18)이라고 말합니다. 아브라함이 모든 민족의 조상이라는 것입니다. 믿음의 조상이라는 말은 그전에는 믿음의 사람이 없었다는 뜻입니다. 그 사람이 처음으로 믿음의 사람이 되었다는 말입니다. 여러분이 믿음의 조상이 되기 바랍니다. 선교사는 그 민족의 믿음의 조상이 됩니다. 그 사람이 그 민족에게 가면서부터 믿음이 생겼기 때문입니다. 얼마나 아름다운 일입니까? 아브라함의 하나님은 어떤 하나님입니까? 아브라함이 경험한 하나님은 죽은 자를 살리시고 없는 것을 있는 것같이 하시는 분입니다. 이 말씀을 믿는 것이 믿음입니다. 여러분의 하나님은 어떤 분이십니까? 어떤 하나님을 경험하셨습니까? 평범한 일상일 때는 하나님이 느껴지지 않습니다. 부모의 사랑과도 같습니다. 위기에 처했을 때 부모의 사랑을 느끼듯이 하나님의 사랑도 우리가 죽게 되었을 때에야 압니다. 죽은 자를 살리시며 없는 것을 있는 것같이 하시는 하나님을 아브라함은 25년에 걸쳐 배운 것입니다.

살리시는 하나님

첫째, 아브라함의 하나님은 죽은 자를 살리시는 하나님입니다. 사라는 나이가 많아 태가 없었는데도 아들을 낳았습니다. 이것을 보고 '하나님은 죽은 자를 살리시는 하나님'이심을 알게 되었습니다. 이삭을 제물로 바치라고 하셨을 때 아브라함은 삼 일 동안 모리아 산으로 가서 이삭에게 칼을 들이대었습니다. 100세에 난 자기 아들의 심장을 칼로 찌르려고 했습니다. 이때 하나님이 천사를 보내서 그 아이에게 아무 일도 하지 말라, 그 아이에게 손대지 말라고 하십니다. "네가 네 아들 네 독자라도 나에게 아낌없이 바쳤기 때문에 나는 이제 네 믿음을 보게 되었다"고 하십니다. 이것이 믿음입니다. 온몸에 전율이 느껴지지 않습니까?

믿음은 이렇게 전율을 느끼는 것입니다. 남들이 다 할 수 있고 상식적으로 하는 것이 무슨 믿음입니까? 믿음은 할 수 없는 것, 볼 수 없는 것들을 믿는 것입니다. 믿음으로 그런 것들이 이루어집니다. 이삭을 바치라고 했을 때 아브라함은 주저하지 않고 이삭을 바쳤습니다. 죽은 자를 살리시는 하나님을 믿었기 때문입니다. 사라에게서 아들이 태어나는 것을 봤기 때문입니다. 그래서 무엇이든지 다 했던 것입니다. 부활의 신앙이 있었기 때문입니다. 하나님은 죽은 자를 살리시는 분입니다.

부르시는 하나님

둘째, 아브라함의 하나님은 없는 것을 있는 것같이 부르시는 하나님입니다. 아무것도 없는데 있다고 하십니다. 안 되는데 된다고 하십니다. 히브리서 기자는 믿음에 대해 "믿음은 바라는 것들의 실상이요 보이지 않는 것들의 증거니"(히 11:1)라고 말씀합니다.

우리에게 믿음이 있다면 무엇이 그 증거입니까? 상식적으로 다 아는 것, 계산하고 따져서 나온 것, 누가 봐도 다 이해할 수 있는 것들이 무슨 믿음입니까? 그것은 믿음이 아닙니다. 그것은 상식입니다. 이 상식적인 것을 가지고 자꾸 믿음이라고 착각합니다.

우리는 모든 세계가 하나님에 의해 지어진 줄을 믿음으로 안다고 했습니다. 천지 창조하신 것을 보지 않고도 믿습니다. 우리가 어머니 뱃속에서 나올 때 그 어머니를 보고 믿습니까? 안 보고도 믿지 않습니까? 하나님은 없는 것을 있는 것처럼 부르시는 분입니다. 우리의 시야는 보이는 것 이외에는 볼 수가 없습니다. 그러나 보이는 것만이 진리입니까? 보이는 세계가 큽니까, 보이지 않는 세계가 큽니까? 들리는 세계가 큽니까, 들리지 않는 세계가 큽니까? 우리는 지구가 돌아가는 소리는 듣지 못합니다. 작고 예민한 소리는 못 듣습니다. 인간의 청력은 한계가 있습니다. 만질 수 있는 세계가 큽니까, 만지지 못하는 세계가 큽니까? 자신이 만지는 세계는 기껏해야 다섯 손가락으로 만질 수 있는 범위 내의 것일 뿐인데, 언제 그 많은 것들을 다 만지고 다니겠습니까?

이렇게 제한된 인간이 어떻게 하나님을 다 이해할 수 있겠습니까? 보이는 것만이 전부입니까? 성경은 그렇게 말하지 않습니다. 믿음의 세계가 있다고 합니다. 영원한 세계가 있다는 것입니다. 세상 사람들은 아무것도 보지 못하지만 믿음의 사람들은 무엇인가를 봅니다. 그것을 가리켜 비전이라고 말합니다. 하나님 마음의 일부분을 느끼는 그것을 추구합니다. 현실을 추구하는 것이 아니라 비전을 추구하는 것입니다. 그 사람을 가리켜 믿음의 사람이라고 합니다. 이런 말을 하면 사람들은 "저 사람이 헛소리한다"고 할 것입니다. 이상주의자라고도 할 것입니다.

믿음의 사람들

노아, 모세, 아브라함, 이들은 다 이상한 사람들로 보였습니다. 어떤 면에서 노아는 '미친 영감'으로 여겨졌습니다. 아무리 생각해도 이해가 안 됩니다. 배는 바닷가에서 지어야 하는데, 그 높은 산꼭대기에서 배를 짓다니 황당하지 않습니까? 그것도 하루 이틀이 아니고 오랜 시간 동안 지었습니다. 그런 그를 "와, 당신 훌륭한 일 합니다"라고 칭찬할 사람이 누가 있겠습니까?

홍해 앞에 서 있던 모세를 알고 계십니까? 모세가 홍해로 마음대로 간 것이 아닙니다. 불기둥과 구름 기둥을 따라간 것입니다. 자기 마음대로 갈 수가 없었습니다. 한두 명이 아니라 90만 명을 데리고 떠난 길이었고, 돌아갈 길도 없었습니다. 그런데 갑자기 바로의 마음을 흥분시키셔서 군대를 동원하게 하셨습니다. 그들은 이스라엘 백성을 치러 왔습니다. 어떻게 하겠습니까? 이것이 믿음입니다. 홍해로 가지 않았다면 홍해가 갈라질 일도 없었을 것입니다. 홍해 앞에 섰기 때문에 홍해가 갈라지는 기적을 본 것입니다. 그것이 그들의 믿음의 근거가 됩니다.

광야에는 먹을 것이 없습니다. 그러니까 하나님이 만나를 내려 주십니다. 그것이 믿음이고 신앙입니다. 믿음이 없고 신앙이 없는 사람들은 그런 곳에 가지 않습니다. 그러나 믿음의 사람들은 그런 곳에서 견뎌 냅니다. 물이 없다고 하자 바위에서 물을 내게 하셨습니다. 이스라엘 사람들에게는 믿음의 도전이었습니다. 이런 사람들을 가리켜 '믿음의 사람'이요, '믿음의 조상'이라고 말합니다. 이러한 대가를 치르지 않은 사람에게는 믿음의 조상이라는 말을 쓰지 않습니다.

그가 백 세나 되어 자기 몸이 죽은 것 같고 사라의 태가 죽은 것 같음을 알고도 믿음이 약하여지지 아니하고 믿음이 없어 하나님의 약속을 의심하지 않고 믿음으로 견고하여져서 하나님께 영광을 돌리며 약속하신 그것을 또한 능히 이루실 줄을 확신하였으니 그러므로 그것이 그에게 의로 여겨졌느니라 그에게 의로 여겨졌다 기록된 것은 아브라함만 위한 것이 아니요 의로 여기심을 받을 우리도 위함

이니 곧 예수 우리 주를 죽은 자 가운데서 살리신 이를 믿는 자니라

(롬 4:19-24).

성경을 주의 깊게 읽어 보십시오. 백 살이 된 아브라함은 자기 몸이 죽은 것 같고 사라도 태가 죽었다고 했습니다. 이제는 생산할 능력을 다 잃어버린 나이였습니다. 그런데 중요한 구절이 있습니다. "죽은 것 같음을 알고도." 믿음의 사람이 몰라서 그렇게 하는 것이 아닙니다. '이렇게 가면 죽겠구나'라는 생각을 하면서도 십자가 앞으로 갑니다. 아브라함은 "죽은 것 같음을 알고도" 믿음이 약해지지 않았던 것입니다. 하나님의 약속을 의심하지 않았고, 믿음에 견고히 서서 하나님께 영광을 돌렸습니다. 약속하신 것을 능히 이루실 줄을 확신했다고, 아브라함의 믿음에 대해 성경은 말씀하고 있습니다. 이것이 믿음입니다.

주의 약속하신 말씀 위에서

아브라함이 그러한 믿음을 가질 수 있었던 근거가 무엇입니까? 그가 스스로 묵상하고 상상하고 연구하고 노력해서 믿은 것이 아닙니다. 그가 어렸을 때부터 그렇게 되겠다고 생각했기 때문에 나이 들어 이룬 것이라고 말하는 사람도 있습니다. 그러나 그것은 믿음이라기보다는 신념입니다. 성경이 이야기하는 믿음이 아닙니다.

체질도 믿음이 아닙니다. 적극적인 성격도 믿음이라고 말할 수 없습니다. 착각하면 안 됩니다.

아브라함이 기막힌 상황 속에서도 포기하지 않고 가졌던 믿음은 무엇입니까? 자신의 사랑하는 아들을 칼로 찔러 죽이려고 했던 믿음은 무엇입니까? 홍해 앞에서 절망 가운데 있던 모세가 의지했던 믿음은 무엇입니까? 대답은 간단합니다. 하나님이 그렇게 말씀하셨기 때문입니다. 그 말씀을 믿은 것이지 자기 생각을 믿은 것이 아닙니다. 자기의 생각을 실행하는 것은 믿음이 아닙니다.

수없이 반복되는 하나님의 약속은 실제로는 보이지 않았습니다. 그러나 그 약속은 계속 있었습니다. 아브라함은 하나님의 약속을 받았던 것입니다. 하나님의 기록된 약속을 믿었던 것입니다. 약속도 없고 소망도 없는데, 혼자 좋아서 기대하고 꿈을 꾸다 곤두박질하기 때문에 우리 믿음이 실패하는 것입니다. 성경에는 하나님의 섬세한 약속들이 무수히 많습니다. "너희는 마음에 근심하지 말라 하나님을 믿으니 또 나를 믿으라"(요 14:1), "내가 너희를 위하여 거처를 예비하러 가노니 가서 너희를 위하여 거처를 예비하면 내가 다시 와서 너희를 내게로 영접하여 나 있는 곳에 너희도 있게 하리라"(요 14:2-3), "세상에서는 너희가 환난을 당하나 담대하라 내가 세상을 이기었노라"(요 16:33), "내가 너희를 고아와 같이 버려 두지 아니하고 너희에게로 오리라"(요 14:18).

주님이 다시 돌아오실 것이라는 말은 신약의 스물다섯 구절마다 한 번씩 기록되어 있습니다. 믿음이란 이 약속을 믿는 것입니다. 예수를 믿으면 구원받는다는 것을 믿어야 합니다. 천국을 안 보고도 믿습니다. 있다고 하셨으니까 믿습니다. 좁은 길로 가면 하나님이 영광스러운 축복을 주신다는 사실을 믿으십니까? 이것들이 약속입니다. 세상은 다 다른 길로 가지만, 마치 그 약속이 허황된 것처럼 느껴지더라도 이런 약속을 의심하지 않고 믿고 가는 것입니다. 땅 끝까지 가서 제자 삼으라는 말씀을 내게 주신 약속으로 믿고 끝까지 가는 사람이 믿음의 사람입니다. 하면 된다고 가는 사람은 믿음의 사람이 아닙니다.

약속을 믿고 말씀을 믿었던 사람들은 구약에도 있었습니다. '임마누엘', '처녀가 잉태할 것이다'(사 7:14 참조) 등 수많은 예언들을 성경이 기록하였지만 사람들은 그것을 믿지 않았습니다. 그리고 메시아가 오니까 십자가에 못 박아 죽였습니다. 예수님께서 "내가 죽으면 다시 살 것이다", "성전을 헐라 내가 삼 일 만에 다시 지을 것이다"(요 2:19 참조)라고 하셨습니다. 그러나 제자들은 믿지 않았습니다. 성령을 보내 주겠다고 누차 말씀하셨는데 믿지 않았습니다. 이것이 불신앙입니다. 아브라함은 하나의 모델입니다. 다음 말씀에서 그 이야기를 하고 있습니다.

그에게 의로 여겨졌다 기록된 것은 아브라함만 위한 것이 아니요 의로 여기심을 받을 우리도 위함이니 곧 예수 우리 주를 죽은 자 가운데서 살리신 이를 믿는 자니라 예수는 우리가 범죄한 것 때문에 내줌이 되고 또한 우리를 의롭다 하시기 위하여 살아나셨느니라(롬 4:23-25).

아브라함은 예수님을 위해 존재했던 것입니다. 아브라함은 믿음의 표상으로서 구약에 존재했습니다. 하나님의 말씀을 믿으십시오. 보이지 않을지라도 믿으십시오. 이것이 믿음입니다.

16

믿는 이의 특권

로마서 5:1-5

로마서 1 - 4장까지는 사도 바울이 구원의 필요성, 구원의 본질, 구원의 방법 등에 관해서 설명하는 내용입니다. 잠깐 정리해 보겠습니다.

인간은 돌이킬 수 없는 죄인입니다. 죄의 결과로 하나님의 영광에 이르지 못하게 되었습니다. 하나님을 잃어버렸고 하나님 곁을 떠났습니다. 인간은 하나님이 주시는 모든 축복으로부터 단절되고 말았습니다. 그렇기 때문에 인간에게는 구원이 절대적으로 필요합니다. 사람이 노력하고 선을 행하고 종교적 행동을 함으로써 구원을 받을 수 있다면 얼마나 좋겠습니까? 그러나 그것은 절대 불가능합니다. 인간 안에는 구원이 없기 때문입니다. 인간이 만들 수 있는 구원이 있다면 그것은 가짜입니다.

구원은 하나님이 만드시고 예비하시고 준비하신 것입니다. 따라서 구원은, 우리가 노력해서 얻는 것이 아니라 하나님이 나를 위해 준비하신 그것을 내가 받음으로써 이루어집니다. 값없이 주시는 것입니다. 이것이 구원입니다.

솔직하게 말하면, 그 구원을 우리는 잘 이해할 수 없습니다. 왜냐하면 우리에게 그런 경험이 없기 때문입니다. 우리가 세상을 살면서 얻은 경험은, 항상 대가를 치러야만 무엇인가 얻을 수 있다는 것입니다. 그래서 구원을 받는다는 것이 그리 익숙하지 않습니다. 예수님을 믿는 사람들은 처음에는 구원을 믿음으로 받지만 3, 4년 지나면 율법으로 돌아갑니다. 이해가 되지 않기 때문에 그렇습니다.

사도 바울은 우리의 이해를 돕기 위해 로마서 4장에서 구약의 아브라함을 예로 듭니다. 아브라함은 그의 선행으로 구원받은 것이 아니라 믿음으로 의롭다 하심을 받고 구원을 받았습니다. 아브라함이 하나님을 찾은 것이 아닙니다. 하나님이 아브라함을 찾으셨습니다. 이것이 기적입니다. 아브라함이 잘나고 똑똑해서 구원을 받은 것이 아니라 하나님이 구원하시기로 결정한 것입니다. 아브라함은 그 사실이 고마워서 그저 믿었습니다. 이것이 구원입니다.

4장 마지막 부분에서는, 이 사실이 아브라함만을 위한 것이 아니요 우리를 위한 것이기도 하다고 말합니다. 4천 년 후에 그리스도로 말미암은 구원을 모든 백성이 믿음으로 얻는 것에 대해 가르쳐 주시기 위하여, 하나님이 아브라함을 모델로 쓰셨다고 말하고 있습니다.

축복의 결과로 오는 평화
로마서 5장부터는 믿음으로 구원받은 사람들에게 주시는 축복과 결과에 대해 말씀합니다.

그러므로 우리가 믿음으로 의롭다 하심을 받았으니 우리 주 예수 그리스도로 말미암아 하나님과 화평을 누리자(롬 5:1).

우리가 믿음으로 의롭다 하심을 얻었기 때문에 이제 우리에게 주어진 축복이 있습니다. 첫 번째 축복은 평화를 누리게 되는 것입니다. 성경은 "주 예수 그리스도로 말미암아 하나님과 화평을 누리자"라고 합니다. 이것은 '하나님과 더불어 누리는 평화(peace with God)'입니다. 그 전에는 하나님과 원수 되었다는 뜻입니다. 원수가 아니었다면 화평을 누릴 필요가 없습니다. 원수 관계, 적대 관계에 있던 사람들이 관계가 회복되어 화목하게 되는 것입니다.

관계가 회복되면 평화가 생깁니다. 특별히 사랑하는 사람들과 관계가 나쁘면 마음이 불편합니다. 재미가 없습니다. 자식이 집을 나가면, 아무리 좋은 것을 누리면서 살아도 마음이 평안하지 않습니다. 하지만 자식이 돌아오면 마음이 평안합니다. 부부가 싸웠다가 화해하고 같이 밥을 먹으면 속이 편안해집니다. 무언가를 소유했기 때문에 생기는 것이 아니라 관계가 회복되는 것을 가리킵니다. 이런 의미에서 평화란 부서졌던 것이 회복되는 것입니다.

평화란 제짝을 찾는 것입니다. 딱 맞는 것입니다. 뒤틀려 있던 하나님과의 관계가 제자리를 찾는 것입니다. "하나님 아버지, 당신은 내 아버지이십니다." 이렇게 말하면 마음이 평화로워집니다. 이것이 평화입니다.

이 세상은 평화롭지 않습니다. 국가를 봐도, 회사를 봐도, 집안을 봐도 평화롭지 않습니다. 다 제멋대로입니다. 돈도 있고 힘도 있지만 마음에 평화가 없습니다. 마음의 관계가 뒤틀려 있기 때문입니다. 하나님과의 관계가 뒤틀려 있기 때문에 하나님과의 평화가 없습니다. 사람과의 관계가 다 뒤틀려 있기 때문에 사람과 사이에 평화가 없습니다. 속고 속이고, 죽고 죽이고, 겉으로는 웃지만 뒤에서는 칼을 들이댑니다. 이러한 우리의 관계가 깊은 평화를 다 빼앗습니다.

제일 큰 문제는 자신과의 관계입니다. 우리는 우리 자신과 친하지 않습니다. 내가 나 자신을 학대합니다. 자신감과 우월감에 빠져 있습니다. 진정한 자기가 없습니다. 그래서 사람은 늘 외롭고 고독합니다. 우리는 관계를 잃어버리면 다 잃어버립니다.

사람들은 스스로 죄를 짓고 하나님을 멀리했습니다. 하나님을 거부했고, 거절했습니다. 이것이 하나님뿐만 아니라 하나님이 우리에게 주시는 축복도 다 잃어버리는 결과를 낳았습니다. 하나님을 잃어버린 인간에게는 고독과 분노와 미움, 그리고 저주가 있습니다. 하나님을 잃어버린 것은 내 생애의 한 부분을 잃어버린 것이 아니라 전부를 잃어버린 것입니다. '하나님을 다시 만났다, 하나님과의 관계가 회복되었다'는 것은 내 인생의 한 부분이 회복되었다는 것이 아니라 내 인생 전부가 회복되었다는 것을 의미합니다. 이제 우리는 예수 그리스도로 말미암아 의롭다 함을 얻게 되었고, 하나님의 자녀가 되었으며, 하나님과의 관계를 회복하게 되었습니다.

이것이 믿음으로 의롭다 하심을 받은 사람들, 구원받은 사람들이 받는 첫 번째 축복입니다. 마음이 놓이는 축복입니다. 내일 전쟁이 일어날지라도, 감옥에 들어갈지라도, 역경이 닥쳐올지라도, 죽음이 나를 기다릴지라도, 하나님과의 관계가 회복된 사람은 마음에 깊은 평안이 있습니다. 우리에게 이러한 회복이 있기를 바랍니다.

1절에서는 한 가지 더 놀라운 사실을 이야기합니다. 그리스도 예수 안에서 구원을 받은 사람에게는 하나님이 주시는 이 평화를 누릴 특권이 있다는 것입니다. 하나님이 주신 특권입니다. 평화가 회복될 뿐만 아니라 그 특권을 누릴 자격이 우리에게 주어지는 것입니다. 너무나 오랫동안 평화를 모르고 살아온 사람들은, 평화가 주어지면 어리둥절해 합니다. 이 평화가 잘 믿어지지 않습니다. 그러나 놀라운 사실은 하나님이 우리를 위하여 문을 열어 놓았다는 것입니다. 이제 우리는 하나님과 더불어 평화를 누릴 수 있습니다. 평화란 전쟁이 끝난 상태에서 느끼는 것이 아니라 전쟁 중에서도 느낄 수 있는 감정입니다. 총알이 날아와도 마음에 하나님을 믿고 신뢰하는 평화를 누리십시오. 교도소에서 나와야 평화가 있는 것이 아닙니다. 바울과 실라는 감옥에서 매를 그렇게 맞고도 새벽에 일어나서 찬송을 부르는 평화를 누렸습니다. 하나님의 평화를 누리십시오. 하나님의 평화를 여러분의 것으로 만드십시오.

은혜의 자리로 들어감

두 번째 축복과 특권은 은혜 생활입니다.

> 또한 그로 말미암아 우리가 믿음으로 서 있는 이 은혜에 들어감을 얻었으며 하나님의 영광을 바라고 즐거워하느니라(롬 5:2).

이 구절의 시제는 과거형입니다. 예수님을 믿고 구원을 받았다는 것은, 은혜의 자리에 들어갔다는 것을 의미합니다. 은혜의 자리에 들어가지 못한 사람은 구원받은 것이 아닙니다. 예수님을 믿고 구원받았다고 하면서도, 은혜에 들어가지 못하고 망설이는 사람들이 참 많습니다. 율법적인 생활에 들어가 있는 사람이 오히려 많습니다. 이런 이들은 예수님을 믿으면서도 마음의 평화가 없습니다. 은혜의 자리에 들어가지 않았기 때문입니다. 2절의 "은혜에 들어감을 얻었으며"는 과거형입니다. 그리고 1절의 "하나님과 화평을 누리자"는 현재형입니다. 평화는 은혜의 자리에서 피어나는 꽃입니다.

은혜가 없으면 마음의 평화가 없습니다. 사도 바울은 각 교회에 편지를 보내면서 "은혜와 평강이 너희 무리 가운데 있을지어다" 라고 썼습니다. 은혜의 자리에 들어가는 것, 은혜의 생활을 하는 것이 믿음입니다. 예수님을 믿는다는 것은 율법적인 생활에서 은혜의 자리로 들어가는 것입니다. 이것은 어떤 안내자의 도움을 받아서 훌륭한 궁전으로 들어가는 것을 의미합니다. 혼자서는 갈 수 없는 자리에 안내자의 도움으로 가게 된 것입니다. 나는 그 자리에 갈 수 없는 사람인데 어떤 분이 데리고 간 것입니다. 그래서 우리는 주장할 것이 없습니다. 자랑하지 않습니다.

친구 따라 영화관에 들어가거나 공짜로 저녁 한 끼 얻어먹으면 괜히 미안합니다. 예수님을 믿는 것은 이런 느낌과 같습니다. 생각할수록 황송하고 누릴수록 미안합니다. 가질수록 부끄럽습니다. 떳떳하게 사는 것은 은혜받은 자의 생활이 아닙니다. 은혜받은 사람은 더 이상 남의 것을 뺏으려고 하지 않습니다. 남이 가진 것, 남이 앉은 자리 등을 빼앗으려고 싸우는 것은 보통 세상 사람들의 모습입니다. 은혜를 받으면 갑자기 자신이 가진 것이 너무나 크게 보입니다. 자기 혼자 감당할 수 없어 나눠 주고 싶어지는 것입니다. 오늘 이렇게 산다는 것이 기적이고, 축복입니다. 자기가 건강하다는 것이 너무나 미안합니다. 자신도 모르게 원망과 불평과 시기가 사라지고, 기쁨이 충만합니다. 이것이 은혜받은 자의 생활입니다.

더 이상 먹을 수 없을 만큼 많이 먹어 본 적 있습니까? 그때 한 친구가 와서 뭘 좀 더 먹으러 가자고 하면 뭐라고 말합니까? "아니야, 됐어"라고 합니다. 시편 기자는 그것을 "여호와는 나의 목자시니 내게 부족함이 없으리로다"(시 23:1)라고 표현합니다. 시편 기자는 또 "내 잔이 넘치나이다"(시 23:5)라고 고백합니다. 자꾸 속 깊은 곳에서부터 무엇이 흘러넘칩니다. 이것이 은혜받은 사람의 생활입니다.

로마서 8장 37절은 "그러나 이 모든 일에 우리를 사랑하시는 이로 말미암아 우리가 넉넉히 이기느니라"라고 말씀하고 있습니다. 은혜받은 사람이 세상 것을 누릴 줄 몰라서 안 누리는 것이 아닙니다. 누리지 않기로 결정한 것입니다. 가질 줄 몰라서 안 갖는 것이 아닙니다. 갖지 않기로 결정한 것입니다. 그것이 은혜받은 사람입니다.

하나님의 영광을 위하여

세 번째 축복은 하나님의 영광을 위하여 기쁘고 즐겁고 적극적으로 사는 것입니다. 2절 끝 부분을 보십시오. "하나님의 영광을 바라고 즐거워하느니라." 이 구절은 두 부분으로 되어 있습니다. "하나님의 영광을 바라고"와 "즐거워하느니라"입니다.

우리의 인생 목표는 무엇입니까? 인생의 목표가 없는 사람은 방황합니다. 무슨 일을 하든지 목표가 없는 사람은 계속 방황합니다.

목표가 있으면 방황하지 않습니다. 왜 사는가에 대해 대답할 수 있는 사람은, 어떻게 살아야 하는가에 대한 대답도 할 수 있습니다.

'하나님의 영광을 위해 사는 것'이 우리 인생의 목표입니다. '즐거워하는 것'은 인생을 사는 방법입니다. 하나님 없는 사람들의 인생 목표는 좀 더 잘 사는 것입니다. 오래 사는 것에 큰 의미를 두고 성공하는 데 큰 가치를 둡니다. 이런 가치들은 이기적이고 자기중심적입니다. 건강, 더 많은 소유, 물질이 그들의 목표입니다. 이러한 것들이 본질적으로는 나쁘지 않습니다. 그러나 그 인생의 가치가 '자기'라고 하는 것이 문제입니다. 이런 것들보다 더 고상한 가치를 추구하는 사람들도 있습니다. 민족과 나라를 위해 사는 사람들입니다. 세계 인류를 위해 봉사하는 사람들입니다. 가난하고 소외된 사람들을 도와주며 살려고 하는 사람들도 있습니다. 그러나 이것은 하나의 과정에 불과합니다. 이것은 삶의 과정이지 목표가 아닙니다.

그러면 인생의 참된 목표는 무엇입니까? 하나님의 영광을 위해 사는 것입니다. 나를 지으시고 세상에 두신 그분께 경배와 찬양을 올려 드리며, 그분의 영광을 위하여 내가 존재하는 것입니다. 이것이 인생의 절대 목적입니다. 결혼은 할 수도 있고 하지 않을 수도 있습니다. 오래 살 수도 있고 일찍 죽을 수도 있습니다. 공부할 수도 있고 하지 않을 수도 있습니다. 하나님의 영광을 내 생애의 목표로 삼는 것이 중요합니다.

여기서 '영광'이라는 단어가 중요합니다. '영광'은 '찬란함', '장엄함', '위대함'을 설명하는 말입니다. 하나님의 찬란함과 장엄함 안에 거하고 그분을 바라보면서 그분을 기뻐하는 것입니다. 내 몸을 부수고 녹여서 그분의 영광을 위해 드리고 싶은 것입니다. 하나님의 영광을 바라고 기뻐하고 기대하고 소망하고 즐거워합니다.

한 학생이 있는데, 그는 등록금을 낼 여유가 없어서 아르바이트를 했습니다. 이런 학생은 그 돈으로 절대 노래방에 가거나 비싼 음식을 사 먹지 않을 것입니다. 왜 그렇습니까? 돈이 부족해서 그렇습니다. 도서관에서 일을 해서 조금 더 모읍니다. 공사판에서 막노동을 해서 부족분을 마련합니다. 계속 모아서 결국 등록금을 다 채웁니다. 이 학생이 이렇게 돈을 번 것은 등록금을 내기 위해서입니다.

하나님의 영광을 위해 사는 사람은 어떻습니까? 하나님의 영광을 위해서 맛있는 것을 먹지 않고 저축하는 것입니다. 하나님의 영광을 위한다면 가난한 자에게 나눠 주고 선교비도 보내지만 다른 곳에는 쓰지 않는 것입니다. 내게 주신 은사와 능력을 다른 데 쓰지 않습니다. 어떻게 하면 하나님의 영광에 쓸 수 있을까 고민합니다. 어디에 살든지 무엇을 하든지, 내 삶 전체를 통하여 하나님이 영광 받으시기를 원하는 것입니다.

인생을 어떻게 살아야 하는지에 대해서 성경은 이야기하고 있습니다. '바라고 즐거워하라'고 합니다. 무엇을 바라는 것입니까? 앞 구절의 영광을 바라는 것입니다. 강렬하게 소원하고 기대하며, 그것만 생각하는 것입니다. 예수님을 믿는 사람들은 게으르지 않습니다. 돈 때문이 아닙니다. 살아가는 것이 너무 좋으니까 그렇습니다. 가끔 사람들이 제게 묻습니다. "목사님, 너무 피곤하시지요?" 그러면 저는 뭐라고 대답해야 할지 고민합니다. 사실 피곤하기는 하지만 피곤하지 않습니다. 저는 이 목회 사역이 너무 좋습니다. 하나님의 영광을 바라고 즐거워한다는 것이 바로 이런 것입니다. 그것만 생각하면 즐겁고 밥 안 먹어도 살고 무인도에 가도 삽니다. 주님만 생각할 수 있다면 그렇게 살 수 있습니다. 이것이 예수님을 믿는 사람의 축복입니다.

하나님의 영광을 위해 사는 특권, 고난의 특권, 희생의 특권이 바로 그것입니다. 스스로 안 누리기로 결정합니다. 자기를 제한합니다. 무엇 때문에 그렇게 합니까? 하나님의 영광 때문입니다. 그렇게 살면서 기뻐하고 춤추고 즐거워합니다. 그것이 무엇과도 바꿀 수 없을 정도로 좋습니다.

환난이 소망이 됨

넷째, 예수님을 믿는 사람의 축복과 특권은 환난을 소망으로 바꾼다는 것입니다.

다만 이뿐 아니라 우리가 환난 중에도 즐거워하나니 이는 환난은 인내를, 인내는 연단을, 연단은 소망을 이루는 줄 앎이로다(롬 5:3-4).

여기서 말하는 환난이란 환경적인 어려움과 육체적인 고통을 이야기합니다. 우리가 예수님을 믿는다는 것이 곧 젖과 꿀이 흐르는 가나안 땅에 산다는 것을 의미하지 않습니다. 그리스도인의 삶은 다 절망 속에서 생존하는 것입니다.

사도 바울도 고린도후서에서 자기가 살면서 당했던 고난들을 나열합니다.

> 그들이 그리스도의 일꾼이냐 정신 없는 말을 하거니와 나는 더욱 그러하도다 내가 수고를 넘치도록 하고 옥에 갇히기도 더 많이 하고 매도 수없이 맞고 여러 번 죽을 뻔하였으니 유대인들에게 사십에서 하나 감한 매를 다섯 번 맞았으며 세 번 태장으로 맞고 한 번 돌로 맞고 세 번 파선하고 일 주야를 깊은 바다에서 지냈으며 여러 번 여행하면서 강의 위험과 강도의 위험과 동족의 위험과 이방인의 위험과 시내의 위험과 광야의 위험과 바다의 위험과 거짓 형제 중의 위험을 당하고 또 수고하며 애쓰고 여러 번 자지 못하고 주리며 목마르고 여러 번 굶고 춥고 헐벗었노라(고후 11:23-27).

예수님 때문에 이런 일을 겪어 보신 경험이 있습니까? 예수님 때문에 배고프고 춥고 돌로 맞고 오해당하고 고통을 겪고 감옥에 들어가 본 적이 있습니까? 누가 이런 생애를 좋아하겠습니까? 이렇게 살고자 하는 사람이 어디 있겠습니까? 아무도 없습니다.

선교지에서 오래 생활했던 어느 선교사님이 제게 이런 이야기를 했던 기억이 납니다. "석 달이라도 좋으니 내 집이 있었으면 좋겠습니다. 조그마한 집이라도, 내 집에서 밥 해먹고 커피를 끓여 마실 수 있으면 좋겠습니다." 저는 그분이 평생 떠돌아다니면서 외로워하시는 모습을 보았습니다.

인간은 다 자기 집 짓고 그곳에서 안주하며 살고 싶어 합니다. 사도 바울은 그렇게 살지 못하는 환난을 겪었습니다. 죽는 순간까지 그랬습니다. 왜 그렇게 살아야 했을까요? 오직 하나님의 영광을 위해서 그렇게 살았습니다. 그는 그 길을 선택했습니다.

그의 개인적 삶으로 봐서는, 신학자요 지식인으로서 편안하게 살 수 있는 사람이었습니다. 그러나 그는 그 길을 선택하지 않았습니다. 바울이 그 모진 환난을 겪으면서 배운 진리가 있습니다.

첫째, 환난은 인내를 낳는다는 것입니다. 그는 불가능의 벽, 마음의 고통을 겪으면서 '이제 죽는구나' 하다가도 다시 일어났습니다. 돌에 맞고 죽는가 했는데 다시 살아났습니다. 망할 것 같지만 망하지 않고 끝날 것 같지만 끝나지 않습니다. 이런 환난 중에 배운 놀라운 진리가 "환난은 인내를 낳는다"는 것입니다.

둘째, 인내는 연단을 만들어 냅니다. 사도 바울은 환난을 겪었지만 참았고, 또다시 환난과 고통이 와도 참았습니다. 이렇게 말할 수 없는 심적 고통을 겪다 보니까 사도 바울 안에 있는 불순물이 없어졌습니다. 감옥에 들어가면 소유물이 적어집니다. 가지고 있던 불필요한 것들이 다 사라집니다. 다시 말하면 인생의 살을 빼는 것입니다. 그래서 순수해지기 시작합니다. 금이 불 속에 들어가면 불순물들은 사라지고 정금이 되는 것입니다.

셋째, 연단은 소망을 이룹니다. 드디어 눈이 떠지고 가슴이 뻥 뚫린 것입니다. 그는 땅에 살다 하늘로 올라갔습니다. 그는 진리를 보았습니다. 영원한 소망이 무엇인지를 본 것입니다. 무엇이 의롭고 올바른 삶인지 그는 알게 되었습니다. 사람들이 싫어하는 이 환난을 통해서 사도 바울은 보석을 발견했습니다. 인생의 보석을 발견해 낸 것입니다. 우리 역시 이러한 인생의 소망을 발견하기를 바랍니다. 소망이 백일몽이 되지 않게 하기 위해 하나님은 어떤 일을 하셨습니까?

소망이 우리를 부끄럽게 하지 아니함은 우리에게 주신 성령으로 말미암아 하나님의 사랑이 우리 마음에 부은 바 됨이니(롬 5:5).

하나님은 소망이 부끄럽게 되지 않도록 성령을 보내 주셨습니다. 이 성령으로 말미암아 우리 마음속에 하나님의 사랑이 부어졌습니다. 이제 두 단어로 모든 이야기를 요약하겠습니다. "성령"과 "사랑"입니다. 성령의 생활을 하십시오. 사랑의 생활을 하십시오. 소망이 부끄럽지 않게 될 것입니다.

17

보혈로 얻은 구원

로마서 5:6-11

구원은 내가 죄인 되었을 때에 이루어졌습니다. 하나님이 우리에게 베풀어 주신 구원은 값없이 주신 은혜의 선물입니다. 구원은 사람이 만들 수 있는 것이 아닙니다. 땅에서 얻을 수 있는 것도 아닙니다. 만약 사람이 만들 수 있고 선한 행위로 얻을 수 있는 것이며 땅에서 발견할 수 있는 것이라면, 그것은 80년 이상 존재하지 못할 것입니다. 진정한 구원은 하나님이 만드신 것입니다. 사람이 노력해서 만들어지는 것이 아닙니다. 땅의 구원은 땅에서 시작해서 땅에서 끝날 것입니다. 그러나 하늘의 구원은 땅에서 시작해서 하늘까지 가는 것입니다. 그것은 영원히 가는 것이며 영생하는 것입니다.

따라서 하나님이 베푸신 구원에 대해서 우리가 할 수 있는 일이란 아무것도 없습니다. 우리가 할 일은 오직 한 가지, 베푸신 구원을 감사함으로 받는 것입니다. 거절하지 않고 우리에게 주신 그 은혜를 감격하며 받아들이는 것입니다.

죄인이었을 때 이루어진 구원

상상할 수 없을 만큼 값비싼 대가를 치르고 만드신 구원의 내용은 무엇입니까?

우리가 아직 죄인 되었을 때에 그리스도께서 우리를 위하여 죽으심 으로 하나님께서 우리에 대한 자기의 사랑을 확증하셨느니라(롬 5:8).

제 주변에는 이 말씀 때문에 구원받은 사람이 참 많습니다. 이 말씀을 읽다가 심각해지고 감격해서, 눈물 흘리며 예수님을 영접 하게 된 것입니다. 평상시에 읽을 때는 그냥 글이었는데, 어느 날, 이 글이 살아 움직여서 자기의 심령을 치는 것입니다. 비수가 꽂히 듯이 그 말씀의 능력이 자기 영혼을 뒤흔드는 경험을 한 것입니다.

이 말씀에서 우리는 구원에 대한 세 가지 사실을 배우게 됩니다. 첫째, 하나님의 구원은 우리가 아직 죄인 되었을 때 베풀어 주신 구원이라는 사실입니다. 하나님이 우리에게 구원을 베푸신 때는 우리가 하나님을 알았을 때나 영접했을 때가 아닙니다. 하나님을 몰랐을 때, 우리가 죄인이었을 때 우리를 위하여 구원을 베풀어 주신 것입니다. 에베소서에서는 '허물과 죄로 죽었을 때'라고 말하고 있습니다.

그는 허물과 죄로 죽었던 너희를 살리셨도다 그때에 너희는 그 가 운데서 행하여 이 세상 풍조를 따르고 공중의 권세 잡은 자를 따랐 으니 곧 지금 불순종의 아들들 가운데서 역사하는 영이라(엡 2:1-2).

아직 죄인 되었을 때, 하나님을 몰랐을 때, 허물과 죄로 죽었을 때, 내가 연약할 때, 하나님은 구원을 베풀어 주셨습니다. 그때 우리는 하나님을 좇는 것이 아니라 세상을 좇았었습니다. 하나님보다는 세상이 더 중요했습니다. 공중 권세자를 따르고, 어둠의 세력에 사로잡혀서 마귀가 시키는 대로 행했었습니다. 본질상 진노의 자녀로, 육체의 본능과 마음의 본능대로 살고 있을 때 하나님께서 나를 구원하신 것입니다.

다음 말씀에서 좀 더 자세히 설명하고 있습니다.

> 우리가 아직 연약할 때에 기약대로 그리스도께서 경건하지 않은 자를 위하여 죽으셨도다(롬 5:6).

우리가 아직 연약할 때 약속대로 경건하지 않은 자를 위해 죽으셨다고 합니다. 경건한 자를 위해 죽었다고 하면 이해가 됩니다. 어떤 사람이, 내가 죽을 수밖에 없는 그 상황에서 내 빚을 다 탕감해 주고 나를 위해 죽었다고 가정해 봅시다. 그런데 나는 이 사실을 잘 몰랐습니다. 20년이 지난 후에, 그가 나를 도와주기 위해 빚보증을 서고 집 팔고 하다가 아파서 죽었다는 사실을 알게 되었다고 가정해 보십시오. 얼마나 놀라고 충격적이겠습니까? 이것과 마찬가지입니다.

이 세상에는 의인이 있습니다. 선인도 있습니다. 의로운 사람을 보면 우리는 옆에 있고 싶습니다. 그 사람과 이야기하고 싶고 그 사람에게 무엇인가를 해 주고 싶습니다. 성경에서는 훌륭한 사람을 위해서라면 죽을 수도 있다고 이야기합니다.

의인을 위하여 죽는 자가 쉽지 않고 선인을 위하여 용감히 죽는 자가 혹 있거니와(롬 5:7).

정말 훌륭한 사람을 보면 그 사람을 위해 죽을 수 있을 것 같기도 합니다. 그러나 정말 죽어야 할 순간이 오면 죽을 수 없을지도 모릅니다. 필요하다면 그 사람에게, 어쩌면 몇 천만 원, 몇 억을 줄 수 있을지도 모릅니다. 그러나 그 이상은 안 됩니다. 자신이 할 수 있는 범위 안에서 조금 도와주는 것이지, 망하면서까지 도와주지는 않습니다. 그저 능력 범위 안에서 도와주는 것입니다.

우리는 정말 위대한 사람을 위해 죽는 사람을 더러 보기도 합니다. 의인을 위해서, 선인을 위해서, 위대한 사람을 위해서, 일하고 돕고 종살이하는 것은 있을 수 있습니다. 그러나 경건하지 않은, 막 되먹은 사람을 위해서 대신 죽을 수 있는 사람이 있겠습니까? 그런데 그렇게 했다는 것입니다.

우리 사회는 지하철 폭발 사건, 성수대교 붕괴, 삼풍백화점 붕괴 등을 겪었습니다. 특별히 마음이 아팠던 것은 패륜아의 부모 살인 사건입니다. 미국의 대학 교수인 아들이 돈 때문에 부모를 살해하고 불태웠던 끔찍한 사건을 기억하고 있습니다. 그 살인자를 위해 대신 죽을 사람이 있겠습니까? 혹시, 그가 구속된 이후 불쌍하니까 구명하자는 운동이 일어나 서명을 부탁받았을 때 망설이다가 서명은 한번 해 줄지도 모르겠습니다. 그러나 그 사람을 위해서 생명을 대신 바칠 수 있겠습니까?

우리가 아직 죄인이었고 진노의 자식으로 제멋대로 살고 있었을 때에 하나님이 우리를 위해 구원을 베풀어 주셨습니다. 중요한 것은 '기약대로'라는 말씀입니다. 약속이 있었다는 말씀입니다. 2천 년 전에 이미 그 일을 행하셨습니다. 우리는 20년이 아니라 2천 년 동안 그 하나님의 사랑을 모르고 살다가 이제 깨닫게 된 것입니다. 구원은 내가 죄인이었을 때 이루어졌습니다.

예수의 피로 이루어진 구원

8절 말씀은 구원의 본질을 설명하고 있습니다. 구원은 예수 그리스도가 우리의 죄를 대신하여 십자가에 못 박혀 피 흘리며 죽으신 것입니다. 이를 다음에서 좀 더 분명하게 설명하고 있습니다.

그러면 이제 우리가 그의 피로 말미암아 의롭다 하심을 받았으니 더욱 그로 말미암아 진노하심에서 구원을 받을 것이니(롬 5:9).

예수님이 십자가에 못 박혀 돌아가신 것이 구원입니다. 피 흘렸다는 말이 중요합니다. 구원이란 '피 흘린 사건'입니다. 예수님이 돌아가셨다는 말보다 더 선명하게 구원을 설명해 주는 말이 '피를 흘리셨다'입니다. 피가 왜 그렇게 중요합니까? 예수님의 피는 보통 사람의 피가 아니기 때문입니다. 예수님의 피는 하나님의 피입니다. 이스라엘식으로 표현하면, 염소와 송아지의 피로 구원하지 않았다는 말입니다. 우리말로 하면 개의 피로 하지 않았다는 것입니다. 예수님의 구원은 사람의 피가 아니라 하나님 자신의 피로 이루어졌기 때문에 중요한 것입니다. 사람의 피는 육신을 유지하고 보존하는 데 중요합니다. 최근 보도에 따르면 A형 피에 B형 피를 잘못 수혈해서 의료 사고가 났다고 합니다. 또 에이즈에 감염된 피를 다른 사람에게 수혈해서 전염시킨 사건이 의료계와 사회에 물의를 빚고 있습니다. 피는 이렇게 중요합니다. 사람의 생명에 아주 결정적인 역할을 합니다. 사람의 피는 그렇습니다.

그러나 하나님의 피는 우리를 죄에서 구원합니다. 하나님의 피는 마귀의 계략에서 우리를 구원합니다. 하나님의 피는 우리를 영생에 이르도록 만드는 그 피입니다. 구약 시대에는 1년에 한 번씩 대제사장이 짐승의 피로 사람의 죄를 속죄했습니다. 사람을 죽일 수 없으니까 사람 대신 양과 소를 죽였습니다. 그 짐승의 피를 뽑아 성소에 들어가서 뿌림으로 사람들의 죄가 용서받는 예식을 행했습니다. 히브리서 기자의 설명을 보겠습니다.

염소와 황소의 피와 및 암송아지의 재를 부정한 자에게 뿌려 그 육체를 정결하게 하여 거룩하게 하거든 하물며 영원하신 성령으로 말미암아 흠 없는 자기를 하나님께 드린 그리스도의 피가 어찌 너희 양심을 죽은 행실에서 깨끗하게 하고 살아 계신 하나님을 섬기게 하지 못하겠느냐(히 9:13-14).

하나님이 우리를 염소나 송아지의 피로 구원하신 것이 아닙니다. 하나님 자신의 피를 십자가에서 흘리게 함으로써 우리 죄를 용서하시고 구원하신 것입니다. 그렇기 때문에 우리의 구원은 예수 그리스도의 피 때문이라고 해도 과언이 아닙니다. 놀라운 능력이 그리스도의 피에 있습니다. 우리는 아플 때 주사를 맞습니다. 그러면 그 주사약이 우리 몸속의 병균을 없애고 바이러스를 잠재우는 역할을 합니다. 이와 같이 예수 그리스도의 보혈이 우리 안에 들어오면 놀라운 일들이 일어납니다. 우선 귀신이 떠납니다. 말씀과 기도와 성령의 능력으로 귀신을 쫓아내는데, 그럴 때 귀신이 제일 무서워하는 것은 예수 그리스도의 피입니다. 성령의 불로, 보혈의 능력으로 이야기하면 귀신이 벌벌 떱니다.

예수님의 피는 능력이 있습니다. 더러운 귀신들을, 사탄의 세력들을 묶는 힘이 있습니다. 예수 그리스도의 피는 우리 죄를 정결케 합니다. 다른 것으로는 죄가 씻기지 않습니다. 그러나 보혈로 죄를 적시면 죄가 없어져 버립니다. 사라져 버립니다. 한 번만 뿌리면 어떤 것도 다 닦인다는 세제 광고를 TV에서 보았습니다. 우리 죄는 예수 그리스도의 피를 뿌리면 깨끗하게 닦입니다. 이것이 보혈의 능력입니다.

그리스도인들은 하나님 앞에서 회개합니다. 그런데 회개를 해도 꺼림칙하고 용서받지 못한 것 같은 느낌을 받습니다. 왜 그럴까요? 회개하면 그 죄를 용서해 주신다고 예수님이 말씀하셨는데, 아무리 내가 회개해도 그 죄는 그대로 있는 듯한 느낌을 받습니다. 내가 죄를 회개했는데 용서받은 것 같지 않아서 깊은 죄책감, 열등감에 사로잡힙니다. 예수님을 믿지 않아서 그렇습니까? 아닙니다. 예수의 보혈로 씻지 않아서 그렇습니다.

죄는 언제 없어집니까? 예수 그리스도의 보혈로 씻어야만 없어집니다. 보혈의 능력은 기적을 일으킵니다. 이 보혈은 모든 질병과 어둠의 세력들을 깨끗하게 씻어 버리는 역할을 합니다. 보혈은 놀라운 것입니다. 설교할 때도 잠시 설교의 능력을 잃어버렸다고 생각할 때 보혈에 관한 설교를 하면 바로 설교의 능력이 살아납니다. 이상한 일입니다. 우리 역시 보혈의 능력에 대해 이야기할 때 이상한 느낌을 받습니다. 입을 열어 그 말을 하기 시작하는 순간부터 보혈의 능력이 내게 나타나는 것입니다. 그래서 보혈에 관한 찬송을 부르면 힘이 납니다. 정결해집니다. 자신도 모르게 육체의 모든 욕망이 사라지는 능력을 경험하게 됩니다. 찬송가 254장을 불러 보십시오.

"내 주의 보혈은 정하고 정하다 / 내 죄를 정케 하신 주 / 날 오라 하신다 / 내가 주께로 지금 가오니 / 십자가의 보혈로 / 날 씻어 주소서."

'십자가에서 흘리신 예수님의 보혈이 날 씻어 주신다'라고 고백하는 찬송입니다. 보혈을 찬양하면 더러웠던 내 영혼이 샤워하는 것같이 깨끗해집니다. 보혈을 노래할 때 자신도 모르게 기도가 나오기 시작합니다. 예수 그리스도의 보혈, 하나님의 피를 묵상할 때 성령의 능력이 나타나기 시작합니다.

죄의 용서는 이론이 아닙니다. 경험입니다. 예수님의 보혈을 찬양하고 노래하면 내 죄가 녹는 것을 경험합니다. 내 죄가 사라지는 것을 느끼는 것입니다. 가벼워집니다. 무거운 짐을 지고 있다가 내려놓은 것과 같습니다. 피곤하게 달리다가 창공을 향하여 독수리가 날 듯 날아가는 것과 같습니다. 그것이 바로 보혈의 능력입니다.

예수 그리스도가 십자가에서 나를 위해 돌아가셨다는 사실을 이야기할 때 중요한 부분이 빠졌습니다. "내가 그리스도의 보혈로 죄를 씻김 받았다"라는 부분입니다. 왜 중요하냐면 내 죄를 정결케 하는 것이 바로 '보혈'이기 때문입니다.

죄는 누가 쥐고 있습니까? 마귀입니다. 따라서 예수 그리스도의 보혈이 나타나면 마귀가 떠나가고 더러웠던 모든 부분이 청소되는 것입니다. 집안이 청소되면 기분이 좋고 더러운 몸을 씻고 새 옷으로 갈아입으면 기분이 좋듯이, 보혈로 내 죄가 씻기면 나는 새로워지기 시작합니다. 우리 마음속의 여러 가지 죄악들이 보혈로 씻겼습니까? 보혈의 능력을 경험한 사람은 그 보혈을 찬양하기 시작합니다. 보혈을 선포하고 간증하기 시작합니다. 예수 그리스도의 십자가 보혈은 유월절 어린 양의 피입니다. 찬송가 265장에서는 예수 그리스도의 보혈을 이렇게 찬양합니다.

"주 십자가를 지심으로 죄인을 구속하셨으니 / 그 피를 보고 믿는 자는 주님의 진노를 면하겠네 / 내가 그 피를 유월절 그 양의 피를 볼 때에 / 내가 널 넘어가리라."

예수의 피를 볼 때에 귀신들은 울며 떠나고, 모든 어둠의 세력들도 떠납니다. 예수님이 나를 위하여 피를 흘리셨다는 것은, 보혈의 피가 나를 구원했다는 것을 의미합니다. 십자가의 핵심은 보혈입니다. 보혈 없는 십자가는 아무것도 아닙니다. 그 피가 우리 죄를 정결케 하고, 우리를 구원한 것입니다. 예수님의 피를 믿으십시오. 그 피를 소유하십시오. 그 피가 내 안에 있을 때 나도 모르게 변하게 됩니다.

하나님의 사랑으로 이루어진 구원

8절 말씀은 구원에 대한 다른 한 가지를 더 설명합니다. 구원은 하나님의 사랑이라는 것입니다. 하나님이 우리를 얼마나 사랑하셨는가를 구원을 통해서 보여 주셨습니다. 자신의 사랑을 확증하셨다고 합니다. 요한복음에서는 구원에 대해 "하나님이 세상을 이처럼 사랑하사 독생자를 주셨으니 이는 그를 믿는 자마다 멸망하지 않고 영생을 얻게 하려 하심이라"(요 3:16)라고 말씀합니다.

이것이 하나님의 구원이고 사랑입니다. 우리도 하나님을 사랑하지만 그런 사랑이 아닙니다. 우리 사랑은 변덕이 많고 이기적이며 자기중심적입니다. 아무리 고상한 부모의 사랑이라고 할지라도 이기적일 때가 많습니다. 한계가 있는 것입니다. 그러나 하나님의 사랑은 그렇지 않습니다. 지옥으로 들어가는 모습을 그냥 두고 볼 수가 없어서, 자기 아들 예수 그리스도를 보내셨고 우리 대신 죽게 하셨습니다. 사람이 하나님을 배반하고 죽게 된 것은 너무나 당연한 일입니다. 필연적입니다. 그러나 하나님이 우리를 사랑하신 것은 놀라운 일입니다. 인간이 처음 죄를 지었을 때 하나님은 어떻게 하셨습니까? 에덴동산을 폐쇄하시고 생명나무를 감추셨습니다. 왜 그렇게 하셨습니까? 인간을 구원하시기 위해서 그렇게 하신 것입니다. 그리고 에덴동산에서 축출된 인간을 위하여 하나님은 놀라운 메시지를 선포하셨습니다. 메시아를 보내 주겠다고 하신 것입니다.

내가 너로 여자와 원수가 되게 하고 네 후손도 여자의 후손과 원수가 되게 하리니 여자의 후손은 네 머리를 상하게 할 것이요 너는 그의 발꿈치를 상하게 할 것이니라 하시고(창 3:15).

하나님은 이 순간부터 예수 그리스도가 태어날 때까지 말할 수 없는 고통을 겪으셨습니다. 살인자를 자녀로 둔 부모의 마음을 생각해 보십시오. 사형 선고 받은 아들을 둔 부모의 마음을 상상하실 수 있습니까? 이것이 바로 하나님의 마음입니다. 인간을 창조하셨을 때부터 지금까지 몸부림치시고 고민하시며 괴로워하셨습니다. 그래서 어떤 사람은 '고통당하시는 하나님'이라는 표현을 썼습니다.

하나님이 능력이 없으십니까? 하나님은 이 세상을 창조하신 분입니다. 그런 하나님이 빈대떡 뒤집듯이 사람을 싹 바꾸실 수 없겠습니까? 하나님은 힘과 능력이 있지만 그것을 쓰지 않으십니다. 사람을 사랑하시기 때문입니다. 사랑하시기 때문에 모든 것을 포기하시는 것입니다. 모든 고통을 감수하시는 것입니다. 이런 하나님에 대해 묵상하다 보면 기절할 것만 같습니다. 하나님이 단순하게 나를 구원하신 것이 아닙니다. 인간이 타락한 그 순간부터 지금까지 참으시고, 기다리시고, 대신 고통을 겪으시고, 그의 아들 예수 그리스도를 보내셨습니다. 너무나 놀라운 사실입니다. 이것이 하나님의 사랑입니다. 십자가는 하나님 사랑의 영수증입니다. "내가 너를 사랑했다"라는 표시입니다.

구원은 우리가 죄인 되었을 때에 베풀어 주신 것입니다. 구원은 예수님이 십자가에 피 흘려 죽으심으로써 이루어진 것입니다. 구원은 하나님 사랑의 확증입니다. 하나님은 이토록 우리를 사랑하셨습니다.

주시는 두 가지 축복

이렇게 구원받은 자들에게 하나님은 두 가지 축복을 주셨습니다.

> 곧 우리가 원수 되었을 때에 그의 아들의 죽으심으로 말미암아 하나님과 화목하게 되었은즉 화목하게 된 자로서는 더욱 그의 살아나심으로 말미암아 구원을 받을 것이니라(롬 5:10).

구원받은 사람의 첫 번째 축복은 깊은 안심입니다. 구원받은 사람들은 본질적으로 인생에 대해 안심합니다. 오늘 저녁에 먹을 것이 없을 때 겪는 일시적인 불안이나, 암에 걸려 3개월 시한부 선고를 받았을 때 겪는 불안이 있을 수는 있습니다. 그러나 그 사람에게는 본질적인 안심이 있습니다. 구원받은 자의 특징은 죽어도 되고 살아도 된다는 것입니다. 그 사람에게는 죽고 사는 것이 중요하지 않습니다. 이 사람은 하나님과 화해했기 때문에 안심하는 것입니다. 안심의 기반은 하나님과의 화해입니다. 하나님과 화해하면 마음에 자유가 있습니다.

두 번째 축복은 11절에 나타나 있습니다.

> 그뿐 아니라 이제 우리로 화목하게 하신 우리 주 예수 그리스도로 말미암아 하나님 안에서 또한 즐거워하느니라(롬 5:11).

어떤 일이 잘될 수도 있고 못 될 수도 있습니다. 그러나 예수님을 믿으면 시험에 떨어져도 붙어도, 실패해도 성공해도, 죽어도 살아도, 그것이 그리 중요하지 않습니다. 원수가 있으면 모든 것이 다 불편하지만 화해하면 다 좋습니다. 이렇게 하나님과 화해한 자의 축복은 즐거움입니다. 예수님을 믿는 자들은 약간 이상합니다. 그저 늘 웃습니다. 왜 그렇습니까? 마냥 좋으니까 그렇습니다. 뭐가 얻어져서 좋은 것이 아닙니다. 그래서 다른 사람들은 좀 이상하게 여깁니다. 그런데 하나님과 화목하게 되었다는 생각을 하면 그렇게 좋을 수가 없습니다. 이것이 축복입니다. 구원받은 자의 축복은 이런 안심과 즐거움입니다. "하나님, 감사합니다. 저는 죽어도 좋습니다. 제게는 하나님이 있습니다. 감사합니다." 이러한 고백이 우리 모두에게 있기를 바랍니다.

●

18

아담과 예수

로마서 5:12-21

●

그러므로 한 사람으로 말미암아 죄가 세상에 들어오고 죄로 말미암아 사망이 들어왔나니 이와 같이 모든 사람이 죄를 지었으므로 사망이 모든 사람에게 이르렀느니라(롬 5:12).

이 말씀은 한 사람의 죄가 어떻게 나의 죄가 되는가에 대한 해답을 주고 있습니다. 성경은 아담의 죄가 온 인류의 죄가 되었다고 말합니다.

　아담의 죄가 어떻게 온 인류의 죄가 될 수 있습니까? 아담의 죄는 물론 잘못된 것입니다. 아담은 하나님 앞에서 결정적이고 치명적인 죄를 지었습니다. 그러나 아담의 죄에 있어서 가장 중요한 점은, 그가 최초로 죄를 세상에 들어오게 했다는 것입니다.

한 사람 아담

우리에게 죄가 들어왔다는 것은 어떤 도시에 방사능이 유출된 것과 같습니다. 한 사람의 실수로 수많은 이들이 방사능에 노출되어서 심각하고 결정적인 피해를 입게 된 것과 같습니다. 한 사람으로 말미암아 죄가 세상을 지배하고 점령하게 된 것입니다.

이것은 또 이렇게 비유할 수 있습니다. 상수원에 누군가 극약을 뿌린 것과 같습니다. 그래서 그 물을 먹는 사람마다 죽게 된 것입니다. 단순한 일처럼 보일지 모르지만 그 결과는 너무나 엄청납니다. 아담 이후에 모든 인류는 날 때부터 죄인으로 태어나게 된 것입니다. 이것이 인간의 운명이 되었고, 인간의 본질을 결정하게 되었습니다. 피해 갈 길이 없습니다.

죄는 죽음을 가지고 들어왔습니다. 최초의 인간에게는 죽음이란 것이 없었습니다. 그러나 에덴동산에 죄가 들어오고 인간에게 죄가 들어오게 되어 인간은 죽음의 존재가 된 것입니다. 죽음은 사탄의 것입니다. 하나님께는 죽음이 없습니다. 그분에게는 영생과 생명이 있을 뿐입니다.

그러나 인간은 죄와 더불어 살아가는 존재가 되었고, 세상은 죄로 오염되었으며, 땅은 저주를 받았습니다. 하나님이 만드신 자연과 환경은 파괴되고 말았습니다. 아담이 죄를 짓자, 하나님은 에덴동산을 아예 폐쇄시켜 버리십니다. 창세기 2장을 보면 하나님은 인간을 만드시고 에덴동산을 창설하셨습니다. 지으신 그 사람을 거기에 두셨습니다. 그러나 죄가 인간에게 접촉됨으로 말미암아 그 에덴동산은 지상에서 사라져 버렸습니다. 하지만 언젠가는 다시 회복될 것입니다. 우리는 그날을 기다립니다.

우리는 가끔 인간 속에서 그 창조적인 모습, 반짝이는 지혜가 있는 하나님의 창조물의 모습을 봅니다. 그러나 인간은 더 악해질 것입니다. 지구의 환경 파괴는 점점 더 심해질 것입니다. 죄가 우리를 만졌기 때문입니다. 하나님은 에덴동산을 폐쇄시키시고 생명나무를 숨겨 버리셨습니다. 에덴동산에서 쫓겨난 인간은, 공중 권세 잡은 자들이 지배하고 엉겅퀴와 가시로 뒤덮인 저주받은 땅으로 가게 되었습니다. 이것이 우리가 살고 있는 이 세상입니다.

그러나 하나님은 그들을 완전히 버리지 않으셨습니다. 인간은 죽어야만 했으나 하나님은 그들을 구원하기로 결정하셨습니다. 인간이 에덴동산에서 쫓겨난 그 순간에, 하나님의 인간 구원에 대한 결정이 내려졌습니다. 이것이 바로 인류의 구세주인 메시아에 대한 계획입니다.

> 그러나 이 은사는 그 범죄와 같지 아니하니 곧 한 사람의 범죄를 인하여 많은 사람이 죽었은즉 더욱 하나님의 은혜와 또한 한 사람 예수 그리스도의 은혜로 말미암은 선물은 많은 사람에게 넘쳤느니라 (롬 5:15).

로마서는 1 - 5장까지 구원에 대해 이야기합니다. 이 부분이 구원에 대한 결론이기도 합니다. 한 사람 아담으로 말미암아 죄가 인간에게 접촉되어 사망이 오게 되었고, 그것은 아담 한 사람의 사망이 아니라 모든 인류의 사망으로 연결되었다는 것입니다. 15절이 말하는 바는 바로 그것입니다. 아담 한 사람으로 인해 많은 사람이 죽게 되었고 이미 많은 사람들이 그 죄로 죽었습니다. 그러나 하나님은 그대로 버려두지 않으시고 인류를 구원하기로 결정하십니다. 그 백성을 사망의 음침한 골짜기에서 건져 살려 내고 축복하시기 위하여 한 사람을 준비하셨습니다. 바로 예수 그리스도이십니다.

그래서 5장에서는 한 사람 아담, 한 사람 예수 그리스도를 말하고 있습니다. 한 사람 아담으로 말미암아 온 인류는 죽음의 존재가 되었지만, 또 한 사람 하나님의 아들 예수 그리스도를 보내심으로 말미암아 온 인류를 구원하고자 하셨던 것입니다.

여기서 우리는 한 사람 아담과 또 한 사람 예수 그리스도를 보게 됩니다. 그래서 예수 그리스도를 둘째 아담이라고 부릅니다. 첫째 아담이 실패한 모든 것을 두 번째 아담인 예수 그리스도가 완벽하게 회복시키셨습니다. 이것이 구원입니다.

본문에서는 첫째 아담과 둘째 아담을 비교하고 있습니다. 첫째 아담이 죄의 시작이었다면 둘째 아담은 죄의 마감입니다. 일을 저지르는 사람이 있고 일을 수습하는 사람이 있습니다. 일을 복잡하게 하는 사람이 있는가 하면 모든 일을 정리하고 마무리하는 사람이 있습니다. 첫 번째 아담이 죄를 범하여 많은 사람들을 죄로 물들였으나, 두 번째 아담 예수 그리스도가 십자가에서 죽으심으로 말미암아 많은 사람들을 죽음에서 구원하는 역할을 한 것입니다. 그래서 두 번째 아담이 하신 일을 가리켜 15절에서는 "은사"라는 표현을 씁니다. 또한 "죄의 삯은 사망이요 하나님의 은사는 그리스도 예수 우리 주 안에 있는 영생이니라"(롬 6:23)라고 말하고 있습니다.

이 은사는 구원입니다. 내가 만드는 것도 아니요 노력한 것도 아닙니다. 구원은 하나님이 만들어 주신 선물이요 은사입니다. 이 은사는 돈을 주고 사는 것이 아닙니다. 하나님이 거저 주신 것입니다. 선포만 하여도 귀신이 떠나는 그런 능력을 가지고 있습니다. 이것을 선포하면, 나의 구원을 의심하게 하고 불안하게 만들고 무능력하게 만들었던 사탄의 모든 궤계와 술수가 순식간에 차단되어 버립니다. 그때 하나님의 구원은 내게 들어와서 능력을 발휘하게 되는 것입니다. 한 사람 아담으로 인해 죄와 죽음이 들어왔습니다. 한 사람 그리스도의 희생과 죽음으로 말미암아 모든 사람에게 영생과 생명이 왔습니다.

한 사람 그리스도

본문의 아담과 그리스도의 비교에서 매우 중요한 점이 있습니다. 하나님이 우리를 어떻게 구원하시는가 하는 점입니다. 아담이 저지른 실수를 그대로 역으로 회복시키십니다. 이것을 타이폴로지(Typology: 예표론)라고 합니다. 모델은 같은데 역할이 전혀 다른 것입니다. 어떤 사람은 가는 곳마다 쓰레기로 가득 채웁니다. 이 사람이 지나가면 쓰레기만 남습니다. 다른 사람은 물건을 제자리에 놓고 쓸고 닦고 해서 방을 깨끗하게 만들어 놓습니다. 아담은 죄와 죽음의 쓰레기만을 뿌려 놓았습니다. 예수님이 그것을 하나씩 다 정리해서 깨끗하게 만드신 것입니다. 이것이 우리가 성경에서 볼 수 있는 타이폴로지입니다. 아담이 저지른 실수를, 예수님이 그대로 하나씩 완전하게 회복시키신 것입니다.

아담과 예수 그리스도의 두 번째 대비는 죄인과 의인의 대비입니다.

> 또 이 선물은 범죄한 한 사람으로 말미암은 것과 같지 아니하니 심판은 한 사람으로 말미암아 정죄에 이르렀으나 은사는 많은 범죄로 말미암아 의롭다 하심에 이름이니라(롬 5:16).

하나님의 선물은 죄인을 의인으로 바꾸셨습니다. 인간은 죄인으로 도장 찍혔었습니다. 구원은 이런 의미에서 받아들이기 어렵습니다. 다른 사람이 지은 죄 때문에 왜 내가 죄인이 되어야 하냐는 것입니다. 저 사람이 잘못했는데 내가 죄인이 된 것이 억울하고 이해되지 않습니다. 이것이 어렵습니다.

또 한 가지는 내가 아무것도 한 것이 없는데 의인이 된 점입니다. 저 사람이 잘했는데 내가 의인이 되었습니다. 그래서 실제로 구원이라는 개념은 우리의 상식이나 이성, 경험과 맞지 않습니다. 우리의 이성이나 상식과 맞아떨어진다면 믿기는 쉬울지 모르겠습니다. 그러나 그렇지 않습니다. 예수님을 믿게 된 것은 기적입니다.

그래서 찬송가 310장 작사가는 이렇게 찬양했습니다. "아 하나님의 은혜로 이 쓸데없는 자 왜 구속하여 주는지 난 알 수 없도다."

그래서 예수 믿는 것은 하나님의 선택입니다. 하나님의 선택이 아니었으면, 우리의 이성과 지성과 경험과 의지로는 그리스도를 영접할 수 없습니다. 세상적으로, 인간적으로 보면 말도 안 되는 논리가 내 영혼에 비수같이 꽂힙니다. 그리고 죄인이라고는 생각도 못했던 내가 죄인이라고 고백하기 시작하는 것입니다. 그냥 고백하는 것도 아니고 눈물을 흘리며 가슴을 치면서 고백합니다. 내가 마치 아담이 된 것 같은 심정을 가지고 인간의 본성과 운명에 대해 통회합니다.

인간은 하나님 앞에서 죄인입니다. 그런 죄인이 의인이 되는 것입니다. 이것이 구원입니다. 하나님의 사고, 하나님의 생각에서 보면 죄인이 조금 잘되는 것이 아니라 아예 변하여 의인이 되는 것이 신앙입니다. 이런 경험과 사고법은 인간 속에 없습니다. 따라서 성령이 아니고서는 예수 그리스도를 주라 시인할 수 없다고 성경이 말하고 있습니다.

우리가 예수님을 믿게 된 것은 기적입니다. 인간의 자연적 경험과 진화론적 사고 속에서는 그것이 본질적으로 불가능합니다. 사람들은 자꾸 "하나님을 누가 만들었는가?"라고 질문합니다. 그것이 진화론적 사고입니다. 창조론적 사고에서는 하나님은 스스로 계신 분입니다. 그러나 진화론자들은 "하나님의 아빠, 엄마는 누구냐?"고 자꾸 묻습니다. 해답이 없습니다.

구원의 두 번째 대비, 죄인이 의인 되었다는 것은 본질적인 변화를 의미합니다. "예수님을 믿는다는 것은 착하게 살고 선하게 사는 것이지"라고 말하면 쉽게 이해가 됩니다. 그러나 "예수님을 믿는다는 것은 죄인이 변하여 의인이 되는 것이다"라고 말하면 어려워합니다. 또 "예수님을 믿는 사람 중에 나보다 나쁜 사람 많던데 뭐"라고 이야기합니다. 이것도 역시 진화론적인 사고입니다. 도덕을 중심으로 생각하기 때문에 구원의 진리에 이르지 못하는 것입니다.

예수 그리스도의 보혈이 내 죄를 사할 수 있다는 말 역시 성령의 특별한 역사가 없이는 할 수 없는 고백입니다. 그런데 이 고백은 2천년 동안 끊임없이 지속돼 왔습니다. 놀라운 것입니다. 우리에게 성경이 말한 구원이 있기를 기도합니다. 첫 번째 아담이 실패한 것들을 두 번째 아담인 예수 그리스도가 회복하셨고 그로 말미암아 죄인이 의인 되었다는 이 구원이, 우리에게 임하기를 기도합니다.

세 번째는 사망과 생명의 비교입니다.

한 사람의 범죄로 말미암아 사망이 그 한 사람을 통하여 왕 노릇 하였은즉 더욱 은혜와 의의 선물을 넘치게 받는 자들은 한 분 예수 그리스도를 통하여 생명 안에서 왕 노릇 하리로다(롬 5:17).

또 이해하기 어려운 말씀입니다. '사망에서 생명으로'라는 말이 무슨 뜻입니까? 씨름하는 것을 보면 막판 뒤집기라는 것이 있습니다. 예수님을 믿는 것은 막판 뒤집기입니다. 지옥의 자식이었는데 막판에 확 뒤집어 버리는 것입니다. 사망이 생명이 되었습니다. 사람들에게는 "지옥의 아랫목에서 윗목으로 갔다가 빠져 나왔다"고 설명하면 이해할 수 있을지 모르겠습니다.

그러나 성경은 그렇게 이야기하지 않습니다. 죄인이 변하여 의인이 되고 사망이 변하여 생명이 되었다고 합니다. 물이 변하여 포도주가 되었다고 분명하게 말하고 있습니다. 그것이 구원입니다. 그래서 이 구원은 감당할 수가 없습니다. 생각할수록 깜짝깜짝 놀랍니다. 생각하지 않는다면 놀라지 않을 수도 있습니다. "예수님 믿고 천국 가니 감사합니다. 할렐루야! 아멘" 하고 살면 됩니다. 교회 다니고 그냥 신앙생활 할 수도 있습니다. 그러나 잠잠히 이 구원을 묵상하면 기절할 것만 같습니다. 하나님이 인간이 되셨다는 것은 보통 사건이 아닙니다. 하나님이 나를 위해 죽으셨다는 것이 보통 사건입니까? 웬만한 것은 다 이해할 수 있지만 이것은 정말 기막힌 일입니다. 이것이 구원입니다.

순종으로 완성된 구원

한 사람의 죄가 모든 사람의 죄가 된 것입니다. 고대 사회에서 왕은 개인이 아니라 국가 전체였습니다. 오늘날 대통령과 같은 의미가 아닙니다. 전쟁의 개념도 지금과는 많이 다릅니다. 고대에서는 양편에 진을 친 후 싸울 사람을 앞으로 내보냅니다. 그리고 그들끼리 싸웁니다. 사람을 바꾸면서 계속 싸우는데 마지막에는 최고 책임자끼리 싸우게 됩니다. 다윗과 골리앗의 싸움에서도 이런 광경을 볼 수 있습니다. 그래서 골리앗이 이스라엘 군대를 향해 '싸울 자 나오라'고 계속 소리 지른 것입니다. 다윗이 이기면 이스라엘 전체가 이기는 것이고, 골리앗이 이기면 블레셋이 이기는 것입니다. 다윗이 골리앗을 이기니까 이스라엘의 승리로 끝난 것입니다.

한 사람은 전체를 의미했습니다. 아담의 죄는 모든 사람의 죄를 의미한 것입니다. 그래서 한 사람 예수 그리스도가, 아담이 저지른 모든 범죄를 담당하심으로 말미암아 똑같은 패턴으로 모든 인류의 죄를 회복시키셨습니다. 어떤 단체에 가면 구원받고, 어떤 사람을 따라다니면 구원받는다는 것은 구원이 아닙니다. 성경적 구원이란 '아담의 죄를 예수님이 회복시켜 주셨다, 죄인이 의인이 되었다, 사망에서 생명으로 옮겨졌다' 하는 것입니다. 사도 바울은 이 구원을 한 단어로 설명합니다.

한 사람이 순종하지 아니함으로 많은 사람이 죄인 된 것같이 한 사람이 순종하심으로 많은 사람이 의인이 되리라(롬 5:19).

구원은 무엇입니까? 바울은 한마디로 '순종'이라고 말합니다.

믿음이라는 단어를 잘 설명하는 것은 충성입니다. '믿음(faith)'이라는 단어는 '충성스러운(faithful)'과 같은 어근을 갖습니다. 참 믿음을 가진 사람은 충성스러운 사람입니다. 성경에 나오는 하나님의 사람들의 특징은 진정한 충성입니다. 참 믿음은 참 충성을 가져옵니다. 참 구원은 참 순종을 가져옵니다. 순종으로 말미암아 구원이 완성됩니다. 우리 신앙생활에 있어서 가장 중요한 단어는 순종과 충성입니다. 예수님을 잘 믿는지를 나타내는 것이 이 두 단어입니다. 아프거나 건강하거나, 사업이 잘되거나 부도가 났거나, 유명하거나 아니거나 충성스러운 사람들이 있습니다. 그들이 믿음 있는 사람들입니다. 왔다 갔다 하거나 화끈한 사람들을 주의해야 합니다. 믿음은 그런 것이 아닙니다. 믿음은 충성입니다.

또 하나는 순종입니다. 말끝마다 반항하는 사람, 남을 비판하는 사람이 있습니다. 이것은 믿는 사람의 생리가 아닙니다. 비판하고 투쟁하고 고발하는 것은 하나님의 것이 아닙니다. 그런 분들은 회개하고 기질을 바꾸어야 합니다. 이렇게 비판하고 고발하고 남을 꼬집는 사람들은 대체로 어릴 때부터 상처를 받은 사람들입니다. 자라는 과정에서 늘 무시당하고 거절당하고 그래서 자신도 모르게 그런 기질을 갖게 된 것입니다. 그러나 항상 푸근하고 격려하고 긍정적인 사람이 있습니다. 이것이 신앙적인 성품입니다.

예수님의 성품에 대해 사도 바울은 '순종'이라는 단어로 표현합니다. 아담의 죄는 불순종입니다. 만약 하나님이 말씀하신 대로 아담이 순종했다면 결코 사탄의 유혹에 넘어가지 않았을 것입니다. 자녀들을 볼 때 어떻습니까? 성경은 자녀들에게 주 안에서 부모에게 순종하라고 말씀합니다. 최고의 자녀는 의지적으로 부모에게 순종할 수 있는 자녀입니다. 기계와 같이 순종하는 것을 의미하지는 않습니다. 의지적으로, 인격적으로, 마음으로 순종하는 것이 참 순종입니다.

예수 그리스도는 하나님께 순종함으로 십자가를 지셨습니다. "아버지여, 이 잔을 내가 마셔야만 합니까?"(마 26:39 참조) 하는 질문이 예수님의 마음속에 없었던 것이 아닙니다. 그렇지만 그는 순종하기로 결정했습니다. 그 순종으로 말미암아 마귀의 불순종이 끝나 버리고 만 것입니다.

우리 인간의 마음속에는 분노가 있습니다. 이유가 있어서 분노하기도 하지만 생리적으로 분노하는 사람이 있습니다. 계속 화가 나 있는 사람이 있습니다. 이유도 없이 그저 화가 난 것입니다. 불순종의 영이 있기 때문이라는 사실을 기억하십시오. 어떤 영이 그를 지배하는 것입니다. 만사를 불편하게 생각하고 수용하지 않습니다. 아담에게는 이 불순종의 영이 있었습니다. 하지만 예수 그리스도에게는 순종의 영이 있었습니다.

이것이 믿음의 결론입니다. 믿음이란 예수님의 순종으로 인해 아담의 불순종이 다 제거되고 축복을 나누어 준 것입니다.

죄가 있는 곳에 넘치는 은혜

> 율법이 들어온 것은 범죄를 더하게 하려 함이라 그러나 죄가 더한
> 곳에 은혜가 더욱 넘쳤나니 (롬 5:20).

죄가 있는 곳에 은혜가 더욱 넘쳤다고 합니다. 따라서 의인이라고
자랑하는 사람에게는 은혜가 없고, 죄인이라고 고백하는 사람에
게는 축복이 있습니다. 자신에게 죄가 하나도 없는 것처럼 말하는
사람을 만나면 숨이 막힙니다. 자기의 약점을 절대로 드러내지 않
는 사람들을 보면 무섭습니다. 우리는 우리가 죄인이라는 사실을
드러내야 합니다. 숨길 필요가 없습니다. 죄를 드러내면 은혜가 있
습니다.

　20절에 재미있는 구절이 있습니다. "율법이 들어온 것은 범죄를
더하게 하려 함이라." 율법이 들어오기 전에는 죄가 드러나지 않
았다는 말입니다. '율법이 들어와서 범죄가 더했다'는 것은 범죄
가 많아졌다는 말이 아니라 범죄가 뚜렷해졌다는 표현입니다. 막
연하던 것이 분명해졌다는 것입니다. 죄가 드러나면 은혜가 죄를
치워 버립니다. 그래서 죄가 없어지는 것입니다. 여러분도 이런 경
험이 있을 것입니다. 전에는 죄라고 생각하지 않았던 것들이 예수
님을 믿은 후에는 죄가 아닌 것이 없습니다. 그래서 예수님을 안
믿었을 때가 좋았다고 사람들은 말합니다. 죄가 드러나고, 병이 드

러나니까 그렇습니다. 그러나 병이 드러나지 않으면 죽습니다. 죄
는 드러나야 하고 병은 알려져야 합니다.

> 이는 죄가 사망 안에서 왕 노릇 한 것같이 은혜도 또한 의로 말미암
> 아 왕 노릇 하여 우리 주 예수 그리스도로 말미암아 영생에 이르게
> 하려 함이라(롬 5:21).

우리 안에서는 죄가 왕 노릇 합니까, 은혜가 왕 노릇 합니까? 죄가
왕 노릇 하면 계속 괴롭습니다. 죄책감에 사로잡히고 갈등이 많습
니다. 우리 안에서 하나님의 은혜가 왕 노릇 할 수 있기를 바랍니다.
죄가 있는 곳에는 은혜가 넘칩니다. 죄가 많이 드러나면 그 많은
죄를 씻기 위해 은혜도 더욱 필요합니다. 스스로 죄가 없다고 생각
하는 사람에게는 은혜를 베풀 수 없습니다. 죄가 없다고 생각하기
때문입니다.
아담의 범죄는 예수 그리스도의 은혜로 말미암아 상쇄되고 우리
는 회복되었습니다. 이 구원의 진리 가운데 거하시기를 축원합니다.
이 축복된 구원, 귀한 구원을 두 번째 아담인 예수 그리스도가
회복해 주셨습니다. 죄인이 의인 되었고, 사망에서 생명으로 옮겨
졌고, 죄가 많은 곳에 은혜가 임했고, 사망이 왕 노릇 하다가 은혜
가 왕 노릇 하게 되었습니다. 이것이 예수님이 우리에게 베풀어 주
신 구원입니다.

3부

그리스도의 부활과 연합

로마서 6:1-7:25

믿음으로 구원받은 그리스도인은
그리스도의 죽음과 연합하여
자신을 십자가에 못 박아 죽인 사람입니다.
동시에 그리스도인은 부활과 연합하여
무덤에서 사망 권세를 깨뜨리고 다시 살아난 사람입니다.
그리스도의 죽음과 연합한 것은 곧 그리스도의 부활과 연합한 것입니다.
'죄에 대하여는 죽은 자요 하나님께 대해서는 살아 있는 자'가 되는
축복과 은혜를 누리십시오.

19

죄의 고백과 죽음

로마서 6:1-4

로마서 1-5장까지는 구원의 기초와 본질에 대한 말씀이었습니다. 사도 바울은 구원의 본질과 기초에 대해 반복적으로, 그리고 집요하게 언급합니다. 너무나 중요하기 때문에 그렇습니다. 로마서 1-5장까지 이야기의 요점은 "우리가 아직 죄인 되었을 때에 그리스도께서 우리를 위하여 죽으심으로 하나님께서 우리에 대한 자기의 사랑을 확증하셨느니라"(롬 5:8)입니다.

구원은 우리의 선행이나 노력으로 얻어지는 것이 아니라, 하나님이 주시는 선물이라고 했습니다. 구원은 오직 믿음으로 얻어지며 이 믿음으로 의롭다 하심을 받아 하나님의 자녀가 되는 것입니다. 여기에는 예외가 없습니다. 누구든지 예수 그리스도를 믿음으로 말미암아 구원을 받는 것입니다.

우리의 구원에 대한 좌절, 구원에 대한 목마름은 어디서 오는 것입니까? 인간에게 있어서 하나님을 모시고 믿음으로 산다는 것은, 전혀 새로운 사건입니다. 이해될 것 같지만 이해되지 않습니다. 그렇기 때문에 구원은 성령으로 알아지는 것입니다. 인간의 경험과 지식으로는 이 구원을 알 수 없습니다. 그래서 사도 바울은 반복적으로 집요하게 이 구원에 대해 이야기한 것입니다.

거룩의 과정

다섯 장에 걸쳐서 구원의 기초와 본질을 이야기한 후, 로마서 6-8장에서는 구원받은 성도들의 축복과 특권과 승리에 대해 이야기합니다. 이것은 구원받은 사람들이 생활 속에서 거룩해지고 성화되는 영광스러운 축복을 받는다는 내용입니다. 6장은 8장에 대한 서론입니다. 우리가 어떻게 거룩해지고 어떻게 이 세상에서 악과 싸워 승리할 수 있는지, 구원받은 자의 특권과 축복은 어떻게 받을 수 있는지에 대해 말합니다.

> 그런즉 우리가 무슨 말을 하리요 은혜를 더하게 하려고 죄에 거하겠느냐(롬 6:1).

이것은 "율법이 들어온 것은 범죄를 더하게 하려 함이라 그러나 죄가 더한 곳에 은혜가 더욱 넘쳤나니"(롬 5:20)에 대한 질문입니다. 이 말씀에 대해 사람들은 이렇게 물을 수 있을 것입니다. "그러면 은혜를 받으려면 죄를 더 지어야 한다는 말입니까?" 사도 바울은 "그럴 수 없느니라"(롬 6:2)라고 분명하게 대답합니다.

구원받은 사람들의 삶은 어떠해야 합니까? 우리의 죄는 이미 용서받았고 우리는 하나님의 자녀가 되었고 회복되었습니다. 이제는 천국 백성이 된 것입니다. 그러면 천국 백성이 된 사람들이 죄 많은 이 세상에서 어떻게 살아야 하는 건지, 또 구원받은 자와 구원받지 못한 자의 차이는 무엇인지, 그 특권은 무엇인지 등에 대해서 사도 바울은 이야기합니다.

1절에서 우리가 발견할 수 있는 첫 번째 사실은, 죄와 단호히 결별해야 한다는 것입니다. 은혜를 받기 위해 죄를 더할 수 없다고 합니다. 우리는 이미 구원받은 사람들입니다. 그러나 문제는, 아직도 우리 속에 죄의 문화가 남아 있다는 데 있습니다. 처음에는 하나님을 따라가지만 한참 가다 보면 세상으로 다시 돌아갑니다. 성령을 따라가지만 한참 있다가는 육체로 돌아갑니다. 믿음으로 구원받았는데 한참 있으면 율법으로 돌아갑니다. 그 이유가 무엇입니까? 율법이 우리의 본질이기 때문입니다. 그러면 우리는 어떻게 해야 거룩하게 살 수 있을까요? 우리는 어떻게 성화의 과정에 들어갈 수 있을까요? 답은 한마디로 "죄를 끊으라!"입니다. 죄와의 결별을 선언하라는 것입니다. 아직도 우리에게는 죄의 습성이 남아 있습니다. 이것을 인정사정없이 끊으라고 말합니다.

우리를 병들게 하고 고통스럽게 만들고 좌절하게 하고 죽게 하는 것이 죄입니다(롬 5:12 참조). 죄 때문에 우리가 그렇게 시달림을 당한 것입니다. 다른 것이 아닌, 죄 때문입니다. 예수 그리스도로 말미암아 우리가 믿음으로 구원에 이르러 죄 용서를 받았다면, 오늘 우리 안에 있는 행위의 죄, 육신의 죄, 탐욕의 죄 등 모든 죄를 끊어 버려야 합니다. 그렇지 않으면 거룩의 길, 구원의 완성에 들어갈 수가 없습니다. 이런 의미에서 구원의 시작은 죄와의 단절입니다. 거룩의 삶, 성결한 삶 역시 죄와의 단절에서 시작됩니다.

죄를 이기는 법

로마서 6장 이후부터는 우리가 실제적으로 짓는 정욕과 육신의 죄들에 대해서 이야기하고 있습니다. 이런 죄들을 어떻게 끊어 버릴수 있습니까? 분명한 사실은 자기 힘으로 안 된다는 것입니다. 죄짓고 싶은 사람이 어디 있습니까? 그러나 육신이 약하여 자꾸 넘어집니다. 죄를 계속 지으니까 구원은 받았지만 우리는 거룩해지지 않습니다.

죄를 짓지 않을 수 있는 방법 두 가지에 대해 살펴보겠습니다. 첫째는, 그 죄를 드러나게 하는 것입니다. 자꾸 감추면 우리 안에있는 죄 문화와 습성들은 절대로 사라지지 않습니다. 죄는 드러내야 합니다. 하나님 앞에서도 고백하고 사람 앞에서도 폭로하여 죄를 활짝 열어 놓는 것입니다.

제가 예전에 알고 지낸 어떤 형제의 이야기를 하고자 합니다. 형제는 모태 신앙인으로 신앙생활은 하는데 담배를 끊지 못했습니다. 금식하고 철야 기도를 해도 담배는 끊지 못했습니다. 한번은 철야 기도회를 했는데, 그 형제가 기도회 끝나고 피우려고 담배를 양말에다 꼭꼭 숨겨 왔습니다. 그런데 그날 밤 공부한 로마서 12장 1-2절 말씀이 그 형제의 가슴에 비수같이 꽂혔고, 철야 기도회가 끝날 즈음에 자진해서 간증을 했습니다. 숨겨 두었던 담배를 꺼내더니, 하나님이 우리 몸을 거룩한 산 제사로 드리라고 했는데 자신은 그렇게 하지 못했다고 고백하면서 자신이 담배를 끊도록 기도해 달라고 부탁했습니다. 우리는 다 함께 기도했습니다.

그다음 날부터 그 형제는 40도가 넘는 고열로 일주일을 앓아누웠습니다. 원인을 몰랐습니다. 그 후 그가 제게 와서 말했습니다. "40도의 고열로 앓고 난 후부터 담배를 피우면 맛이 너무 씁니다." 그때부터 그 형제는 담배를 전혀 못 피우는 사람이 되어 버렸습니다. 하나님이 하신 일입니다. 죄가 자신의 힘으로 끊어지면 얼마나 좋겠습니까? 그러나 그게 안 됩니다. 하나님이 함께하실 때 우리는 죄에서 벗어날 수 있습니다.

죄를 어떻게 고백하고 드러낼 수 있습니까? 말씀이 우리 안에 들어오고 율법이 들어와야 합니다. 로마서 5장 20절에서 말한 것처럼 율법이 들어오면 죄가 분명해집니다. 숨겨진 죄가 드러납니다. 죄에 대해 예민해지는 것입니다. 그래서 죄가 더 많아진 것처럼 느낍니다. 사도 바울이 처음에 예수를 믿었을 때는 그런 고백을 할 수 없었지만 10년, 20년 지나고 나서는 "나는 죄인 중에 괴수"(딤전 1:15 참조)라는 고백을 합니다. 사도 바울이 더 나쁜 죄를 지어서 그런 것이 아니라 죄에 대해서 더 예민해지고 민감해졌기 때문입니다.

죄는 죄인 스스로 깨닫지 못합니다. 그것을 죄라고 생각하지도 않고 그 죄가 얼마나 깊은지도 모릅니다. 그런 상태는 마치 허공을 치는 것과 같습니다. 무엇인가 고치고 싶고, 새로워지고 싶은데 잘 안됩니다. 그 원인이 무엇인지 정확하게 이해하는 능력이 없기 때문입니다.

그러나 하나님의 말씀이 들어오면, 죄들이 속속 정체를 드러내 분명해지고 감추어졌던 것이 노출되기 시작합니다. 마치, 얼굴이 더러운 사람이 자신의 얼굴을 볼 수 없어서 어떤 상태인지 모르다가 어느 날 거울을 보고서야 자신의 얼굴이 얼마나 더러운지 알게 되는 것과 같습니다. 그래서 충격을 받습니다. 율법은 거울과 같습니다. 거울이 죄를 없애지는 못합니다. 그러나 죄가 있다는 사실을 정확하게 가르쳐 줍니다. 자신이 죄인인 것을 알았을 때 사람들은 충격을 받습니다. 이것은 우리의 몸속에 있던 회충이 어느 날 밖으로 나왔을 때 우리가 보이는 반응과 같습니다. 밖으로 나온 그 회충을 보고 우리는 얼마나 놀랍니까? 그것을 지닌 채 살았다는 사실에 놀랍니다. 이처럼, 어느 날 갑자기 우리는 우리의 죄를 깨닫습니다. 이전에는 전혀 몰랐던 그 죄를 알게 되면 정말 깜짝 놀라는 것입니다.

우리는 주변에서 이런 사람들을 가끔 봅니다. 어느 날 수양회에서 말씀을 듣다가 성령을 받고 죄를 깨닫습니다. 그러면 데굴데굴 구르고 소리를 지르며 통곡합니다. 다른 사람은 이해할 수 없습니다. 저역시 이런 경험을 했습니다. 1965년 수양회에서 비를 맞으며 소리

지르면서 울었습니다. 주위에서는 미쳤다고 했습니다. 그러나 성령이 사람의 죄를 지적하면, 정상적으로 반응할 수 없습니다. 죄가 드러날 때 소리를 지르고 통곡을 하고 눈물 콧물을 흘리는 것입니다. 가끔 우리는 기도회에서 그렇게 목 놓아 우는 사람을 봅니다. 성령이 임했기 때문입니다. 자신의 죄가 드러났기 때문입니다.

죄의 속성 중에 중요한 것은, 일단 드러나면 그 힘을 잃는다는 것입니다. 죄는 숨어 있는 동안 능력이 있습니다. 일단 드러나면 힘이 없습니다. 효력이 떨어집니다. 우리의 모든 죄가 드러나기를 축원합니다.

"죄가 더한 곳에 은혜가 더욱 넘쳤나니"(롬 5:20)라는 말씀이 있습니다. 사람들은 이 말씀을 오해하고 질문합니다. 그 질문이 "그런즉 우리가 무슨 말을 하리요 은혜를 더하게 하려고 죄에 거하겠느냐"(롬 6:1) 말씀입니다. 이렇게 질문한 사람들은 두 부류입니다. 첫째는, 구원에 대해 냉소적으로 생각하고 조소하는 입장으로 말의 뜻을 깨닫지 못하면서 말장난을 하는 사람입니다. 둘째는 구원에 대해 오해하고 아무것도 모르는 사람입니다. 정말 우리가 은혜받기 위해서는 죄를 더 지어야 한다는 말일까요? 이에 대해 성경은 "그럴 수 없다"(롬 6:2)고 단호하게 말합니다.

우리가 성화의 단계, 구원과 축복을 받은 자의 자리에 들어가려면 죄를 고백하고 죄와 이별해야 합니다. 요한일서 기자는 죄를 고백하는 것에 대해 "만일 우리가 우리 죄를 자백하면 그는 미쁘시고 의로우사 우리 죄를 사하시며 우리를 모든 불의에서 깨끗하게 하실 것이요"(요일 1:9)라고 이야기합니다. 만일 우리가 우리 죄를 드러내고 인정하면 하나님이 모든 죄를 씻어 주십니다.

죄 문제를 처리할 수 있는 두 번째 방법은 죄를 십자가에 못 박는 것입니다.

> 무릇 그리스도 예수와 합하여 세례를 받은 우리는 그의 죽으심과 합하여 세례를 받은 줄을 알지 못하느냐(롬 6:3).

갈라디아서는 죄를 못 박는 것에 대해 "그리스도 예수의 사람들은 육체와 함께 그 정욕과 탐심을 십자가에 못 박았느니라"(갈 5:24)라고 말씀합니다.

세례란 내가 예수 그리스도와 함께 죽는 것을 의미합니다. 그리스도와 함께 죽는 것은 내 죄를 십자가에 못 박는 것입니다. 참 세례는 물에 몸 전체를 담그는 것입니다. 몸 전체를 물에 담그면 무슨 일이 일어납니까? 죽는 것입니다. 세례식이란 그런 의미에서 영적인 장례식입니다. 예수 그리스도와 함께 죽는 것을 의미합니다. 우리 신앙의 고민은 바로 예수 그리스도와 함께 죽지 않는다는 것입니다. 자신은 죽었다고 말하지만, 자아가 그대로 살아 있습니다. 예수님께서도 "누구든지 나를 따라오려거든 자기를 부인하고 자기 십자가를 지고 나를 따를 것이니라 누구든지 자기 목숨을 구원하고자 하면 잃을 것이요 누구든지 나와 복음을 위하여 자기 목숨을 잃으면 구원하리라"(막 8:34 - 35)라고 말씀하셨습니다.

우리 구원의 고민은, 믿음으로 구원을 받았는데 율법으로 바꾸는 것이요 십자가에 못 박혀 죽어야 하는데 죽지 않는다는 데 있습니다. 3절에서 말씀하는 것은 무엇입니까? 무릇 그리스도와 함께 세례 받은 사람들은 십자가 위에서 그들의 죄가 죽었다는 것입니다. 그것이 구원입니다. 그러나 이것이 잘 안 됩니다. 물속에 들어가야 하는데, 그러면 숨을 쉴 수도 없고 답답합니다. 그래도 육신은 그렇게 죽어야 합니다.

우리는 우리의 육신을 너무나 사랑합니다. 그러나 죽는 자만이 다시 살아납니다. 죽지 않은 사람은 살아날 것도 없습니다. 새로운 사람, 새로운 피조물이 되지 못하는 것은 우리가 죽지 않았기 때문입니다. 잠깐 기절했다가 다시 깨어나면, 아무 변화 없는 옛사람 그대로입니다. 미운 사람은 그대로 밉고 욕심도 그대로 있고 정욕도 그대로 있습니다. 변한 것이라고는 기도하고 찬송한다는 것뿐입니다. 헌금도 합니다. 그러나 육신이 정말 죽었습니까? 인격이 변했습니까? 사람이 변했습니까? 교회 나오고 예수님을 믿으면서 변한 것이 무엇입니까? 아무것도 없습니다. 변하지 않았습니다.

그리스도와 함께하는 것

앞서도 말했듯이, 로마서 1 - 5장까지의 이야기는 구원의 확인입니다. 그리고 6장부터는 그 구원을 받은 자의 삶에 대해 이야기합니다. '정말 내가 거룩해졌는가, 내가 정말 변화되었는가'를 질문합니다. 우리의 삶은 과연 어떻습니까?

이렇게 생각해 봅시다. 예수 그리스도가 우리의 죄를 용서해 주셨는데, 정말 죽으신 것이 아니라 잠깐 기절하신 것이었다면 무슨 일이 일어나겠습니까? 우리 죄가 용서될까요? 예수 그리스도가 우리 죄를 위해 돌아가시지 않고 죽은 것처럼 위장했다면 어떤 일이 일어났을까요? 그분이 정말 죽었기 때문에 우리 죄가 용서받은 것입니다.

그러나 우리는 어떻습니까? 그리스도의 십자가와 함께 죽지 않고 죽은 것처럼 위장하고 있지는 않습니까? 예수님은 정말 죽으셨습니다. 창으로 허리를 찔리셔서 피와 물이 나왔습니다. 죽은 것이 확인되었고 무덤에 삼 일이나 있었습니다. 장정 서너 명이 같이 들어야 할 정도로 무거운 돌이 그 무덤을 가로막았습니다. 정말 돌아가셨습니다. 예수님의 부활은 진짜입니다. 우리의 구원과 영생은 가짜일 수 있습니다. 우리가 죽지 않기 때문입니다.

마귀의 권세는 사망 권세입니다. 마귀는 예수 그리스도를 유혹했습니다. 십자가를 지지 말고 메시아가 되라는 유혹은 예수 그리스도의 생애 내내 계속되었습니다. 십자가를 지지 못하게 하려는 마귀의 유혹은 요셉에게도 있었습니다. 요셉은 마리아와의 혼인을 그만두려고 했지만 천사가 개입하여 그것을 막았습니다. 마귀의 궤계는 계속됩니다. 헤롯으로 하여금 두 살 아래 어린아이들을 다 죽이도록 합니다. 그러나 하나님은 마구간을 예비해 놓으셨고, 아기 예수를 애굽으로 피난시키셨습니다(마 2장 참조).

마귀의 유혹은 거기서 그치지 않았습니다. 사십 일 금식하신 예수님 앞에 나타나서 돌을 떡으로 만들라고 말합니다(마 4:1-3). 돌을 떡으로 만들 수 있다면 십자가를 질 필요가 없다는 것입니다. 이 유혹 앞에서 예수 그리스도는 "사람이 떡으로만 살 것이 아니요 하나님의 입으로부터 나오는 모든 말씀으로 살 것이라"(마 4:4)라고 말씀합니다.

다음에는 예수를 높은 성전 꼭대기로 데리고 가서 뛰어내리라고 합니다. 마귀는 성경 말씀으로 유혹합니다(마 4:5-6). "네가 기적을 일으키는 것을 보면 사람들이 너를 메시아로 인정할 것 아니냐"고 말입니다. 그렇게 고통스럽게 십자가를 질 필요가 없다는 것입니다. 예수 그리스도의 대답은 무엇입니까? "또 기록되었으되 주 너의 하나님을 시험하지 말라 하였느니라"(마 4:7).

마지막으로 마귀는 지극히 높은 산 위에서 예수 그리스도에게 전 세계를 보여 주며 "네가 나에게 엎드려 절하면 이 세상을 다 주겠다"고 합니다(마 4:8-9). 예수 그리스도는 단호하게 말씀합니다. "사탄아 물러가라 기록되었으되 주 너의 하나님께 경배하고 다만 그를 섬기라 하였느니라"(마 4:10).

마귀는 예수 그리스도에게 당할 수가 없자, 그에게서 떠나 제자들을 유혹하기 시작합니다. 베드로를 공격하다가 실패하니까 대상을 바꾸어 가룟 유다를 유혹했습니다. 그리고 마귀는 자신이 아끼던 마지막 무기를 사용합니다. 그것은 사망입니다. 로마인, 유대인, 가룟 유다를 동원해서 예수 그리스도를 사망 권세로 죽여 버립니다. 삼일 동안은 마귀가 승리한 것처럼 보였습니다. 그러나 하나님은 무덤에서 예수님을 살리셨습니다. 마귀는 여지없이 참패했습니다. 우리가 예수 그리스도를 의지하여 마귀에 대적할 수 있는 근거가 여기에 있는 것입니다. 예수 그리스도는 부활하셨습니다. 예수님은 돌아가신 것이 아닙니다. 부활하셨습니다. 죽은 것은 마귀입니다.

우리는 십자가를 볼 때마다 그 안에 내 죄가 죽어 있는 것을 발견합니다. 내 죄, 내 모든 정욕과 욕심이 걸려 있는 것을 발견합니다. 내 모든 절망과 좌절과 고통이 그리스도를 믿음으로 말미암아 십자가에 못 박혀 죽었습니다. 내 모든 고통, 내 모든 욕심을 다 십자가에 못 박아야 다시 삽니다.

그러므로 우리가 그의 죽으심과 합하여 세례를 받음으로 그와 함께 장사되었나니 이는 아버지의 영광으로 말미암아 그리스도를 죽은 자 가운데서 살리심과 같이 우리로 또한 새 생명 가운데서 행하게 하려 함이라(롬 6:4).

예수님을 믿는다는 것은 우리가 예수 그리스도와 함께 십자가에 못 박히는 것입니다. 우리는 예수님을 믿고 구원받는 것만 생각합니다. 그래서 우리 구원이 능력이 없는 것입니다. 우리 죄를 못 박아야 우리가 다시 삽니다. 그때 우리는 십자가에서 걸어 나옵니다. 거기에는 죄의 시체가 남습니다. 모든 질병, 모든 고통, 사망 권세가 십자가에 그대로 남았고, 우리는 살아났습니다. 이것을 가리켜 새사람이 되었다고 말합니다. 옛사람은 죽고 새사람이 태어난 것입니다. 겉 사람은 후패하나 속사람은 새로워진 것입니다. 이것이 구원이고 십자가의 능력입니다.

하나님의 말씀이 들어와서 숨겨져 있는 모든 죄악들이 드러나기를 바랍니다. 우리의 죄가 십자가에 못 박히기를 바랍니다. 예수님과 함께 장사되기를 바랍니다. 그리고 예수님이 부활하신 것처럼 우리도 부활하고 죄는 죽기를 바랍니다. 더 이상 죄의 종이 되지 않기를 축원합니다. 죄의 껍데기들을 그대로 가지고 있으면 우리는 성결할 수가 없습니다. 거룩할 수가 없습니다.

> 예수를 죽은 자 가운데서 살리신 이의 영이 너희 안에 거하시면 그리스도 예수를 죽은 자 가운데서 살리신 이가 너희 안에 거하시는 그의 영으로 말미암아 너희 죽을 몸도 살리시리라(롬 8:11).

하나님은 우리를 살리시고 새롭게 하십니다. 그리고 우리 안에 있는 모든 죄의 껍데기는 죽이기를 원하십니다. 담대하게 죄를 끊어 버리십시오. 그래야만 로마서 8장에 나오는 승리의 노래를 부를 수 있습니다.

죄를 십자가에 못 박은 사람은 다시는 죄를 짓지 않습니까? 아닙니다. 짓습니다. 그러나 다릅니다. 우리는 죄를 지었을 때 빨리 빠져 나오고, 순간적으로 빨리 멈출 수 있습니다. 십자가에 못 박혔기 때문에 그렇습니다. 못 박히지 않은 사람은 계속 죄를 짓습니다. 우리의 모든 죄가 십자가에 못 박히기를 바랍니다. 모든 질병도, 고통도, 사망도 십자가에 못 박고, 거룩하고 순결하게 하나님의 영광스러운 승리 속에 살게 되기를 축원합니다.

20

몸의 죽음,
영의 부활

로마서 6:5-11

믿음으로 구원받은 그리스도인은 그리스도의 죽음과 연합하여 자신을 십자가에 못 박아 죽인 사람입니다. 동시에 그리스도인은 부활과 연합하여 무덤에서 사망 권세를 깨뜨리고 다시 살아난 사람입니다. 그리스도의 죽음과 연합한 것은 곧 그리스도의 부활과 연합한 것입니다.

성경은 이런 사람들을 가리켜 몇 가지 표현을 씁니다. 거듭난 사람, 새 피조물, 새사람, 속사람 같은 표현을 씁니다. 예수님은 "대답하시되 진실로 진실로 네게 이르노니 사람이 물과 성령으로 나지 아니하면 하나님의 나라에 들어갈 수 없느니라"(요 3:5)라고 말씀하십니다.

옛사람을 못 박으십시오

거듭난 사람만이 하나님을 보고, 거듭난 사람만이 하나님 나라에 들어갈 수 있습니다. 거듭나지 않은 사람들은 그렇게 할 수가 없습니다. 그와 관련하여 고린도후서 5장 17절에 우리가 잘 아는 표현이 있습니다. "그런즉 누구든지 그리스도 안에 있으면 새로운 피조물이라 이전 것은 지나갔으니 보라 새것이 되었도다." 거듭난 그리스도인들을 가리켜 성경은 새로운 피조물이라고 부릅니다. 옛사람이 아니고, 과거의 사람이 아니라, 새롭게 태어난 사람이라는 말입니다.

고린도후서 4장 16절에는 새로운 피조물에 관한 말씀이 있습니다. "그러므로 우리가 낙심하지 아니하노니 우리의 겉사람은 낡아지나 우리의 속사람은 날로 새로워지도다." 진정한 그리스도인은 그리스도의 죽음과 함께 장사되었다가 그리스도의 부활과 함께 다시 살아난 사람입니다. 바로 그 사람이 속사람입니다. 겉 사람이 깨어져야만 이 속사람이 나타나는 것입니다. 겉 사람과 옛사람이 깨어진 사람이 속사람입니다. 에베소서 4장 24절에 그 속사람의 특징이 나옵니다. "하나님을 따라 의와 진리의 거룩함으로 지으심을 받은 새사람을 입으라."

정말 구원받은 그리스도인들은 새사람입니다. 의와 진리의 거룩함으로 다시 빚어지고 만들어진 사람들입니다. 골로새서 3장 10절에도 비슷한 말씀이 있습니다. "새사람을 입었으니 이는 자기를 창조하신 이의 형상을 따라 지식에까지 새롭게 하심을 입은 자니라." 그리스도인들은 하나님의 형상을 회복한 사람들입니다. 우리는 원래 하나님의 형상대로 지음을 받았는데, 죄로 인하여 짐승같이 되어 버렸습니다. 그래서 우리의 겉 사람은 하나님의 형상이 아니라 죄의 모습들, 죄의 형상들, 짐승과 같은 모습을 갖고 있었습니다.

그러나 예수 그리스도의 구원 역사로 말미암아 죄의 형상들이 회복되었고, 하나님의 형상으로 다시 창조된 것입니다. 거듭난 사람은 생각과 지식까지 새로워집니다. 거듭나고 변화되어, 종류와 질이 전혀 다른 사람으로 바꾸어진 것을 의미합니다.

그렇습니다. 우리는 예수 그리스도를 믿음으로 말미암아 거듭났고 새로운 피조물이 되었고 새사람이 되었고 속사람이 되었습니다. 새사람이란 옛사람이 아니라는 말입니다. 기독교에서 말하는 변화는 발전이라는 뜻이 아닙니다. 수준이 낮은 것에서 높은 것으로 변화되는 것을 의미하지 않습니다. 본질의 변화입니다. 본질이 달라지는 것입니다. 본질이 달라진 사람을 가리켜 그리스도인, 새사람이라고 하는 것입니다.

문제는, 우리가 예수 그리스도의 이름을 믿고 영접하고 하나님의 자녀가 되고 새사람이 되었다고 했는데 기대만큼 실제로 변하지 않는다는 점입니다. 이것이 우리의 고민입니다. 변화된 줄 알았는데 변화되지 않는 자신의 모습 앞에서 우리는 좌절하고 괴로워하고 절망합니다. 옛 성품이 그대로 있습니다. 화가 납니다. 자기 성격이 그대로 나타납니다. 성격이 변한 줄 알았는데 돌이켜보면 제자리입니다. 분명히 예수님을 믿고 구원을 받았고 성경 공부를 했는데, 변하지 않습니다. 왜 우리는 변하지 않는 것일까요? 10년이 지나도 왜 아직 그 자리에 있는 것일까요?

우리가 예수님을 믿고 구원을 받았지만, 내 육의 몸이 아직 죽지 않았기 때문입니다. 옛날 그대로 육의 몸을 가지고 있기 때문에 실제로는 아직도 죄의 지배를 받고 있는 것입니다. 옛사람의 습관, 옛사람의 몸이 내 안에 그대로 남아 있다는 말입니다. 돈을 내지 않으면 물건을 살 수 없듯이, 몸이 죽지 않으면 승리하는 그리스도인의 삶을 살 수 없습니다.

만일 우리가 그의 죽으심과 같은 모양으로 연합한 자가 되었으면 또한 그의 부활과 같은 모양으로 연합한 자도 되리라(롬 6:5).

정말 죽었다면, 즉 예수 그리스도의 죽으심과 같은 모양으로 연합하여 육의 몸이, 정욕이, 욕심이 십자가에 못 박혀 죽었다면, 예수 그리스도의 부활과 함께 우리는 다시 살아난 것이어야 합니다.

그런데 문제는 삶의 부활이 없다는 것입니다. 우리가 구원은 받았지만 생활에서는 구원받지 못했습니다. 우리 영혼은 구원받았지만 실제 내 생활은 옛날과 다를 바 없이, 욕심과 미움과 질투와 갈등과 괴로움이 여전히 나를 지배하고 있습니다. 우리 영혼뿐만 아니라 우리의 생활이 구원받게 되기를 바랍니다. 삶을 구원받은 자가 되기를 바랍니다.

고통의 시간을 통과해야

예수 그리스도를 믿고 영접하는 순간에 우리의 죄가 다 용서된 것을 믿습니다. 예수님의 보혈이 우리의 죄를 용서해 주신 사실을 믿습니다. 그리고 우리의 죄와 욕심과 정욕이 십자가에 못 박힌 것도 믿습니다. 그러나 실제로는 죄와 욕심과 정욕이 십자가에 못 박혀 죽지 않았습니다. 우리는 구원 받은 환상에 갇혀서 그저 신앙생활로 도피하려고만 합니다. 내 안에 있는 어둠의 세력들, 어린 시절의 상처들, 죄로 물든 성품, 못되고 교만한 성격, 나쁜 습관 등의 문제를 정직하게 대면해 본 적이 없는 것입니다. 그런 문제들이 나타나면 찬송가를 더 많이 부르고 기도를 더 하고 부흥 집회에 갑니다. 그리고 문제들이 다 해결되었다고 생각합니다. 그러나 뒤돌아서서 자신을 돌이켜보면 그 문제는 그대로 남아 있습니다.

깊은 병일수록 오랜 시간의 인내와 고통을 동반하는 치유 과정이 필요합니다. 한마디의 말, 한 시간의 치유를 통해서 내 모든 고통이 사라지면 얼마나 좋겠습니까? 일주일 금식을 통해서 내 모든 죄와 나쁜 성품들이 깨끗하게 씻기고 고쳐진다면 얼마나 좋겠습니까?

그러나 그렇지 않습니다. 고통스럽지만 끈질기게 대면함으로써 내 안에 있는 죄의 습관들과 투쟁하고 싸워야 하는 문제가 남아 있습니다.

우리가 알거니와 우리의 옛사람이 예수와 함께 십자가에 못 박힌 것은 죄의 몸이 죽어 다시는 우리가 죄에게 종노릇하지 아니하려 함이니(롬 6:6).

내 죄가 십자가에 못 박혀 죽으면 죄가 내게 왕 노릇 하지 못합니다. 나는 더 이상 죄의 종노릇하지 않습니다. 그런데 왜 현실에서는 여전히 죄가 내게 왕 노릇 합니까? 내 죄가 안 죽었기 때문입니다. 죽은 줄 알았지만 실제로는 죽지 않았기 때문에 계속 죄의 영향을 받습니다. 갈등과 고민이 계속됩니다. 마음은 원이로되 육신이 약하여 늘 넘어지는 것입니다. 죽는 것은 생각만큼 쉽지 않습니다. 실제로 사람 죽는 것이 영화나 소설에서처럼 그렇게 간단하게 되지 않습니다. 내 안에 있는 옛사람의 본성과 습관도 마찬가지입니다.

옛사람이 죽기까지 깨어지고 녹아지는 과정은 정말 고통스럽습니다. 너무 힘들어서 몸부림치고 소리를 지르고 때로는 참회의 눈물을 흘리는 것입너다. 하나님은 나의 옛사람을 죽이시기 위하여, 어떤 때는 질병으로, 어떤 때는 인간관계로, 어떤 때는 돈으로, 어떤 때는 상실과 이별로 고통을 겪게 하십니다. 이런 과정을 통해서 죄로 물든 나의 속성들을 깨뜨리고 벗어나게 하십니다. 그런데 하나님이 이런 일을 하실 때 사람들은 잘 깨닫지 못합니다. 그래서 원망하고 불평하기도 합니다.

이스라엘 백성도 40년 광야 생활 동안 홍해의 기적만 경험한 것이 아닙니다. 그 뜨거운 태양 아래서 물도 없고 먹을 것도 없는, 누릴 것이 아무것도 없는 척박한 생활을 견뎌야 했습니다. 이것이 신앙생활입니다. 그것이 거룩이요 순결입니다. 거룩하고 순결하게 되는 데에는 많은 고통이 따릅니다. 이스라엘 백성은, 4백 년간 애굽에서 살면서 몸에 묻었던 모든 죄악들을 벗어 버리는 데 40년이란 세월이 걸렸던 것입니다. 죄가 그렇게 쉽게 죽어지거나 육의 습관이 그렇게 쉽게 사라지는 것이 아닙니다. 우리는 이 신앙의 현실을 인정하고 받아들여야 합니다. 그리고 싸우고 투쟁해야 하는 것입니다. 옛사람이 정말 십자가에 못 박혀 죽으면 다시 살아나지 못합니다.

그리고 정말 죽은 자만이 부활합니다. 부활한 몸은 죽은 몸하고는 다릅니다. 옛사람과 전혀 다른 새로운 존재가 되는 것입니다. 그런데 잠시 기절한 것을 죽었다고 생각하는 사람이 있습니다. 기절하면 그 본질은 변하지 않습니다. 그래서 기절했다가 깨어나면 다시 옛사람입니다. 옛 생각, 옛 습관이 그대로 존재하는 것입니다. 우리는 정말 죄의 몸이 십자가와 함께 죽는 경험을 했습니까? 내가 죽는다는 생각만으로 되는 것이 아닙니다. 정말로 고통스러운 과정을 통과해야 합니다.

이는 죽은 자가 죄에서 벗어나 의롭다 하심을 얻었음이라(롬 6:7).

죽은 자는 죄에서 벗어납니다. 아직 죄에서 벗어나지 못했다면 안 죽은 것입니다. 여기에 우리 신앙의 현실적인 고통이 있습니다. 죄에서 벗어난 사람을 가리켜 성경은 의인이라고 합니다. 갈라디아서 5장 17절을 보십시오. "육체의 소욕은 성령을 거스르고 성령은 육체를 거스르나니 이 둘이 서로 대적함으로 너희가 원하는 것을 하지 못하게 하려 함이니라." 우리 안에는 성령이 계십니다. 그리고 우리 안에는 죽지 않은 육도 있습니다. 이 둘은 계속 갈등합니다. 성경은 이 갈등으로 인해 우리가 원하는 것을 할 수 없다고 표현합니다. 계속 갈등만 하고 그리스도의 의를 이루지 못한다는 것입니다.

부활과 연합

회개란 방향 전환입니다. 죄를 향하여 가던 사람이 하나님의 음성을 듣고 하나님을 만난 후 방향을 바꾸는 것입니다. 하나님을 향하여 올라가는 것입니다. 등산하는 것처럼 한 걸음씩 내디디며 믿음의 선한 싸움을 하는 것입니다. 이것은 갑자기 되지 않습니다. 자기 힘만으로 되지도 않습니다. 기도와 성령으로 하나님의 힘을 빌려 자신 안에 있는 모든 죄의 뿌리들을 뽑아 버려야 합니다. 어떤 분은 죄를 향해 가다가 하나님 말씀을 듣고 방향을 바꿔 돌아옵니다. 또 어떤 분은 하나님을 향하여 올라가다가 힘이 드니까 다시 옛 생활로 돌아가 버립니다. 그리고 얼마만큼 가다가 다시 하나님께로 돌아옵니다. 하루는 '할렐루야'를 외치다가 그다음 날에는 시궁창에 빠져 허우적거리는 꼴입니다. 예수 그리스도의 이름으로 자신이 죽겠다는 결심을 하기 바랍니다. 십자가에 자신의 육의 습성을 못 박아야 합니다.

> 만일 우리가 그리스도와 함께 죽었으면 또한 그와 함께 살 줄을 믿노니 이는 그리스도께서 죽은 자 가운데서 살아나셨으매 다시 죽지 아니하시고 사망이 다시 그를 주장하지 못할 줄을 앎이로라(롬 6:8-9).

정말 죽으면 두 가지 일이 일어납니다. 첫째, 그리스도와 함께 죽으면 그와 함께 다시 살아납니다. 한 알의 밀알이 떨어져 썩어지면 열매를 맺고, 죽지 않으면 그대로 있습니다. 우리가 죽었다는 증거는 부활의 모습이 우리에게 나타나는가 하는 것입니다. 부활의 모습이 우리에게 나타나지 않으면 죽은 것이 아닙니다. 죽었으면 다시 삽니다.

둘째, 사망이 그를 다시 주장하지 못한다는 사실입니다. 진짜 죽으면 죄와 죽음이 나에게 영향을 미치지 못합니다. 우리 죄의 문제는, 이 죄와 죽음이 나에게 영향을 준다는 것입니다. 그런데 영향력이 없으면 아무리 죄가 유혹해도 상관이 없습니다. 그러나 우리가 죽지 않았을 때는, 일이나 사망이나 죄나 현실적인 문제들이 계속 유혹합니다. 나를 자꾸 흔듭니다. 아직도 영향을 미치고 있기 때문에 그렇습니다.

이런 자신을 정직하게 대면하는 일은 쉽지 않습니다. 두 가지 조언을 드리고 싶습니다. 첫째는 예수님이 하셨던 방법입니다. 예수님도 일이 너무나 힘들고 어려웠습니다. 자신을 십자가에 못 박는 것은 예수님에게도 힘드셨던 일입니다. 그래서 겟세마네 동산에 가셔서 기도하셨습니다. "아버지, 이 잔을 제가 꼭 마셔야 합니까?"

이렇게 죽음은 받아들이기 어려운 사실입니다. 쉽지 않습니다. 우리의 삶 속에서도 쉬운 일은 없습니다. 손해 보고 참는 것도, 못 살게 구는 사람을 웃으며 대하는 것도, 쉬운 일이 아닙니다. 한 대 쥐어박고 싶은 것이 인간의 본능인데 그것을 참는 것은 쉽지 않습니다. 그러나 예수님은 기도하셨습니다. "내 뜻대로 마옵시고 아버지의 뜻대로 하옵소서"(눅 22:42 참조) 그리고 일어나서 십자가를 향하여 걸어가셨습니다.

자신을 죽이고 싶습니까? 기도하십시오. 기도 외에는 방법이 없습니다. 성경은 예수님이 땀이 피가 되도록 기도하셨다고 말씀합니다. 영적 전쟁이 얼마나 어려운 것인가에 대해 보여주고 있는 것입니다. 전쟁을 선포하십시오. 우리 자신 안에 있는 무서운 죄의 모습과 전쟁을 선언하십시오. 그런데 자신의 힘만으로는 부족합니다. 하나님의 도우심이 필요합니다.

둘째로는 성령님을 의지하십시오. 갈라디아서 5장 16절에서는 성령님의 능력에 대해 다음과 같이 이야기하고 있습니다. "내가 이르노니 너희는 성령을 따라 행하라 그리하면 육체의 욕심을 이루지 아니하리라." 성령이 임하면 육체의 소욕이 일어나지 못합니다. 성령이 없으면 육체가 왕 노릇 합니다. 그때는 죄와 싸워 이길 수 없습니다. 성령으로 육체의 소욕을 억누르고 죄의 능력을 무력화시키십시오.

그가 죽으심은 죄에 대하여 단번에 죽으심이요 그가 살아 계심은 하나님께 대하여 살아 계심이니(롬 6:10).

예수님의 죽으심은 우리 죄에 대한 죽음이요 그의 살아계심은 하나님께 대한 살아계심입니다. 이것이 바로 십자가의 능력이요 부활의 능력입니다. 우리의 능력은 십자가의 능력입니다.

이와 같이 너희도 너희 자신을 죄에 대하여는 죽은 자요 그리스도 예수 안에서 하나님께 대하여는 살아 있는 자로 여길지어다(롬 6:11).

"죄에 대하여는 죽은 자요 하나님께 대해서는 살아 있는 자"가 되는 축복과 은혜를 간절히 사모해야 합니다. 갑자기 되는 것이 아닙니다. 어린아이가 걸음마를 배울 때처럼 처음에는 비틀거리지만 다시 일어나고 또 다시 일어나서, 산 자로서 죄와 싸우며 하나님을 향한 길을 걸어가는 것입니다. 이것이 성도의 신앙입니다.

우리 안에 있는 이 죄와 싸울 결심을 하기 바랍니다. 우리가 싸워야 할 대상이, 그 원수가 누구인지 아셨습니까? 오늘 결심하십시오. 갑자기 되지 않습니다. 작은 죄부터 시작해서 나중에는 큰 죄에 이르기까지 모두 끊어 버리게 될 줄로 믿습니다. 우리에게 성령이 임하여서 모든 죄에 대하여 장사지내게 되기를 기도합니다.

21

몸을 의의 무기로

로마서 6:12-14

지금까지 살펴본 바에 의하면, 그리스도인은 그리스도와 함께 죽고 그리스도와 함께 다시 부활한 사람을 가리킵니다. 즉, 죄에 대하여는 죽은 사람들이요 부활함으로써 하나님에 대하여는 산 사람이라는 뜻입니다. 이런 사람들을 성경은 새사람이라고 말합니다. 그렇다면 예수 믿고 거듭난, 구원받은 사람들의 삶의 특징은 무엇일까요.

본문은 한마디로 "예수 믿고 구원받은 사람이란 죄에서 떠나 성결의 삶을 사는 사람이다"라고 말합니다. 성결이란 거룩과 순결을 뜻합니다. 따라서 그리스도인의 삶이란 한마디로 순결한 삶이며 거룩한 삶입니다. 성결은 우리 그리스도인이 평생 추구해야 하는 목표입니다. 십자가에서 예수 그리스도가 피 흘려 죽으심으로 말미암아 그분은 우리 죄를 짊어지셨습니다. 따라서 우리는 죄로부터 자유롭게 된 자요, 죄를 이긴 자들입니다. 예수님이 십자가에서 사탄의 세력을 꺾으셨기 때문에 우리 역시 사탄의 모든 세력을 꺾은 자들이요 사탄의 모든 유혹을 이긴 자들입니다. 세상의 모든 악과 유혹에서 벗어난 자들입니다. 이런 사람들을 가리켜 그리스도인이라고 합니다.

그런데 요즈음 우리 주변에는 가짜 그리스도인들이 너무나 많습니다. 가짜 그리스도인들은 필요 없습니다. 소수의 진짜 그리스도인들이 세상을 변화시키기 때문입니다. 초대 교회는 로마를 변화시켰습니다. 진정한 교회, 진정한 그리스도인들은 한국 사회를 변화시키고 세상을 변화시킬 줄로 믿습니다. 변화의 능력은 순결이요, 거룩이요, 성결입니다.

우리가 받은 구원은 단순한 이론이 아닙니다. 예수 그리스도가 우리를 위해 십자가에서 돌아가셨다는 이 사실이 실천적으로 우리에게 임해야 합니다. 사람의 숫자는 중요하지 않습니다. 위대하고 훌륭한 일을 하는 것도 중요하지 않습니다. 거룩하고 순결한 마음이 중요합니다. 그런 마음을 지닌 사람들 가운데 성령님이 역사하십니다. 그것이 없다면 우리는 다 위선자요 불필요한 것들을 행하는 사람에 불과합니다. 하나님이 찾으시는 것은 거룩과 순결, 성결입니다.

십자가 선언문

그렇다면 예수 그리스도의 죽음으로 말미암은 사탄으로부터의 승리는 나의 삶에 어떻게 구체적으로 적용될 수 있겠습니까? 본문 말씀에서는 그것에 대해 세 가지 방법을 이야기하고 있습니다.

그러므로 너희는 죄가 너희 죽을 몸을 지배하지 못하게 하여 몸의 사욕에 순종하지 말고(롬 6:12).

12절에서 그 첫째, 둘째 방법을 이야기합니다. 첫째는 죄가 내 몸에서 왕 노릇 하지 못하게 하라는 것입니다. 죄는 이미 십자가에서 죽었으므로, 내 몸에 있는 죄가 나를 지배하지 못하도록 하라는 명령입니다. 구원받은 자들은 예수 그리스도와 함께 이미 그 죄를 십자가에 못 박았기 때문에, 이론상으로는 죄가 우리 안에서 왕 노릇 할 수 없습니다.

이것은 마치 재판에서의 판결과 같습니다. 재판장이 여러 차례의 심리 과정을 거친 후 "당신은 무죄요! 석방이요!"라고 선고하는 것과 같습니다. 십자가는 선언입니다. 십자가를 믿고 바라보는 모든 사람은 무죄입니다. "죄가 너에게 더 이상 영향력을 끼칠 수 없다"고 이미 판결문이 나온 것입니다. 따라서 우리는 십자가의 선언문을 가지고 나가서 공표해야 합니다. 십자가의 공로로 받은 체포 영장을 죄에게 가져가서 제시하며 "너를 체포한다. 너는 이제 모든 권한의 사용을 중지해야 한다. 쏘고 죽이고 파괴하는 것을 중지해야 한다"라고 선언해야 합니다. 그것이 바로 죄가 지배하지 못하게 하라는 말입니다.

구속 영장도 없이 가서 체포한다고 하면 사람들이 뭐라고 합니까? "당신이 누군데 나를 체포합니까?" 하면서 비웃을 것입니다. 구원받지 못해서 죄의 활동 중지를 명하는 판결문을 갖지 못한 사람이 그의 안에 있는 죄에게 "너는 이제 모든 활동을 멈출지어다"라고 명령하면, 죄가 "너는 뭐냐?"고 할 것입니다. 판결문이 없지 않느냐고 반박하면서 망신을 줄 것입니다. 그러나 예수 믿고 구원받은 사람들은 죄에 대해 수갑을 채울 수 있습니다. "내가 예수 그리스도의 이름으로 내 안에 있는 더러운 죄를 묶노라"고 선언할 수 있습니다.

그렇지만 우리 안에 있는 죄는 우리를 속이고 기만하려 합니다. "어제도 죄를 지었는데 오늘은 왜 그러느냐"고 묻습니다. "당신은 예수를 오래 믿지 않았느냐. 어제 오늘 믿은 것이 아니지 않느냐. 이제까지 나랑 잘 살다가 오늘 갑자기 왜 그러느냐?"고 합니다. 죄가 반항하는 것입니다. 그러나 성경의 진리는 체포하라고 합니다. 어제 체포하지 못했더라도 오늘은 하라고 말씀합니다.

그러나 내 안에 있는 죄는 만만히 물러서지 않습니다. 이제까지 나를 지배해 왔고 나를 이용하고 통치하며 살아왔기 때문에 자꾸 속이려고 하는 것입니다. "네가 가져 온 체포 영장은 가짜가 아니냐? 네 믿음은 가짜가 아니냐?"라고 말합니다. 죄가 그렇게 말하면 또 그렇게 생각하는 사람들이 있습니다. "당신 구원받았습니까?"라고 물으면 "교회 다닌다"는 대답은 하는데, 가만히 생각해 보면 구원받지 않은 것 같기도 합니다. 믿음이 흔들리는 것입니다. 그러면 사탄이 다시 우리를 파고 들어오기 시작합니다. 그래서 지배하지 못하게 하라는 말씀은 강력한 명령을 내포하고 있습니다.

어제까지 그 죄와 동거했을지라도 믿음을 가지고 당당히 맞서기 바랍니다. 타협하지 마십시오. 죄의 속임수에 빠지지 마십시오. 유혹에 넘어가지 마십시오. 예수 그리스도가 나를 위해 십자가에서 돌아가신 것은 단순히 떡과 포도주로 기념하기 위한 것이 아닙니다. 예수 그리스도의 보혈에는 능력이 있습니다. 그 능력으로 말미암아 죄를 끊어 버리십시오. 죄의 능력을 인정하지 마십시오.

먼저 예수 그리스도의 이름으로 죄를 묶으십시오. 십자가의 문서를 제시하십시오. 사탄은 결박당할 수밖에 없음을 선포하십시오. 일단 죄가 내 몸에서 묶임을 받으면 활동이 불가능해집니다.

거룩과 순결의 삶

죄를 묶지 못하면 육신의 욕망이 풀어집니다. 욕망이 다시 살아납니다. 육신의 욕망은 여러 가지 형태로 나타나게 되는데, 그럴 때 첫째, 죄를 묶고, 둘째, 순종하지 말라고 성경은 말합니다. 거절하라는 것입니다.

우리 안에는 거절할 수 없는 육신적, 물질적 욕망이 있습니다. 여러 가지 시기, 질투, 미움과 같은 본능들이 우리 안에서 꿈틀거릴 때, 그 본능대로 가지 말고 순종하지 말고 거절해야 합니다. 요한일서에서는 "죄를 짓는 자마다 불법을 행하나니 죄는 불법이라"(요일 3:4)라고 말씀합니다. 불법을 행한다는 것은 우리의 욕망이 밖으로 표출되는 것을 의미합니다. 우리는 얼마나 많은 욕망 때문에 괴로워합니까?

사도 바울도 "오호라 나는 곤고한 사람이로다 이 사망의 몸에서 누가 나를 건져내랴"(롬 7:24)라고 탄식합니다. 잘못된 줄 알면서도 자꾸 그것을 하려는 욕망이 내게 있다는 말입니다. 나는 그것을 원치 않는데 그 더러운 욕망이 내 안에서 자꾸 생겨난다는 말입니다. 사실 욕망과 싸우는 것은 굉장히 어렵습니다. 그렇기 때문에 죄를 먼저 묶지 않으면, 표출되어 나오는 그 욕망과의 싸움은 아주 치열한 투쟁이 되고 맙니다. 내 몸에서 나오는 죄의 욕망, 육신의 욕망, 탐욕의 욕망 같은 것들은 아주 구체적인 것들이라고 성경은 말합니다.

갈라디아서 기자는 15가지 육신의 일을 열거합니다.

육체의 일은 분명하니 곧 음행과 더러운 것과 호색과 우상 숭배와 주술과 원수 맺는 것과 분쟁과 시기와 분냄과 당 짓는 것과 분열함과 이단과 투기와 술 취함과 방탕함과 또 그와 같은 것들이라 전에 너희에게 경계한 것같이 경계하노니 이런 일을 하는 자들은 하나님의 나라를 유업으로 받지 못할 것이요(갈 5:19-21).

여기에 나오는 15개의 죄가 우리와 상관없기를 바랍니다. 그러나 그런 욕망들이 사람들에게 있다고 성경은 말합니다. 또 이런 죄의 욕망에 사로잡혀 계속 그렇게 사는 사람들은 하나님 나라를 유업으로 받지 못한다고 말합니다. 죄의 능력 행사를 중지시키지 못하는 사람들입니다. 이런 죄의 영향을 받아서, 우리 몸의 모든 욕망들이 구체적인 범죄로 나타나는 것입니다. 이것들이 가득 차 있으면, 우리는 거룩해질 수도 없고 능력을 가질 수도 없습니다. 그저 끊임없이 뒤죽박죽될 뿐입니다. 거기에서 헤어나지 못하는 비참한 사람이 되고 마는 것입니다.

이런 이들은 찬송도 힘이 없습니다. 기도도 힘이 없습니다. 교회에 나오기는 하는데, 뭔가 좋은 일을 하려는 사람들을 만나면 반대합니다. 자신에게는 할 수 있는 힘이 없기 때문입니다. 뒤죽박죽된 상태로, 간신히 예수 이름을 가지고 살기는 합니다. 그러나 마음의 평화와 기쁨은 없습니다.

예수님은 우리를 위해 죽으심으로써 죄를 이기셨고 사탄의 세력을 꺾으셨고 모든 악을 정복하셨습니다. 이 사실을 믿으십시오. 십자가의 선언을 가지고, 우리 몸의 죄를 묶어 버리고 끊으시기를 바랍니다. 죄가 묶이면 신기한 일이 생깁니다. 욕망이 점점 없어집니다. 완전히 없어지는 것은 아닙니다. 있기는 있는데 힘이 없습니다. 욕망에 따라 살기는 하지만 재미가 없어집니다. 그래서 점점 멀리하게 됩니다. 이것이 거룩이고 순결이며 하나님이 원하시는 성도의 삶입니다.

의의 무기로 드리라

세 번째는 적극적인 방법입니다. 12절에서 말하는 방법이 죄를 묶고 쫓아내는, 다소 소극적인 방법이었다면, 다음 말씀에서는 적극적인 방법을 이야기합니다.

또한 너희 지체를 불의의 무기로 죄에게 내주지 말고 오직 너희 자신을 죽은 자 가운데서 다시 살아난 자 같이 하나님께 드리며 너희 지체를 의의 무기로 하나님께 드리라(롬 6:13).

이 방법은 "네 몸을 마귀가 쓰는 도구로 바치지 말고, 반대로 네 인생을 하나님이 쓰시는 무기로 드리라"는 것입니다. 특별한 경우를 제외하고는 예배 시간에 죄를 짓는 사람은 많지 않을 것입니다. 예배 시간은 하나님께 드렸기 때문입니다. 하나님께 시간을 드리면 마귀가 가져 갈 시간이 없습니다. 일주일 동안 매일 교회에 간다면 죄를 짓지 않을 것입니다. 음악회, 축제 등 세상의 모임들을 따라다니다 보면, 좋기는 하지만 죄 지을 확률이 높습니다. 안 만나도 될 사람을 만나게 되고, 안 해도 되는 일을 하게 되고, 자꾸 유혹을 받게 되는 것입니다.

우리의 시간을 하나님이 점령하시게 만드십시오. 우리의 육신을 마귀가 쓰기 전에 하나님이 쓰시게 하는 것입니다. 그것이 '의의 무기로 드리라'는 말입니다. 우리의 건강을, 육신을 하나님 앞에 의의 무기로 드리는 것입니다. 일단 하나님이 나를 점령하시면 마귀는 나를 점령할 수가 없습니다. 중간 지대에 나를 놓아두면 마귀가 점령할 확률이 점점 더 높아집니다.

죄를 묶지 않은 상태, 죄가 나를 지배하는 상태, 죄가 욕망이 되어 악한 행동으로 드러나는 상태를 가리켜 본문에서는 "불의의 무기로 사용되었다"라고 표현합니다. 이미 마귀가 우리를 건드리고 우리를 데리고 장난했다는 것입니다. 우리를 마음대로 끌고 다니면서 우리의 왕 노릇을 한 것입니다. 그리고 쾌락이라는 대가를 줍니다. 물질, 세상의 성공이라는 대가를 줍니다. 마귀는 이렇게 말합니다. "내가 너를 대통령 시켜 주마. 내가 네게 권력을 주마. 그러니 나를 왕으로 삼아라." 어떤 사람은 그 욕망에 따라 자신의 인생관도 바꿉니다. 파우스트가 마귀에게 자신의 영혼을 팔아 버린 행동과 같은 것입니다. 그러면 잠시 동안 세상의 쾌락을 느낄지도 모르겠습니다. 잠깐의 명예를 가질지도 모르겠습니다. 그러나 중요한 것을 잃어버립니다. 우리의 영혼, 시간, 물질, 몸을 마귀에게 팔아 버리는 것입니다.

"내가 가난하게 살지라도 나는 마귀에게 영혼을 팔지 않겠다. 나의 인생, 삶 전체를 마귀에게 내줄 수 없다"라는 믿음이 있어야 합니다. 이것이 13절의 "너희 지체를 의의 무기로 드리라"는 말씀에 순종하는 태도입니다. "하나님이 나의 시간을 쓰시고 하나님이 나의 돈과 능력과 지혜와 인생의 모든 것을 쓰실 수만 있다면 나는 내 인생을 기꺼이 하나님께 드리겠습니다. 이제 나는 나를 위해 시간을 쓰지 않고 다른 사람의 영혼을 위하여 내 시간을 쓰겠습니다. 그 사람을 위해 손해를 보겠습니다." 바로 이렇게 하는 것이 의의 무기로 자신을 드리는 것입니다.

마귀에게 시간과 능력과 마음을 팔아 버린 사람들의 결론은 뻔합니다. 불 보듯 뻔합니다. 죽음과 고통과 파멸과 저주가 그의 인생을 채우게 됩니다. 당장은 괜찮을지 모르겠습니다. 그러나 점차 비참한 사람이 되어 갈 것입니다.

마귀의 이러한 일을 진두지휘하는 사령탑이 무엇인 줄 아십니까? 우리의 생각입니다. 마귀는 먼저 우리의 생각을 사로잡고 우리에게 명령을 내리기 시작합니다. 그러면 우리 몸이 자동적으로 마귀가 원하는 대로 움직이게 됩니다. 사탄은 죄를 조정하고 죄를 생산합니다. 그는 원래 살인자요 거짓말쟁이였습니다. 하나님께 대하여 반역함으로써 땅으로 쫓겨난 것입니다. 모든 악이 그로부터 나오는 것입니다. 악은 하나님이 만드신 것이 아닙니다. 사탄이 모든 악을 지배합니다. 그는 수많은 졸개들을 거느리고 있습니다. 그들을 가리켜 악령이라고 하기도 하고 귀신이라고 말하기도 합니다. 그러나 사령탑은 우리의 생각입니다.

더러운 악령들은 세상을 돌아다니면서 세상을 더럽힙니다. 귀신은 더러운 영입니다. 그것들이 가는 곳마다 온통 더러워집니다. 환경이 더러워지고 몸이 더러워지고 모두 더러워지는 것입니다.

귀신은 속이는 자요, 우리를 죽이고 우리 몸에 병을 유발합니다. 우리로 하여금 절망하게 하고 좌절하게 하고 열등감을 갖게 하고 부정적인 태도를 갖게 합니다. 그리고 폐쇄적인 사람으로 만듭니다. 자기가 쓰기에 좋은 그릇으로 사람들을 바꿔 버리는 것입니다. 모든 악의 세력들은 우리 몸을 꽁꽁 묶고 우리로 하여금 마귀의 종노릇하게 합니다. 마귀는 육의 욕망과 더러운 귀신들을 사용해서 우리를 이렇게 죽이고 멸망시키고 파괴시킴으로써 하나님 뜻대로 살지 못하게 하는 것입니다.

13절에서 한 가지 재미있는 사실을 볼 수 있습니다. 우리 '몸'을 불의의 무기로 드리지 말라고 하지 않고 '지체'라는 단어를 씁니다. '지체'라는 것은 구체적인 어떤 대상을 의미합니다. 머리, 눈, 귀, 입 같은 것들이 지체입니다. 이러한 것들이 다 모여서 몸이 되는 것입니다. 그런데 머리로 짓는 죄가 있고 손으로 짓는 죄가 있고 입으로 짓는 죄가 있습니다. 성경은 그것들에 대해 이렇게 이야기합니다. "왜 너는 눈을 마귀에게 주었는가? 왜 입을 마귀에게 주었는가?" 각 지체들을 하나님께 드려서 하나님께 영광을 돌리라는 것입니다.

이것과 관련하여 예수님께서는 제자들에게 이렇게 말씀하십니다.

만일 네 오른 눈이 너로 실족하게 하거든 빼어 내버리라 네 백체 중 하나가 없어지고 온 몸이 지옥에 던져지지 않는 것이 유익하며 또

한 만일 네 오른손이 너로 실족하게 하거든 찍어 내버리라 네 백체 중 하나가 없어지고 온몸이 지옥에 던져지지 않는 것이 유익하니라 (마 5:29-30).

월요일에는 눈이 하나 빠지고, 화요일에는 손이 하나 잘리고, 목요일에는 등이 긁히고, 금요일에는 뼈가 부러지고, 토요일에는 피투성이가 되어도 죄에게 승복하지 않고, 죄의 유혹에 빠지지 않고, 주일에 교회 마당을 밟으며 "하나님, 내가 승리했습니다"라고 눈물을 흘리는 것이 예배입니다. 우리 중에 죄와 싸우느라 눈이 빠진 사람이 있습니까? 손이 잘린 사람이 있습니까? 우리는 너무나 당당하고 점잖게 주일 예배에 참석하고 있지는 않습니까?

우리 지체를 마귀가 쓰지 못하게 하려면 어떻게 해야 합니까? 우리 지체를 의의 무기로 적극적으로 드려야 합니다. 이 손을 들어 가난한 자를 돕고, 이 입을 가지고 병든 자들을 위로해야 합니다. 내가 가진 돈, 건강, 사회적인 특혜들을 억울하고 가난한 자를 위해 사용해야 합니다.

우리 중에 사회적인 지위로 인하여 남들이 갖지 못한 권위와 특혜들을 가진 분들이 있을 것입니다. 이것을 내 육신만을 위해 사용하지 말고 남을 위해 사용하여 하나님께 영광을 돌리십시오. 그것이 우리 자신을 의의 무기로 드리는 길입니다. 보수가 없더라도 일을 하는 것입니다. 내 삶을 드려 주께 영광을 돌리는 것입니다.

사도 바울은 "그러므로 형제들아 내가 하나님의 모든 자비하심으로 너희를 권하노니 너희 몸을 하나님이 기뻐하시는 거룩한 산제물로 드리라 이는 너희가 드릴 영적 예배니라"(롬 12:1)라고 권면합니다.

우리의 몸이 마귀에게 점령당하지 않기를 바랍니다. 분열시키는 사탄의 전략에 우리의 머리가 사용되지 않기를 바랍니다. 그 좋은 머리를 남들 이간질하는 데 쓰지 않기를 바랍니다. 우리의 머리가 사람을 살리는 데 사용되기를 바랍니다. 우리의 손과 발이 하나님의 도구가 되게 하십시오.

> 죄가 너희를 주장하지 못하리니 이는 너희가 법 아래에 있지 아니하고 은혜 아래에 있음이라(롬 6:14).

죄를 체포하고 몸의 욕망을 거절하십시오. 우리의 모든 지체를 하나님이 쓰시는 의의 무기로 드리십시오. 그렇게 되면 그 죄가 우리를 지배하지 못합니다. 죄가 우리에게 영향을 끼치지 않게 되는 것입니다. 이것은 은혜입니다. 법이 아닙니다. 법이 아니라는 말은 강제로 한 것이나 억지로 한 것이 아니라는 뜻입니다. 시켜서 한 것이 아니라는 뜻입니다.

좋은 일을 할 때 스스로 좋아서 하면 더 좋습니다만, 어떤 때에는 누가 시켜서 할 때가 있습니다. 해야 되는 것은 알지만 귀찮고 싫어서 하지 못하는 것입니다. 싫어도 그 일을 해야 할 때는 얼굴이 구겨집니다. 내가 안 하면 안 되니까, 월급을 못 받게 되니까, 그래서 그것을 한다면 죽을 것만 같습니다. 그러나 예수님을 믿고 나를 의의 무기로 드리는 일은 그런 것이 아닙니다. 좋아서 그 일을 하는 사람은 말릴 수가 없습니다. 하지 말라고 해도 그것을 합니다. 좋아서 그렇습니다. 죄 안 짓는 일이 이렇게 좋은 일이 되기를 바랍니다. 신나고 기뻐서 하는 일이 되기를 바랍니다. 전도하고 성경 공부하고 봉사하는 일이, 찬양과 기쁨의 원천이 되는 은혜가 있기를 축원합니다.

22

몸을 의의 종으로

로마서 6:15-19

앞 장에서 우리는 십자가의 자녀답게 이 땅에서 승리하는 세 가지 비결에 대해서 공부했습니다. 첫째는 정말 우리가 구원받았고 승리하는 자녀라면 죄가 우리를 지배하지 못하게 하는 것입니다. 둘째는 몸의 욕심을 따라 살지 않고 육신의 정욕을 거부하는 것입니다. 셋째는 우리의 지체를 하나님이 쓰시는 의의 무기로 드리는 것입니다.

하나님의 전신 갑주를 입고

특별히 '우리의 지체를 의의 무기로 드리라'(롬 6:13)는 말씀은 적극적인 하나님의 방법입니다. 하지 말라는 말보다는 하라는 말이 더 중요합니다. 다시 말하면 마귀가 우리의 몸을 사용하기 전에, 사탄이 우리의 지체를 사용하기 전에 우리의 몸을 하나님께 먼저 드리라는 것입니다. 그러면 마귀가 우리 몸을 가지고 장난할 수 없습니다. 우리의 시간, 재물, 힘, 모든 지체로 먼저 하나님께 헌신하라는 것입니다. 예수님을 잘 믿는 비결 중 하나는, 헌신하는 것입니다. 그러면 예수님을 믿는 것이 쉽습니다.

결혼을 할 것인가 말 것인가를 계속 고민만 하는 사람이 있습니다. 결혼하기로 결정하십시오. 그러면 모든 이성에 대해 자유로워집니다. 예수님을 믿는 것도 헌신하고 결심하면 쉬워집니다. 우리의 고민은 결단하지 않는 데 있습니다. 하나님은 우리의 몸을 사용하기 원하십니다. 우리 몸의 각 지체들을 사용하기 원하십니다. 우리의 몸을 하나님의 의의 무기로 쓰기 원하신다는 말입니다.

에베소서에는 "마귀의 간계를 능히 대적하기 위하여 하나님의 전신 갑주를 입으라"(엡 6:11)라는 말씀이 나옵니다. 우리의 싸움은 혈과 육에 관한 것이 아닙니다. 우리 싸움의 대상은 사람이 아닙니다. 그 사람 속에 역사하는 사탄입니다. 이 세상의 배후에서 역사하는 마귀의 세력과 싸우는 것입니다. 우리의 싸움은 정사와 권세와 이 어두운 세상 주관자들과 하늘에 있는 악의 영들과의 싸움입니다. 따라서 우리가 세상에 나가서 영적 전쟁을 하기 위해서는 하나님의 전신 갑주를 입어야만 승리할 수 있습니다. 하나님은 우리의 몸이 마귀를 멸하는 데, 세상을 이기는 데 쓰이는 무기가 되기를 원하십니다.

에베소서를 보면 그 무기들에 대해서 좀 더 구체적으로 이야기하고 있습니다. 머리에는 구원의 투구를 쓰고, 심장을 노리는 사탄의 공격을 막기 위해 의의 흉배를 붙이고, 진리의 허리띠를 띠고, 평안의 복음의 신을 신고, 믿음의 방패로 화전을 소멸하고, 성령의 검 곧 하나님의 말씀을 가지라고 말합니다.

그리고 마지막으로 아주 중요한 무기를 우리에게 소개해 줍니다. 바로 무전기입니다. 이것은 무시로 성령 안에서 기도하는 것입니다. 전쟁하는 군인들에게 있어 가장 중요한 것은 사령관과 끊임없이 연락하는 것입니다. 자기 맘대로 전쟁하면 패하기 쉽습니다. 우리의 사령관이신 예수 그리스도가 어떤 전투를 하려고 하시는지, 어떻게 공격하려고 하시는지 잘 들을 때 전쟁에서 승리할 수 있는 것입니다.

이 모든 무기들은 영적 전쟁을 하는 사람들에게 있어서 중요합니다. 그런데 하나님은 이 무기들보다도, 우리 자신을 하나님이 쓰시는 도구로 제공하라고 하십니다. 우리가 하나님의 말씀을 듣고 예수 그리스도로 말미암아 구원을 받았다면, 세상에 나가 승리할 수 있는 능력의 사람으로 변신해야 할 것입니다.

기꺼이 종이 된 사람들

영적 전쟁의 관점에서 보면, 우리 몸의 지체를 하나님의 무기로 드리는 것입니다. 그러나 본문 말씀에서는 또 다른 관점에서 우리 자신을 하나님께 드리는 비결을 말하고 있습니다. 관계의 관점에서 어떻게 하나님 앞에 헌신해야 하는지에 관한 것입니다.

너희 육신이 연약하므로 내가 사람의 예대로 말하노니 전에 너희가 너희 지체를 부정과 불법에 내주어 불법에 이른 것같이 이제는 너희 지체를 의에게 종으로 내주어 거룩함에 이르라(롬 6:19).

13절에서는 우리의 몸을 의의 무기로 드리라고 했는데, 19절에서는 또 다른 형태로 이야기합니다. 이제까지는 우리의 지체를 부정과 불법에 드려서 불의의 도구로 사용되지 않았느냐는 것입니다. 예수님을 믿기 전에 우리는 세상을 위해 살았습니다. 내 몸의 쾌락과 이익을 위해 살았습니다. 내 삶의 목표가 내 자신이었습니다. 그러니까 그동안 사탄의 도구로 사용되었다는 것입니다. 지금까지 그렇게 살아왔더라도, 이제는 예수 그리스도를 믿어 의의 사람이 되었으므로 사탄의 종이 아니라 의의 종으로서 거룩함에 이르라고 합니다.

특별히 사도 바울은 여기서 '의의 종'이라는 표현을 썼습니다. '종'이라고 말하면 로마 시대의 노예 제도나, 아브라함 링컨 시대의 흑인 노예 제도를 떠올릴 수도 있습니다. 그것은 얼마나 지독한 제도였습니까? 동양에서도 주인과 하인의 관계를 쉽게 상상할 수 있습니다. 종은 평생 동안 주인의 물건으로, 소유물로 여겨졌고, 심지어 어떤 경우에는 주인이 죽을 때 산 채로 함께 무덤에 묻혀야 했습니다. 이것이 종의 운명이었습니다.

이와 똑같은 개념으로, 지금까지는 세상의 종, 죄의 종이었지만 이제는 하나님의 종이라는 것입니다. 의의 종이 되어서 살면 죄를 짓지 않습니다. 사탄의 공격으로부터 보호받게 되기 때문입니다.

종의 개념 중에 우리나라의 '머슴'이라는 개념이 있습니다. 이 머슴은 보수를 받고 일하는 사람이 아닙니다. 강제로 일한다기보다는 숙명론적으로 일하는 것입니다. 그냥 그 집에 사는 것입니다. 그 집을 떠날 수가 없습니다. 노동에 대한 정당한 보상이나 대가를 받지 못합니다. 칭찬도 격려도 없습니다. 야단맞기 일쑤고 온갖 궂은일을 다 해야 합니다. 편히 잘 수도, 좋은 옷을 입을 수도 없습니다. 머슴은 고민해서도 안 되고 반항해서도 안 됩니다. 그러나 주인을 사랑합니다. 주인의 가족을 위해서 대대로 충성합니다. 어쩌다가 주인이 작은 보상이라도 하면 매우 기뻐하고 감격해 합니다. 아파도 혼자 아파야 하고 외로워도 혼자 외로워해야 합니다. 그렇게 자신을 달래면서 사는 것이 보통 머슴들의 삶입니다. 주인이 내쫓아도 갈 수 없고, 갈 곳도 없는 그런 입장입니다. 그래서 우리가 머슴에게는 종과는 다른, 가슴 뭉클함을 느끼는 것입니다.

우리가 하나님의 종이 된다는 것이 이런 것입니다. 사도 바울은 "예수 그리스도의 종 된 나 바울은"이라고 말했습니다. 그런데 우리가 교회에서 신앙생활을 하다 보면 종이 아니고 주인처럼 예수님 믿는 모습을 보곤 합니다. 주인이 머슴에게 어떤 일을 시켰다가 주인의 생각이 바뀌어서 다른 일을 하라고 하면, 머슴은 이유를 불문하고 주인 뜻에 따릅니다. 그러나 우리는 그렇지 않습니다. 왜 미리 말하지 않았는지 따지고, 왜 나에게 이런 일을 시키는지 따집니다. 그러나 그렇게 따지는 것은 우리가 예수님과 거의 같은 위치라고 생각하는 것입니다.

정말 우리가 주님을 섬긴다는 것은 종의 모습으로 섬기는 것입니다. 칭찬도 인정도 없습니다. 대가도 보상도 없습니다. 그냥 좋아서 하는 것입니다. 왜 신앙이 깊어지지 않습니까? 종이 되지 않았기 때문입니다. 자존심을 내세우고 생각이 있기 때문에, 종의 위치까지 내려가기가 실제로 어려운 것입니다.

그러나 본문을 보면 "네가 예수를 정말 믿었다면 네 몸을 하나님이 쓰시는 의의 무기로 드릴 뿐만 아니라 의의 종으로 드리라"고 말씀합니다.

사도 바울처럼 그리스도의 종 된 사람들은, 억지로 종 된 사람들이 아닙니다. 바로 이것이 특이한 점입니다. 자기가 좋아서 종이 된 사람들입니다. 기쁨으로 자신을 드린 사람들입니다. 누가 그렇게 하라고 시키거나, 그런 법이 있어서 된 것이 아닙니다.

법이란 좋든 싫든 지켜야 하는 규범입니다. 사람들은 학교에 가야 하고 군대에 가야 하고 세금을 내야 하고 신호를 지켜야 합니다. 이것을 좋아서 하는 사람이 얼마나 있겠습니까? 학교에 가기 싫은 것이 학생들 대부분의 마음입니다. 어른들도 마찬가지입니다. 군대에 가고 싶은 사람이 누가 있겠습니까? 세금을 더 내겠다고 자청하는 사람을 본 적 있습니까? 이런 것을 기뻐서 하는 사람은 없습니다. 어차피 해야 하는 일이기 때문에, 재미있게, 보람 있게, 의미 있게 하려는 것뿐이지 사실 좋아서 하는 것만은 아닙니다.

그런데 예수님을 믿는 것은 그렇지 않습니다. 주님의 종이 된 것은 정말 좋아서, 자진해서 한 것입니다. 이것을 하면서 눈물이 있고 감동이 있기에 손해 보는 것 같지만 사실은 기뻐서 하는 것입니다. 예수님을 위하여 헌신하셨습니까? 예수님의 종이 되기로 결정하셨습니까? 예수님을 위하여 헌신한 사람의 특징이 있다면 피곤하지 않다는 것입니다. 힘들지 않습니다. 어떤 사람들은 철야 기도가 힘들다고 말합니다. 하지만 도박하는 사람들은 밤을 새는 것이 힘들지 않다고 합니다. 손해 보고 당하는 것, 그것이 헌신입니다. 그것이 주의 종이 되는 것입니다.

어떤 사람이 큰 죄를 짓고 용서받았다고 해서, 용서받는 기쁨을 위하여 다시 죄를 짓겠습니까? 그럴 수 없습니다.

그런즉 우리가 무슨 말을 하리요 은혜를 더하게 하려고 죄에 거하겠느냐 그럴 수 없느니라(롬 6:1-2).

우리가 법 아래에 있지 아니하고 은혜 아래에 있으니 죄를 지으리요 그럴 수 없느니라(롬 6:15).

사랑하는 여러분! 과거로 돌아갈 수 없다는 사실을 깨닫기 바랍니다. 한 여자와 결혼하기로 결정했다면 다른 생각은 하지 않아야 합니다. 한 남자를 선택했다면 절대로 다른 길을 생각하지 않아야 합니다. 예수님을 믿기로 결정했다면 과거를 끊어 버려야 합니다.

우리에게는 하나님 앞으로 나가는 길밖에 없습니다. 또 다른 선택을 생각하지 마십시오. 이것도 할 수 있고 저것도 할 수 있다고 생각하기 때문에 죄를 짓는 것입니다. 또 다른 가능성이 있다고 생각하기 때문에 죄를 짓는 것입니다. 우리는 또다시 죄의 노예가 될 수 없습니다. 우리는 육신의 욕망을 따라 살 수 없는 존재입니다. 우리의 지체를 불의의 무기로 다시 드릴 수 없는 존재라는 것입니다. 이것을 선언해야 합니다.

결혼한 사람은 자신이 결혼했다는 것을 선언하고 선포해야 합니다. 우물우물하면 안 됩니다. 싫건 좋건 그것은 이미 결정한 길이요 이제는 한 길을 가야 합니다. 마찬가지로 예수님을 믿는 사람은 뒤돌아서면 안 됩니다. 다시 우리가 죄의 종노릇할 수는 없습니다. 그 점을 선언해야 합니다. 그러면 죄가 못 들어옵니다. 선언하지 않으면 죄가 슬금슬금 다시 들어옵니다. 유혹의 손길이 나에게 뻗치는 것입니다.

너희 자신을 종으로 내주어 누구에게 순종하든지 그 순종함을 받는 자의 종이 되는 줄을 너희가 알지 못하느냐 혹은 죄의 종으로 사망에 이르고 혹은 순종의 종으로 의에 이르느니라(롬 6:16).

순종이란, 순종함을 받는 자의 종이 되는 것을 의미합니다. 순종하겠다고 결심하고서는 자존심 상한다고 말하는 것은 순종이 아닙니다. 질문하는 것도 순종이 아닙니다. 이해하지 못할지라도 해야 합니다. 그것이 순종입니다. 주인은 종에게 일일이 설명하지 않습니다. 그저 "하라!"고만 합니다. 우리는 너무 말이 많고 너무 생각이 많아서 마음에 평화가 없습니다.

본문에서 뭐라고 말씀했습니까? '너희 자신을 종으로 드려 누구에게 순종하든지 그 순종함을 받는 자의 종이 돼라'고 합니다. 예수 믿는 것은 종이 되는 훈련입니다. 우리가 얼마나 종이 될 수 있느냐가, 우리가 얼마나 신실한 성도가 될 수 있느냐를 결정합니다.

만약 우리가 죄의 종이 되어 죄에게 순종하면 그 결과는 사망입니다. 동시에 만약 우리가 하나님을 신뢰하여 순종의 종이 되면 그 결과는 의에 이르게 됩니다. 죄의 종이 되면 빠져 나오기 어렵습니다. 깡패나 마약 조직에 들어갔다가 나오기 어려운 것과 마찬가지입니다.

그러나 누구든지 하나님의 종이 되면 평생 그렇게 살아갑니다. 이것이 축복이요 기쁨입니다. 죽어도 좋고 가난해도 좋고 병들어도 좋습니다. 그것이 문제가 되지 않습니다. 어찌 보면 미친 사람들 같습니다. 감옥에 들어갈 때도 '할렐루야' 하며 들어가고 매를 맞아도 천사의 얼굴입니다. 이것이 예수님을 믿는 것입니다.

하나님께 감사하리로다 너희가 본래 죄의 종이더니 너희에게 전하여 준 바 교훈의 본을 마음으로 순종하여 죄로부터 해방되어 의에게 종이 되었느니라(롬 6:17-18).

어떻게 이런 일이 일어날 수 있었습니까? 어느 날 내가 전도받고 하나님의 말씀을 들었기 때문입니다. 그리고 그 하나님의 말씀에 순종했기 때문입니다. 중요한 것은 교훈의 본에 순종했다는 사실입니다. 전에는 마귀가 나를 사용했는데 이제는 하나님이 나를 사용하십니다. 내 눈, 코, 입, 귀, 손과 발을 하나님이 사용하신다는 것입니다. 그래서 세상을 변화시키는 것입니다.

화평함과 거룩함

너희 육신이 연약하므로 내가 사람의 예대로 말하노니 전에 너희가 너희 지체를 부정과 불법에 내주어 불법에 이른 것같이 이제는 너희 지체를 의에게 종으로 내주어 거룩함에 이르라(롬 6:19).

하나님의 목표는 거룩함입니다. 데살로니가전서 4장 3절은 "하나님의 뜻은 이것이니 너희의 거룩함이라"고 말씀합니다. 우리에 대한 하나님의 관심은 얼마나 전도를 많이 했느냐, 얼마나 봉사를 많이 했느냐, 얼마나 많은 교회를 개척했느냐, 얼마나 수고했느냐에 있는 것이 아니고 우리의 거룩함에 있습니다.

교회에서 우리는 여러 가지 훈장을 달 수 있습니다. 집사, 장로, 선교사, 위원장이라는 훈장을 달 수 있습니다. 하지만 하나님은 거기에는 별로 관심이 없으십니다. '내가 누구냐'에 관심 있으십니다. 복음을 전하지만 버림받을 수 있습니다. 하나님의 관심은 우리의 거룩함에 있기 때문입니다.

히브리서에는 "모든 사람과 더불어 화평함과 거룩함을 따르라 이것이 없이는 아무도 주를 보지 못하리라"(히 12:14)라는 말씀이 있습니다. 하나님은 내 안에 얼마나 거룩함이 있는가에 관심이 있으시다는 것입니다.

베드로전서는 "곧 하나님 아버지의 미리 아심을 따라 성령이 거룩하게 하심으로 순종함과 예수 그리스도의 피 뿌림을 얻기 위하여 택하심을 받은 자들에게 편지하노니"(벧전 1:2)라고 말씀합니다. 여기서 중요한 한 단어가 나타납니다. '성령이 거룩하게 하심으로 순종한다'는 것입니다. 믿음으로 의롭다 하심을 얻고 구원받은 성도들에 대한 하나님의 최대 관심은 우리 안에 있는 거룩입니다.

참된 신앙이란 우리가 무엇을 했느냐에 있지 않습니다. 우리가 누구냐에 있습니다. 소유욕, 지배욕, 과시욕이 둔갑하여 '하나님의 비전'이라는 이름으로 나타나기 쉽습니다. 우리는 외적인 기적과 성장과 축복을 보느라, 신앙의 본질을 등한시하기 쉽다는 것입니다. 건물이 얼마나 크고 얼마나 많은 사람들이 모이느냐에 교회의 본질이 있지 않습니다. 우리는 얼마든지 사람들의 눈을 속일 수 있습니다. 중요한 것은, 교회에 와서 예배를 드리는 자가 누구냐 하는 것입니다. 그들의 삶에 거룩함이 있느냐가 중요합니다. 정직함이 있느냐, 진실함이 있느냐에 따라 무게가 달라집니다.

포기한다는 것, 안식에 들어간다는 것, 용서한다는 것이 어떤 사람의 눈에는 용기가 아니라 패배자의 변명처럼 보일 수도 있습니다. 하지만 정말 주님이 원하시는 것은 주님의 거룩에 가까이 가는 것입니다. 눈에 보이는 구체적인 열매는 없을지라도 내 안에 하나님의 거룩과 하나님의 순결이 있어야 하는 것입니다.

거룩과 순결. 근사하게 들리지만 참으로 괴롭고 고통스러운 것입니다. 이것은 전쟁입니다. 내 안에 있는 죄와 싸우는 것이 얼마나 고통스러운 일입니까. 나를 치고 나를 죽이고 내 안에 있는 육의 욕망을 제거하는 작업입니다. 하지만 이 죄와 육의 욕망이 끊어질 때 우리 몸 안에 거룩이 생깁니다. 사람을 두려워하지 않고 하나님만을 두려워하는 삶, 제도 안에 거하지 않고 생명 안에 거하는 삶, 형식을 붙드는 것이 아니라 내용을 붙들고 사는 삶. 이것이 거룩한 삶입니다.

예수님은 "그러므로 하늘에 계신 너희 아버지의 온전하심과 같이 너희도 온전하라"(마 5:48)라고 말씀하셨습니다. 하나님의 온전함에 참여하는 삶, 그 온전함을 닮아 가는 삶이어야 합니다. 거룩을 잃어버리면 모든 것을 다 잃어버린 것입니다. 나로 하여금 주님을 닮게 하시길, 내 내면의 속사람이 회복되기를, 다른 사람이 뭐라고 하든지 내 삶이 거룩하게 되기를 기도합시다.

○

23

사망과 생명

로마서 6:20-23

○

신구약 성경을 한마디로 요약할 때 흔히 우리가 인용하는 성경 구절이 있습니다. 요한복음 3장 16절입니다. "하나님이 세상을 이처럼 사랑하사 독생자를 주셨으니 이는 그를 믿는 자마다 멸망하지 않고 영생을 얻게 하려 하심이라."

하나님은 이 세상을 구원하시기 위하여 자신의 독생자 예수 그리스도를 보내셔서 십자가에 못 박혀 죽게 하셨습니다. 사람들이 멸망 받지 않고 영원한 생명, 구원을 얻게 하기 위해서입니다.

생명이신 하나님

구원이란 무엇입니까? 멸망받을 수밖에 없는 죄인 된 인간이 하나님의 엄청난 사랑을 깨닫는 것입니다. 하나님의 독생자 예수 그리스도가 나를 위해 십자가에서 피 흘려 돌아가셨다는 사실을 믿고 영생을 얻는 것을 의미합니다.

우리는 여기서 간단한 사실을 한 가지 배우게 됩니다. 누구든지 예수님을 믿고 구원받는 자는 영원한 생명을 얻게 된다는 사실입니다. 이와 반대로, 아무리 똑똑하고 훌륭하고 잘났다 하더라도 예수님을 거부하고 구원을 거부한 사람들은 멸망, 곧 사망하게 됩니다.

우리는 이러한 사실 앞에서 한 가지 질문을 던집니다. "인간은 태어나면서부터 멸망받을 수밖에 없는 존재인가?" 하는 것입니다. 내가 잘못하고 실수해서 그렇게 된 것이라면 이해되지만, 아무 잘못도 하지 않았는데 태어나면서부터 심판받고 멸망받을 존재로 정해졌다는 것은 쉽게 이해되는 문제가 아닙니다.

성경은 "본질상 진노의 자녀"(엡 2:3)라고 우리에게 분명히 말하고 있습니다. 우리 아비는 마귀였다고 말합니다. 그래서 우리 안에 '정말 우리가 이 세상에 태어날 때부터 그렇게 되었는가?' 하는 물음이 생기는 것입니다.

그러나 그렇지 않습니다. 하나님이 최초로 인간을 창조하셨을 때에는 인간을 죽음의 존재로 만들지 않으셨습니다. 하나님에게는 죽음이라는 것이 없습니다. 하나님에게 있는 것은 생명입니다. 하나님은 인간을 만드실 때 생명으로 만드셨지 죽게 하기 위해 만드시지 않았습니다.

> 태초에 말씀이 계시니라 이 말씀이 하나님과 함께 계셨으니 이 말씀은 곧 하나님이시니라 그가 태초에 하나님과 함께 계셨고 만물이 그로 말미암아 지은 바 되었으니 지은 것이 하나도 그가 없이는 된 것이 없느니라(요 1:1 - 3).

하나님은 생명이십니다. 생명 그 자체이십니다. 그래서 인간을 만드실 때 죽음을 모르는 영원한 생명으로 만드셨습니다. 그러나 문제는 인간에게 죽음이 있다는 것입니다. 저주가 있다는 것입니다. 즉, 내가 잘못해서가 아니라 태어나면서부터 인간은 죽음의 존재요, 심판의 존재인 것입니다. 왜 이런 일이 생겼을까요? 하나님이 그렇게 만드셨을까요? 그렇지 않습니다. 우리는 이것을 알기 위해서 죽음이 무엇인지 알 필요가 있습니다.

죽음은 무엇입니까? 생명으로부터 떨어진 것이 죽음입니다. 죽음의 반대 개념은 생명입니다. 하나님은 생명이시고, 하나님으로부터 떨어진 상태를 가리켜 '죽음'이라고 하는 것입니다.

하나님이 죽음을 만드신 게 아닙니다. 하나님이 누구에게 죽음을 주신 것이 아닙니다. 하나님으로부터 떨어져 나간 상태, 떨어져 나간 그 인간이 바로 죽음이라는 것입니다. 그것이 저주라는 것입니다. 이것은 마치 나무에 붙어 있는 가지는 잎사귀를 내고 열매를 맺지만, 불행하게도 나무에 붙어 있지 않은 가지는 말라 죽는 것과 같은 이치입니다.

생명이신 하나님께 붙어 있는 동안 누리는 것이 생명입니다. 하나님으로부터 멀리 떨어져 있거나, 하나님으로부터 분리되었을 때, 그 상태를 가리켜 성경은 죽음이라고 말합니다.

죽음이 오기 전에 죽음을 유도했던 것이 하나 있습니다. 그것이 죄입니다. 그리고 죄가 오기 전에 죄를 만든 것이 있습니다. 그것이 사탄입니다.

죄의 종이 된 인간

사탄은 태초에 아담과 하와를 유혹하여 하나님의 계명을 어기게 하고 그들을 하나님으로부터 분리시키는 데 성공했습니다. 그것이 사탄의 역할이었습니다. 인간을 유혹해서 하나님으로부터 분리시키고, 하나님께 불순종하게 하고, 하나님의 계명을 어기게 함으로써 죄가 들어오도록 만든 것입니다. 사탄이 인간에게 '죄'라는 굴레를 뒤집어씌운 것입니다.

우리는 가끔 수갑 찬 사람을 봅니다. 죄를 지으면 수갑을 찹니다. 수갑을 채워서 그 사람을 감옥에 집어넣게 됩니다. 범죄자들은 끈으로 사람을 꽁꽁 묶기도 합니다. 입에는 테이프를 붙여서 말도 못하게 하고 자동차 트렁크에 가두어 몇 시간씩 끌고 다니기도 합니다. 사람을 감금하고 고문해서 10년, 20년 동안 햇빛도 못 본 채 지하실에서 동물처럼 살게 하는 잔혹한 이들도 있습니다.

인간은 하나님의 영원한 생명을 누리고 죽음 없이 하나님과 교제를 나누며 지냈습니다. 그런데 마귀가 찾아와서 유혹하여 인간답게 살지 못하도록 죽음, 질병, 고통, 눈물, 한숨, 좌절 같은 것으로 꽁꽁 묶고는 기가 막힌 처지로 만들어 버리고 만 것입니다. 축복받은 인간이, 하나님의 형상대로 지음받은 인간이, 가족과 함께 지낼 수도 없고 음식을 제대로 먹을 수도 없으며 잠도 제대로 잘 수 없는 인간으로 변신하고 만 것입니다.

죄를 짓게 된 인간은 그 순간부터 죄의 종이 되고 맙니다.

너희가 죄의 종이 되었을 때에는 의에 대하여 자유로웠느니라(롬 6:20).

사탄은 인간을 죄라는 사슬로 묶어 놓았습니다. 인간은 아무것도 할 수 없는 죄의 노예가 되고 만 것입니다. 죄의 종, 죄의 노예가 되었다는 것은 무슨 말일까요? 의가 박탈되었다는 뜻입니다. 사람이 의의 통치를 받을 때 의인이라고 말합니다. 의의 종이 되었다는 말입니다. 그러나 의가 박탈당한 사람들은 더 이상 의의 통치를 받을 수가 없게 됩니다.

22절은 이를 "의에 대하여 자유하였느니라"고 표현합니다. 죄의 종은 "의에 대해서 통치력을 잃어버렸다", "자유하게 되었다"는 것입니다. 마음대로 죄를 짓고 불법을 행하고 부정을 저질러도, 그것을 통제할 어떤 힘이나 능력이 내 안에 없는 것입니다. 어둠의 세력들을 막아 내고 사탄의 세력을 막아 내는 의의 힘, 하나님의 힘, 생명의 힘이 있어야 하는데, 그것이 다 없어지고 만 것입니다.

자신의 몸을 죄가 지배하고, 자신은 죄의 노예가 되고, 부정과 불법을 저지르며 정욕과 욕심대로 살아가는 인간은 어떻게 될까요? 죄와 악의 열매를 갖게 됩니다.

너희가 그때에 무슨 열매를 얻었느냐 이제는 너희가 그 일을 부끄러워하나니 이는 그 마지막이 사망임이라(롬 6:21).

우리가 죄의 종이 되면, 의가 기능을 발휘하지 못하고 통제력을 발휘하지도 못합니다. 우리가 의와 아무 상관이 없게 되고 죄가 시키는 대로 종노릇을 할 때, 우리는 죄의 열매를 맺게 됩니다. 그 죄의 열매는 한결같이 부끄러운 것뿐입니다.

죄를 통제하고 통치할 힘이 없고 생명과 의의 힘이 없기 때문에, 부끄러운 열매, 원하지 않는 열매를 맺으면서 죄가 시키는 대로 살아가게 되는 것입니다. 죄의 열매를 맺는 사람은 하나님의 나라를 유업으로 받을 수 없습니다(갈 5:21). 이 모든 열매는 실로 부끄러운 것입니다. 로마서 1장 29-32절을 보면 마음에 하나님을 두기 싫어하는 사람의 21가지 악에 대해 소개하고 나서 "그들이 이 같은 일을 행하는 자는 사형에 해당한다고 하나님께서 정하심을 알고도 자기들만 행할 뿐 아니라 또한 그런 일을 행하는 자들을 옳다 하느니라"(롬 1:32)라고 결론을 내립니다.

우리는 가끔 이런 기도를 합니다. "하나님 아버지, 알고 지은 죄, 모르고 지은 죄 다 용서해 주세요." 하지만 모르고 짓는 죄가 있을까요? 저는 그 말을 할 때마다 늘 부끄럽습니다. 왜냐하면 우리는 다 알고 죄를 짓기 때문입니다. 그렇게 하면 안 되는 줄 알면서도 하는 것이, 죄의 노예가 된 인간의 모습입니다.

구원의 완성

그렇지만 예수 그리스도를 믿어 구원을 얻은 사람들에게는 하나님이 놀라운 생애를 허락해 주십니다. 도저히 끊을 수 없는 죄의 사슬에 묶여 있는데, 누가 와서 그 사슬을 전부 끊어 준 것입니다. 수갑을 풀어 주고 입에서 테이프를 벗겨 주고 몸을 칭칭 감은 쇠사슬을 풀어 준 것입니다.

이제 손도 몸도 자유롭게 움직일 수 있습니다. 감옥으로부터 나왔기 때문에 자기가 원하는 곳으로 갈 수 있습니다. 예수 그리스도로, 십자가의 피로, 구원으로 말미암아 우리는 죄의 사슬, 마귀의 사슬에서 벗어나 완전히 자유하게 된 것입니다.

> 그러나 이제는 너희가 죄로부터 해방되고 하나님께 종이 되어 거룩함에 이르는 열매를 맺었으니 그 마지막은 영생이라(롬 6:22).

죄의 종이 되면 죄의 열매를 맺는데, 죄의 열매를 맺는 그 사람의 마지막은 사망 곧 죽음입니다. 일시적인 죽음이 아니라 영원한 죽음입니다.

죽음에는 세 가지가 있습니다. 첫 번째는 생물학적 죽음, 즉 육체적인 죽음을 말합니다. 심장의 고동이 멈추고, 뇌의 기능이 멈추면 우리는 그 사람이 죽었다고 말합니다. 그러나 그보다 더 중요한 죽음이 있는데 영적 죽음입니다. 육체적으로는 살아 있지만 영적으로 하나님과의 관계가 끊어져서 죽는 것입니다. 그리고 세 번째로 영원한 죽음이 있습니다.

21절에서 말하는 '죽음'에는 이 모든 죽음이 내포되어 있습니다. 내가 죄의 종이면 죄의 열매를 맺게 될 것이고, 그 결과는 사망이라는 것입니다.

죽을지 뻔히 알면서도 뛰어가는 사람이 있습니다. 이렇게 살면 안 된다는 사실을 알면서도 계속 그렇게 사는 사람이 있습니다. 수입보다 지출이 많으면 언젠가는 망하게 되어 있는데 계속 돈을 쓰는 사람이 있습니다. "오늘은 괜찮겠지" 하며 계속해서 죽음을 향해 달려가는 사람들이 많다는 것입니다.

그러나 예수님은 "내 말을 듣고 또 나 보내신 이를 믿는 자는 영생을 얻었고 심판에 이르지 아니하나니 사망에서 생명으로 옮겼느니라"(요 5:24)라고 말씀하셨습니다. 바울은 "누구든지 주의 이름을 부르는 자는 구원을 받으리라"(롬 10:13)라고 말합니다. 예수 그리스도를 믿음으로 말미암아 십자가의 능력, 보혈의 능력으로 죄의 사슬과 마귀의 세력을 모두 끊고 하나님의 종이 된 것입니다. 이것을 가리켜 '구원'이라고 말합니다. "내 몸이 쇠사슬에서 풀렸다"며 해방과 자유를 선언하는 것입니다.

입술로 선언하는 것이 아니라 마음과 몸 전체로 선언하는 것입니다. "더 이상 죄는 나를 지배할 수 없다"는 내용이 22절입니다. 우리가 죄로부터 해방되었다는 것입니다. 하지만 죄에서 해방되는 것이 구원의 전부는 아닙니다. 구원의 반쪽입니다. 구원의 전부는 죄에서 해방될 뿐만 아니라 하나님의 종이 되는 것입니다.

하나님의 종이 되면 어떻게 될까요? 죄의 종이 되면 죄의 열매를 맺는 것처럼, 하나님의 종이 되면 거룩함에 이르는 열매를 맺게됩니다. 그리고 그 결과는 영생입니다(롬 6:23). 육체가 죽는다 해도 아무 상관이 없습니다. 누가 내 육체를 부숴 버린다 해도 아무 상관이 없습니다. 왜냐하면 우리는 영원한 생명을 얻기 때문입니다. 생명도 단순한 생명이 아닙니다. 동물과 식물에게 있는 생명은 '비오스'라는 단어를 사용하는데, 성경은 여기서 특이하게 '조에'라는 단어를 사용합니다. 이것은 하나님의 생명, 영원한 생명을 말합니다. 하나님은 생명의 근원이시기 때문에 우리는 생명으로 창조된 것입니다. 이 하나님의 생명을 다시 회복시켜 주실 뿐만 아니라 영원한 생명을 우리에게 선물로 주십니다.

하나님의 종에게는 거룩함에 이르는 열매들이 있습니다. 갈라디아서 기자는 "오직 성령의 열매는 사랑과 희락과 화평과 오래참음과 자비와 양선과 충성과 온유와 절제니 이 같은 것을 금지할 법이 없느니라"(갈 5:22-23)고 했습니다.

하나님이 주시는 은혜와 평화와 기쁨은 막을 수 없습니다. 하나님이 우리에게 평안을 주시는데 이 평안은 세상이 주는 것과 다르다고 하셨습니다. 이 평화와 기쁨은 세상이 빼앗을 수 없다고 말했습니다. 하나님은 하나님의 종이 된 사람들에게 하나님의 평화와 거룩함, 축복을 주시는 것입니다.

우리를 향한 하나님의 목적은 흠 없고 거룩한 사람을 만드는 데 있습니다. 에베소서 1장 4절에는 "곧 창세 전에 그리스도 안에서 우리를 택하사 우리로 사랑 안에서 그 앞에 거룩하고 흠이 없게 하시려고" 우리를 부르셨다는 말씀이 나옵니다.

하나님은 우리에 대해 꿈을 갖고 계십니다. 우리에 대해 기대하시고 우리를 사랑하십니다. 우리가 거룩하고 흠이 없게 되기를 원하십니다. 그러나 지금 당장 그렇게 되기를 원하시는 것은 아닙니다. 점차 우리는 거룩해질 것입니다. 의롭고 완전해질 것입니다. 지금 부족하더라도 하나님은 다 이해하십니다. 초등학교 학생에게 미분, 적분을 풀라고 하는 부모는 아무도 없습니다. 수준에 맞게 이끌어 가듯, 우리의 믿음에 맞게 한 걸음 한 걸음, 그 아름답고 귀하고 놀라운 형상대로, 이상대로 우리를 이끌고 가십니다.

하나님은 기다리십니다. 기다리고 또 기다리십니다. 우리가 제 발로 돌아오도록 스스로 변하도록 기다리십니다. 하나님은 절대로 하나님의 이상을 포기하지 않으십니다. 하나님은 우리를 반드시 훌륭한 사람으로 만들어 놓으실 것입니다. 그분은 우리를 사랑하시기 때문에 반드시 하실 것입니다. 자식을 사랑하는 부모는 어떤 경우에도 자식을 포기하지 않습니다. 그가 망나니 같이 살아도 포기하지 않습니다. 기다리고, 기다리고 또 기다려서 그 사랑을 표현합니다.

사망이냐 생명이냐

그러므로 이제부터 너희는 외인도 아니요 나그네도 아니요 오직 성
도들과 동일한 시민이요 하나님의 권속이라 너희는 사도들과 선지
자들의 터 위에 세우심을 입은 자라 그리스도 예수께서 친히 모퉁
잇돌이 되셨느니라 그의 안에서 건물마다 서로 연결하여 주 안에서
성전이 되어 가고 너희도 성령 안에서 하나님이 거하실 처소가 되
기 위하여 그리스도 예수 안에서 함께 지어져 가느니라(엡 2:19-22).

얼마나 놀라운 말씀입니까. 하나님은 우리가 죄의 종이 아니라 하
나님의 종이 되기를 바라십니다. 죄의 열매가 아니라 거룩한 의의
열매를 맺기 바라십니다. 사망이 아니라 생명을 갖게 되기를 바라
십니다.

죄의 삯은 사망이요 하나님의 은사는 그리스도 예수 우리 주 안에
있는 영생이니라(롬 6:23).

사망이냐 생명이냐, 이 갈림길이 구원의 현주소입니다. 우리는
구원을 받아도 되고 받지 않아도 되는 사람들이 아닙니다. 어떤 사
람들은 자신이 중간에 있다고 생각합니다. 하지만 중간은 결코 없
습니다. 우리가 죄의 종인가, 아니면 의의 종인가를 판단하는 간단

한 방법이 있습니다. 하나님의 종이 아니면 다 죄의 종입니다. 하나님의 종인가를 스스로 물어 보십시오. 어떻게 알 수 있습니까? 열매를 보면 압니다. 하나님의 종의 열매가 있는가, 죄의 종의 열매가 있는가 보십시오.

구원받았는지 물어 보면 잘 모르는 사람이 있습니다. 구원이 희미한 사람은 구원이 없는 것입니다. 결혼을 했는지 안 했는지 알 수 없다면 이상한 결혼입니다. 구원받은 것은 자기가 분명히 압니다. 하나님의 사람인지 아닌지는 자기가 압니다.

죄의 삯은 무엇입니까? 사망입니다. 하나님의 은사는 예수 그리스도 안에 있는 영생입니다. 살아 있는 동안에도 사망과 생명은 분명히 다릅니다. 정말 구원받은 사람은 그 마음에 평화와 기쁨이, 세상 사람들이 갖지 못하는 그 영생과 생명의 축복이 있습니다. 하물며 죽을 때는 더 말할 것도 없습니다.

육신의 생명이 끝나는 그 순간에 우리의 영은 천국이나 지옥, 둘 중에 하나로 가게 됩니다. 어디로 갈지 몰라 방황하지 않습니다. 둘 중 하나로 반드시 가게 됩니다. 우리의 믿음대로 천국에 갈 사람은 천국에 가고, 지옥에 갈 사람은 지옥에 갑니다. 사망이냐 생명이냐는 분명히 갈라집니다.

현실에 있어서도 마찬가지입니다. 요한일서 기자는 이렇게 말합니다.

우리는 형제를 사랑함으로 사망에서 옮겨 생명으로 들어간 줄을 알
거니와 사랑하지 아니하는 자는 사망에 머물러 있느니라 그 형제를
미워하는 자마다 살인하는 자니 살인하는 자마다 영생이 그 속에
거하지 아니하는 것을 너희가 아는 바라(요일 3:14-15).

우리 마음속에 하나님을 사랑하는 마음과 형제를 사랑하는 마
음이 없으면 사망이 우리 안에 거하게 됩니다. 우리 안에 생명이
거하게 되기를 축원합니다. 사망이 아니라 생명이, 심판이 아니라
영생이 우리의 것이 되기를 축원합니다.

24

율법으로부터의 자유

로마서 7:1-6

우리는 로마서 1장부터 5장까지의 말씀을 통하여 "진정한 구원은 무엇인가?"에 대해 살펴보았습니다. 6장부터 8장까지는 "진정한 구원을 받은 사람들은 어떻게 사는 것인가? 구원의 축복은 무엇인가?"에 대해서 이야기합니다. 그것을 한마디로 말하면 '거룩과 순결' 즉 성화인데, 이것은 우리가 받은 삶의 축복입니다.

구원이란 사망에서 생명으로 옮겨지는 것입니다. 우리는 죽음의 그림자 속에 사는 사람들입니다. 오늘 당장 죽지는 않습니다. 그러나 매일매일 조금씩 죽음을 향하여 가고 있습니다. 나이가 들수록 죄를 짓지 않을 수 있다면 얼마나 좋을까요? 그러나 이상하게 세월이 흐를수록 우리의 죄는 더욱 깊어져 갑니다.

구원이란 무엇입니까? 예수 그리스도를 만남으로 말미암아 사망의 그늘에 앉아 있던 백성이 빛을 보고 생명을 얻게 되는 것입니다. 사망의 쇠사슬에서 풀려나 하나님의 생명 안으로 들어가는 것입니다. 어둠 속에 살던 사람들이 빛으로 들어가는 것입니다. 마음에 미움과 갈등과 저주와 죽음이 있었던 사람들이 형제를 사랑하는 사람들로 바뀌게 되는 것입니다.

구원을 다른 말로 표현하면 자유입니다. 예수님을 믿는 사람, 구원받은 사람은 자유로운 사람입니다. 해방된 사람입니다. 나를 꽁

꽁 묶어서 내 양심대로 살지 못하게 하고 마귀에게 끌려 다니게 했던 그 모든 쇠사슬들이 풀려 해방된 것입니다.

이렇게 구원받은 사람에 대해 로마서 6장에서는 '죄로부터의 자유'를 얻었다고 하였고 7장에서는 '율법으로부터의 자유'를, 앞으로 보게 될 8장에서는 '사망으로부터의 자유'를 얻었다고 합니다. 이 장에서는 '율법으로부터의 자유'에 대해서 나누겠습니다.

인간의 법

사람은 누구든지 법이라는 테두리 안에서 살게 되어 있습니다. 하나님이 없다고 하는 사람도 법은 있습니다. 그런데 하나님을 믿는 사람은 하나님이 주시는 법이 있습니다.

우리는 태어나면서부터 사회의 규범 속에서 자라게 되어 있습니다. 그래서 우리는 평생 '하라' 또는 '하지 말라'는 말을 듣습니다. 학교에서 공부하는 것도 그렇습니다. 이것은 하고 저것은 하지 말라고 합니다. 재미있는 사실은, '하라'고 하는 것은 하기 싫고 '하지 말라'고 하는 것은 하고 싶다는 것입니다. 그것이 인간입니다.

우리는 또 한 가지 사실을 배우며 자랍니다. '옳다'와 '틀리다'라는 것입니다. 이런 구분에는, 아무리 해도 구원이 없습니다. 틀린 줄 알지만 고칠 수가 없는 것입니다. 그래서 구분을 해도 별 소용이 없습니다. 이것이 선악과입니다. 이것은 선이고 저것은 악이라고 나누는데, 거기에는 목마름밖에 없습니다. 구원이 없습니다. 옳지만 지킬 수 없는 것입니다. 틀리지만 고칠 능력이 없는 것입니다. 틀린 것을 고칠 수 있는 것은 율법이 아니라 은혜입니다.

우리는 옳게 행동하기 위하여 얼마나 애를 쓰고 고생을 합니까? 틀리지 않기 위하여 얼마나 많은 스트레스를 받습니까? 긴장하고 조심하며 살기 때문에 자유가 없습니다. 항상 불안해 합니다. 한 번도 마음 놓고 살아 보지 못합니다. 우리는 작은 법규로부터 시작하여 크고 작은 여러 규범들 속에서 삽니다. 집에 가면 가훈이 있고, 학교에 가면 교칙이 있습니다. 직장에 가면 정관이란 것이 있고, 나라에는 헌법이 있습니다. 이렇게 일종의 틀 안에서 초조하게 살아갑니다.

이러한 물리적인 법칙보다 더 높은 법이 있습니다. 도덕의 법이요 양심의 법입니다. 그 시대의 규범을 말하는 것입니다. 그런데 이런 규범은 당시에는 통용되었다가 다음 시대에는 통용되지 않을 수도 있습니다. 이 법은 절대적이지 않고 상대적입니다. 상황과 시대에 따라 기준이 달라집니다. 도덕적이고 윤리적인 규범보다 더 높은 법이 있습니다. 사람의 법이 아니라 하나님의 법입니다. 그 법을 가리켜 성경은 '율법'이라고 말합니다.

지상에 존재하는 모든 법들은 하나님의 법에 기초해서 만들어졌습니다. 인간에게 최초로 주신 법이 시내산에서 모세에게 주신 계명입니다. 돌 판에 새겨진 십계명을 주셨고, 그것으로 말미암아 인간은 그때부터 하나님의 법이 어떤 것인가를 알게 되었습니다.

법이 있기 전에는 죄가 성립되지 않습니다. '살인하지 말라'는 법이 있기 때문에 살인이 죄가 된 것입니다. 한 동물이 다른 동물을 죽이는 것을 죄라고 하지 않습니다. 동물의 세계에서는 죽이는 것을 죄라고 규정하지 않았기 때문입니다. 인간 세계에만 법이 있는 것입니다.

하나님의 법

하나님의 법은 완전합니다. 거룩하고 순결하며 부족함이 없습니다. 하나님의 법은 영원합니다. 그것이 하나님의 법입니다. 그 법을 성경책을 통하여 하나님이 우리에게 주셨습니다. 그런데 한 가지 문제가 있습니다. 인간이 지킬 수 없다는 것입니다.

우리는 하나님의 법을 지켜야 합니다. 하지만 하나님의 법을 지킬 수 있는 사람이 없습니다. 하나님과 죄 없는 사람만이 지킬 수 있는데, 모든 사람은 죄를 범하였기 때문에 지킬 수 없는 것입니다. 선(善)을 행하기 쉬운 사람이 선을 행합니다. 선이 어려운 사람은 선을 실천할 수 없습니다. 왜 우리가 죄를 쉽게 짓습니까? 죄인이기 때문에 그렇습니다. 죄가 익숙하고 편하기 때문입니다. 노력해서 죄짓는 사람을 봤습니까? 그냥 죄를 짓는 것입니다. 물이 위에서 아래로 흐르듯이 가만히 놔두면 인간은 죄를 짓게 되어 있습니다.

우리는 하나님의 법을 받았고 하나님의 법을 지켜야 합니다. 그러나 지킬 능력이 없습니다. 그것이 우리를 절망시키고 좌절시킵니다. 하나님의 법이 좋기는 한데 지킬 수 없고, 완전한데 가질 수 없는 것입니다.

성경에 보면, 하나님의 율법을 지키기 위해 평생을 산 사람들이 있습니다. 바리새인들입니다. 그들은 자기 자신을 놓고 하나님께 이렇게 헌신합니다. "나는 세상으로부터 구분됨으로써 하나님의 말씀을 위해 사는 사람이 되겠다." 그들은 머리 모양도 다르고 옷차림도 다르고 모든 것이 다릅니다. 하루 종일 말씀을 외우고 말씀대로 살려고 합니다. "어떻게 하면 하나님의 율법을 어기지 않고 평생 순결하고 깨끗하게 살 수 있을까?" 이것만 생각하며 헌신한 사람들입니다.

그런데 예수님이 그들을 향하여 이렇게 말씀합니다. "간음하지 않아도 여자를 보고 음욕을 품은 자마다 간음한 자다"(마 5:27-28 참조), "살인하지 않아도 형제를 향하여 '라가'라고 한 사람은 이미 살인한 것이다"(마 5:21-22 참조). 여러분, 누가 이 율법에서 벗어날 수가 있겠습니까? 하지만 걱정하거나 두려워하지 마십시오. 우리는 이 율법을 지킬 수 있습니다. 이 율법을 이미 지킨 분이 계시기 때문입니다.

인류 역사상 오로지 한 분이 율법을 지키셨습니다. 하나님이십니다. 인간의 모습을 입고 세상에 오셨지만 죄가 없는 분이셨습니다. 예수 그리스도이십니다. 그분은 율법의 완성이십니다. 하나님의 요구를 완벽하게 지키신 분입니다. 우리가 율법을 지키려고 하면 좌절하고 절망하고 위선자가 됩니다. 그러나 율법의 마침이요 율법의 완성이요 율법을 완벽하게 지키신 예수 그리스도를 바라보면 은혜가 생깁니다. 기적이 일어납니다. 이것을 가리켜 구원이라고 합니다.

율법으로부터 벗어남

예수 그리스도를 믿으면 죄로부터의 해방, 자유를 얻을 뿐만 아니라 우리가 해결할 수 없었던 율법으로부터의 자유도 얻게 되며, 궁극적으로는 구원을 얻게 되는 것입니다.

> 형제들아 내가 법 아는 자들에게 말하노니 너희는 그 법이 사람이 살 동안만 그를 주관하는 줄 알지 못하느냐(롬 7:1).

율법의 자유에 대해서 사도 바울은 이렇게 시작합니다. "너희들이 법을 잘 알지 않느냐?" 사실 법이 없으면 참 불편합니다. 법이 있기 때문에 어느 정도 질서가 잡히는 것입니다. 법을 잘 지키도록 훈련받은 사람들은 괜찮은데, 법을 지키도록 훈련받지 못한 사람들은 법을 지키는 것만큼 힘든 일이 없습니다.

사도 바울은 이들에게, 법이 어느 때까지 효력이 있으며 누구에게 효력이 있는지를 묻고 있습니다. 아무리 좋은 법도 그 사람이 죽으면 적용할 수 없습니다. 따라서 법이라는 것은 사람이 살아 있는 동안에만 유효합니다.

사도 바울은 이것을 이해시키기 위해 하나의 예를 듭니다. 아주 나쁜 남자를 만난 한 여자의 이야기입니다. 어떤 여자가 결혼을 했습니다. 그런데 남편이 아주 몹쓸 사람입니다. 무서운 눈을 하고서 여자를 매일 때립니다. 노예처럼, 식모처럼 여자를 부립니다.

그런 남편으로부터 이 여자는 도망도 못 가고 이혼도 할 수 없습니다. 이 여자가 무슨 기도를 할까요? 남편에게서 벗어나기를 기도할 것입니다. 2절에 그 이야기가 있습니다. "남편 있는 여인이 그 남편 생전에는 법으로 그에게 매인 바 되나 만일 그 남편이 죽으면 남편의 법에서 벗어나느니라."

그러던 어느 날, 그렇게 못살게 굴던 남편이 죽었습니다. 그 순간부터 이 여자는 매를 맞지 않아도 됩니다. 남편이 죽었으므로 그 여자는 해방된 것입니다. 율법과 은혜의 관계를 설명하기 위해 이 비유를 든 것은, 당시 사람들에게 정확한 개념을 가르쳐 주기 위해서였습니다.

구원의 개념도 이렇듯 분명하게 우리가 알아야 합니다. 우리가 어떻게 죄에서 해방되었으며, 어떻게 율법에서 벗어났는지를 알아야 합니다. 그렇게 무서운 남편이 죽는 순간부터 남편에게서 해방되는 것입니다. 그것이 구원입니다. 남편이 살아 있는 동안 다른 남자와 간음하게 되면 음부가 됩니다. 그러나 그 남편이 죽으면 음부가 되지 않습니다. 3절에 그 이야기가 있습니다. "그러므로 만일 그 남편 생전에 다른 남자에게 가면 음녀라 그러나 만일 남편이 죽으면 그 법에서 자유롭게 되나니 다른 남자에게 갈지라도 음녀가 되지 아니하느니라."

율법에 얽매여 있던 내가, 예수 그리스도를 믿음으로 말미암아 율법의 사슬에서 벗어나 자유롭게 된 것입니다. 이것이 구원입니다.

> 그러므로 내 형제들아 너희도 그리스도의 몸으로 말미암아 율법에 대하여 죽임을 당하였으니 이는 다른 이 곧 죽은 자 가운데서 살아나신 이에게 가서 우리가 하나님을 위하여 열매를 맺게 하려 함이라(롬 7:4).

예수 그리스도는 모든 율법의 완성자이십니다. 우리는 율법이 악하다고 기록되지 않은 것을 압니다. 율법은 선하고 완전하고 의로우며 순결하고 거룩하며 영원한 것입니다. 율법 자체가 잘못된 것이 아니라 율법을 지킬 수 없는 우리가 문제입니다. 율법이 잘못되었기 때문에 좌절하는 것이 아닙니다. 우리가 율법을 지킬 수 없는 존재이기 때문에 괴로운 것입니다.

율법의 완성자

그런데 율법의 모든 요구를 충족시키신 분이 있습니다. 율법을 마치셨고, 완성하신 분이 있습니다. 예수 그리스도이십니다. 따라서 우리는 율법 앞에 가면 숨을 못 쉬지만, 율법의 완성이신 예수님 앞에 가면 숨 쉴 수 있습니다.

간음하다 현장에서 붙잡힌 여인은, 율법대로 돌을 들고 쳐 죽이려고 하는 사람들 앞에 있을 때는 죽을 뻔했습니다. 그러나 땅에 글을 쓰고 계시는 예수님 앞에 섰을 때는 "가라. 그리고 다시는 죄를 짓지 말라. 너는 자유다"(요 8:11 참조)라는 말씀과 함께 놓임을 받았습니다. 예수님이 율법을 마치신 분이라는 것에 대해 바울은 "그리스도는 모든 믿는 자에게 의를 이루기 위하여 율법의 마침이 되시니라"(롬 10:4)라며 정확하게 표현합니다.

실수했습니까? 넘어졌습니까? 좌절했습니까? 예수님을 잘 믿으려고 했지만 또 죄를 지었습니까? 본의 아니게 살인하게 되었습니까? 도적질하게 되었습니까? 간음에 빠지게 되었습니까? 율법 앞에 서면 길이 없지만 예수님 앞에 서면 우리의 죄가 다 용서되고 치유되고 회복됩니다.

피차 사랑의 빚 외에는 아무에게든지 아무 빚도 지지 말라 남을 사랑하는 자는 율법을 다 이루었느니라 간음하지 말라, 살인하지 말라, 도둑질하지 말라, 탐내지 말라 한 것과 그 외에 다른 계명이 있을지라도 네 이웃을 네 자신과 같이 사랑하라 하신 그 말씀 가운데 다 들었느니라(롬 13:8-9).

사랑하는 사람의 것을 내가 왜 도적질하겠습니까? 사랑하는 사람에게는 더 주고 싶지 않습니까? 사랑하는 사람의 것을 약탈하고 싶겠습니까? 사랑하는 대상을 두고 어찌 간음하겠습니까? 간음하든지 도적질하든지 미워하는 것은 사랑하지 않기 때문입니다.

예수님은 율법을 다 성취시키셨습니다. 뿐만 아닙니다. 예수님은 제사를 완성시키셨습니다. 히브리서 9장 12절을 보면 "염소와 송아지의 피로 하지 아니하고 오직 자기의 피로 영원한 속죄를 이루사 단번에 성소에 들어가셨느니라"고 말합니다. 예수님의 죽음은 완전한 제사요, 영원한 제사입니다. 다시는 인간들이 염소나 송아지를 가지고 피를 내서 제사 드릴 필요가 없어졌습니다. 십자가에서 완전한 제사를 이루셨기 때문입니다.

이런 말씀 앞에 어떤 궤변가는 이렇게 질문합니다. "그렇다면 예수님만 믿으면 구약의 율법대로 살지 않아도 되겠군요. 안식일을 지키든 안 지키든, 십일조를 드리든 안 드리든, 상관 없는 것 아닙니까? 다 의미가 없지 않습니까?" 그렇지 않습니다. 하나님은 율법을 폐하러 오신 분이 아닙니다. 예수님은 "내가 율법이나 선지자를 폐하러 온 줄로 생각하지 말라 폐하러 온 것이 아니요 완전하게 하려 함이라 진실로 너희에게 이르노니 천지가 없어지기 전에는 율법의 일점 일획도 결코 없어지지 아니하고 다 이루리라"(마 5:17-18)라고 말씀 하셨습니다.

하나님의 말씀이 잘못된 게 아닙니다. 그것을 지킬 능력이 없는 게 문제입니다. 하나님의 말씀을 다 지킨다면 얼마나 행복하겠습니까? 대신 우리는, 예수 그리스도를 믿음으로 말미암아 하나님의 모든 요구를 적극적으로 이루어 드릴 수 있는 사람으로 조금씩 변해 가는 것입니다. 그것이 복음이요, 구원입니다.

만약 내가 하나님의 율법과 정반대로 살아도 된다면, 하나님의 법이 있는 천국에 가서 어떻게 살 수 있겠습니까? 우리는 율법에 익숙한 사람, 율법을 사랑하는 사람이 되어야 합니다. 하나님을 사랑하면 십일조만 드리겠습니까? 십의 오조, 더 나아가서 자기 자신도 드릴 것입니다. "내 시간, 내 인생 전체를 가져가십시오" 할 것입니다. 사랑하는 사람에게는 그 사람이 너무 좋으니까, 있는 것 없는 것 다 주지 않습니까.

이것이 사랑입니다. 이것이 구원입니다. "십의 일은 하나님의 것, 나머지는 내 것" 이렇게 따지는 것이 아닙니다. 그것은 율법입니다. 거기에는 구원이 없습니다. 더 기쁨으로, 더 자발적으로, 더 의지적으로 누가 시키지 않아도 합니다. 이것이 구원받은 자의 삶입니다. 구원받은 자는 절대 누가 시킨다고 하지 않습니다. 스스로 좋아서 합니다.

만약 미워하는 사람이 있다면 그 사람이 여러분 곁을 떠났으면 좋겠습니까, 아니면 예수님을 믿고 변했으면 좋겠습니까? 그 사람이 너무 미워서 예수님을 믿고 변할까 봐 걱정이라는 사람도 있습니다. 변해서 같이 교회에 나오면 어떡하느냐는 것입니다.

하지만 구원받은 자는 원수까지도 사랑해야 합니다. 한 상에 둘러앉아 밥을 먹어야 하고 같이 구원받아 같이 천국에 가야 합니다. 이것이 주님의 마음입니다. 주님은, 싫은 것은 다 떼어 버리고 살라고 하지 않으셨습니다. 불편한 것은 다 버리고 살라고 하지 않으셨습니다. 오른편 뺨을 치면 왼편을 돌려 대고, 겉옷을 달라고 하면 속옷을 주고, 오 리를 가자고 하면 십 리를 가는 것이 바로 복음입니다.

풍성한 삶을 누리라

이렇게 함으로써 하나님은 우리에게 무엇을 원하시는 것입니까? "하나님을 위하여 열매를 맺게 하려 함이라"(롬 7:4)고 합니다.

예수님이 우리에게 원하시는 삶은 풍성한 삶입니다. 예수님은 "내가 온 것은 양으로 생명을 얻게 하고 더 풍성히 얻게 하려는 것이라"(요 10:10)고 말씀하셨습니다. 마음의 귀를 열고 하나님이 오시는 소리를 들으십시오. 구원받은 자는, 생명이 내게로 흘러오는 소리를 들어야 합니다. 환경은 어둡고 힘이 들어도 "주 안에 있는 나에게 딴 근심 있으랴"는 고백이 있어야 합니다. 눈물이 변하여 기도가 되고, 근심이 변하여 찬양이 되는 기쁨과 간증과 감격이 있어야 하는 것입니다.

> 우리가 육신에 있을 때에는 율법으로 말미암는 죄의 정욕이 우리 지체 중에 역사하여 우리로 사망을 위하여 열매를 맺게 하였더니 (롬 7:5).

거듭나지 못하고 육신 안에 있을 때, 은혜받지 못하고 율법 안에 거할 때, 우리는 죄의 정욕을 이기지 못하고 죽음의 열매를 맺게 된다는 것입니다.

사망과 생명, 여러분은 어떤 열매를 맺기 원하십니까? 하나님을 위한 열매, 생명의 열매를 맺기를 축원합니다.

> 이제는 우리가 얽매였던 것에 대하여 죽었으므로 율법에서 벗어났으니 이러므로 우리가 영의 새로운 것으로 섬길 것이요 율법 조문의 묵은 것으로 아니할지니라(롬 7:6).

우리를 얽매고 있었던 것에 대하여 우리가 죽었으므로, 죄에서 벗어나고 율법에서 벗어났습니다. 이것이 자유입니다. 이것이 행복입니다. 세상적인 행복의 조건이 갖추어졌을 때 행복이 오는 것이 아니라 내 영이 자유로워질 때 행복이 오는 것입니다. 구원이 이루어졌을 때 행복이 오는 것입니다. 율법의 사슬로부터 벗어나서 하나님의 구원을 맛보게 되었을 때 내 영혼은 회복되고 자유롭게 되는 것입니다.

더 이상 죄의 종노릇하지 마십시오. 율법의 종노릇하지 마십시오. 예수 그리스도로 말미암아 우리는 자유와 해방을 얻은 사람들입니다. 사람에게 종노릇하지 마십시오. 돈의 종노릇하지 마십시오. 이제 우리는 더 이상 법에 매여 있지 않습니다. 그리스도 안에서의 자유, 성령 안에서의 해방을 누리십시오. 낡은 것은 지나가고 새것이 왔습니다. 옛 질서가 아닌 새 질서, 묵은 은혜가 아닌 새로운 은혜가 시작되었습니다.

25

율법 속의 은혜

로마서 7:7-14

구원받은 사람들을 가리켜 그리스도인이라고 합니다. 우리는 죄에 대해서 구원을 받았고, 율법에 대해서 자유를 얻었습니다. 또한 우리는 모든 죽음에 대해서도 자유함을 받은 사람들입니다.

로마서 7장을 시작하면서, 그리스도인들이 어떻게 율법으로부터 구원을 받았고, 그 결과로 그리스도인들에게 어떤 일이 일어나는지에 대해 말씀을 나누었습니다. 특별히 로마서 7장 4절과 6절을 기억하시기 바랍니다. 예수 그리스도는 율법의 완성이십니다. 사랑이 율법의 완성이듯이, 실제적인 하나님의 사랑을 구현하셨던 예수님은 율법의 완성이십니다. 또한 예수님은 율법의 마침이십니다. 율법의 무거운 멍에를 예수님이 다 지셨고 완성하셨고 마치셨기 때문에 누구든지 예수 그리스도를 믿는 사람들은 율법으로부터 자유하게 되는 것입니다. 또한 율법의 모든 요구로부터도 자유하게 되는 것입니다.

율법으로부터 자유한 사람들은 하나님을 위하여 열매 맺는 삶을 살게 됩니다. 율법에서 벗어난 사람은 율법 조문의 묵은 것으로 하나님을 섬기지 않고, 새로운 것으로 하나님을 섬기게 됩니다.

의롭고 선한 율법

그렇다면 질문이 생깁니다. "율법도 죄가 되느냐?" 하는 것입니다. "율법으로부터 우리가 자유함을 받았다면 율법이 잘못된 것이냐?"는 것입니다. 죄가 잘못되었다는 것은 누구든지 쉽게 이해할 수 있습니다. 죄는 악한 것입니다. 죄는 하나님과 원수 되는 것입니다. 죄는 우리를 사망으로 인도합니다. 따라서 죄의 노예가 된 우리는 죄로부터 자유함을 받아야 합니다. 죄로부터 벗어나서 의의 무기가 되고 의의 종이 되는 것을 가리켜 '해방', '구원', '자유'라고 합니다.

예수님을 믿고 구원을 받음으로 죄의 사슬에서 벗어난다는 말은 받아들이겠는데 "왜 율법에서 자유함을 받아야 하는가?", "율법은 악한 것인가?" 하는 질문은 대답하기가 힘듭니다. 성경은 우리에게, 죄는 분명히 잘못된 것이지만 율법은 결코 잘못된 것이 아니라고 말씀합니다.

> 그런즉 우리가 무슨 말을 하리요 율법이 죄냐 그럴 수 없느니라 율법으로 말미암지 않고는 내가 죄를 알지 못하였으니 곧 율법이 탐내지 말라 하지 아니하였더라면 내가 탐심을 알지 못하였으리라(롬 7:7).

죄는 분명히 잘못된 것이지만 율법은 결코 잘못된 것이 아닙니다. '율법'은 하나님의 법입니다. 모세를 통하여 이스라엘 백성뿐만 아니라 모든 인류에게 주신 하나님의 법입니다. 12절을 보면 율법에 대해서 이렇게 설명하고 있습니다. "이로 보건대 율법은 거룩하고 계명도 거룩하고 의로우며 선하도다."

율법은 죄가 아닙니다. 그것은 거룩하고 의롭고 선하며 완전한 하나님의 법입니다. 그렇게 완전하고 거룩하고 선하고 좋은 것이라면 왜 우리가 거기로부터 도망가야 합니까? 사도 바울은 "그러므로 율법의 행위로 그의 앞에 의롭다 하심을 얻을 육체가 없나니 율법으로는 죄를 깨달음이니라"(롬 3:20)라고 말한 바 있습니다.

다시 말하면 율법은 언제나 선하고 의롭고 거룩한 것입니다. 하나님의 법인 율법이 잘못되어서가 아니라, 그 율법을 지킬 수 있는 인간이 하나도 없기 때문에 율법이 우리에게 축복을 주기보다는 고통을 준다는 것입니다. 죄는 우리에게 사망을 줍니다. 저주와 파멸을 줍니다. 그래서 우리를 절망케 하고 고통스럽게 합니다. 그러나 율법은 다릅니다. 율법 자체가 우리에게 고통과 저주와 사망을 주는 것이 아닙니다. 죄를 지은 내가 율법을 지킬 수 없기 때문에 고통스러운 것입니다.

율법이 없을 때는 아무 문제가 없었는데, 율법이 내게 왔을 때에 죄가 죄로 인식되기 시작합니다. 다시 말하면 숨겨진 죄들, 즉 죄라고 생각하지 않았던 것들이 '죄'라고 판명된다는 말입니다. 이런 일들을 교회에 처음 나온 이들이 많이 겪습니다. 하나님을 믿지 않을 때에는 죄라고 생각하지 않았던 것들이, 하나님을 믿고 난 후에 죄라는 사실을 알게 되는 것입니다. 교회 나오기 전에는, 성경 공부를 하기 전에는, 내 마음대로 살면서도 아무런 가책이 없었습니다. 그런데 교회에 나오고 성경을 보고 하나님에 대해서 관심을 갖다 보니까 기준이 전부 달라지기 시작합니다.

율법이 아니면 죄라고 말하는 사람이 아무도 없습니다. 겉으로만 간음을 하지 않으면 된다고 생각합니다. 속으로 간음하는 것은 괜찮다고 생각하는 것입니다. 속으로 살인해도, 겉으로만 살인하지 않으면 된다고 여기며 살아갑니다. 그런데 성경에 보니까 형제를 미워하는 자마다 살인하는 것이라고 예수님이 말씀하셨습니다. 이 말씀에 굉장히 당황하게 됩니다.

율법은 내가 죄라고 인정하지 않았던 것들을 죄라고 말해 줍니다. 얼마나 괴롭습니까? 아예 듣지 않았으면 몰라도, 이런 말씀을 들은 후부터는 마음에 큰 어려움이 생기는 것입니다. 그 전에는 남의 것을 내 것인 줄 알고 마음대로 가졌습니다. 힘이 정의인 줄 알았습니다. 마치 동물의 세계와 같습니다. 동물의 세계에서는 힘 있는 동물이 약한 동물을 이깁니다. 잡아먹거나 죽였다고 해서 누가 뭐라고 하지 않습니다.

'약육강식(弱肉强食)', '적자생존(適者生存)'이라는 사자성어가 있습니다. 동물의 세계에서 통하는 말입니다. 그런데 우리 사회에서도 힘이 있는 사람들은 돈과 권력을 자기 보호막으로 삼고 그것을 '정의'라고 말합니다. 그 보호막 안에서 안주하고 안심하며 살아갑니다. 하지만 정말 이것이 옳은 것입니까? 동물의 세계에서는 힘이 곧 선(善)입니다. 그러나 하나님은 인간에게 법을 주셨습니다. 문제는, 거룩하신 하나님이 주신 완전한 법을, 죄에 물들어 멸망하게 된 인간이 지킬 수 없다는 것입니다.

율법이 주는 고통

죄 때문에 고민하는 것은 굉장히 고통스러운 일입니다. 동시에 하나님이 주신 법을 지키지 못하는 고통도 뒤따릅니다. 이것이 율법으로 말미암는 고통입니다.

> 그러나 죄가 기회를 타서 계명으로 말미암아 내 속에서 온갖 탐심을 이루었나니 이는 율법이 없으면 죄가 죽은 것임이라(롬 7:8).

율법이 오기 전에는 탐욕이 그리 심각한 문제가 아니었습니다. 죄를 반복적으로 오랫동안 짓게 되거나 죄가 통용되는 사회에서 살다 보면, 그 탐욕이 진리나 정의처럼 당연하게 느껴집니다. 죄가 문화화되고 습관화되어 있는 것입니다.

그런데 "탐하지 말라"(출 20:17 참조)는 계명을 받은 것입니다. 그것을 잊어버렸으면 좋겠는데 그 말씀이 계속 내게 남아 있습니다.

"탐하지 말라"는 계명을 받은 이후에는, 그것에 걸려 넘어지는 것입니다. 죄가 아니라고 생각했는데 죄로 드러났기 때문입니다.

더 놀라운 사실이 있습니다. 계명이 있기 전에는 죄가 그렇게 심각한 문제가 아니었습니다. "좀 잘못이 있기는 하지만 세상살이가 그렇고 그런 것이 아니냐?" 하며 넘어갔는데 계명을 받은 이후에는 죄가 분명해지는 것입니다. 숨겨진 죄가 드러나고, 드러난 죄가 격동하기 시작합니다. 충동과 격동이 율법이 없을 때보다 더 강해지는 것입니다. 그런데 우리는 그것을 겉으로 하지 않고 속으로 합니다. 생각으로 하는 것입니다. 그런 갈등을 내 안에 계속 가지고 있게 됩니다.

하나님의 법이 들어오면 다 드러나기 때문에 어떻게 해결할 길이 없습니다. 8절 마지막 부분에 보면 "율법이 없으면 죄가 죽은 것임이라"고 했습니다. 법이 없으면 죄가 형성이 되지 않습니다. 하지만 일단 죄가 드러나면, 죄를 더 짓게 되고 나는 없어져 버립니다. 그것이 이 말씀입니다.

> 전에 율법을 깨닫지 못했을 때에는 내가 살았더니 계명이 이르매 죄는 살아나고 나는 죽었도다(롬 7:9).

동물처럼 살던 인간이 도덕과 양심의 법을 갖게 되면 삶의 질이 달라집니다. 동물처럼 살면 편하겠는데 도덕과 양심의 법이 살아 있기 때문에 고민과 번민과 갈등을 하게 됩니다.

도덕과 양심의 법보다 더 높은 하나님의 법을 갖게 되면, 그 사람은 그 법을 지킬 수 없는 자신의 한계와 현실을 알게 되면서 인간의 연약함에 직면합니다. 선을 행하면 행할수록 오만하고 무례하고 이기적인 인간 본연의 내면세계를 보게 되는 것입니다.

그런데, 선을 행하지 못하거나 의롭게 살지 못하는 사람들, 어차피 자신은 죄인이라고 생각하는 사람들은 이런 좌절감이 깊지 않습니다. 감옥에 있는 사람들이나 누가 봐도 죄인으로 손가락질받는 사람들은 이 문제로 심각하게 고민하지 않습니다.

그러나 도덕과 양심에 예민하고, 의로운 일을 열심히 하는 사람들의 경우에는 하나님의 법을 알게 된 후로 더 번민합니다. 선을 행하고 구제를 하면서도 자신이 위선자요 오만한 자라는 사실을 스스로 느끼게 되는 것입니다. 사람들에게 칭찬을 받지만 사실 이 사람의 마음은 행복하지 않습니다. 또 다른 위선이 자기 속에 있는 것을 알기 때문에 그렇습니다. 율법이 그렇게 만드는 것입니다. 스스로의 모습을 적나라하게 보게 만듭니다. 사도 바울도 예수님을 핍박할 때는 이러한 자신의 모습에 대해 잘 몰랐습니다. 자신이 굉장히 의로운 사람인 줄 알았습니다.

정의를 외치며 이를 실천하는 사람들은, 남을 정죄하고 판단하기 때문에 자신이 굉장히 의롭고 정의로운 줄로 생각합니다. 그런 사람은 간음이나 살인, 부정을 하지 않겠지만, 자기도 모르는 사이에 오만과 남을 정죄하는 마음, 심판하는 마음으로 무장하기 시작합니다. 그런 사람일수록 마음에 평화가 없습니다. 늘 쫓기듯 삽니다. 정의로운데 불안합니다. 진리를 말하는데 불안한 것입니다.

이런 영적 고통과 갈등을 지성인이었던 바울은 오래 전에 겪었습니다. 그는 "믿음이 오기 전에 우리는 율법 아래에 매인 바 되고 계시될 믿음의 때까지 갇혔느니라 이같이 율법이 우리를 그리스도께로 인도하는 초등교사가 되어 우리로 하여금 믿음으로 말미암아 의롭다 함을 얻게 하려 함이라"(갈 3:23-24)라고 말합니다. 사도 바울은 율법은 장차 오실 그리스도의 그림자(히 10:1)요, 그리스도에게로 인도하는 초등 교사(갈 3:24)라는 것을 알았습니다.

그가 율법을 지키기 위해 뼈를 깎는 고통을 느낄 때마다 "오호라 나는 곤고한 사람이로다 이 사망의 몸에서 누가 나를 건져내랴"(롬 7:24)라고 고백했습니다. 이것은 한 지성인의 정직한 고백이라고 생각합니다. 그는 복음을 전하는 사람입니다. 기독교 역사상 가장 위대한 인물이었습니다. 그런 그가 하나님 앞에 서면 설수록 좌절감을 느낍니다. "나는 선을 행하고 싶은데 행할 능력이 없구나! 어쩌면 이렇게 나는 절망스러운 인간인가? 어쩌면 이렇게 거꾸로 된 인간인가?"라는 고민을 한 것입니다. 그리고 나서 나중에 "죄인 중에 괴수"(딤전 1:15)라고 했습니다.

저는 사람들에게 존경과 칭찬을 받고 신앙이 좋다는 말을 듣지만 내면에서는 하나님의 율법을 지킬 수 없다는 절망감을 느낍니다. 하나님의 법을 따르지 못하는 좌절감, 애쓰면 애쓸수록 더 고통을 느끼는 나 자신을 발견하게 됩니다. 이것이 바로 사도 바울이 했던 고민입니다. 이것은 죄를 지음으로써 받는 고통보다도 어떤 면에서는 더 큰 고통입니다. 눈에 보이거나 나타나지는 않습니다. 예수님을 적당히 믿고 죄도 적당히 짓는 사람에게는 큰 고민이 아니겠지만, 의롭게 살려고 애쓰는 사람은 노력하면 할수록 자신이 부끄러운 것입니다.

생명에 이르게 할 그 계명이 내게 대하여 도리어 사망에 이르게 하는 것이 되었도다(롬 7:10).

따라서 생명에 이르게 할 그 계명 앞에 가면 갈수록, 도리어 내게는 그것이 사망이 되는 것입니다. 죄의 삯만 사망이 아닙니다. 율법의 완전함, 허물과 죄로 죽었던 인간의 본성, 율법을 지킬 수 없는 인간의 죄악성이 예민하게 드러나게 될 때, 성령을 받은 사람들은 정말 죽을 것만 같습니다.

"율법은 그리스도가 오시기 전까지 주어진 하나님의 법이요, 그리스도의 그림자요, 그리스도에게로 인도하는 초등 교사인데 어떻게 이것이 나에게 생명이 되지 않고 도리어 사망이 되는 것인가?" 이것이 율법을 지키려고 했던 많은 사람들이 겪은 고통이요 실존적 절망인 것입니다. 그러나, 다시 말씀드리지만, 율법 자체가 우리에게 고통을 준 것이 아닙니다. 율법을 지키지 못하는 내가 문제인 것입니다.

율법과 은혜

그러면 우리는 어떻게 해야 할까요? 로마서는 이런 우리에게 빛을 던져 주고 있습니다. 거룩하고 완전하고 의로운 하나님의 율법을 완벽하게 지키신 분, 이 율법을 완성하시고 하나님의 거룩한 모든 요구를 십자가에서 완벽하게 다 이루신 분이 예수 그리스도입니다.

따라서 율법을 지키신 예수님 앞에 가면 안심합니다. 예수님이 "수고하고 무거운 짐 진 자들아 다 내게로 오라 내가 너희를 쉬게 하리라"(마 11:28), "너희는 마음에 근심하지 말라 하나님을 믿으니 또 나를 믿으라"(요 14:1)고 말씀하시기 때문입니다.

율법을 십자가에서 완성하신 예수 그리스도 앞에, 그 은혜의 보좌 앞에 가면 우리가 율법을 다 지킨 것으로 인정됩니다. 이것은 우리 자신이 이룬 것이 아니라 우리를 위하여 십자가에서 피 흘려 돌아가신 예수님이 이루신 것입니다. 그분의 은혜 안에 들어가면, 지나간 우리의 죄를 다 용서받을 뿐만 아니라 지금의 죄도 용서받고 앞으로 지을 죄도 용서받습니다. 이것이 바로 율법으로부터의 자유입니다.

여러분은 율법 앞에 서 있겠습니까, 그리스도의 은혜 안에 있겠습니까? 율법을 지킬 수 있는 사람은 그 누구도 없습니다. 우리가 세상을 살아가는 모습은 다 똑같습니다. 율법 앞으로 가면 다 다칩니다. '정의'라는 이름 앞으로 가면 다치지 않을 사람이 하나도 없습니다. 제일 먼저 다칠 사람은 정의를 말하는 사람 자신입니다.

따라서 율법이나 정의 앞으로 가면 나라가 망합니다. 은혜 안으로 들어가야 합니다. 그리스도에게로 가야 합니다. 그것은 불의해지는 것이 아니라 정의가 완성되는 것입니다. 연약하고 부족한 인간들이 예수 그리스도의 은혜로 옷 입으면 의가 완성됩니다. 하지만 여전히 문제가 있습니다. 예수의 이름으로 다른 엉뚱한 일을 하기 때문에 사람들이 그것을 믿지 않으려고 하는 것입니다. 교회를 가 봐도 별 것이 없고, 예수님을 믿는 사람도 별 것이 없고, 오히려 사회를 시끄럽게 하는 집단 아니냐는 오해를 받습니다.

교회가 이렇게 된 것은 사람들이 복음의 진리를 잘 깨닫지 못한 채 교회에 나오고, 목사가 되고, 장로가 되고, 직분을 받기 때문입니다.

> 죄가 기회를 타서 계명으로 말미암아 나를 속이고 그것으로 나를
> 죽였는지라(롬 7:11).

계명으로 말미암아 결국 죄가 나타나고, 나를 속이고, 나를 죽인

것입니다. 문제는 율법이 아니라 죄입니다. 율법이 아니요 죄인인 내가 문제입니다.

이로 보건대 율법은 거룩하고 계명도 거룩하고 의로우며 선하도다 (롬 7:12).

죄는 나를 멸망시키고 파괴시킵니다. 그러나 율법은 나로 하여금 죄를 똑바로 보게 합니다. 죄로 멸망당하는 고통이나 죄를 똑바로 보는 고통이나 똑같습니다. 자기 안에 있는 죄를 보는 고통은 대단한 것입니다. 잘못을 인정하기가 쉽습니까? 자꾸 변명하고 그렇지 않다고 이야기하고 싶은 것입니다. 정직하게 자기의 허물과 죄를 본다는 것은 쉬운 일이 아닙니다.

그런즉 선한 것이 내게 사망이 되었느냐 그럴 수 없느니라 오직 죄가 죄로 드러나기 위하여 선한 그것으로 말미암아 나를 죽게 만들었으니 이는 계명으로 말미암아 죄로 심히 죄 되게 하려 함이라(롬 7:13).

율법은 선하고 의로운 것인데 이것이 사망이 될 수 있습니까? 그럴 수 없습니다. 율법이 죄입니까? 그럴 수 없습니다. 그러면 율법이 나타난 이유는 무엇입니까? 죄가 죄로 드러나기 위해서입니다. 하나님의 법이 없으면 없는 대로 쉽게 살 수 있습니다. 그러나 그 결과는 죽음입니다. 영원한 죽음인 것입니다. 그렇기 때문에 죄를 숨기면 안 됩니다. 드러내서 치워야 하고 없애야 하는 것입니다. 율법은 이런 숨겨진 죄, 추하고 더러운 죄를 드러냅니다. 그러나 죄가 드러나야 예수님이 필요해집니다. 건강한 사람에게는 의원이 필요하지 않습니다. 죄를 인정하지 않는 사람에게 어떻게 구원이 있을 수 있겠습니까?

율법으로 인해 죄가 드러나면 죄를 씻을 수 있는 예수님을 찾게 됩니다. 율법은 그리스도의 그림자요 초등 교사요 그리스도가 오시기 전에 잠정적으로 존재하는 하나님의 법이라는 말이 바로 이런 의미입니다.

그렇다면 율법이 우리를 구원할 수 있습니까? 없습니다. 그럼에도 불구하고 많은 사람들이 예수를 믿고 나서 율법적으로 바뀌어 갑니다. 그리고 끊임없이 사람들을 정죄합니다. 율법은 잘못된 모습만을 가르쳐 주기 때문에 율법 안에 들어가면 절망하게 됩니다. 하지만 예수님을 믿으면 그 은혜가, 보혈의 피가, 성령의 역사가 우리를 새사람으로 만들고 거듭나게 합니다.

우리가 율법은 신령한 줄 알거니와 나는 육신에 속하여 죄 아래에 팔렸도다(롬 7:14).

율법은 신령합니다. 우리는 죄인입니다. 육신에 속하여 죄 아래에 팔린 존재인 우리는 율법을 지킬 수 없습니다. 여기에 누가 필요합니까? 예수 그리스도가 필요합니다. 예수 그리스도를 구주로 믿고 거듭난 사람은 남을 정죄하지 않습니다.

옳으냐 그르냐 하는 문제를 가지고 인류는 끊임없이 싸우지만, 답은 하나밖에 없습니다. 그것은 길이요 진리요 생명이신 예수 그리스도이십니다. 그는 하나님의 법을 완전히 지키신 분입니다. 내가 율법을 지켜서 구원을 받은 것이 아니라, 예수 그리스도를 믿음으로, 그분에게 의지함으로 구원을 받은 것입니다.

그분은 우리를 자신의 자녀로 삼아 주시고, 우리의 허물과 약점과 실수를 다 씻어 주셔서 아들의 형상을 닮기까지 우리를 이끌어 주십니다. 이것이 은혜입니다.

○

26

인간의 두 본성

로마서 7:15-25

○

사람을 고통스럽게 하는 것은 '죄'입니다. 그리고 이 '죄'가 눈으로 나타나는 것이 '악'입니다. 그런데 이 죄의 고통보다 더 심각한 고통이 율법으로부터의 고통입니다. 율법은 선하고 의롭고 거룩하고 완전한 것입니다. 율법이 고통스러운 이유는, 율법 자체가 잘못되어서가 아니라 내가 율법을 지킬 수 없기 때문입니다.

대부분의 사람들은 겉으로 보기에는 아무 문제가 없어 보이지만, 내면세계에 들어가 보면 깊은 갈등과 고민과 괴로움이 있습니다. 율법이 나타나면 내면에 숨어 있던 죄들이 드러나게 되어, 좌절감과 절망과 고통을 느끼게 됩니다. 율법을 지킬 자가 없기 때문에 이 문제는 아무도 해결할 수 없습니다.

죄로부터 자유롭게 되는 유일한 비결은 죄를 이기시고 우리를 보혈로 씻어 주신 예수 그리스도를 믿는 것입니다. 나는 율법을 못 지켰지만 율법을 완전하게 지키신 예수 그리스도 앞에 가게 되면 내가 율법을 지킨 사람으로 인정받고 자유롭게 됩니다.

두 가지 본성

계속해서 성경은 인간에게 두 가지 본성이 있다고 이야기합니다.

첫째, 사람은 누구든지 선을 행하고 싶은 본능을 가지고 있다는 것입니다. 착한 일을 하고 싶은 것입니다. 불쌍한 사람을 도와주고 싶고, 아픈 사람을 어떻게 해서든 도와주고 싶은 본능이 인간의 마음속에 있습니다.

그러나 동시에 인간에게는 악을 저지르고 싶은 본능도 있습니다. 괜히 주먹으로 때리고, 해서는 안 되는 욕이 입에서 나오기도 합니다. 그 사람을 사랑하고, 용서하고 싶은데 잘 안 됩니다. 죄를 짓고 싶은 마음은 없었는데, 어쩌다 보니 죄를 지었습니다. 도대체 왜 이런 일들이 일어나는 것일까요? 어떤 사람들은 "선을 지배하는 선한 신이 있고 악을 지배하는 악한 신이 있어서, 인간에게 선과 악이 공존하는 것이다"라고 설명하지만 그것은 거짓입니다.

인간은 두 신이 창조한 것이 아니라 천지를 지으신 한 하나님이 창조하셨습니다. 하나님은 우리를 악하게 창조하지 않으셨습니다. 선하게 창조하셨습니다. 하나님이 선하시기 때문에, 우리는 하나님의 형상대로 지음받은 존재입니다.

인간에게는 '죽음'이라는 것이 없었습니다. 영원히 사는 존재였고 죄가 없는 에덴동산에서 살아왔던 존재입니다. 그럼, 인간에게 왜 '악'이 있는 것입니까? 하나님이 악을 만드셨습니까? 하나님이 악을 제거할 수 없으셨을까요? 아닙니다. 사탄이 공격해 온 것입니다. 마치 도둑이 내 집에 숨어 들어와서 물건을 다 훔쳐 가듯이 사탄이 들어와서 우리를 유혹한 것입니다. 아담과 이브를 유혹해서 죄를 짓게 만들고, 죄를 지으니까 악이 들어오고, 이어서 죽음이 들어온 것입니다. 이 죄가 들어온 후부터 인간에게 악한 본성이 생기기 시작했습니다. 처음부터 있었던 것이 아닙니다. 마치 하얀 천에 누군가 빨간 물감을 뿌려 놓은 것과 같습니다. 그런데 그 물감을 뿌리게 한 것은 바로 우리들입니다. 마귀가 들어와서 물감을 뿌리도록 우리가 뒷문을 열어 놓은 것입니다.

따라서 인간 안에는 두 가지 본성이 공존하게 되었습니다. 이 두 가지 본성이 서로 대적하고 서로 싸우는 것입니다. 어떤 분은 이런 것들을 예민하게 느낍니다. 자신 안에 있는 죄, 위선 같은 것을 예민하게 느끼는 것입니다. 반대로 죄를 많이 짓고도 뻔뻔하게, 아무런 느낌이 없는 사람이 있습니다. 사람마다 차이가 있습니다. 이것은 문화, 종교, 자라온 환경의 차이로 조금씩 다를 수 있습니다. 그러나 죽음 앞에 서면 누구든지 두려워하기 시작합니다.

인간이 왜 죽음을 두려워하는지 아십니까? 죽음 이후의 세계에 대해서 불안하기 때문입니다. 천국에 대한 소망이 있는 사람은 절대로 죽음을 두려워하지 않습니다. 실패도 두려워하지 않습니다. 그러나 보여 주기 위해 살아온 사람들은 겉은 멀쩡해도 내면에 아무것도 없기 때문에 쫓기는 듯하고 불안하고 초조해 합니다.

그 점을 일찍 인정하느냐, 늦게 인정하느냐의 차이일 뿐입니다. 아무리 동물같이 살아도 인간은 인간입니다. 죽음 앞에 서면 자신이 살아온 생애를 정리하게 되는 것입니다. 그래서 죽음을 3개월 정도 앞둔 사람이 제일 정직합니다. 그 사람은 인생을 정리합니다. 권력, 부, 명예 등이 그리 중요하지 않다는 점을 알게 됩니다. 그리고는 스스로 질문합니다. "나는 누구인가? 내가 죽으면 나는 어디로 가는 것일까?"

갈등의 시작

> 내가 행하는 것을 내가 알지 못하노니 곧 내가 원하는 것은 행하지 아니하고 도리어 미워하는 것을 행함이라(롬 7:15).

이것이 인간의 갈등입니다. 인간은 자신을 잘 알지 못합니다. 어떤 사람은 자신만을 위해 삽니다. 그렇게 인생을 사는 사람은 허무함에 빠집니다. 아무리 나를 뒤져 봐도 내가 나를 알지 못합니다. 그것이 인생입니다.

우리는 흔히 "나는 왜 이럴까?", "내가 왜 그랬지?", "난 안 돼"라는 말을 합니다. "내가 하는 행동을 내가 모르겠다"는 말입니다. 내가 원하는 일은 하지 않고, 원하지 않는 일을 자꾸 하는 것입니다. 하지 말라는 것은 더 하고 싶고, 짓지 말라는 죄는 더 짓고 싶고, 지은 죄는 은밀하게 숨겨 버리는 것이 인간입니다.

사람들은, 무슨 일이든지 일어난 현상을 해석하지 못하면 못 살게 되어 있습니다. 그래서 도둑질을 해도 해석을 하면서 뻔뻔하게 삽니다. 그렇게 자기가 지은 죄를 합리화하고 변명하며 사는 것입니다. 그러나 그것은 오래 가지 못합니다. 결정적인 순간에 주님 앞에 서면 다 깨져 버리고 맙니다. 그리고는 외로움을 느끼고, 죽지 않기 위해 몸부림을 칩니다.

> 만일 내가 원하지 아니하는 그것을 행하면 내가 이로써 율법이 선한 것을 시인하노니 이제는 그것을 행하는 자가 내가 아니요 내 속에 거하는 죄니라(롬 7:16-17).

내가 원하는 것은 내가 행하지 않겠습니까? 그런데 자기도 모르게 도둑질을 하고, 남을 죽이기도 합니다. 내가 원하지 않는 이런 짓을 했다면 그것은 내가 행한 것입니까? 아닙니다. '어떤 것'이 행한 것입니다. 17절에서는 '어떤 것'을 '죄'라고 지적합니다. 내가 원하지 않는 어떤 것이 들어와서, 내가 시키지 않은 일을 내 이름으로 해 버린 것입니다. 마치 자식이 아버지 도장을 훔쳐 가서 재산 행사를 하는 것과 마찬가지입니다. 아버지는 하지 않았지만 자식이 한 것처럼, 그런 일이 내 안에서 일어나는 것입니다.

내가 원하지 않는 것을 행한다는 사실을 누가 가르쳐 주었습니까? 율법입니다. 율법이 선한 것을 보여 준 것입니다. 사람 몸에 병균이 들어오면, 몸에 열이 나고 여러 가지 통증이 나타납니다. 건강한 사람이라도 바이러스가 들어오면 이런 일이 일어나는 것입니다. 눈에 이물질이 들어오면 눈을 뜨지도 못하고 아파합니다. 왜 그렇습니까? 이물질이 들어왔기 때문에 그렇습니다.

인간은 선하고 싶고, 정직하고 싶고, 하나님을 믿고 싶은데 어떤 이물질이 내 안에 들어오는 것입니다. 그것이 내 안에서 염증을 일으키고, 열이 나게 하고, 어떤 부분은 썩게 만듭니다. 그리고 내가 원하지 않는 일을 하게 만듭니다.

이러한 것들이 다 제거되어야 합니다. 우리의 마음을 괴롭히고 우리 안에 들어와서 남을 미워하게 하고, 나를 파괴하고, 내가 원하는 것을 하지 못하게 하는 이 죄를 끄집어내야 합니다. 이것을 끄집어내지 않으면 계속해서 내가 괴로움을 겪을 수밖에 없습니다.

원함과 행함

이 죄는 어떻게 드러났을까요? 율법이 있었기 때문입니다. 율법이 없을 때는 죄를 느끼지 못했는데 율법을 받은 후로 죄를 알게 됩니다. 교회에 오기 전에는 죄를 느끼지 못했는데 교회에 온 후로 괴롭습니다. 세상의 법대로 살 때는 아무 문제가 없는데 교회에 오니 죄가 드러나서 당황스러워 합니다.

예전에는 편하게 살았는데 하나님이 그렇게 살지 말라고 하십니다. 율법이 있었기 때문에 죄가 죄 된 것입니다. 그래서 "내가 원하지 않는 것을 행하면 율법이 선한 것을 시인하는 것이다"라고 성경은 우리에게 말합니다.

> 내 속 곧 내 육신에 선한 것이 거하지 아니하는 줄을 아노니 원함은 내게 있으나 선을 행하는 것은 없노라(롬 7:18).

내 속에 원함은 있지만 선을 행하는 것은 없습니다. 그런데 착한 일을 많이 한 사람들, 좋은 일을 많이 한 사람들은 자신이 굉장히 착한 줄로 착각합니다. 하나님 없이 인간이 선할 수 있다고 생각하고 그것을 믿습니다.

그러나 자기 내면의 세계를 깊이 들여다보면 그 생각이 거짓이라는 사실을 알게 됩니다. 그 점은 자기 자신이 제일 잘 압니다. 사람들이 박수를 치며 훌륭한 사람이라고 칭찬을 하지만, 자기 안을 들여다보면 그렇지 않습니다. 그 사람은 거룩해서 성적인 욕망도 없고, 야망도 없이 그저 베풀어 주는 것같이 보입니다. 하지만 정말 그렇습니까? 아닙니다. 가장 거룩하게 보이는 사람이 가장 위선자일 수 있습니다. 인간은 그렇게 거룩한 존재가 아니기 때문입니다.

누구를 막론하고 인간은 추악한 존재입니다. 인간 속에는 끊임없는 죄의 야망이 용암 끓듯이 부글부글 끓고 있습니다. 교육, 교양, 도덕, 가정환경으로 잘 포장되어 있어서 세상에서 제일 행복한 사람처럼 보입니다. 정말 그렇습니까? 그렇지 않습니다. 그것을 누가 증명합니까? 바로 우리 자신입니다. 내 속에 원함은 있으나 선한 것이 없는 것입니다. 갈라디아서는 이것을 "내가 이르노니 너희는 성령을 따라 행하라 그리하면 육체의 욕심을 이루지 아니하리라 육체의 소욕은 성령을 거스르고 성령은 육체를 거스르나니 이 둘이 서로 대적함으로 너희가 원하는 것을 하지 못하게 하려 함이니라"(갈 5:16-17)고 이야기했습니다.

인간의 내면에는 선한 것이 없다는 사실을 알아야 합니다. 이미 우리는 사탄이 뿌려 놓은 물감에 다 젖어 버렸습니다. 그러나 하나님은 다 젖은 것 같고, 추악함만 남은 것 같은 우리 마음 깊은 곳에 선의 뿌리를 두셨습니다. 구원의 가능성을 주신 것입니다. 따라서 누구든지 예수 그리스도를 믿으면 구원의 뿌리, 가능성, 하나님이 만들어 놓은 선한 모습, 하나님의 형상대로 지음받은 것이 살아납니다. 예수의 이름으로 살아나서, 나를 덮고 있는 어둡고 무거운 그림자들을 하나씩 하나씩 벗겨 내기 시작합니다.

내가 원하는 바 선은 행하지 아니하고 도리어 원하지 아니하는 바 악을 행하는도다(롬 7:19).

'악'이란 무엇입니까? 죄가 생산한 열매입니다. 그래서 악에는 종류가 많습니다. 그런데 중요한 것이 있습니다. 악은 정적이지 않다는 점입니다. 악은 동적입니다. 살아 있는 생물과도 같습니다. 계속 움직이고 영향력을 미치고 행동하고 결과를 만들어 냅니다. 악이 들어간 곳은 파괴되고 악과 접촉한 모든 사람들이 파멸하기 시작합니다. 전염병을 계속 옮기는 균과 같은 것이 바로 이 '악'입니다. 내가 원하지 않는 일을 계속 시킵니다. 끌고 다니는 것입니다. 이것이 바로 죄로 말미암는 고통이요 율법 안에서 죄를 발견한 자의 고통입니다.

중학생이 자살했던 사건이 있습니다. 선배들의 강압에 못 이겨서 도둑질을 했는데, 몇 번 하다가 경찰에 잡혔습니다. 그러나 나이가 어렸기 때문에 부모에게 돌려보냈습니다. 부모가 얼마나 속상하고 마음이 힘들었겠습니까? 야단을 쳤겠지요. 그다음 날 아이는 목을 매달아 죽었습니다. 우리는 그 아이 입장으로 돌아가 볼 필요가 있습니다. 제가 초등학교 다닐 때, 나이가 많고 키가 큰 한 학생이 저를 굉장히 괴롭혔습니다. 저는 연필도 많이 뺏겼고, 그 아이 책가방도 많이 들어 주었습니다.

이런 종류의 괴롭힘에는 특징이 있습니다. 부모에게 말을 못한다는 것입니다. 그 중학생은 공포를 느꼈을 것입니다. 부모에게 이해받지 못했을 때 그 아이가 택할 수 있는 길은 자살밖에 없었던 것입니다. 원하지 않는 일들이 벌어진 것입니다. 우리에게도 지금 원하지 않는 일들이 벌어지고 있는지 모릅니다. 그렇게 하고 싶지 않았는데 그렇게 되어 버리는 경우가 있습니다. 도피할 수도 없습니다.

죄의 법 아래서

이런 현상이 사도 바울 안에서 일어나고 있습니다. 선을 행하고 싶은데 안 됩니다. 착한 일을 하고 싶은데 안 되는 것입니다. 이것은 어떤 세력이 나를 붙들고, 나를 괴롭히고, 나를 끌고 다니고 있는 것입니다. 나는 건강하고 싶은데 어떤 바이러스가 내 몸에 들어와서 몸의 한 부분을 망가뜨린 것입니다.

아픈 사람은 병원에 가서 진단을 받고 적절한 치료를 받아야 하듯이, 우리의 영혼이 병들었다면 치료해야 합니다. 그렇게 하기 전까지는 우리 안에 있는 선한 본성과 악한 본성이 계속 싸웁니다. 이 악한 본성은 나를 파괴하고 다른 사람까지 파괴하게 만듭니다.

> 그러므로 내가 한 법을 깨달았노니 곧 선을 행하기 원하는 나에게 악이 함께 있는 것이로다(롬 7:21).

선을 행하고 싶은 나에게 악이 있습니다. 이것이 인간의 진실한 모습입니다. 이상적인 나와 현실적인 나, 건강해야 할 몸에 질병을 가지고 있는 나, 이러한 현실을 인정하며 살아야 합니다. 나는 선하게 지음받은 존재인데, 나도 모르게 악한 본성을 가지고 있는 것입니다. 이 본성을 떼어 버리고 싶은데 잘 되지 않습니다.

> 내 속사람으로는 하나님의 법을 즐거워하되 내 지체 속에서 한 다

른 법이 내 마음의 법과 싸워 내 지체 속에 있는 죄의 법으로 나를 사로잡는 것을 보는도다(롬 7:22-23).

내 속사람은 하나님의 법을 즐거워합니다. "나는 하나님을 사랑해요. 하나님의 뜻대로 살고 싶어요. 하나님 법의 지배를 받고 싶어요"라고 하지만 내 지체 속에서 다른 한 법이 안개처럼 퍼져 나옵니다. 그렇게 사도 바울은 죄의 법에 사로잡히게 되는 현실을 본 것입니다. 이것은 엄청난 전쟁입니다. 중국과 대만, 아랍과 이스라엘, 남한과 북한. 이런 대치 상황과 비교할 수 없는 엄청난 전쟁이 우리 마음속에서 일어나고 있습니다.

죄를 지을 것이냐 짓지 않을 것이냐, 선을 행할 것이냐 행하지 않을 것이냐. 이것을 놓고 싸우는 것입니다. 사람을 의식할 것인가, 하나님을 의식할 것인가를 결정해야 합니다. 내 마음의 법을 따를 것인가, 현실을 따를 것인가를 놓고 계속 싸웁니다.

영적 싸움은 권투가 아닌 레슬링입니다. 권투는 떨어져서 할 수 있지만 레슬링은 둘이 서로 엉겨 붙어서 하는 것입니다. 영적 전쟁은 레슬링과 같은 육탄전입니다. 마귀와 서로 붙잡고 뒹구는 것입니다. 그러다 누군가 한쪽이 이기게 됩니다. 이 처절하고 기가 막힌 전쟁이 우리 안에 있습니다. 어떻게 하겠습니까? 악에게 두 손 들겠습니까, 아니면 예수 그리스도의 이름으로 승리하겠습니까? 길은 하나밖에 없습니다. 우리는 여러 길 중에 한 길을 택해야 합니다. 중간 지대란 없습니다.

> 오호라 나는 곤고한 사람이로다 이 사망의 몸에서 누가 나를 건져
> 내랴(롬 7:24).

바울의 절규입니다. 그가 얼마나 처절하게 내적 투쟁을 했는지 알 수 있습니다. 그는 엄청난 고난을 당하면서 복음을 전했습니다. 돌에 맞기, 태장으로 맞기, 강도의 위험, 시내의 위험, 광야의 위험, 굶주림, 잠 못 잠, 헐벗음 등 사형 선고를 받은 것 같은 경험을 수없이 했습니다.

그러나 이런 고통쯤은 아무것도 아니었습니다. 더 심각한 고통은 "내 안에서 죄와 싸우는 경험, 나 자신과 싸우는 경험"이라는 것입니다.

왜 그렇습니까? 선을 행할 수도 있고 악을 행할 수도 있는 것이 '나'이기 때문에 그렇습니다. 선을 행할 수도 있고 악을 행할 수도 있는 열쇠가 내게 있습니다. 거짓을 거부하고 진리를 받아들일 수 있는 열쇠를 내가 갖고 있습니다. 이 점이 어려운 것입니다. 내가 강요당했으면 오히려 쉽습니다. 핑계를 댈 수 있으니까요. 하지만 이제는 책임이 내게 있는 것입니다.

구원의 시작

바울은 두 가지 고백을 합니다. "나는 곤고한 사람입니다"라는 것과 "사망의 몸에서 나를 구원해 주십시오"라는 고백입니다.

인간의 두 본성 앞에서 우리도 이 두 가지 고백을 해야 합니다. 첫째는 "하나님, 나는 외롭고 곤고하고 비참한 인간입니다"라는 고백입니다. 이것은 "나는 내 힘으로 어떻게 할 길이 없습니다. 그리고 내 안에 있는 두 본성의 싸움을 내가 무시할 수 없습니다"라는 의미입니다.

두 번째 고백은 "하나님 살려 주십시오. 도와주십시오. 내 힘으로는 이것이 되지 않으니 하나님의 힘으로 되게 해 주십시오"라는 것입니다. 이렇게 고백할 때 우리는 율법의 갈등, 두 본성의 갈등으로부터 해방되기 시작합니다.

> 우리 주 예수 그리스도로 말미암아 하나님께 감사하리로다 그런즉 내 자신이 마음으로는 하나님의 법을 육신으로는 죄의 법을 섬기노라(롬 7:25).

이제 모든 것이 확실해집니다. 우리는 어떻게 살아날 수 있습니까? 예수 그리스도께 나아가야 합니다. 예수 그리스도 안에 있는 자에게는 결코 정죄함이 없기 때문입니다. 우리는 성령의 지배를 받아야 합니다. 생명의 성령의 법이 죄와 사망의 법에서 우리를 해방하는 것입니다.

많은 사람들이, 자신이 죄인이라는 사실을 무서워서 고백하지 못합니다. 어떤 사람들은 자신의 인생을 거품으로만 채워 놓고는 자신이 괜찮은 줄로 생각합니다. 하지만 다 뜬구름이요 그림자에 불과합니다. 진실이 없는 것입니다. 이런 현실을 깨닫는 것이 구원의 시작입니다. 축복의 시작입니다. 왜냐하면 이제부터 하나님이 우리와 함께 계시기 때문입니다. 나를 구원해 주는 주체는 내가 아니라 하나님이요, 나를 축복해 주는 주체는 환경이 아니라 하나님이라는 사실을 알게 될 때, 우리는 자신을 의지하지 않고 복의 근원이 되시는 하나님께로 나아갑니다. 우리의 죄를 용서하시는 예수님과, 죄와 사망의 법에서 해방시키시는 성령의 능력 아래로 들어가게 되는 것입니다.

시편 22편은 어두운 장입니다. 그런데 이 어두운 터널을 뚫고 나가면 시편 23편이 보입니다. 시편 22편의 경험이 없는 사람에게는 절대로 시편 23편의 축복도 없습니다. 로마서 7장의 고민을 해 보지 않은 사람은 로마서 8장의 영광스러움을 모릅니다. 십자가의 고난에 참여하지 않은 사람은 부활의 영광에 참여할 수 없는 것입니다.

저는 여러분이 심각하게 고민하는 모습을 귀하게 생각합니다. 고민하십시오. 몸부림치십시오. 정직해야 합니다. 그러면 하나님의 위로와 축복, 영광과 회복이 나타나는 줄로 믿습니다.

4부

생명과 성령의 법

로마서 8:1-39

성령의 법이 내 육신 안에 있는 죄와 사망의 법에서
나를 해방시켰다는 사실을 믿으십시오.
그러면 육의 모든 본능으로부터 해방되기 시작합니다.
예수 그리스도 안에 있는 생명의 성령의 법에 지배를 받는 사람들은
죄와 사망의 법에서 해방받을 수 있습니다.
해방된 우리는 희생하는 사랑, 긍휼과 은혜의 사랑, 조건 없는 사랑,
그 십자가 사랑 안에 거하게 됩니다.

○

27

사망으로부터의 자유

로마서 8:1-2

○

로마서 7장에서 우리는 인간의 내면에 자리 잡고 있는 두 가지 본성에 대한 말씀을 보았습니다. 하나는 선을 행하고자 하는 본성이고 또 하나는 우리가 원하지 않는 악을 행하는 본성입니다. 이 두 가지 본성을 경험해 보지 않는 인간은 하나도 없을 것입니다. 이것들은 우리 안에서 심각하게 대립하고 갈등을 일으킵니다.

사도 바울은 예수님을 믿고 죄로부터의 자유, 율법으로부터의 자유를 경험했습니다. 이렇게 죄와 율법으로부터 자유함을 받은 사도 바울이었지만, 자기를 괴롭히는 또 하나의 어두운 세력이 있다는 것을 다음과 같이 고백합니다. "내 속사람으로는 하나님의 법을 즐거워하되 내 지체 속에서 한 다른 법이 내 마음의 법과 싸워 내 지체 속에 있는 죄의 법으로 나를 사로잡는 것을 보는도다"(롬 7:22-23).

사도 바울은 어떤 다른 사람이 아닌, 자신 안에서 자신을 괴롭히고 자신을 파괴하려고 하며, 자신에게 갈등을 일으키는 한 법을 보게 된 것입니다. 이것은 어떤 의미에서 영적 싸움입니다.

우리가 예수님을 믿고 바로 죽었다면 갈등이 없을 것입니다. 문제는 우리가 살아 있다는 것입니다. 구원받은 영을 감싸고 있는 그 육의 몸을 계속 갖고 살기 때문에, 육이 주는 정욕과 고통과 갈등을 그대로 겪는 것입니다.

자기를 부인한다는 것

우리가 육의 소욕, 육의 정욕, 육을 잡고 있는 죄성에 대한 죽음을 경험했다면, 우리는 예수님을 훨씬 더 자유롭고 기쁘게 믿었을 것입니다. 그러나 우리가 잘 믿으려고 하고, 말씀대로 살아 보려고 하면 육이 우리를 가로막습니다.

이것이 바로 육의 갈등입니다. 육신의 몸을 가지고 있는 한, 우리가 죽어서 육신의 몸을 땅에 버리고 하늘나라로 가기 전까지는 육 때문에 고통을 겪게 됩니다. 육이 없다면 우리는 밥을 먹지 않아도 될 것입니다. 우리가 육을 벗어났다면 우리에게 아픔도 고통도 눈물도 없을 것입니다. 그러나 우리는 육을 가지고 있기 때문에 병에 걸리고 고통도 느낍니다.

문제는, 우리가 구원받은 자로서 어떻게 육의 소욕과 우리의 몸을 통제할 수 있느냐 하는 것입니다. 예수님도 사랑하는 제자들에게 "무리와 제자들을 불러 이르시되 누구든지 나를 따라오려거든 자기를 부인하고 자기 십자가를 지고 나를 따를 것이니라"(막 8:34)라고 말씀하셨습니다.

자기를 부인하지 않고서 주님을 따르기는 어렵습니다. 마음으로는 하나님의 법을 섬기고 속사람은 하나님의 법을 추구하지만, 내가 원하지 않는 다른 법이 나를 사로잡아서 이것을 못하게 합니다. 그래서 자기를 부인하고, 자기를 죽이고, 자기 육의 소욕을 부인하지 않으면 주님을 섬기기가 어려운 것입니다.

전도하고 싶지 않은 사람이 어디에 있습니까? 그런데 몸이 말을 듣지 않습니다. 죄를 짓고 싶고 악을 행하고 싶은 사람이 어디 있겠습니까? 그러나 내 몸이, 내 육이, 내 정욕이 자꾸 죄에 접근하는 것입니다. 내 마음과는 반대로 충동을 받고 격동을 하고 움직이기 때문에 내가 원하는 대로 주님을 섬길 수가 없습니다. 자기를 부인하라는 말은 자신의 육신의 소욕을 부인하라는 뜻이요, 옛사람, 겉사람을 거부하라는 뜻입니다.

사도 바울은 갈라디아서 5장 24절에서 비슷한 말을 합니다. "그리스도 예수의 사람들은 육체와 함께 그 정욕과 탐심을 십자가에 못 박았느니라." 육체와 함께 정욕과 탐심을 십자가에 못 박지 않은 사람들은, 대충 예수님을 믿어 구원받고 천국에 가려고 합니다. 성경 공부도 하고 '할렐루야'와 '아멘'을 외치지만 자신의 성격이 변하는 것은 원하지 않습니다. 예수님을 10년, 20년을 믿어도 모습이 변하지 않습니다.

여기에 문제가 있습니다. 내 육신이 변하는 것을 원하지 않는 것입니다. 내 영이 변하는 것은 좋아합니다. 구원받는 것은 환영합니다. 그러나 내 삶을 바꾸려고 하면 갈등이 생기게 됩니다. 몸이 찢어져야 합니다. 한 아이가 세상에 태어날 때 어머니의 몸이 찢어지듯이, 우리의 겉 사람이 찢어지지 않으면 새사람이 나오지 않습니다.

그러나 우리는 옛사람 그대로 살기를 원합니다. 자신은 절대로 변하지 않는다고 말하는 사람도 있습니다. 자기 성격은 어렸을 때부터 형성된 것이기 때문에, 그것이 자신의 개성이기 때문에 바꿀 수 없다고 생각합니다. 그러면서도 예수님을 잘 믿고 싶어 합니다.

우리가 예수님을 잘 믿으려면 우리의 겉 사람이 변해야 합니다. 우리의 몸이 변해야 합니다. 영혼을 담고 있는 이 육신이 변하지 않으면, 우리는 신앙생활을 바르게 할 수 없습니다. 고린도전서에서 사도 바울은 재미있는 표현을 하고 있습니다. "형제들아 내가 그리스도 예수 우리 주 안에서 가진 바 너희에 대한 나의 자랑을 두고 단언하노니 나는 날마다 죽노라"(고전 15:31).

한 번 죽으면 됐지, 왜 날마다 죽는다고 했을까요? 우리가 매일매일 자신의 육신을 쳐서 복종시키지 않으면, 내 안에 있는 영이 마음대로 활동하기가 어렵습니다. 죽은 사람은 말이 없습니다. 정말로 육체가 죽은 사람들은 늘 순종합니다. 불평이 없습니다. 원망과 시비가 없습니다. 혈기도 미움도 없습니다. 그러나 우리는 예수님을 믿으면서도 미워하고 시기하고 질투하고 야망과 욕망에 사로잡혀서 갈등하고 괴로워하는 것입니다.

우리의 육이 다 죽기를 바랍니다. 성령의 능력을 힘입어, 육의 욕망들이 다 사라지기를 바랍니다. 사도 바울의 "오호라 나는 곤고한 사람이로다 이 사망의 몸에서 누가 나를 건져내랴"(롬 7:24)라는 고백을 다시 한번 봅시다. 이것은 예수 믿지 않는 사람의 고민이 아니라, 예수 믿고 구원받은 우리에게 있는 고민입니다. 육의 갈등, 육에 대한 욕망, 육에 관한 이 목마름, 죄의 본성이 계속 우리를 괴롭히고 있는 것입니다.

우리는 육의 몸을 벗어야 합니다. 옛사람을 벗어야 합니다. 육의 모든 나쁜 습관들이 죽어야 합니다. 자기를 부인해야만 주님을 따를 수가 있습니다.

인정해야 할 것 두 가지

어떻게 하면 육신의 욕망에서 벗어나서 성령이 이끄시는 능력 있는 삶을 살 수 있을까요? 육신의 몸을 가지고 있는 동안에는 어차피 육의 제한을 받을 수밖에 없습니다. 그러면, 육신의 몸을 가지고 있는 동안, 육신의 정욕과 죄의 정욕으로부터 어떻게 하면 영향을 덜 받고 살 수 있을까요?

첫 번째 비결은 로마서 7장 25절 말씀에 있습니다. 우리는 인간이기 때문에, 비록 예수 그리스도의 십자가로 말미암아 영은 구원을 받았지만, 우리가 육신을 가지고 있는 동안에는 육의 본성이 우리에게 있다는 사실을 인정하는 것입니다. 사도 바울은 "그런즉 내 자신이 마음으로는 하나님의 법을 육신으로는 죄의 법을 섬기노라"(롬 7:25)라고 사실을 인정했습니다.

'인정한다'는 것은 굉장히 중요한 말입니다. "나는 비록 하나님을 믿는 구원받은 사람이지만, 이 세상에서 육의 옷을 입고 사는 동안에는 병들 수도 있고 육의 욕망에 사로잡힐 수도 있는, 두 얼굴을 가진 허구적인 인간이다"라는 사실을 겸허하게 인정해야 합니다. 이 점을 인정하지 않으면 우리는 위선자가 됩니다.

그래서 사도 바울은 "오호라 나는 곤고한 사람이로다 이 사망의 몸에서 누가 나를 건져내랴"(롬 7:24)라는 심각한 자기 고백을 한 것입니다. 베드로에게도 예수님이 "마음에는 원이로되 육신이 약하도다"(마 26:41)라고 말씀하셨습니다.

우리는 육의 연약함을 고백해야 합니다. 인간이란 유리그릇처럼 쉽게 깨질 수밖에 없는 존재입니다. 인간은 어느 누구를 막론하고 온전하게 거룩해질 수 없는, 죄의 속성을 가지고 있다는 점을 인정해야 합니다. 물론 우리의 영은 구원을 받았습니다. 하나님의 자녀가 되었습니다. 그러나 육신은 아직도 죄의 속성에 사로잡혀 있는 것 또한 사실입니다.

두 번째로 인정할 것이 또 있습니다. 내 노력, 내 의지, 내 방법으로는 이 육신의 욕망이 제어되지 않는다는 사실을 인정해야 합니다. 노력해서, 애써서, 금식하고 철야 기도 해서 내 안에 있는 육을 제어할 수 있으면 얼마나 좋겠습니까?

그런데 그렇게 되지 않습니다. 고치면 고칠수록 더 악화되고, 노력하면 할수록 더 좌절하는 내 내면의 본성을 그대로 인정하고 주님 앞에 나가야 합니다. 우리가 노력해서 되는 것이 아니라 성령님의 능력을 힘입어야, 우리 주 예수 그리스도의 능력을 힘입어야 우리가 치유될 수 있다는 사실을 인정하기 전까지는 해답이 없습니다. 인정하지 않으면, 우리는 고도로 교활한 위선자가 될 뿐입니다.

우리는 겉으로는 얼마든지 경건의 모양을 가질 수 있습니다. 하지만 내 마음속에 안개처럼 피어오르는 이 육의 본능은 어느 누구도 어쩔 수가 없습니다. 경건의 모습만 가진 사람일수록 비판적입니다. 엄격하고 다른 사람을 용서하지 않습니다. 무서운 인간이 되고 마는 것입니다. 그것이 위선입니다.

그러면 어떻게 우리가 육신의 정욕, 죄의 본성, 육의 욕망으로부터 벗어나서 하나님이 기뻐하시고 좋아하시는 삶을 살 수 있을까요? 우리 육이 성령으로 충만해져서, 내 죄의 본성은 다 죽고 하나님의 거룩한 본성이 내 육신에 채워지면 그런 삶을 사는 것이 가능합니다.

이것은 사람마다 좀 다릅니다. 육신이 강해서 교만하고 오만하고 뻔뻔하게 사는 사람도 있고, 반대로 성령이 원하는 대로 잘 따라가며 사는 사람도 있습니다. 그래서 사람은 병이 들어야 하나님을 잘 믿는다고 합니다. 병이 들면 몸이 흐물흐물해지고, 죽음이 가까이 오면 하나님을 생각하게 되기 때문입니다. "육신은 아무것도 아니구나"라는 것을 깨닫고 겸손해집니다. 병들지 않고 겸손해질 수는 없을까요? 실패하지 않고 축복받을 수는 없을까요? 육신이 건강할 때 하나님께 순종하게 되면 얼마나 좋겠습니까? 그 비결을 로마서 8장에서 이야기합니다.

로마서 8장을 시작하기 전에 두 가지를 인정하라고 했습니다.

우리는 죄의 본성을 가지고 있는 인간이라는 것과 이러한 모든 육의 욕망은 내 힘으로, 인간의 노력으로, 의지로, 극기로 되지 않는다는 것입니다.

그러나 로마서 8장에서는 우리에게 더 적극적으로 분명한 해답을 주십니다. "그러므로 이제 그리스도 예수 안에 있는 자에게는 결코 정죄함이 없나니"(롬 8:1)라는 선언입니다. 이 구절의 '그러므로'라는 단어를 살펴보겠습니다. 이 단어는 로마서 1장부터 7장까지의 모든 내용을 요약한 말이라고 할 수 있습니다. 그럼 1장부터 7장까지의 내용은 무엇입니까? 하나님을 믿는 사람이건, 믿지 않는 사람이건, 믿으면 믿은 대로 안 믿으면 안 믿은 대로, 모두 죄인이라는 것입니다. 그래서 구원은 내 노력이나 내 의로 되는 것이 아니라, 하나님이 세상에 보내 주신 예수 그리스도를 믿음으로 말미암아 얻는다는 비밀을 로마서 1장에서 설명했습니다.

구원받은 사람은 죄와 율법에서 자유롭지만, 이 지상에 살고 있는 동안에는 육신을 갖고 있습니다. 그 육신 안에는 하나님을 섬기려는 본성과 이것을 막으려는 육의 본성이 있습니다. 그런데 우리는 이 육의 본능을 내 힘으로 이길 수 없으며 육체의 소욕도 이길 수 없다는 사실을 솔직히 인정해야 합니다. 이것이 로마서 7장까지의 말씀입니다.

그런 후 로마서 8장에는 이 문제를 해결하는 원리가 나옵니다. 1절이 원리라고 한다면 2절은 방법입니다. 어떤 방법도 원리가 없으면 소용이 없습니다. 원리가 있어야만 방법이 생기는 것입니다.

예수, 피할 요새

그러면 예수님을 믿는 우리가 어떻게 하면 육의 본성에 사로잡히지 않고 그리스도인으로서 능력 있는 삶을 살 수 있겠습니까? 첫 번째 원리는 "그리스도 예수 안에 있는 자에게는 결코 정죄함이 없나니"(롬 8:1)입니다. 이 말씀을 믿는 순간부터 우리는 죄의 몸에서, 육신의 본능에서 빠져 나오는 원리를 알게 됩니다.

이 말을 좀 쉽게 설명하겠습니다. 어떤 군인이 전장에 홀로 남았습니다. 그는 투구를 썼고 갑옷을 입었고 방패와 검을 가지고 있습니다. 하지만 사방에서 적군이 그를 향해 창을 던지고 활을 쏘아 댑니다. 이 군인이 얼마나 견딜 수 있을까요? 일시적으로는 적의 공격을 막을 수 있을 것입니다. 그러나 오래 버티지 못합니다.

그런데 이 군인이 옆을 보니까 요새가 있습니다. 5분만 뛰어가면 도착할 수 있을 것 같습니다. 그 순간, 이 군인은 요새를 향해 쏜살같이 뛰어갑니다. 상처를 입으면서도 갑니다. 요새에 들어가면 어떤 화살, 어떤 창도 다 피할 수 있기 때문입니다. 혼자 서서 적군의 화살이나 창을 피하는 것이 안전하고 현명할까요, 아니면 옆에 있는 요새로 뛰어가서 피하는 것이 안전하고 현명할까요?

로마서 7장까지에는 두 본성의 갈등에 대해서 나옵니다. 그러나

8장으로 넘어가면 한 요새를 우리에게 보여 줍니다. 이제껏 내 힘으로, 방패로, 칼로, 투구로, 갑옷으로 모든 화살을 막으려 했지만 그것은 오래 버틸 수 없습니다. 빨리 요새로 들어가야 합니다. 요새로 피하면 적군이 나에게 접근할 수 없을 것입니다. 그것이 1절 말씀의 의미입니다. 예수 그리스도 안에 있는 자들에게는 결코 정죄함이 없습니다.

내 스스로는 막을 길이 없지만, 예수 그리스도 안에 있는 사람은 어떤 사탄의 공격에도 해를 당하지 않습니다. "아무리 추악한 죄를 지었을지라도 정죄하지 않는다. 너를 심판하지 않는다. 너를 죽이지 않는다"는 것입니다. 이런 말씀을 하는 분이 예수 그리스도이십니다. 이 사실을 믿기 바랍니다. 누구든지 그리스도께로 피하기만 하면, 그리스도의 요새 안으로 들어가기만 하면, 세상의 어떤 공격도, 사탄의 어떤 공격도 우리를 죽일 수 없다는 말입니다. 찬송가 494장의 가사가 떠오릅니다. "만세 반석 열리니 내가 들어갑니다 / 창에 허리 상하여 물과 피를 흘린 것 / 내게 효험 되어서 정결하게 하소서."

예수님은 우리의 피할 바위이시며, 우리를 공격으로부터 막아 주시는 요새이시며, 우리의 구원의 뿌리이십니다. 바로 그곳은 '창에 허리 상하여 물과 피를 흘리신' 곳입니다. 그곳이 갈보리 언덕입니다. 십자가입니다. 그곳으로 가서 예수 그리스도 안에 거하는 자에게는 결코 정죄함이 없는 것입니다. "너를 심판하지 않겠다, 네 죄를 묻지 않겠다, 사탄의 모든 공격으로부터 너를 보호해 주겠다"고 예수님이 말씀하십니다.

이것이 죄의 욕망으로부터 벗어나는 원리입니다. 누구든지 그리스도 안에 있으면 새로운 피조물이 되며 결코 정죄함이 없습니다. 그분을 의지하십시오. 갈보리 언덕으로 피하십시오. 십자가를 요새로 삼고 피하십시오. 사탄은 십자가를 공격할 수 없습니다.

성령, 생명의 법

이는 그리스도 예수 안에 있는 생명의 성령의 법이 죄와 사망의 법에서 너를 해방하였음이라(롬 8:2).

예수 그리스도 안에 있으면 정죄함이 없는 이유는 바로 이것입니다. 생명의 성령의 법 때문입니다. 1절과 2절을 보면 내가 행할 것은 하나도 없습니다. 인정해야 할 것만 있습니다. 단지 믿기만 하면 됩니다.

성령의 법이 내 육신 안에 있는 죄와 사망의 법에서 나를 해방시켰다는 사실을 믿으십시오. 그러면 육의 모든 본능으로부터 해방되기 시작합니다. 그러면 구원을 받습니다. 그동안 나를 괴롭혀 왔던 것은 내 육신 안에 있는 죄와 사망의 법이었습니다. 예수 그리스도가 십자가에 못 박혀 죽으심으로 말미암아 우리의 영이 구원을 얻었고, 그 다음으로는 우리의 육신이 구원을 받아야 합니다.

어떻게 우리의 육신이 구원을 받을 수 있겠습니까? 성령의 법이 나를 지배하면 됩니다. 성령님이 나에게 역사하시면 됩니다. 성령 세례를 받고 성령의 기름 부으심과 성령의 인 치심과 성령 충만함이 내 육신에 거하기 시작하면, 내 안에 있던 모든 죄와 사망이 사라져 버립니다. 마치 빛이 오면 어둠이 사라지는 것과 같습니다. 어둠을 몰아내려고 싸우지 마십시오. 빛이 오면 어둠은 순식간에 떠나게 됩니다.

빛을 인정하십시오. 빛을 받아들이기 위해 문을 여십시오. 빛이 들어오는 순간, 내 안에 있는 악들은 자취도 없이 사라져 버립니다. 이것이 로마서 8장에서 우리에게 보여 주는 비결입니다. 한걸음 더 나아가서, 대체 이 성령의 법이 무엇이길래 내 육신 속에 있는 죄와 사망의 법을 무력화시키는 것일까요? 그리스도 예수 안에 있는 생명 때문입니다.

생명이 있는 곳에는 죽음이 존재하지 않습니다. 예수님 안에 있는 생명은 하나님이 주시는 생명입니다. 예수님은 "내가 곧 길이요 진리요 생명이니"(요 14:6)라고 말씀하셨습니다. 요한복음 11장 25-26절에서는 "나는 부활이요 생명이니 나를 믿는 자는 죽어도 살겠고 무릇 살아서 나를 믿는 자는 영원히 죽지 아니하리니"라고 하셨습니다. 예수님은 생명이십니다. 사탄이 예수님을 죽여도 예수님은 생명이시기 때문에 부활하십니다.

예수님이 가시는 곳마다 기적이 일어났습니다. 그 기적을 한마디로 말하면 '생명의 기적'입니다. 예수님은 나사로를 살리시고, 나병 환자를 고치시고 귀신을 쫓아 주셨습니다. 어떻게 그런 일들이 가능했을까요? 예수님 안에 있는 생명이 그렇게 한 것입니다. 그 생명은 죽을 우리까지도 하나님의 자녀로 삼아 구원하십니다.

이것이 성령님 안에 있는 법의 핵심입니다. 예수님 안에 있는 생명이 성령님을 통하여 우리 육신 안에 있는 죄의 법을 무력하게 만들고 어둠을 몰아내는 역사를 일으키는 것입니다. 이제 답은 명확해졌습니다. 그리스도 안에 있는 자에게는 결코 정죄함이 없다는 것과 예수 그리스도의 생명이 충만한 성령님을 받아들이라는 것입니다. 그렇게 될 때 육신의 모든 욕망으로부터 자유하게 되고, 우리의 육신은 하나님을 섬기는 의의 무기, 의의 도구로 쓰임 받게 될 것입니다.

28

영을 따르는 자

로마서 8:3-8

로마서 8장 1-2절에서는 우리 안에 있는 육신의 본능을 이길 수 있는 두 가지 비결을 말하고 있다고 했습니다. 첫 번째는 예수 그리스도 안에 거함으로써 악한 세력으로부터 보호받는 것이었습니다. 두 번째는 예수님 안에 있는 생명의 성령의 법에 의해 죄와 사망에서 해방되는 것이었습니다. 8장 3-4절은 이러한 내용을 더 자세히 설명합니다.

율법, 구원의 기준

> 율법이 육신으로 말미암아 연약하여 할 수 없는 그것을 하나님은 하시나니 곧 죄로 말미암아 자기 아들을 죄 있는 육신의 모양으로 보내어 육신에 죄를 정하사(롬 8:3).

율법은 하나님이 주신 것으로 선한 것입니다. 로마서 7장 12절에는 율법에 대한 설명이 있습니다. "이로 보건대 율법은 거룩하고 계명도 거룩하고 의로우며 선하도다." 또 로마서 7장 10절에서는 율법을 '생명에 이르게 하는 계명'이라고 표현합니다. 하나님의 말씀이 없었다면 어떻게 우리가 구원받을 수 있겠습니까? 하나님은 자신의 말씀인 법을 우리에게 주셨습니다.

율법이 왜 필요합니까? 율법이 없으면 구원에 대한 기준이 없습니다. 율법을 주심으로써 하나님은 그 기준을 주신 것입니다. 죄인인지 의인인지를 구분하지 않으면 구원은 있을 수 없습니다.

율법은 우리에게 죄가 무엇인지, 하나님의 법이 무엇인지 분명하게 가르쳐 주었습니다. 이것을 지키는 자는 구원을 받습니다. 그러나 하나님의 기준인 율법을 지키지 않는 자는 누구를 막론하고 구원받을 수 없습니다. 만약 우리에게 죄가 없어서 하나님의 율법을 다 지킬 수 있다면 구원을 받을 것입니다. 그러나 문제는 우리가 죄인이기 때문에 율법을 지킬 자가 한 사람도 없다는 것입니다.

그래서 우리는 율법 앞에서 좌절하게 됩니다. 율법 앞에서 더욱 목이 마른 것입니다. 알면서도 가질 수 없고, 보면서도 취할 수 없기 때문입니다. 구원이 여기에 있는데 잡을 수가 없습니다. 율법을 지킨 사람이 한 사람도 없기 때문에 그렇습니다. 율법으로 구원을 받겠다고 하는 사람은 마치 헤엄쳐서 태평양을 건너가겠다고 하는 사람과 같습니다. 수영을 잘 하면 한강은 건너갈 수 있습니다. 현해탄도 건너갈 수 있습니다. 하지만 태평양은 안 됩니다. 인간의 노력과 의지와 행위로는 구원을 얻을 수 없습니다.

구원이 필요한데 얻을 수 없기 때문에 괴로워합니다. 선을 행하고 싶은데 선을 행할 능력이 없기 때문에 괴롭습니다. 내가 악을 이길 수 있으면 좋겠는데 내 안에 있는 악을 이길 힘이 없는 것입니다.

소망을 주는 선물

이렇게 율법 앞에서 절망하는 인간에게 하나님은 또 하나의 선물을 예비해 주셨습니다. 우리에게 보내신 이 선물은 율법을 완벽하게 지키신 한 분, 예수 그리스도이십니다.

하나님이 주신 첫 번째 선물은 꼭 필요하긴 하지만 우리를 좌절시키고 절망케 하는 선물이었습니다. 그러나 두 번째 선물은 우리를 살게 하고 소망을 갖게 하고 구원을 얻게 하는 선물입니다.

하나님이 주신 첫 번째 선물은 율법이었습니다. 율법은 하나님의 기준이기 때문에 율법을 지키지 않는 사람은 한 사람도 구원받을 수 없었습니다. 그러나 인간은 누구를 막론하고 다 죄인이고, 죄인은 율법을 지킬 수 없습니다. 따라서 인간은 구원받을 길이 없었던 것입니다.

그러나 사도 바울은 "율법이 육신으로 말미암아 연약하여 할 수 없는 그것을 하나님은 하시나니"(롬 8:3)라고 했습니다. 하나님은 우리의 죄를 인하여 자기 아들을 죄 있는 육신의 모양으로 보내 주셨습니다.

그분은 죄가 없으신 분입니다. 그분은 하나님이십니다. 그러나 그분은 인간의 몸을 입고 세상에 오셨습니다. 예수님은 율법을 다 이루신 분입니다. 그래서 성경은 예수님을 가리켜 '율법의 마침'이라고 했고 '율법의 완성'이라고 했습니다. 아니 오히려 예수님 자신이 율법이십니다. 따라서 예수님은 인간의 몸으로 세상에 왔지만 죄가 없으신 분이기 때문에 율법을 완전히 다 이룰 수 있습니다.

> 육신을 따르지 않고 그 영을 따라 행하는 우리에게 율법의 요구가 이루어지게 하려 하심이니라(롬 8:4).

율법의 요구를 이루기 위한 것이었습니다. 어떤 인간도 율법을 지킬 수 없습니다. 그래서 하나님은 인간과 똑같은 육신의 몸을 입혀서 아들을 세상에 보내셨습니다. 따라서 인간인 내가 율법을 지키는 것은 불가능하지만, 율법을 다 지키신 예수 그리스도를 믿고 영접하면 됩니다. 예수 그리스도로 말미암아 하나님의 자녀가 되면 내가 율법의 요구를 다 이룬 것처럼 여겨 주겠다고 하셨습니다. 그래서 우리가 구원을 얻는 것입니다.

따라서 구원은 행위가 아닙니다. 대부분의 종교는 무엇을 행함으로써 구원을 얻는다고 말합니다. 하지만 기독교에서는 행위로는 절대 구원받을 수 없습니다. 율법을 다 이루신 예수님을 믿어야 합니다. 무엇을 행함으로써 구원받는 것이 아니라 예수 그리스도를 구주로 믿어야 구원을 받는 것입니다.

예수 그리스도 안에 있는 자에게는 사탄의 모든 힘과 저주가 무의미합니다. 실패나 좌절도 무의미합니다. 이러한 것으로 더 이상 우리를 괴롭힐 수 없습니다. 이미 우리는 그리스도 안에 있는 사람들이기 때문에, 마귀의 정죄나 사망으로부터 자유할 뿐만 아니라 율법을 다 이룬 사람처럼 하나님이 대우해 주십니다.

예수 그리스도 안에서 실수하고 실패하더라도 걱정하지 마십시오. 하나님 앞에 나갈 때는 율법을 완성한 것처럼 나아가게 되어 있습니다. 실패하고 실수해도, 예수 그리스도의 보혈로 즉각 씻기고 죄 사함을 받기 때문에 우리는 언제나 거룩한 하나님의 자녀입니다. 이것이 바로 육신을 따르지 않고 영을 따라 행하고 예수 그리스도를 믿으며 더 이상 육신의 종노릇하지 않는 우리에게, 하나님이 율법의 요구를 이루어지게 하신 것입니다.

예수님을 영접하고 성령님이 내 안에서 역사하기 시작하면 우리는 이상한 일들을 경험하게 됩니다. 예수님을 믿기 전에는 내 안에 있는 악의 세력이 항상 우세했습니다. 악의 생각이 나를 지배했습니다. 육신의 본능이 나를 지배했습니다. 선을 행하고 싶었지만 행할 수 없었습니다. 그러나 예수님을 영접하고 성령님을 받아들이면, 놀랍게도 생명이 죄와 사망의 세력을 누르고 아예 없애 버립니다. 따라서 내 안에 있는 선한 세력이 살아나기 시작합니다. 악의 세력은 사라지고 선한 힘이 살아나는 것입니다. 사랑과 믿음이 회복됩니다. 기쁨과 마음의 평화가 회복됩니다.

내 안에 예수님이 계시기 때문입니다. 내 안에 성령님이 계시기 때문에 내 안에 있는 모든 악의 본능이 산산조각 나고, 반대로 예수님의 사랑이 가득 차는 것입니다. 우리는 이렇게 함으로써 모든 죄와 죽음의 세력으로부터 자유하게 됩니다.

이것을 가리켜 '은혜받았다'고 하는 것입니다. 율법이 할 수 없는 그것을 하나님이 하십니다. 예수님을 보내 주셔서 내가 예수님을 믿게 된 것이 은혜입니다. 노력하지 않고 공짜로 얻었기 때문입니다. 내가 예수님을 믿음으로써 구원받았기 때문입니다.

육의 사람, 영의 사람

그러면 예수님을 믿는다고 당장 그 사람이 천사와 같이 됩니까? 그렇지 않습니다. 단지 그때부터 좋아지기 시작하는 것입니다. 옛날에는 10년이 흘러도 나아지지 않던 사람이, 이제부터 10년이 지나면 기적처럼 변하게 됩니다. 그의 안에 영생이 있기 때문에, 예수님이 계시기 때문에, 하나님이 함께하시기 때문에, 변하지 않으면 견딜 수 없게 되는 것입니다.

육신을 따르는 자는 육신의 일을, 영을 따르는 자는 영의 일을 생각하나니 (롬 8:5).

사람은 두 종류가 있습니다. 육을 따르는 사람과 영을 따르는 사람입니다. 전자를 가리켜 '육의 사람'이라고 하고 후자를 가리켜 '영의 사람'이라고 합니다.

육신을 따르는 사람은 어떤 사람입니까? 하루 종일 육신의 일만, 세상의 일만 생각하는 사람입니다. '무엇을 생각하는가?'에 따라 우리가 누구인지 결정됩니다. 24시간 동안 하나님을 많이 생각하면 하나님의 사람입니다. 24시간 동안 세상을 생각하면 세상 사람입니다. 교회 왔다고 다 되는 것이 아닙니다. 몇 시간 예배드리고 나서 "나는 하나님의 사람이다"라고 말할 수 없습니다.

영을 따르는 사람은 영의 일만 생각합니다. 산에 가서 기도만 하는 것을 뜻하지 않습니다. 직장에 가서 열심히 일하면서도 하나님을 생각하는 것을 말합니다. 돈을 벌면서도 하나님을 생각합니다. 세상일에 얽매여 바쁘지만, 틈만 나면 하나님을 생각합니다. 하나님의 사람은 하나님을 생각합니다. 그리고는 너무 좋아서 혼자 미소를 짓습니다.

육신의 생각은 사망이요 영의 생각은 생명과 평안이니라(롬 8:6).

육신을 따르는 사람은 육신의 생각을 합니다. 계속 육신의 생각을 하면 어떻게 될까요? 사망입니다. 사망이 갑자기 오는 것이 아닙니다. 먼저 사망의 그림자가 옵니다. 죽음의 세력들이 자기 주변에 모여 듭니다. 그러다가 어느 날 죽음이 찾아오는 것입니다.

그러면 반대로 영의 생각은 어떻습니까? 영을 따르고 영을 추구하는 사람은 영의 생각을 합니다. 영의 생각을 하는 사람에게는 두가지가 찾아옵니다. 생명과 평안입니다. 왜 영의 사람들에게는 생명이 있을까요? 간단합니다. 성령 안에 생명이 있기 때문입니다. 이 생명은 하나님의 생명입니다. 생명이 있는 곳에는 죽음이 사라집니다. 죽음이 사라지기 때문에 눈물도 고통도 한숨도 없습니다. 그래서 그곳에 진정한 평안이 있는 것입니다. 구원받은 자는, 죽은 후에야 구원받는 것이 아니라 이 세상에 있는 동안에 구원받습니다. 그리고는 세상을 변화시킵니다. 기쁨을 나누어 주는 것입니다.

하나님은, 생명의 결과인 평화를 영을 따르는 사람에게 주겠다고 말씀하셨습니다. 이 모든 축복이 우리에게 있기를 축원합니다. 어린아이처럼 감사하고 기뻐하며, 생명이 흘러넘치는 축복이 우리에게 있기를 바랍니다.

> 육신의 생각은 하나님과 원수가 되나니 이는 하나님의 법에 굴복하
> 지 아니할 뿐 아니라 할 수도 없음이라(롬 8:7).

육을 따르는 사람들은 사망의 그림자 안에 들어가게 되고 결국에는 사망을 맞게 됩니다. 그런데 이 말씀을 보면 더욱 무섭습니다. '육신의 생각은 하나님과 원수가 되게 한다'는 것입니다. 육의 생

각을 하는 사람은 하나님과 원수가 됩니다. 뿐만 아니라 하나님의 법에 굴복하지 못합니다. 하나님의 말씀이 오면 갈등합니다. 순종을 해야 하는지 알면서도 할 수 없습니다. 이것이 육의 사람입니다.

성령의 사람은 하나님의 말씀이 오면 순종합니다. 순종하는 것이 오히려 쉽게 여겨지는 것입니다.

육신에 있는 자들은 하나님을 기쁘시게 할 수 없느니라(롬 8:8).

육신에 있는 사람들은 하나님을 기쁘시게 할 수 없습니다. 하나님을 어떻게 기쁘게 할 수 있겠습니까? 영의 사람이 되어야 합니다. 하나님의 사람만이 하나님을 기쁘게 할 수 있습니다.

죄와 싸워 이기고 싶습니까? 예수 그리스도를 영접하십시오. 죄와 사망의 그늘에서 해방되고 싶습니까? 성령님을 영접하십시오. 예수 그리스도 안에 있는 자들에게는 결코 정죄함이 없습니다. 예수 그리스도 안에 있는 생명의 성령의 법에 지배를 받는 사람들은 죄와 사망의 법에서 해방을 받을 수 있습니다.

예수님의 지배를 받기를 축원합니다. 성령의 능력 안에 거하기를 축원합니다.

29

부활과 생명의 영

로마서 8:9-11

우리가 지금까지 살펴봤듯이, 인간 안에는 육신과 성령이 서로 대적하고 갈등하며 싸우고 있습니다. 누구든지 육신을 따르는 자는 육신의 생각을 하게 되고 그 결과는 사망입니다. 그러나 반대로 영을 따르는 자는 영의 생각을 하게 되고 결과는 생명과 영생입니다.

내 안에 들어온 영

문제는 우리가 육신의 욕망을 선택하느냐, 영의 생각을 선택하느냐 하는 것입니다. 육신의 욕망을 선택하게 되면 우리는 육신의 사람이 되고 계속 절망하게 될 것입니다. 하나님, 생명, 성령님을 선택하게 되면 영의 사람이 되고 생명과 영생과 평안을 얻게 될 것입니다. 누구든지 예수 그리스도를 알기 전에는 하나님을 알 수 없습니다. 예수님 없이는 하나님을 절대로 알 수 없습니다.

따라서 예수님을 알기 전에는, 우리 안에 있는 이 두 법 중에서 육신의 법이 나를 지배합니다. 우리는 육신의 법 아래 노예가 되어 있습니다. 이때는 내 안에 하나님의 법, 즉 생명의 법이 있지만 전혀 활동할 수 없습니다. 마음으로는 선을 행하기 원하지만 선을 행할 능력이 없기 때문에, 계속 죄의 법, 율법, 세상 법, 육신의 법에 지배당하는 상태입니다.

그러나 반대로 우리가 예수님을 영접하게 되면 전혀 다른 현상이 일어납니다. 내 안에 있는 육신의 법이 무력해집니다. 옛날에는 그것이 나를 지배했고 사로잡았었는데 이상하게도 힘을 잃습니다. 상대적으로 생명의 법은 힘을 얻고 용기를 얻습니다. 내 안에서 이 법이 활동하게 됩니다. 그래서 나도 모르는 사이에 생명의 법이 나를 지배하게 되는 것입니다.

> 만일 너희 속에 하나님의 영이 거하시면 너희가 육신에 있지 아니하고 영에 있나니 누구든지 그리스도의 영이 없으면 그리스도의 사람이 아니라(롬 8:9).

예수님을 믿으면 어떻게 됩니까? 하나님의 영이 내 안에 들어오게 됩니다. 하나님의 영이 내 안에 들어오면 죄를 짓고 싶은 마음이 없어집니다. 우리가 더 이상 육신 안에 있지 않고 영 안에 있게 됩니다. 그러면 내 안에 있는 하나님의 생명과 성령이 힘을 얻습니다. 가물어 메마른 땅이 단비를 맞듯이, 나의 찬송가 소리가 커지고 기도를 하게 되고 교회를 자주 가게 됩니다. 성경 공부에 재미가 붙습니다. 선한 의지가 힘을 얻는 것을 발견하게 됩니다.

생명과 흙으로 창조된 인간

그러면 하나님의 영이란 무엇입니까? 하나님의 영이란 바로 예수 그리스도의 영이요, 성령님을 의미합니다. 하나님의 영 속에는 생명이 있습니다. 그래서 하나님의 영이 들어오면 하나님의 생명이 내 안에 들어온 것입니다. 하나님의 생명이 들어오면 죽을 몸도 살아납니다. 절망이 없어지고 소망이 생깁니다. 모든 병이 사라지고 축복이 옵니다. 죽음이 사라지고 부활이 오는 것입니다.

원래 인간이 창조될 때 하나님의 성령으로, 생명으로 되었습니다.

여호와 하나님이 땅의 흙으로 사람을 지으시고 생기를 그 코에 불어 넣으시니 사람이 생령(生靈)이 되니라(창 2:7).

하나님이 최초에 인간을 만드실 때 두 가지 재료를 쓰신 것을 볼수 있습니다. 첫째는 흙입니다. 이것은 물질입니다. 자연에 있는 이 물질을 하나님이 선택하셨습니다. 흙을 취하셔서 하나님의 형상대로 만들기 시작하셨는데, 이것은 우리의 육체를 구성하고 있습니다.

그러나 인간은 그것만으로 만들어지지 않았습니다. 하나님은 흙으로 사람을 지으신 후 그 코에 생기를 불어넣어 주셨습니다. 이생기가 하나님의 영, 즉 하나님의 생명입니다. 하나님은 자기의 생명을 그 흙에다가 불어넣어 주신 것입니다.

하나님의 생명과 흙이 합해져서 살아 있는 인간이 되었습니다. 그것을 성경은 "사람이 생령(生靈)이 되니라"고 표현합니다. '생령'은 영어로 'living soul' 즉 살아 있는 혼, 정신입니다. 이것이 인간입니다. 따라서 인간은 물질로만 되어 있지도 않고 영으로만 되어 있지도 않습니다. 물질과 영이 절묘하게 연결되어서 하나님의 생명으로 지음받은 존재가 인간입니다. 이렇게 우리는 하나님의 생기를 가지고 있기 때문에 하나님과 교제할 수 있습니다. 하나님과 대화도 할 수 있습니다. 우리 안에 하나님의 영이 있기 때문에 그렇습니다.

다시 얻는 생명

그러나 문제는 하나님의 생기로 지음받은 인간이 사탄의 꾐에 빠져 타락하게 된 것입니다. 사탄이 하나님의 영이 있는 인간에게 들어와서 하나님의 자리를 취하게 된 것입니다. 사탄은 그냥 들어오지 않고 죄와 사망을 가지고 들어왔습니다. 따라서 인간은 사탄의 자식이 되었고, 죄를 짓고 사망에 이르는 존재가 되고 말았습니다.

인간이 사탄을 선택했기 때문에 인간과 하나님과의 관계는 끊어지고 인간 안에 있는 하나님의 영은 사라지고 말았습니다. 따라서 인간은 육체와 정신만 가지고 살게 되었습니다. 하나님의 생명이 없는 인간에게 죽음이 찾아왔습니다. 타락한 인간은 하나님과 아무 상관이 없는 존재가 되었고 하나님과 교제할 수도 없게 되었습니다. 하나님이 지워진 것입니다. 이러한 인간을 하나님은 그냥 두지 않으시고, 자신의 생명을 다시 주기 원하셨습니다. 그래서 예수 그리스도를 이 세상에 육신의 몸으로 보내 주셨습니다.

예수님 안에는 하나님의 생명이 있습니다. 그래서 누구든지 예수 그리스도를 믿는 자는 이 하나님의 생명을 다시 얻습니다. 이것이 구원입니다. 하나님은 예수 그리스도를 통하여 하나님의 영을 회복시켜 주셨습니다. 예수 그리스도를 믿으면 하나님의 영이 회복되고, 하나님의 영이 회복되면 우리는 하나님과 다시 새로운 생명의 관계를 맺게 됩니다.

우리는 9절에서 굉장히 중요한 두 가지 사실을 배우게 됩니다. 첫째는 하나님의 영이 바로 성령님이라고 하는 사실입니다. 하나님은 삼위일체로 존재하십니다. 태초에 하나님이 천지를 만드실 때 성령님이 역사하셨습니다. 하나님의 영이 이 하늘과 땅을 품고 있었을 때 거기에서부터 빛과 모든 창조물들이 나오기 시작했습니다. 뿐만 아니라 하나님이 천지를 창조하시고 인간을 만드실 때 코에 생기를 불어넣으셨습니다. 이것이 하나님의 성령입니다. 더 재미있는 사실은, 이 성령님이 남자를 알지 못하는 마리아에게로 들어가서 임신을 시키신 것입니다. 이렇게 해서 태어난 분이 바로 예수 그리스도이십니다.

공생애를 시작하실 때 예수님은 세례 요한을 찾아가십니다. 그리고 물세례를 받습니다. 물에서 나오실 때 하늘이 열리고 성령이 비둘기처럼 예수님 머리 위에 임했습니다. 그때부터 예수님은 가르치시고 복음을 전파하시고 병든 자를 고치시기 시작했습니다.

놀라운 사실은, 성령님이 예수님에게 기름을 부으시고 충만하게 임할 때부터 더러운 귀신들이 떠나가고 앉은뱅이가 일어나고 병든 자가 치유되는 기적이 일어나기 시작한 것입니다. 예수님은 십자가에 못 박혀 죽으셨다가 삼 일 후에 부활하셨습니다. 그리고 승천하시기 전까지 사십 일 간 제자들과 함께 계시면서 자기 자신이 부활했다는 사실을 가르쳐 주시고, 제자들에게 놀라운 말씀을 하십니다. 제자들에게 "성령을 받으라"고 말씀하신 것입니다.

내가 떠나가는 것이 너희에게 유익이라 내가 떠나가지 아니하면 보혜사가 너희에게로 오시지 아니할 것이요 가면 내가 그를 너희에게로 보내리니(요 16:7).

예수님은 살아생전에 그분이 오실 것에 대해서 말씀하셨습니다. 여기서 말하고 있는 하나님의 영은 그리스도의 영, 바로 성령님이십니다. 저는 여러분이 이 성령님을 영접하길 바랍니다. 원래 예수님을 믿을 수 있는 사람은 아무도 없습니다. 그러나 성령님이 오시면 예수님을 믿게 되는 것입니다. 이 성령님이 우리 안에 들어오시면 예수 그리스도가 살아 역사하시게 됩니다.

두 번째, 하나님의 영은 우리 안에 거하신다는 사실입니다. 예수님은 육체로 오신 하나님입니다. 혹시 예수님을 만나보고 싶은 분이 있다면 2천 년 전 팔레스타인 땅으로 가야 만날 수 있습니다. 육체로 오신 예수님은 여러분 안에 들어가실 수가 없습니다. 그래서 예수님의 제자들은 3년 동안 예수님과 함께 먹고 마셨지만 아무 일도 할 수 없었던 것입니다.

볼 수는 있었습니다. 십자가도 보았고 부활하신 예수님도 보았습니다. 그러나 제자들은 아무 일도 할 수 없었습니다. 그런데 예수님은 "나는 포도나무요 너희는 가지라 그가 내 안에, 내가 그 안에 거하면 사람이 열매를 많이 맺나니 나를 떠나서는 너희가 아무것도 할 수 없음이라"(요 15:5)라는 놀라운 말씀을 하십니다.

예수님이 우리 안에 들어오겠다고 하신 것입니다. 어떻게 그런 일이 가능할까요? 육체로 오신 예수님은 내 안에 들어오실 수 없었습니다. 이 예수님이 십자가에 못 박히신 후 부활하시고 승천하셨다가 다시 오셨습니다. 무엇으로 오셨습니까? 영으로 오신 것입니다.

영으로 오신 성령님은 예수님이십니다. 그분은 육체가 아닌 영이시기 때문에 내 안에 들어오실 수 있습니다. 2천 년의 간격을 아무 갈등 없이 통과하실 수 있는 것입니다. 영에게는 시간과 공간이 의미가 없습니다. 육체는 시간과 공간의 제약을 받습니다. 우리를 구원하시기 위하여 예수님은 육체로 오셔서 십자가를 지셨고 부활하셨던 것입니다.

그러나 십자가를 지고 부활하신 그 예수님이 구원을 이루시기 위해서는 영으로 오셔야 합니다. 그래야 시간을 초월하여 구원하실 수 있습니다. 2천 년 전에 계셨던 예수님은 이제 영으로 오셔서 내 안에 들어오실 수 있습니다.

"이제는 내가 사는 것이 아니요 오직 내 안에 그리스도께서 사시는 것이라"(갈 2:20)는 말씀의 뜻이 바로 이런 것입니다. "주님이 내 안에, 내가 주님 안에 있다"(요일 3:24 참조)는 말씀이 바로 이런 것입니다. 성령님이 우리에게 오신 것입니다.

성령을 받으라

누구에게 성령님이 오실 수 있습니까? 예수님을 믿는 사람에게 성령님이 오실 수 있습니다. 예수님을 믿지 않는 사람에게는 성령님이 오실 수 없습니다. 어떻게 성령님을 영접할 수 있습니까? 간단합니다. "성령님 환영합니다. 영접합니다"라고 하면 되는 것입니다.

성령님이 임할 때 우리는 예수 그리스도를 진정으로 깨닫습니다. 성령님이 계시기 때문에 하나님의 말씀을 듣는 귀가 열리는 것입니다. 성령님이 없으면 예수님을 믿을 수 없습니다. 말씀을 듣는 귀도 안 열리고 기도도 찬양도 할 수 없습니다. 성령님이 우리 안에 계심을 믿기 바랍니다.

성령님을 초대하십시오. 그분은 인격적이신 분입니다. 억지로 하지 않으십니다. 초대하지 않으면 들어가지 않으십니다. 우리가 초대해야 합니다. 그래야 우리의 주인이 되십니다. 성령님을 초대했습니까? 그렇다면 성령님이 들어가기 전에 더러운 것들을 치우라고 하십니다. 이것이 회개입니다. 회개를 너무 복잡하게 생각하지 마십시오. 우리가 성령님을 초청하면 성령님이 당장 말씀하십니다. 그러면 치우면 됩니다. 그 모든 것이 치워지면 성령님이 들어오십니다.

성령님이 들어오시면 우리 안에 있는 모든 어둠의 세력과 죄악을 몰아내고 우리 안에 살기 시작하십니다. 그때 제일 먼저 생기는 일은 예수님에 대해 눈을 뜨는 것입니다. 성령님은 예수 그리스도를 통해서 오십니다. 예수 그리스도를 통하지 않고 오는 것은 다 잘못된 영입니다. 그러므로 우리가 먼저 예수님을 영접해야 합니다. 예수님을 영접하는 것이 바로 성령님의 역사입니다. 우리 모두 예수님을 영접하기 바랍니다.

역사하시는 성령

또 그리스도께서 너희 안에 계시면 몸은 죄로 말미암아 죽은 것이나 영은 의로 말미암아 살아 있는 것이니라(롬 8:10).

2천 년 전에 계셨던 그 예수님은 내 안에 들어오실 수 없습니다. 그분은 승천하셔야 했습니다. 그리고는 다시 하나님의 영으로 우리에게 임하십니다. 이것이 오순절 사건이었습니다.

오순절 사건을 경험하면서부터 제자들은 달라졌습니다. 예수님과 함께 3년을 보냈지만 아무 일도 할 수 없었던 그들에게 성령이 오시자, 걷지 못하는 자가 일어나고 3천 명이 회개하고 죽은 자가 살아났습니다. 성령이 오시는 순간, 우리 안에 있는 죄의 법은 사라지고 우리 안에 있는 생명이 활발하게 움직이기 시작하는 것입니다. 세상 것들, 육신의 것들을 좋아하던 사람도 예수님을 영접하고 나면 이전처럼 그런 것들이 재미있지 않습니다. 육신의 법이 능력을 잃어버렸기 때문입니다.

우리는 이제, 죄를 짓는 데 서툰 사람이 된 것을 믿으십시오. 죄를 지으려면 한참 땀을 흘려야 합니다. 이전에는 생각 없이 죄를 지었지만, 이제는 거짓말을 하면 하루 종일 가슴이 두근거립니다. 이런 모든 현상은 육의 법이 사라지고 있기 때문에 일어나는 것입니다. 성령님이 들어오시면, 하나님이 들어오시면, 우리의 옛사람이 점점 죽어 갑니다. 반면에 놀라운 사랑을 우리는 발견하게 됩니다. 생명의 법이 내 안에서 살아납니다. 선을 행하는 것이 재미있습니다. 예전에는 교회에 한 번 나오려면 투덜투덜 댔지만 이제는 교회에 오는 것이 재미있습니다. 우리 안에 있는 하나님의 생명이 살아났기 때문입니다. 우리 안에 있는 사탄의 세력이 다 사라지기를 축원합니다. 육의 본능이 다 사라지기를 축원합니다. 성령님이 우리 안에서 활발하게 움직이시게 되기를 바랍니다.

> 예수를 죽은 자 가운데서 살리신 이의 영이 너희 안에 거하시면 그
> 리스도 예수를 죽은 자 가운데서 살리신 이가 너희 안에 거하시는
> 그의 영으로 말미암아 너희 죽을 몸도 살리시리라(롬 8:11).

성령님이 내 안에 들어오시면 내 안에 있는 쓰레기들이 청소되기 시작합니다. 죄가 보혈로 씻어져서 사라지게 됩니다. 사탄의 세력이 맥을 못 추게 됩니다. 사탄이 우리의 마음에 어떻게 들어가는지 아십니까? 마치 쥐처럼 구멍을 통해 들어갑니다. 하지만 우리가 성령님으로 충만해 있다면, 그것은 독 안에 든 쥐처럼 죽게 되어 있습니다.

우리의 성격도, 생각도 변합니다. 부정적이었던 생각이 긍정적으로 바뀝니다. 비판하던 말이 변하여 남을 격려하기 시작합니다. 그런데 그 성령님은 우리에게 더 놀라운 일을 하십니다. 그 영이 예수님 안에 계셨기 때문에 예수님이 부활하신 것처럼, 그분이 우리 안에 살게 되면 그리스도 예수를 죽은 자 가운데서 살리신 이가 우리의 죽을 몸도 살리신다는 것입니다.

그래서 우리는 죽음을 두려워하지 않습니다. 오히려 죽음을 환영합니다. 성령이 우리의 영을 살리실 뿐만 아니라 우리의 죽을 몸

도 살리시기 때문에 그렇습니다. 하나님이 우리를 새로운 몸으로 부활시켜 주실 줄로 믿습니다. 결코 우리는 죽지 않습니다. 하나님의 영은 우리를 구원하십니다. 그리고 우리를 승리하는 삶으로 인도하시고 다스리십니다. 그렇게 하여 그날에, 예수님을 다시 살리셨듯이 우리를 다시 살리실 것입니다.

이 성령님을 찬양하십시오. 이 성령님을 우리의 마음에 모셔 들이십시오. 그러면 예수님의 보혈이 우리를 깨끗이 씻어 주시고, 성령님이 우리 안에 집을 짓고 사시면서 우리를 통치하시게 될 것입니다.

우리가 약할 때 강하게 하시고, 가난할 때 부요하게 하시고, 병들었을 때 건강하게 해 주실 줄로 믿습니다. 지혜를 잃어버렸을 때 하나님이 지혜를 주시고, 외로워할 때 하나님은 친구가 되어 주실 것입니다. 성령님을 통하여 그렇게 하시는 것입니다. 죽을 몸도 다시 살려 주시는 줄로 믿습니다.

30

양자가 되는 특권

로마서 8:12-17

로마서는 신앙, 교리, 선교, 성령을 설명하는 데 있어서 아주 중요한 책입니다. 어떤 사람은 로마서를 '신앙 교리 책'이라고 하지만 실제로는 '선교 책'입니다. 또 어떤 의미에서는 '성령에 관한 책'이라고 할 수 있습니다. 로마서의 하이라이트는 8장입니다. 8장에 나타난 진리는 두 가지로 요약이 됩니다.

첫 번째는 "예수 그리스도 안에 있는 자에게는 결코 정죄함이 없다"는 선언입니다. 두 번째는 "예수 그리스도 안에 있는 생명의 성령의 법이 죄와 사망의 법에서 우리를 해방시키셨다"는 것입니다. 이 두 가지를 한마디로 요약하자면 '십자가와 성령'이라고 할 수 있습니다. 십자가의 보혈 안에 있을 때 정죄와 심판으로부터 자유함을 얻기 때문입니다. 그리고 성령님이 우리를 죄와 사망의 법에서 해방시켜 주시기 때문입니다.

십자가와 성령

누가 성령을 받을 수 있습니까? 물론 누구에게나 다 부어 주시지만 조건이 있습니다. 예수 그리스도를 믿어야 한다는 것입니다. 예수님을 믿지 않는 사람에게는 성령을 부어 줄 수 없습니다. 따라서 십자가와 성령은 불가분의 관계에 있습니다.

신앙생활을 잘하고 싶습니까? 날마다 승리하고 능력 있는 신앙생활을 하고 싶습니까? 그렇다면 이 두 가지, 십자가와 성령님을 매일 묵상해야 합니다.

십자가에서 흘리신 예수 그리스도의 보혈로 인해 우리가 지은 과거의 모든 죄가 용서받았을 뿐만 아니라, 현재 우리가 짓고 있는 죄도 용서받으며, 앞으로 지을 모든 죄까지도 이미 십자가에서 용서받았습니다. 따라서 우리가 날마다 예수 그리스도의 십자가 보혈을 바라보면서 신앙생활을 한다면, 사탄은 우리를 정죄할 수 없습니다.

신앙이란 어떤 의미에서는 일회용입니다. 우리가 아무리 은혜를 받았을지라도 오늘 십자가 앞에 서지 않으면 다시 넘어지고 쓰러질 수밖에 없습니다. 매일매일 십자가를 묵상해야 합니다. 그때 우리는 능력 있는 신앙생활을 할 수 있습니다. 또한 매일매일 성령님을 환영하고 성령님으로 충만하고 성령님을 사모해야 합니다. 십자가와 성령, 이 두 가지를 날마다 묵상하면 늘 승리하는 신앙생활을 할 수 있습니다.

예수 그리스도를 믿음으로 인해 우리는 구원을 받습니다. 예수 그리스도를 사모한다고 구원을 받는 게 아니고 믿어야 합니다. 하지만 성령님은 사모해야 합니다. 간절히 사모하면 성령님이 우리 안에 임하십니다. 성령님을 환영하십시오. 받아들이십시오. 그분과 함께 교제하십시오. 이때 성령님은 그분의 모든 능력을 우리 안에 베풀어 주실 것입니다.

성령님 안에는 하나님의 생명이 있습니다. 이것이 열쇠입니다. 생명은 만물을 소생케 합니다. 생명은 만물의 근원입니다. 지구상에서 가장 중요한 단어를 하나 선택한다면 그것은 '생명'입니다. 생명은 인간에게 없습니다. 하나님께 있습니다. 하나님의 생명이 인간에게 부은 바 되었습니다. 하나님의 생명이 나타났을 때 사람들은 그것을 '빛'이라고 말했습니다. 생명은 빛입니다. 이 생명 안에는 하나님의 사랑이 있습니다.

빚진 자에서 상속자로

놀라운 사실은, 성령님이 임하시면 내 안에 있는 선한 세력들이 힘을 얻게 된다는 것입니다. 우리는 누구나 착하게 살고 싶고, 행복하게 살고 싶고, 하나님과 좋은 관계를 갖고 싶은데 잘 안 됩니다. 마음대로 안 되는 것입니다.

그런데 성령님이 임하시면 그것이 쉬워집니다. 자기도 모르게 사랑하게 되고 천국에 대한 소망이 생기고 찬송 소리도 커지게 됩니다. 우리 안에 있는 이러한 선한 세력들이 하나님의 영으로 말미암아 힘을 얻게 되기를 바랍니다. 우리 안에 있는 생명과 사랑을 분출하고, 우리 안에 있는 빛을 다른 사람에게 비추는 능력은 성령님이 내 안에 계실 때 나타나게 됩니다.

> 그러므로 형제들아 우리가 빚진 자로되 육신에게 져서 육신대로 살
> 것이 아니니라(롬 8:12).

더 이상 우리는 육신에 빚진 자가 아닙니다. 그러나 성령님이 내 안에 없으면 육신에 빚진 자가 됩니다. 육신에 빚진 자가 되면 육의 노예가 되어, 육신의 소욕대로 살 수밖에 없습니다.

빚진 자는 채무를 갚을 의무가 있습니다. 빚을 갚기 전에는 절대로 자유하지 못합니다. 원하든 원하지 않든, 우리는 육신에 빚졌기 때문에 도망을 갈 수 없습니다. 빚을 져 본 경험이 있는 분들은 이해가 잘 될 것입니다. 도망갈 길이 없습니다. 숨어도 안 됩니다. 항상 마음이 괴롭습니다. 이것이 빚입니다. 얼마나 고통스러운지 모릅니다.

육신에 빚진 사람들은 도망가지 못합니다. 육신이 시키는 대로 할 수밖에 없습니다. 쇠사슬에 묶인 사람들은 사슬의 길이만큼만 자유롭습니다. 무슨 일을 하고 싶어도 쇠사슬에 걸려서 꼼짝을 할 수 없습니다. 또한 사람에게 매여 있는 사람만큼 불쌍한 이도 없습니다. 그것은 사람의 종이 되어서 그 사람이 시키는 대로 다 하는 것입니다.

이제 우리는 죄와 사망의 쇠사슬에서 풀려났으니 뛰어 나갈 수

있습니다. 풀린 줄도 모른 채 그냥 그곳에 머물러 있지 말고 어서 마귀에게서 떠나시기 바랍니다. 죄로부터 떠나시기 바랍니다. 우리에게는 육신의 모든 본능으로부터 자유로울 능력이 있습니다. 그것을 믿고 사용하기를 바랍니다. 예수 그리스도 안에 있는 자들에게는 결코 정죄함이 없다고 말씀하셨습니다. 우리는 마귀를 짓밟을 수 있습니다. 죄를 이길 수 있습니다. 육의 본능도 이길 수 있습니다. 그런 능력을 하나님이 우리에게 주셨음을 믿으시기 바랍니다.

그러나 너무 오랫동안 육신에 빚져서 죄의 방식대로 살아왔기 때문에, 그 능력이 있음에도 불구하고 옛 습관대로 따라 사는 사람들이 있습니다.

> 너희가 육신대로 살면 반드시 죽을 것이로되 영으로써 몸의 행실을 죽이면 살리니(롬 8:13).

육신대로 살면 무슨 일이 일어난다고 했습니까? 반드시 죽게 된다고 합니다.

우리는 하나님의 상속자입니다. 그런데 어떤 사람들은 그 권한을 사용하지 않습니다. 그냥 그렇게 살다 죽는다면 얼마나 불행한 것입니까? 하나님은 우리를 사랑하시고 우리를 위하여 아들을 십자가에서 죽이셨습니다. 그럼으로써 우리를 빚에서 건져 내셨습니다. 이것을 믿으시고, 인정하시고, 활용하십시오. 그때 하나님의 초자연적인 능력들을 경험하게 될 것입니다.

예수님이 우리 안에 계심을, 성령님이 우리 안에 계신 사실을 믿습니까? 성령님이 우리 안에 계신 것이 사실이라면, 그분이 활동하도록 주권을 이양하십시오. 그때 그분은 우리 안에 있는 육의 모든 행실을 죽일 것입니다. 그때 우리는 다시 살아나는 것입니다.

놀라운 두 가지 특권

성령님이 들어오시면 우리에게 또 다른 특권이 있음을 알게 됩니다. 이것은 굉장히 중요합니다.

> 예수를 죽은 자 가운데서 살리신 이의 영이 너희 안에 거하시면 그리스도 예수를 죽은 자 가운데서 살리신 이가 너희 안에 거하시는 그의 영으로 말미암아 너희 죽을 몸도 살리시리라(롬 8:11).

성령님이 우리 안에 계시면 우리는 죽어도 다시 삽니다. 죽음이 오면 겁내지 마십시오. 병들어 죽든, 자연스럽게 죽든 인간은 죽게 되어 있습니다. 죽음이 오면 환영하십시오. 죽음을 무서워하지 마십시오. 죽음은 영원을 여는 문입니다.

죽음이라는 것은 아무것도 아닙니다. 죽음은 우리 육신의 껍데기를 벗는 하나의 예식에 불과합니다. 죽음이 찾아오는 순간에 우리가 찬양할 수 있게 되기를 바랍니다. 죽음이 우리를 찾아오는 순간에 기도할 수 있게 되기를 바랍니다.

우리는 죽음을 두려워하지 않는 사람들입니다. 무서워하지 않습니다. 하나님의 성령이 우리 안에 계시기 때문에, 예수님을 다시 살리셨던 것처럼 우리의 죽을 몸도 다시 살리십니다. 그래서 죽음은 성도들에게 영광스러운 것입니다. 육의 몸을 벗고 영광스러운 주님을 만나는 축복인 것입니다.

성령을 받은 자에게는 이런 특권이 있습니다. 그 사람이 정말 성령을 받았느냐 아니냐 하는 것은 죽음에 대한 두려움이 있느냐 없느냐로 결정할 수 있습니다. 성령을 받은 사람은 그 안에 생명이 있기 때문입니다.

그런데 우리는 또 하나의 놀라운 특권을 발견하게 됩니다.

무릇 하나님의 영으로 인도함을 받는 사람은 곧 하나님의 아들이라 (롬 8:14).

하나님의 영은 성령, 곧 그리스도의 영입니다. 이 성령님을 받아들인 사람들에게는 하나님의 아들이 되는 특권이 주어집니다. 이것은 우리가 받은 특권 중에 가장 놀라운 특권입니다. 하나님의 성령이 있는 자들에게 부활하는 특권이 주어지고, 또 하나님의 아들이 되는 특권도 주어진다는 것입니다.

여기서 '하나님의 영으로 인도함을 받는' 그들은 성령님의 인도를 받아서 예수 그리스도를 영접하고 그 이름을 믿게 된 사람들을 의미한다고 볼 수 있습니다. 중요한 것은 우리가 하나님의 아들이 될 수 있다는 사실입니다. 하나님의 아들이 되었다는 것입니다. 원래 우리는 진짜로 하나님의 아들이었습니다. 그러나 첫 조상인 아담이 타락함으로 인해 하나님의 영이 우리에게서 떠나 버렸습니다. 그래서 그 자리를 사탄이 차지하고 지배함으로 말미암아 우리는 사탄의 종, 육신의 종, 죄의 종, 사망의 종이 되고 말았던 것입니다. 우리는 살고 싶은 대로 살 수 없는 비참한 인간이 되고 말았습니다.

하나님의 영이 떠났기 때문에 우리는 하나님과 교제할 수 없게 되었고 하나님의 아들이라는 위치를 잃어버렸습니다. 하나님의 아들로서의 특권과 위치를 다 상실해 버리고 죄와 본능이 시키는 대로, 세상과 마귀가 시키는 대로 그렇게 살게 되었던 것입니다.

그러나 하나님의 영이 내 안에 들어오면 이 더러운 영들이 떠나가고, 이 본능들과 죄들이 사라지고, 하나님의 영의 인도를 받게 됩니다. 내가 하나님의 아들이 되는 모든 과정, 이를테면 호적을 옮기는 과정을 성령님이 밟아 주십니다. 즉, 사탄에게 소속된 나를 빼내어서 하나님께로 집어넣는 과정을 성령님이 하신다는 것입니다.

너희는 다시 무서워하는 종의 영을 받지 아니하고 양자의 영을 받았으므로 우리가 아빠 아버지라고 부르짖느니라(롬 8:15).

성령님이 사탄에 속해 있는 나를 빼내어 하나님의 자녀로 옮겨놓는다는 말입니다. 그렇게 하면 '다시 무서워하는 종의 영을 받지 아니한다'고 합니다. 굉장히 중요한 말입니다. 다시는 무서워하는 종의 영을 받지 않게 되고, 하나님을 아빠 아버지로 부르게 된다는 것입니다.

양자의 영

15절 말씀을 조금 더 생각해 보겠습니다. 이 말씀에 "무서워하는 종의 영"과 "양자의 영"이라는 단어들이 나옵니다. "무서워하는 종의 영"은 사탄과 죄와 죽음의 영입니다. 그것이 내 안에 들어오면 두려워집니다.

사탄은 일시적으로 우리를 부유하게 만들 수 있습니다. 권력을 줄 수도 있습니다. 젊음과 건강을 줄 수도 있습니다. 마귀는 우리를 이용하려고 좋은 것을 많이 줍니다. 사람들은 그것만을 부러워합니다. 하지만 실상은 부러워할 만한 것이 아닙니다. 마귀는 결국 잡아먹으려고 그러는 것입니다. 그래서 사탄의 영을 가진 사람이 세상에서 잘살 수도 있고 높은 자리에 올라갈 수도 있고 공부를 많이 할 수도 있습니다. 그런데 이 사람들의 특징이 하나 있습니다. 두려워한다는 것입니다. 인생이 두렵고 외롭습니다. 허무하고 고독합니다.

그러면 또 다른 표현인 "양자의 영"은 무슨 의미겠습니까? 이것은 우리를 하나님의 자녀로 만들어 주는 영을 의미합니다. 성령의 역사 가운데는 여러 가지 은사나 그 외 많은 것들이 있는데, 가장 중요한 것은 나로 하여금 하나님의 자녀가 되게 하는 것입니다.

우리가 성령을 받으면 선교도 하고 사랑도 하고 전도도 합니다. 많은 기적과 은사들이 나타납니다. 그러나 가장 중요한 것은 하나님의 양자가 되는 것입니다. 이보다 더 중요한 것이 어디 있겠습니까? 저는 여러분이 하나님을 믿고 예수님을 믿게 된 것을 축복하고 축하합니다. 이렇게 믿도록 하신 분이 성령님입니다. 그 영이 양자의 영입니다.

이 양자의 영에 대해서는 로마 시대의 법을 알면 더 잘 이해할 수 있습니다. 사도 바울이 이런 표현을 썼을 때 당시 사람들은 그 의미를 금방 알 수 있었습니다. 네로 황제도 양자였습니다. 그만큼 양자 제도는 로마의 법에서 굉장히 중요한 것이었습니다. 양자 제도에서 가장 중요한 것은 부권(父權), 즉 아버지의 특권이었습니다. 가정에서 아버지의 권한은 절대적이었습니다. 소유와 지배를 의미했습니다. 현대의 그것과는 달랐습니다. 아들로 태어나면 그 집의 영원한 아들이었습니다. 그래서 한 아들이 다른 아버지의 양자가 되려면 그 절차가 굉장히 까다롭고 복잡했습니다. 가정 내에서의 상속뿐만 아니라 사회적인 많은 것을 내포하고 있었기 때문입니다.

'사탄의 종에서 벗어나 하나님의 종이 된다'는 말이 의미하는 바는, 양자가 되는 수속을 다 거쳐야 하는, 즉 예수 그리스도의 보혈과 십자가를 통과해야 하는 철저한 과정입니다. 15절의 '다시'라는 말에 주목하십시오. "다시는 무서워하는 종의 영으로 들어가지 못한다"고 합니다.

구원은 돌이킬 수 없습니다. 우리가 구원을 받은 후 죄를 지었다고 해서 다시 마귀에게로 돌아가는 것이 아닙니다. 이것이 구원의 영원성입니다. 우리의 구원은 이렇게 분명한 것입니다. 한번 하나님의 자녀가 되면 영원히 하나님의 자녀입니다. 안심하십시오. 우리가 예수님을 부인했을지라도, 죄를 지었을지라도, 하나님은 우리를 놓지 않으십니다. 다시 무서워하는 종의 영으로 돌아갈 수 없습니다.

완성된 구원

우리의 구원은 그렇게 흔들리는 구원이 아닙니다. 예수님이 십자가에서 "다 이루었다"고 하셨습니다. 이미 이루어진 것입니다. 완성되었습니다. 불완전한 것이 아닙니다. 예수님의 구원이 좀 불안하기 때문에 자신들이 보완하겠다고 하는 것은 이단입니다. 예수님의 구원은 완성되었기 때문에 부족함이 없습니다. 따라서 우리의 구원은 빼앗길 수 없는 것입니다. 이것이 구원입니다. 다시 무서워하는 종의 영으로 돌아가지 않습니다.

우리는 이제 죽으나 사나 하나님의 가족이 되었습니다. 하나님의 가족이 되면 어떤 일이 생깁니까? 하나님을 '아버지'라고 부르게 됩니다. 기도할 때 '하나님'이라고만 부르고 '하나님 아버지'라고 부르지 못하는 사람이 많습니다. 하나님이 멀리 계시다고 생각하기 때문입니다. 가까이하기 어렵고, 만나기 어렵다고 느끼는 것입니다. "내 하나님은 아버지시다"라고 말할 수 있어야 합니다.

그런데 하나님은 아버지로 그치는 것이 아니라 '아빠 아버지'가 되십니다. 아주 친밀하고 자상한, 격의 없는 아버지가 되십니다. 부끄러움과 실수까지도 다 털어놓을 수 있는 아버지, 응석도 부리고 떼도 쓰다가 품에 안겨 잠들기도 하는 그런 아버지가 되어 주십니다. 우리는 의붓자식이 아니라 친자식입니다. '아빠 아버지'라는 말에는 그런 의미가 담겨 있습니다.

성령이 친히 우리의 영과 더불어 우리가 하나님의 자녀인 것을 증언하시나니(롬 8:16).

우리가 하나님의 자녀라는 사실을 성령님이 친히 증언하십니다.

이것이 성령님의 역할입니다.

우리는 가끔 구원에 대해 고민합니다. 하지만 우리가 구원받은 것은 세 가지 단계로 알 수 있습니다. 첫째는 성경을 보고 알 수 있습니다. 요한복음 1장 12절은 "영접하는 자 곧 그 이름을 믿는 자들에게는 하나님의 자녀가 되는 권세를 주셨으니"라고 말씀합니다. 예수님을 영접하셨습니까? 그렇다면 구원받았습니다. 성경에 그렇게 나와 있습니다. "내가 지금은 좀 부족하고 신앙생활을 잘하지 못하지만, 성경에 의하면 구원받은 것이 확실하다"라고 말할 수 있어야 합니다. 이것이 첫 번째 구원의 근거입니다.

두 번째 구원의 근거는 성령의 내적 임재입니다. 16절 말씀에 의하면, 우리가 하나님의 자녀라는 사실을 성령님이 분명히 증언하십니다. 하나님을 믿습니까? 지식적으로는 하나님이 있다고 믿을 수도 있고 믿지 않을 수도 있습니다. 하나님이 계시다는 증거만큼 계시지 않다는 증거도 있습니다. 그러면 어떻게 내가 하나님을 믿겠다고 말할 수 있었습니까? 이것은 성령의 역사입니다. 증거나 지식 때문이 아니라 성령님이 내 안에 계시니까 내가 믿는다고 말하는 것입니다.

세 번째 근거는 구원받은 자의 삶입니다. 구원을 받고 나면 마귀가 좋아하는 것은 행할 수 없습니다. 예수님을 믿어 구원받은 자의 삶이 나타나는 것입니다.

우리에게 이 세 가지가 다 있기를 바랍니다. 말씀에 의해서 구원받았다는 사실을 확인하십시오. 성령이 내적으로 역사하신다는 것을 믿기 바랍니다. 그리고 구원받은 자의 삶을 누리고 살아가기를 바랍니다.

고난의 축복

> 자녀이면 또한 상속자 곧 하나님의 상속자요 그리스도와 함께한 상속자니 우리가 그와 함께 영광을 받기 위하여 고난도 함께 받아야 할 것이니라(롬 8:17).

성령님이 하시는 일이 두 가지 더 있습니다. 여러분이 하나님의 자녀가 되었으면 하나님의 상속자가 되게 하십니다. 이것은 축복입니다. 성경에 기록된 모든 약속이 내 것이 되는 것입니다. 하나님의 모든 말씀과 예수님의 모든 말씀과 약속이 모두 내 것이 되는 것입니다. 성경의 모든 축복이 우리에게 임하기를 축원합니다.

그러나 중요한 말이 그 다음에 있습니다. "우리가 그와 함께 영광을 받기 위하여 고난도 함께 받아야 할 것이니라." 성령을 받은 자의 두 번째 특징은 고난받는 것입니다. 고난은 축복입니다. 하지만 많은 성도들이 고난받는 것을 싫어합니다. 한 사람이 어려울 때 함께 아파하는 것이 가족이듯이, 교회가 어려울 때 함께 고난을 받는 것이 교인입니다. 우리는 그리스도의 영광을 위하여 고난도 함께 받아야 합니다. 배고픈 사람, 도움이 필요한 사람, 어려운 사람들에게 찾아가서 그들의 고난 속에 들어가는 것이 교회입니다. 그것이 정말 하나님의 백성이요 자녀 된 자의 모습입니다.

교회가 많고 교인이 많아도 세상이 변하지 않는 이유는 고난에 동참하지 않기 때문입니다. 그리스도의 영광은 그리스도의 고난 가운데 있습니다. 하나님 자녀들의 특권은 하나님이 주신 모든 약속과 축복을 받는 것이기도 하지만, 어렵고 힘든 이웃들과 함께 고난을 나누는 것이기도 합니다.

우리가 예수님을 믿고 너무 편하게 아무 문제없이 살고 있다면 그것은 가짜일지도 모릅니다. 우리가 잘못해서 고난을 받는 것이 아니라, 우리 주변의 고난받는 사람들 속으로 들어가서 함께 예수 그리스도의 삶을 사는 것, 그것이 진짜입니다. 이것이 성령 받은 자의 특권입니다.

31

고난과 영광

로마서 8:18-23

로마서 8장 15-16절을 통하여, 성령님의 두 가지 역할에 대해 배웠습니다. 우리로 하여금 예수님을 믿게 하는 역할과, 믿게 된 우리를 하나님의 자녀가 되게 하는 역할입니다. 그래서 성령님을 가리켜 양자의 영이라고 했습니다. 양자의 영을 받으면 무서워하는 종의 영을 다시는 받지 않게 됩니다. 내가 예수님을 믿음으로 하나님의 자녀가 되지만, 그 자녀가 되는 실제적인 과정은 성령님이 하시는 것입니다.

마치 임신과 같습니다. 생명이 내 안에서 잉태되었습니다. 그러나 그 잉태된 생명이 해산할 때까지의 과정이 필요합니다. 예수님을 믿음으로 우리는 구원을 받는데, 믿고 나서 그리스도인으로 살아갈 수 있는 과정은 성령님이 하십니다. 다시 말하면, 내가 하나님의 자녀가 되는 양자 수속을 성령님이 하시는 것입니다. 이것이 이전 장에서 우리가 공부했던 내용입니다.

영광과 고난을 함께

우리가 양자가 된다는 것은, 하나님이 우리의 아빠 아버지가 되시고 우리는 그의 자녀가 되는 것입니다. 명목상의 자녀가 아니라 법적 특권을 가진 실제 상속자로 인 치심을 받는 것입니다. 베드로전서에 이런 말씀이 있습니다.

> 그러나 너희는 택하신 족속이요 왕 같은 제사장들이요 거룩한 나라요 그의 소유가 된 백성이니 이는 너희를 어두운 데서 불러내어 그의 기이한 빛에 들어가게 하신 이의 아름다운 덕을 선포하게 하려 하심이라 너희가 전에는 백성이 아니더니 이제는 하나님의 백성이요 전에는 긍휼을 얻지 못하였더니 이제는 긍휼을 얻은 자니라(벧전 2:9-10).

우리는 하나님의 소유물입니다. 아무리 착하고 훌륭한 사람이라도 자기 자녀가 아니면 투자하기를 꺼려합니다. 잘 돌보려고 하지도 않습니다. 그러나 자기 자식이라면 비록 못났을지라도 끝까지 돌보는 것이 부모입니다. 하나님은 우리를 하나님의 자녀로 불러 주셨습니다. 그래서 우리는 하나님 자녀로서의 특권과 영광을 소유하게 된 것입니다.

하나님의 자녀가 되는 특권에는, 고난받는 것도 포함되어 있습니다. 우리는 하나님의 상속자요 그리스도와 함께하는 상속자가 되었습니다. 양자의 영을 받아 하나님의 자녀, 하나님의 가족이 된 것입니다. 이것은 무엇을 의미합니까? 고난도 함께 받을 수 있다는 것을 의미합니다. 축복과 영광만을 받는다면 한 가족이 아닐 것입니다. 우리가 정녕 가족이라면 고난도 함께 받아야 한다고 합니다(롬 8:17).

따라서 고난은 영광의 증거라고 말할 수 있습니다. 고난이 없다면 우리는 하나님 나라의 자녀가 아닐지도 모릅니다. 상속자로서 받는 축복은 공짜로 주어지는 것이 아니라 대가를 치러야 하는 것입니다. 진정 하나님 나라의 상속자라면, 그 나라를 위하여 영광도 받지만 고난도 함께 겪게 됩니다.

결혼한 사람이 어떤 업적으로 상을 받게 되었는데, 혼자만 그 영광을 받고 배우자와 나누지 않는다면 그들은 진정한 부부가 아닐 것입니다. 영광은 내가 받고 배우자에게는 고난만 준다면, 부부가 아니라 주인과 종입니다. 부부는 고난과 영광을 함께 받습니다. 하나님 나라에서도 마찬가지입니다. 영광도 같이 나누지만 고난도 같이 나눠야 하는 것입니다.

생각하건대 현재의 고난은 장차 우리에게 나타날 영광과 비교할 수 없도다(롬 8:18).

우리가 같이 고난을 받는다는 것은 앞으로 영광도 같이 받는 것을 의미합니다. 고난과 영광을 저울질해 보면, 현재 받는 고난은 앞으로 받을 영광에 비하면 아무것도 아닙니다. 마치 태평양에 잉크 한 방울을 떨어뜨리는 것과 같습니다. 우리가 겪는 고난을 잉크

한 방울이라고 한다면, 앞으로 받을 영광은 태평양 같은 것입니다.

따라서 구원받은 모든 그리스도인들은 고난을 두려워하지 않습니다. 왜냐하면 이 고난을 통하여 내게 상상할 수 없는 영광이 주어지기 때문입니다. 우리는 이 세상에서 예수님을 믿기 때문에 고난을 겪습니다. 예수님은 십자가를 지셨습니다. 그 십자가의 고난은 예수님이 얻게 될 부활의 영광과 비교할 수 없는 것이었습니다. 이처럼 우리가 받을 영광도 고난과 비교할 수 없는 것입니다. 이것이 우리에게 주어진 축복입니다.

따라서 예수 그리스도를 믿는 사람들은 하나님의 나라를 위하여 받는 고통을 더 이상 고통으로 생각하지 않습니다. 왜냐하면 이 고통은 앞으로 받을 영광과 비교하면 없는 것과 마찬가지이기 때문입니다. 아니, 오히려 고통이 영광을 가져오기 때문에 기뻐합니다. 그래서 우리는, 오른뺨을 치면 왼뺨을 돌려 대고 겉옷을 달라고 하면 속옷까지 줄 수 있습니다. 오 리를 가기 원하는 사람과 십 리를 동행할 수 있습니다. 앞으로 받을 영광이 현재의 고난과는 비교도 안 된다는 사실을 믿음으로 알기 때문에 할 수 있습니다.

성령받은 그리스도인들은 고난을 겪을 때 울지 않습니다. 오히려 이 고난을 기뻐합니다. 고난을 기뻐하면 그것은 더 이상 고난이 되지 않습니다. 손해 보기로 작정한 사람은 더 이상 괴로워하지 않습니다. 바로 이런 사람이 하나님의 성령을 받은 사람입니다. 고난 속에서도 그의 눈은 빛나고 그의 생각은 영광스러운 미래로 가득

차게 됩니다. 저는 이런 축복이 우리에게 있기를 바랍니다.

고난이 즐거움이 된다는 말을 믿기 어렵습니다만 그것은 사실입니다. 예수님이 내 안에 계시고 성령님이 내 안에 계시면 주기철 목사님처럼 순교도 할 수 있습니다. 얼마든지 행복하고 편하게 살 수 있지만, 하나님을 멀리하고 편하게 사는 것보다 차라리 감옥에서 죽는 편을 택하는 것입니다. 하나님의 사람들은 그렇게 살았습니다.

그런데 로마서에 재미있는 사실이 나옵니다.

> 피조물이 고대하는 바는 하나님의 아들들이 나타나는 것이니(롬 8:19).

사람들만 구속을 원하는 것이 아니라 이 세상에 있는 다른 피조물들도 이 구속을 기다린다는 것입니다. 이 말씀에서 '고대'한다는 것은 '목을 빼고 기다린다'는 뜻입니다. 목마른 사슴이 목을 길게 빼고 시냇물을 찾듯이, 사람만 구원받고 회복되기를 기다리는 게 아니라 모든 피조물이 하나님의 구원을 간절히 기다린다는 것입니다.

하나님이 세상을 창조했을 때는 죄가 없는 축복된 세상이었습니다. 그러나 인간이 타락함으로 말미암아 인간만 저주받은 것이 아니라 자연 환경도 저주를 받았습니다. 창세기 3장 17 - 18절을 보면 아담이 하나님께 불순종하여 타락하게 됨으로써 땅도 저주받은 것을 알 수 있습니다. 뿐만 아닙니다. 저주받은 땅은 인간에게 가시덤불과 엉겅퀴를 내게 되었습니다. 하나님이 창조하셨을 때의 자연은 천국 그 자체였을 것입니다. 그러나 인간이 죄를 지으면서 땅도 저주를 받았고, 인간들은 환경을 오염시키고 지구를 쓰레기로 채우고 있습니다.

신음하는 피조물

인간의 타락 이후, 땅은 인간에게 가시덤불과 엉겅퀴를 냅니다. 인간은 얼굴에 땀을 흘려야만 식물을 얻게 되었고, 하나님께로 돌아가야 할 육신이 죄를 지음으로 말미암아 흙으로 돌아갈 수밖에 없는 저주받은 존재가 되었습니다.

모든 피조물은 인간으로 말미암아 저주를 받아서, 고통당하고 신음하며 죽어 가게 되었습니다. 이런 의미에서 환경 운동은 기독교인의 몫입니다. 구원받은 하나님의 백성이 해야 할 일입니다. 신음하는 땅 덩어리는 하나님의 아들들을 기다립니다. 하나님의 자녀들이 해야 할 일은 '창조의 회복'입니다.

피조물이 허무한 데 굴복하는 것은 자기 뜻이 아니요 오직 굴복하게 하시는 이로 말미암음이라(롬 8:20).

여기서 "피조물이 허무한 데 굴복"한다는 말은, 내가 아무리 노력하고 원해도 목표한 것을 얻을 수 없는 무능력한 상태를 말합니다. 피조물은 이 허무한 곳에 굴복할 수밖에 없는 그런 처지가 된 것입니다. 이것은 피조물이 원하는 바가 아니었습니다. 인간이 죄를 지음으로 말미암아 그렇게 될 수밖에 없었던 것입니다.

환경오염의 주범은 인간의 탐욕입니다. 따라서 지구와 환경을 구할 수 있는 유일한 길은 회개하는 것입니다. 하나님의 자녀로 돌아오는 것입니다. 그렇게 되면 이 지구도, 땅도, 피조물들도 구원받게 됩니다. 다음 말씀에서 인간의 구원과 환경의 구원을 같이 이야기하고 있습니다.

그 바라는 것은 피조물도 썩어짐의 종노릇한 데서 해방되어 하나님의 자녀들의 영광의 자유에 이르는 것이니라(롬 8:21).

예수님을 믿으면 누구에게나 나타나는 현상이 있습니다. 하늘이 말할 수 없이 푸르게 보이고, 꽃들은 노래하는 것처럼 보이는 것입니다. 죄 사함을 받고 구원을 받고 나면 세상이 달라 보입니다. 저도 예수님을 처음 믿고 영접하던 날, 새소리가 얼마나 아름답게 들렸는지 모릅니다. 하나님을 만난 사람은 자연의 소리를 듣습니다. 저는 피조물들이 아파하는 신음 소리를 여러분이 들을 수 있기를 바랍니다. 또한 인간의 영혼이 괴로워하고 고통스러워하는 소리도 듣게 되기를 바랍니다.

왜 전도를 하는 줄 아십니까? 한 영혼이 고통당하며 죽어 가는 소리를 듣기 때문에 전도하는 것입니다. 세상에서는 훌륭해 보이고 자신감에 차 있는 것처럼 보이지만, 실제로 하나님 없는 영혼은 외롭고 고독하며, 탄식하고 신음하며, 죽어 가고 있습니다. 사람만 그런 것이 아니라 피조물들도 그렇다고 성경은 말하고 있습니다.

> 피조물이 다 이제까지 함께 탄식하며 함께 고통을 겪고 있는 것을 우리가 아느니라(롬 8:22).

예수님을 믿기 전에는 몰랐는데, 믿은 후에 이런 사실들을 알게 되는 것입니다.

오존층이 깨지고 있습니다. 누가 이 지구를 구하겠습니까? 누가 환경을 보호하겠습니까?

> 그뿐 아니라 또한 우리 곧 성령의 처음 익은 열매를 받은 우리까지도 속으로 탄식하여 양자 될 것 곧 우리 몸의 속량을 기다리느니라(롬 8:23).

사도 바울은 피조물이 탄식하고 신음하고 고통받는다고 이야기했습니다. 또한 이러한 고통과 탄식이 성령을 받은 우리에게도 있다고 합니다. 이것은 중요한 이야기입니다. 피조물만 탄식하는 것이 아니라 성령받은 우리도 피조물들과 같이 탄식한다는 것입니다.

기도하시는 성령

성령님이 말할 수 없는 탄식으로 우리를 위해 기도하시는 것이 두 가지 있습니다. 우리 몸의 구원입니다. 성령님이 오시면 우리의 영은 구원을 받는데, 몸은 그렇지 않습니다. 여전히 죽어 갑니다. 성령님은 우리 영의 구원으로 만족하지 않으시고, 우리 안에 계시면서 우리 몸의 구원까지 탄식하며 기다리시는 것입니다.

성령님이 우리의 구원을 이루십니다. 양자의 영이 되셔서 우리로 하여금 하나님의 자녀가 되게 하십니다. 예수 그리스도를 믿어서 하나님의 자녀가 되는 것으로 끝나는 게 아닙니다. 아기를 낳는 것도 중요하지만 키우는 것도 중요하지 않습니까. 우리는 예수를 믿음으로 말미암아 구원의 잉태를 한 것입니다. 잉태된 것은 해산을 해야 합니다. 예수님은 교회를 잉태시키셨고, 이 교회는 오순절날 해산하였습니다. 눈에 보이도록 나타난 것입니다.

예수님은 우리를 십자가의 보혈로 구원하셨습니다. 구원의 씨앗이 내 안에 들어왔습니다. 구원이 잉태된 것입니다. 이제 이 구원을 해산해야 합니다. 그것은 영의 구원뿐만 아니라 몸의 구원도 의미합니다.

저는 우리의 영이 구원받은 것처럼 우리의 몸도 구원받기를 바랍니다. 이제는 우리의 육신이 죄의 종노릇하는 데서 벗어나 의의 종노릇하며 의의 무기가 되기를 바랍니다. 어떤 사람은 예수를 믿기는 믿는데 육신의 욕망을 따라 삽니다. 그러나 반대로, 예수 믿고 성령 충만하여 육신의 본능이 힘을 잃어버리는 사람도 있습니다. 몸의 구원이 이루어진 것입니다.

우리 육신은 늙어 가고 병들어 갑니다. 하지만 이런 몸에도 구원이 있습니다. 그래서 부활하시고 난 후에 예수님은 40일 동안 제자들에게 새 몸을 보여 주셨습니다. 우리가 죽고 나면 헌 몸은 땅에 묻히지만 구원받은 성도들은 새 몸을 입게 될 것입니다.

새 몸을 예수님이 친히 우리에게 보여 주셨습니다. 천국에 가면 우리도 이러한 몸을 갖게 될 줄로 믿습니다. 그러나 우리가 죽을 때까지는 이 헌 몸을 가지고 있어야 합니다. 육신의 몸을 가지고 있는 우리 안에서, 성령님은 말할 수 없는 탄식으로 우리 육신의 구원을 기도하십니다. 성령님은 우리 안에 계십니다. 성령님이 말할 수 없는 탄식으로 우리 몸의 구원을 바라며 그것을 이루게 하려고 기도하시는 것입니다.

성령님은 우리 안에 계셔서 우리를 도우려고 하신다는 사실을 기억하십시오. 우리가 육신적으로 건강하면서 성령의 도구로 변할 수 있게 되기를 바랍니다. 우리 영이 구원받은 것처럼 우리의 육신도 구원받는 축복이 있기를 바랍니다.

32

성령의 축복과 기도

로마서 8:24-27

그동안 로마서 8장을 통해 우리는 성령님에 대해 많은 것을 배웠습니다. 첫 번째는, 성령님은 우리를 죄와 사망의 법에서 해방시키신다는 것입니다. 그리스도 예수 안에 있는 자에게는 결코 정죄함이 없습니다.

성령님이 우리 안에 오시면 우리는 죄와 사망의 법에서 자유함을 얻게 됩니다. 성령님이 우리 안에 계시면서 육의 욕망을 모두 제거해 주시고 성령님을 따르게 하며 성령의 생각을 하게 하시는 것입니다. 그렇게 해서 우리가 영의 사람이 되도록 놀랍게 역사하십니다.

두 번째, 성령님이 우리 안에 들어오시면 우리의 죽을 몸을 살리십니다. 성령님은 십자가에서 죽은 예수 그리스도를 부활시키셨습니다. 예수 그리스도를 다시 살리신 그 영으로 우리의 죽을 몸도 다시 부활시키십니다. 이것이 성령님이 하시는 일입니다. 우리는 죽어도 다시 삽니다. 성령님이 새 몸을 주십니다. 부활의 역사를 우리 안에서 이루시는 것입니다.

세 번째, 우리에게 무서워하는 종의 영을 주시지 않고 하나님의 자녀가 되는 양자의 영을 주십니다. 성령님은 양자의 영이십니다. 성령님이 내 안에 들어오시면 우리는 하나님을 '아빠 아버지'라고 부를 수 있는 특권을 갖게 됩니다. 멀리 있던 하나님, 나와 상관이 없던 하나님, 무섭기만 하던 하나님이 그때부터는 나의 사랑하는 아빠가 되는 것입니다.

우리가 하나님의 자녀가 된 것을 어떻게 알 수 있습니까? 성령님이 내 안에서 증언하십니다. "너는 틀림없이 하나님의 자녀가 되었느니라. 너는 하나님의 상속자가 되었느니라"고 말씀하십니다. 네 번째, 성령님이 내 안에 들어오시면 우리의 완전한 구원을 위하여 기다리게 하십니다. 성령님은 우리의 영을 구원하시는 데서 만족하는 것이 아니라 몸의 구원까지도 이루십니다. 이것이 바로 성령님이 우리 안에 들어오셔서 하는 역할입니다.

우리가 이런 성령님을 환영하고 사랑하고 받아들이기 바랍니다. 그분이 우리에게 역사하실 때 거부하지 마십시오. 성령님께 맡기고 그분의 능력을 의지하십시오. 이것이 승리하는 그리스도인의 비결입니다.

성령의 축복

성령님이 주시는 놀라운 축복을 한 가지 더 나누기 원합니다. 성령님은 나의 연약함을 도와주실 뿐만 아니라 내가 기도하지 못할 때, 내가 연약하여 쓰러질 때, 내가 어떻게 기도해야 할지 모를 때, 내 안에서 말할 수 없는 탄식으로 중보 기도를 하십니다.

기도를 자주 못하고 유창하게 못할지라도 안심하기 바랍니다. 성령님이 우리 안에 오셔서 우리의 부족한 것, 연약한 것, 믿음 없는 것을 아시고 우리가 신앙생활하기에 합당할 만큼, 최대한의 역할을 하십니다.

> 우리가 소망으로 구원을 얻었으매 보이는 소망이 소망이 아니니 보는 것을 누가 바라리요(롬 8:24).

구원을 받고 성령이 임하면, 우리는 놀라운 소망을 갖게 된다는 사실을 이 말씀에서 알게 됩니다. 구원은 불완전한 것이 아니라 완전한 것입니다. 일시적인 것이 아니라 영원한 것입니다. 예수님의 구원은 완전한 것이며, 그 구원은 지금도 이루어지고 있습니다.

그러나 우리가 예수 그리스도의 이름으로 구원받았다고 다 끝난 것이 아닙니다. 우리는 이제 완전한 구원을 이루어 가야 합니다. 따라서 구원받은 자는 완전한 구원을 이루려는 소망을 갖게 됩니다. 하나님의 구원을 내 안에서 완전히 이루게 하시는 분이 바로 성령님입니다. 우리는 예수 그리스도로 말미암아 이미 구원을 받았으나, 다 끝난 것이 아닙니다. 이제 거룩해져야 합니다. 이제 우리는 영광스럽게 만들어져야 합니다. 우리는 완전하게 변할 것입니다. 그 완전하게 변하는 과정을 도와주시는 분이 성령님입니다.

"우리가 소망으로 구원을 얻었으매"라는 말은 소망 때문에 구원을 얻었다는 말이 아닙니다. 예수님 때문에 구원을 얻은 사람은 영원한 소망을 갖게 된다는 말입니다. 우리가 구원을 얻기 전에는 꿈도 미래도 없었습니다. 그러나 예수 그리스도로 말미암아 구원을 얻고 나면, 놀랍게도 소망이 생기고 꿈이 생깁니다. 미래가 보이게 됩니다.

하나님을 아는 사람들은 천국이 보입니다. 하지만 하나님을 모르는 사람들은 땅만 보입니다. 구원받지 못한 사람들은 인간의 구원밖에 보이지 않습니다. 정치적이고 사회적인 구원밖에 보이지 않는 것입니다. 그러나 예수 그리스도로 말미암아 구원받은 사람들은 영원한 구원을 봅니다. 땅의 구원만이 아니라 하늘의 구원을 바라보게 되며 내세의 구원까지 보게 됩니다.

24절은 "보이는 소망이 소망이 아니니 보는 것을 누가 바라리요"라고 말씀하고 있습니다. 볼 수 있는 것, 들을 수 있는 것, 가질 수 있는 것은 현실입니다. 그것은 소망이 아닙니다. 소망이란 볼 수 없는 것이요 들을 수 없는 것입니다. 내 손에 있지 않은 미래에 대한 약속이자 축복입니다. 예수 그리스도를 믿는 사람에게는 미래가 다가옵니다. 하나님의 나라가 내게 임하는 것입니다. 하나님의 나라가 하늘에서 이루어진 것처럼 땅에서도 이루어지는, 미래의 위대한 비전을 보게 됩니다. 성령받은 사람, 구원받은 사람들은 이것이 느껴지고 이것을 알게 되고 이것이 보입니다.

지금 눈에 보이는 것을 누가 바라겠습니까? 보이는 소망은 소망이 아니라 현실일 뿐입니다. 진짜 소망은 감추어진 미래입니다. 그 미래를 믿음의 눈으로 볼 수 있습니다. 하나님의 나라가 우리에게 오는 것입니다. 에스겔과 사도 요한이 보았던 바로 그 하늘나라를 믿음의 눈으로 보는 것입니다. 새 하늘과 새 땅이 내게 옵니다. 하나님이 예수 그리스도를 통하여 이 세상을 심판하실 것입니다. 이 예수 그리스도를 우리는 기다리고 대망합니다.

예전에 미처 갖지 못했던 천국의 소망, 예수님이 다시 오시는 소망, 모든 악이 심판을 받고 하나님의 백성이 들림을 받는 소망, 현재 받는 고난과는 족히 비교할 수 없다는 장차 올 그 영광! 이 위대한 환상과 기대와 꿈을, 구원받은 모든 백성은 갖게 되는 것입니다. 우리에게도 이러한 기대와 소망과 미래가 있는 줄로 믿습니다.

소망을 가진 자의 삶

따라서 그리스도인은 자살할 이유도 없고 자살할 수도 없습니다. 그리스도인은 더 이상 좌절하지 않습니다. 더 이상 절망하지도 않습니다. 죽어도 다시 살기 때문입니다. 천 명이 곁에서 넘어지고, 만 명이 옆에서 쓰러진다 할지라도 그리스도인들은 넘어지지 않습니다. 세상 사람들이 바라보는 소망이 아닌 하나님이 주시는 영광스러운 소망이 있기 때문입니다.

이런 의미에서 그리스도인들은 언제나 긍정적이고 적극적이고 희망적입니다. 당신이 만약 예수님을 믿었다면 더 이상 절망적일 수 없습니다. 환경이 절망적이라 할지라도, 암에 걸렸다 할지라도, 죽음이 눈앞에 있다 할지라도, 예수 그리스도를 믿는 사람들은 절망하지 않습니다.

우리는 천국에서 사랑하는 사람들을 다 만나게 될 것입니다. 이 영원한 소망을 가진 사람은 얼굴에서 빛이 나기 시작합니다. 홍조를 띠게 됩니다. 미래가 있기 때문입니다. 미래가 있는 사람은 절망하거나 좌절하지 않습니다. 현실이 아무리 고달프고 외롭고 절망적이라고 할지라도 그의 눈은 하늘을 쳐다보고 있기 때문입니다. 그동안 비판하고 따지고 부정적으로 행동했다면 이제 회개하고 태도를 바꾸기 바랍니다.

세상 사람들이 95퍼센트, 99퍼센트 불가능한 일이라고 해도 그리스도인에게는 상관이 없습니다. 그리스도인은 5퍼센트, 1퍼센트의 가능성을 바라보면서 기도와 성령과 소망을 가지고 세상을 향해 나아갑니다. 그렇게 할 때 이 5퍼센트, 1퍼센트가 세상을 변화시킵니다. 여러분에게 부탁하고 싶은 게 있습니다. 어떤 어려운 일이 있어도 부정적인 말을 하지 마십시오. 어떤 어려움이 있어도 남을 비판하고 좌절하게 만들지 마십시오.

"한국 사람들은 배고픈 것은 참는데 배 아픈 것은 참지 못한다"는 말을 언젠가 들었습니다. 남이 잘되는 것을 참지 못해서, 말 한마디를 해도 상처가 되게 한다는 뜻입니다. 이런 분이 없기를 바랍니다. 내가 잘되지 않았어도, 잘된 사람을 축복해 주고 격려해 주며 좋은 말을 해 주십시오. 단점이 아닌 장점을 말해 주고, 나와 다른 점을 지적하기 전에 같은 점을 이야기하며 공감하면 축복받을 것입니다. 이런 마음으로 장사를 하십시오. 이런 마음으로 공부를 하십시오. 이런 마음으로 가정을 이끌어 가십시오. 축복 받지 않을 수 없을 것입니다.

왜 우리가 이렇게 긍정적이고 적극적일까요? 소망이 있기 때문에 그렇습니다. 약속이 있는 소망이 우리 안에 있기 때문입니다. 새 하늘과 새 땅과 영광스러운 하나님의 나라가 우리에게 있기 때문에, 어떤 상황에서도 결코 절망하지 않습니다.

기다림의 축복

> 만일 우리가 보지 못하는 것을 바라면 참음으로 기다릴지니라(롬 8:25).

구원받은 사람의 첫 번째 특징은 어떤 경우에도 절망하지 않고 좌절하지 않고 긍정적이고 적극적이며 소망을 갖는 것입니다.

두 번째 특징은 기다릴 수 있다는 것입니다. 왜 기다리지 못합니까? 미래가 불안하기 때문입니다. 약속이 믿어지지 않기 때문에 기다리지 못하는 것입니다. 따라서 신앙인의 제일 큰 적은 '조급함'입니다. 기다리지 못하고 쉽게 결정해 버리고 마는 것입니다. 어떤 사람은 기도의 응답도 지금 당장 이루어져야 한다고 합니다. 그 사람은 믿음이 아주 적은 사람입니다. 기도의 응답은 기다려서 얻는 것입니다. 성숙해야 얻어지는 것입니다.

기다림은 축복입니다. 정말 소망이 있는 사람은 진짜를 얻기까지 가짜를 취하지 않습니다. 진정으로 사랑하는 사람을 얻기 위해서는 적당한 사람을 취하지 않습니다. 마지막 시간까지 하나님이 주시는 진짜를 기다려야 합니다. 기다림 속에는 인내가 있습니다. 따라서 참된 구원은 소망을 갖게 하고 인내를 갖게 합니다.

그리스도인은 환난이 오면 오히려 신이 나는 사람들입니다. 고난이나 핍박이 오면 눈이 빛나고 춤을 추는 사람들입니다. 왜 그렇습니까? 환난은 인내를 낳기 때문입니다. 인내는 연단을, 연단은 소망을 주기 때문입니다(롬 5:3-4). 우리에게 인내의 축복이 있기를 바랍니다. 기다림의 축복이 있기를 바랍니다. 지금 우리의 손에 가진 것은 없어도, 우리의 눈에 보이는 것은 없어도, 우리의 귀에 들리는 것은 없어도, 하나님의 약속이 믿음 안에서 우리에게 주어진 줄로 믿습니다.

내 형제들아 너희가 여러 가지 시험을 당하거든 온전히 기쁘게 여기라 이는 너희 믿음의 시련이 인내를 만들어 내는 줄 너희가 앎이라 인내를 온전히 이루라 이는 너희로 온전하고 구비하여 조금도 부족함이 없게 하려 함이라(약 1:2-4).

시련이 없으면 인내가 없습니다. 고통이 없으면 인내가 없습니다. 중요한 것은 인내입니다. 기다림이 있어야 합니다. 그래야 하나님의 축복이 임하기 때문입니다.

사랑은 오래 참는 것입니다. '사랑은 달콤하고'라고 말씀하지 않습니다(고전 13:4). 참는 것이 얼마나 힘듭니까? 성질도 나고 가슴이 답답하기도 합니다. 그러나 사랑이란 오래 참는 것입니다. 사랑하기 때문에 기다리는 것입니다.

한 남자와 한 여자가 결혼해서 같이 사는데, 이 남자의 성격과 습관이 나쁩니다. 그렇더라도 당장 고치려 들지 마십시오. 기다리고 참아 주십시오. 그래야 그 사람이 변합니다. 그 사람이 좋아서 결혼했다면 기다려 주어야 합니다. 남편도 마찬가지입니다. 아내가 좋아서 결혼했다면 기다려 줄 수 있어야 합니다. 인내하고 기다리면 축복이 임할 것입니다.

피조물들의 구원과 소망

구원받은 사람들은 소망을 가지고 인내와 기다림을 통하여 하나님의 완전한 구원을 이루게 됩니다. 그러면 성령님은 어떤 역할을 하십니까?

이와 같이 성령도 우리의 연약함을 도우시나니 우리는 마땅히 기도할 바를 알지 못하나 오직 성령이 말할 수 없는 탄식으로 우리를 위하여 친히 간구하시느니라(롬 8:26).

성령님은 우리의 연약함을 도우십니다. 얼마나 놀랍습니까? 내가 약할 때 누군가가 도와주면 얼마나 좋습니까? 성령님은 우리의 연약함을 아십니다. 우리의 부족함도 아십니다.

여기서 우리가 깨닫는 사실은 인간은 연약한 존재라는 것입니다. 인간은 한계가 있는 존재이며 병들 수밖에 없는 존재입니다. 완전한 존재가 아닙니다. 착각하지 마십시오. 다른 사람에게도 이 착각을 강요하지 마십시오. 나도 부족하고 상대방도 부족합니다. 완전한 사람은 세상에 없습니다. 그러나 우리는 사람에게 완전을 요구합니다. 목사에게 완전을 요구합니다. 하지만 우리는 다 부족한 인간입니다.

물론 하나님이 천지를 창조하실 때, 부족함이 없는 완전한 인간으로 만들어 주셨습니다. 죽음이 없는, 영원한 존재로 만들어 주셨습니다. 그러나 인간이 죄를 짓고 난 이후에 죽음이 왔고 사망이 임하게 되었습니다. 땅도 사람들의 죄로 말미암아 저주를 받게 되었습니다. 이것을 성령님은 아십니다. 그래서 우리 안에 들어오셔서 우리의 연약함을 보완해 주십니다.

　우리는 구원을 받았습니다. 하지만 다 끝난 것이 아닙니다. 우리는 현재의 구원을 받아야 하고, 미래의 구원을 완성해야 합니다. 이 구원의 완성을, 내 안에 계신 성령님이 나를 통하여 온전히 이루시는 줄로 믿습니다.

　26절을 보면 "이와 같이"라는 말이 있는데, 이것은 '탄식'을 의미합니다. 첫 번째 탄식은 피조물들의 탄식이었습니다(롬 8:22 참조). 죄로 말미암아 이 세상은 저주를 받았습니다. 환경은 오염되고 지구는 몸살을 앓고 있습니다. 신음하고 있습니다. 인간이 구원받기를 원하는 것처럼, 환경도 구원받기를 원하고 있습니다. 이것이 바로 피조물들이 탄식한다는 말의 의미입니다.

　피조물들은 자신들을 구원해 줄 하나님의 아들들이 나타나기를 바라고 있습니다. 피조물들은 썩어짐의 종노릇하는 데서 해방되어, 하나님 자녀들의 영광스러운 자유에 이를 것이라는 소망을 가지고 있습니다.

성령님의 중보 기도

성령을 받은 사람들도 탄식합니다(롬 8:23 참조). 성령받은 사람들의 탄식은, 우리 영의 구원뿐만 아니라 몸의 구원을 위한 것입니다. 성령님이 직접 탄식하십니다. 그것이 26절의 말씀입니다. 성령님이 말할 수 없는 탄식으로, 통곡으로, 신음으로 우리를 위하여 간구하시는 것입니다. 너무 고통스러워서 말도 못하고 신음하는 사람을 본 적 있습니까? 성령님이 우리 안에서 이렇게 신음하고 계십니다. 우리가 기도하지 못할 때, 기도하지 않을 때, 죄를 지을 때, 성령님은 우리 안에서 말할 수 없이 근심하십니다. 우리는 구원을 완전히 이루어 나가야 할 하나님의 사람들이기 때문입니다.

우리가 기도하지 않으면 누가 대신 기도합니까? 성령님이 기도하십니다. 그분이 우리 안에서 탄식하며 기도하십니다. 몸부림을 치고 신음하면서 나의 완전한 구원을 위하여 기도하시는 것입니다. 그래서 기도하지 않는 사람은 마음이 답답합니다. 성령님이 탄식하시기 때문에 그렇습니다.

우리가 기도하기 시작하면 성령님이 기뻐 춤을 추실 것입니다. 우리가 찬양하고 방언으로 기도하고 영으로 기도하면, 내 안에 계신 성령님이 그 기도를 축복해 주시고 기름 부어 주시고 기적을 계속 이루게 하실 것입니다. 우리의 영혼이 기뻐 뛰어 놀기를 바랍니다.

성령님은 오늘 우리를 위하여 중보 기도하십니다. 중보 기도는 다른 사람을 위하여 기도하는 것입니다. 친구가 병이 들면 그를 사랑하기 때문에 기도합니다. 자녀가 병들었을 때도 기도합니다. "하나님, 제 생명을 거두어 가도 좋으니, 제 자식을 살려 주십시오." 내 친구나 가족 중의 한 사람이 죄짓는 것을 알게 되면, 잠도 잘 수 없고 밥도 먹을 수 없습니다. 마음이 말할 수 없이 상하고 고통스럽습니다. "하나님, 내 아들을 구원해 주십시오. 하나님, 제 친구를 건져 주십시오." 이런 기도가 중보 기도입니다. 우리에게 친구를 위하여, 가족을 위하여, 생명을 걸고 중보 기도하는 축복이 있기를 바랍니다.

> 마음을 살피시는 이가 성령의 생각을 아시나니 이는 성령이 하나님의 뜻대로 성도를 위하여 간구하심이니라(롬 8:27).

마음을 살피시는 하나님은 성령의 생각을 아십니다. 하나님과 성령의 생각은 100퍼센트 일치합니다. 그래서 성령님은 우리를 위하여 기도하실 때 하나님의 뜻에 맞게 기도해 주십니다. 완전한 기도를 하시는 것입니다. 그러나 성령님은 고통을 겪고 계십니다. 탄식하고 계시는 것입니다. 우리가 이제 입을 열어 기도하기를 바랍니다. 찬양하며 기도하기를 바랍니다. 우리가 하나님을 향하여 기도함으로 말미암아, 우리 안에 계신 성령님이 기뻐하고 즐거워하기를 바랍니다. 우리가 성령님과 함께 일할 수 있는 축복이 있기를 바랍니다.

기도하지 못했을지라도 일단 안심하십시오. 그리고 불완전한 기도라도 일단 하기를 바랍니다. 그러면 성령님이 고쳐 주십니다. 기도하지 않으면 고칠 것조차도 없게 됩니다. 때로는 다른 사람을 망하게 해 달라고 기도할 수도 있을 것입니다. 악인은 잘 살고 의인은 고통당하는 것을 보면 괴로워서 그럴 수도 있습니다. 그럴지라도 일단 기도하십시오. 그러면 성령님이 고쳐 주실 것입니다.

성령님은 우리 안에서, 말할 수 없는 탄식으로 우리를 위하여 하나님의 뜻에 맞도록 기도해 주십니다. 이것을 믿으십시오. 현재의 고난은 장차 올 영광과 족히 비교할 수 없다는 말씀을 믿고, 소망을 가지고, 기다림 속에서, 적극적으로 기도하기 시작하십시오. 그러면 기적이 일어날 것입니다.

33

하나님의 선

로마서 8:28-30

하나님은 인간을 사랑하시되 끝까지 사랑하십니다. 도중에 포기하지 않으십니다. 하나님은 인간을 구원하시되 완전하게 구원하십니다. 하나님은 누구보다도 인간의 연약함과 부족함을 잘 아십니다. 하나님은 우리가 완전하고 부족함이 없기 때문에 사랑하시는 것이 아닙니다. 형편없고 불완전하고 실수가 많은 죄인임에도 조건 없이 우리를 사랑하십니다. 아니, 사랑하기로 결정하셨습니다. 세상이 창조되기 전부터 하나님은 우리를 사랑하셨고 우리를 흠 없고 거룩하게, 온전한 하나님의 자녀로 계획하시고 섭리하시고 예정하셨습니다.

우리는 육신을 가지고 있지만 하나님께서 성령님을 보내 주셔서 우리를 육의 사람이 아니라 영의 사람으로 즉, 영을 좇고 영을 생각하는 사람으로 축복해 주셨습니다. 우리는 부족하고 연약하지만 하나님은 우리를 온전한 사람으로 만드시길 원하시기 때문입니다.

또한 하나님은 우리에게 무서워하는 종의 영을 주시지 않고 양자의 영을 주셔서, 하나님의 자녀로 삼으시고 하나님을 '아빠 아버지'라고 부르도록 하셨습니다.

예수님을 믿고 성령을 받으면 예전에 미처 깨닫지 못하던 한 가지 사실을 알게 됩니다. 그것은 '무슨 일을 만나든지 만사형통'이라는 것입니다. 그런 믿음이 들고 예감이 생기고 확신이 자꾸 생깁니다. 예수님을 믿기 전에는 그렇게 생각하지 못했습니다. 예수님을 믿었다 해도 성령을 체험하기 전에는 그런 생각을 못했습니다. 미래에 대한 두려움과 불안에 싸여 있었고, 만사를 다 심는 대로만 거둔다고 생각했습니다.

그러나 모든 것이 다 심는 대로 거두는 것은 아닙니다. 예수님을 믿고 성령님을 체험하면 내가 그렇게 의롭지 않을지라도 하나님이 나를 의롭게 만드시는 것을 경험합니다. 죄만 짓고 선한 일을 한 적이 없는데 하나님은 나를 구원하십니다. 이것이 하나님의 은혜입니다. 구원받을 자격이 없고 구원받을 일을 한 적도 없는데, 하나님이 나를 그런 사람으로 대우해 주시고 억지로라도 하나님의 자녀로 만드셔서 축복해 주시는 것입니다.

세상에서 얻을 수 없는 생각

이러한 관점에서 다음 말씀을 보겠습니다.

> 우리가 알거니와 하나님을 사랑하는 자 곧 그의 뜻대로 부르심을 입은 자들에게는 모든 것이 합력하여 선을 이루느니라(롬 8:28).

"우리가 알거니와"라는 말에서 "우리"는 세상 사람을 말하는 것이 아닙니다. 하나님의 자녀들을 말하는 것입니다. 또한 "우리"는 다음에 나오는 두 가지 부류의 사람을 말합니다. 첫 번째는 정말로 하나님을 사랑하는 사람입니다. 그 마음에 하나님에 대한 말할 수 없는 사랑이 생기는 사람입니다. 이 사람이 하나님의 사람입니다. 죄 없는 자가 아닙니다. 완전한 자를 의미하지 않습니다. 하나님을 정말 사랑하는 자를 의미합니다. 두 번째는 그 뜻대로 부르심을 입은 사람입니다. 이런 사람은 모든 것이 합력하여 선을 이룬다는 믿음과 확신과 생각을 갖게 됩니다. 이는 놀라운 것입니다. 이것은 결코 세상에서 얻을 수 있는 생각이 아닙니다. 세상의 지식이나 경험은 우리에게 이러한 생각을 가르쳐 주지 않습니다.

세상은 경험하면 경험할수록 좌절하게 됩니다. 세상을 경험하고 세상 지식이 많으면 많을수록 우리가 얻는 것은, 안심과 평안과 믿음이 아니라 불안입니다. 그래서 세상 경험을 많이 한 사람들은 불안해 합니다. 돈도 우리에게 안심을 주지 못합니다. 안심을 주는 것 같지만 돈, 권력 등 세상적인 것은 많이 가지려고 할수록 더욱 불안하게 만듭니다.

모든 것이 합력하여 선을 이룬다는 생각은 인간의 이성이나 합리성에서 얻어진 결론이 아닙니다. 인간의 이성이나 합리성은 우리를 불안하게 만듭니다. 세상에서 만들어진 철학이나 이데올로기는 인간을 행복하게 만들 수 없습니다. 그것은 하나의 속임수입니다. 완벽한 인간, 완벽한 합리성, 완벽한 인간의 이성은 우리를 불안하게 할 뿐입니다.

그러나 믿음은 우리에게 확신을 줍니다. 그리스도를 향한 믿음, 성령 안에서 갖게 되는 이 믿음은 놀랍게도, 모든 것이 합력하여 선을 이루게 된다는 축복된 생각을 갖게 합니다. 이 생각은 세상의 생각이 아니라 하나님의 생각입니다. 이렇게 생각할 수 있는 것은 성령님이 우리 안에서 주시기 때문입니다.

여기서 '모든 것'은 좋은 것만을 의미하지 않습니다. 불행, 실패, 좌절, 그리고 질병, 죽음까지 다 포함하는 말입니다. 그러나 이 모든 것도 때를 기다리다 보면, 시간이 지나가서 하나님의 시간이 이르면, 결과적으로 축복이 되고 선이 되는 것입니다. 이것이 믿는 자에게 주시는 하나님의 축복입니다.

성공과 실패가 함께

"선을 이룬다"는 것은 하나님의 뜻에 가까이 가는 것을 의미합니다. 바울은 "너희는 이 세대를 본받지 말고 오직 마음을 새롭게 함으로 변화를 받아 하나님의 선하시고 기뻐하시고 온전하신 뜻이 무엇인지 분별하도록 하라"(롬 12:2)라고 말합니다.

하나님의 선(善)은 바로 하나님의 뜻을 이루는 것입니다. 저는 여러분이 이런 생각을 갖게 되기를 바랍니다. 성령을 받은 이후에 갖게 된 이 놀랍고 축복된 생각들과 믿음, 즉 어떤 경우를 만나도, 어떤 좌절을 겪어도, 어떤 슬픔이 있어도, 내 마음에는 소망과 미래가 있다는 믿음을 가진 사람은 더 이상 불행이나 슬픔이 없습니다.

'합력(合力)'한다는 말은 '함께 일한다'는 뜻입니다. 성공과 실패가 함께 어울려서 선을 만드는 것입니다. 성공만이 선을 만들지 않습니다. 실패도 선을 만들 수 있습니다. 성공과 실패가 함께 작업을 해서 하나님의 선을 만듭니다. 행복과 불행이 함께 어울려서 하나님의 선을 만듭니다.

삶과 죽음이 함께 작용해서 하나님의 선을 만듭니다. 이것이 하나님의 방법입니다. 하나님을 사랑하는 자, 곧 그 뜻대로 부르심을 입은 자들은 어떤 것으로도 하나님의 선을 만들 수 있습니다. 태양은 좋은 것입니다. 그러나 태양이 계속 내리 쬐면 사막이 되고 맙니다. 비도 있고 구름도 있어야 합니다. 낮도 좋지만 쉴 수 있는 밤도 필요합니다. 그리스도 안에 있으면 무엇이든지 선을 만듭니다. 실패도, 절망도, 죽음도 결국 선을 만듭니다. 그러나 반대로 그리스도 밖에 있으면 아무리 좋은 것도, 그것이 건강이나 행복이나 모든 것을 소유한 것이라 할지라도 아무 의미가 없게 됩니다.

제 부모님이 즐겨 부르셨던 찬송가가 있습니다. 저는 이 찬송을 부를 때마다 감격합니다. 찬송가 384장 "나의 갈 길 다가도록"입니다. "나의 갈 길 다가도록 예수 인도하시니 / 내 주 안에 있는 긍휼 어찌 의심하리요 / 믿음으로 사는 자는 하늘 위로받겠네 / 무슨 일을 만나든지 만사형통하리라 / 무슨 일을 만나든지 만사형통하리라."

어려운 일을 겪었습니까? 환난을 당했습니까? 그때마다 좌절하고 절망했지만 지나고 나면 그것은 축복입니다. 그러한 환난과 고난과 역경이 없었더라면 어떻게 하나님의 선을 이루고, 하나님의 뜻을 이루며, 하나님의 축복을 이룰 수 있었겠습니까? 나는 심히 고단하고 영혼이 매우 갈했지만 하나님은 내 앞의 반석에서 샘물이 나게 하십니다. 우리에게 이러한 믿음의 간증이 있기를 바랍니다. 무슨 일을 만나든지 만사형통할 것이라는 믿음이 있습니까? 그렇습니다. 하나님은 우리 앞의 반석에서 샘물이 나게 하십니다. 우리 마음속에 이런 생각이 샘물처럼 솟아나기를 바랍니다.

하나님의 꿈, 회복

그렇다면 하나님이 우리로 하여금 모든 것이 합력하여 선을 이루게 하시는 목적과 계획은 무엇이겠습니까?

하나님이 미리 아신 자들을 또한 그 아들의 형상을 본받게 하기 위하여 미리 정하셨으니 이는 그로 많은 형제 중에서 맏아들이 되게 하려 하심이니라(롬 8:29).

하나님이 이렇게 하신 목적이 있습니다. 우리에게 양자의 영을 주셔서 우리가 하나님의 자녀인 것을 친히 증언하시고, 우리가 빌 바를 알지 못할 때에도 말할 수 없는 탄식으로 중보 기도하시며, 우리가 당한 슬픔과 고통과 질병과 죽음까지도 합하여 선을 만들게 하신 것은 하나의 목적이 있기 때문입니다. 그것은 하나님이 미리 아신 자들로 그 아들의 형상을 본받게 하기 위함입니다. 즉 하나님의 목적은 '회복'인 것입니다.

하나님의 창조 회복은, 하나님의 형상으로 지음받은 인간이 타락하고 죄를 지어서 하나님의 아들이 되지 못하고 사탄의 종으로 전락하였던 것을 다시 하나님의 아들로 회복하는 것입니다. 하나님은 우리를 아들의 형상으로 회복시키기 원하십니다.

부모는 자식에 대한 꿈이 있습니다. 자식이 공부를 잘하고 좋은 사람과 결혼하고 이 세상에서 보람 있고 값지게 살 수 있는 사람이 되기를 부모는 원합니다. 마찬가지로 하나님은 우리에 대한 꿈이 있습니다. '회복'이라는 꿈입니다. 하나님 형상으로의 회복입니다. 우리는 비록 땅에 살지만 하나님은 우리를 하늘의 백성으로 만들고 싶어 하십니다.

우리는 이 죄 많은 세상에서 수많은 사탄의 유혹 속에 살지만, 하나님은 우리를 하나님의 자녀답게 흠 없고 온전하고 거룩한 자로, 이 세상에서 승리하며 사는 자로 만드는 꿈을 갖고 계십니다.

29절을 다시 보십시오. 하나님은 오늘 나를 택하신 것이 아닙니다. 오래 전에 나를 택하시고 미리 정하셨습니다. 하나님은 나를 아십니다. 내가 하나님을 알기 전에 그분이 먼저 나를 아셨습니다. 내가 그분을 사랑하기 전에 그분이 먼저 나를 사랑하셨습니다. 내가 이것을 늦게 깨달은 것뿐입니다.

마치 자식들이 부모의 사랑을 뒤늦게 깨닫는 것과 마찬가지입니다. 임신을 하기도 전에 부모는 자식에 대한 꿈을 가지고 있습니다. 임신을 하면 태어나기도 전에 옷부터 준비합니다. 이름도 짓습니다. 그리고 태어나면 얼마나 그 자식을 사랑하는지 모릅니다.

그러나 자식은 부모의 사랑을 알지 못합니다. 사춘기가 되면 얼마나 방황하는지 모릅니다. 부모가 그렇게 사랑하건만 자식은 부모의 마음을 알아주지 않습니다. 실패하고, 실수하고, 결혼하고, 아기를 낳아 보고 나서야 "부모님이 나를 정말 사랑했구나" 하고 깨닫습니다.

지금 하나님을 사랑한다고 너무 뽐내지 마십시오. 뒤늦게 부모의 사랑을 깨달은 것과 같습니다. 하나님은 그보다도 먼저 나를 사랑하셨습니다. 2천 년 전에, 아니 태초부터, 아니 그 이전부터 나를 예정하시고 선택하셔서 자기 아들을 십자가에 못 박아 죽이기까지 사랑하셨습니다. 이런 놀라운 선택과 예정과 사랑에 대한 말씀이 에베소서에 있습니다.

찬송하리로다 하나님 곧 우리 주 예수 그리스도의 아버지께서 그리스도 안에서 하늘에 속한 모든 신령한 복을 우리에게 주시되 곧 창세 전에 그리스도 안에서 우리를 택하사 우리로 사랑 안에서 그 앞에 거룩하고 흠이 없게 하시려고 그 기쁘신 뜻대로 우리를 예정하사 예수 그리스도로 말미암아 자기의 아들들이 되게 하셨으니(엡 1:3-5).

사도 바울은 로마서에서도 이러한 말씀을 했고 에베소서에서도 같은 말씀을 했습니다. 하나님은 세상이 창조되기 전에, 인간이 창조되기 전에 계획을 가지고 계셨습니다. 아담과 하와를 만들기 이전에 인간을 예수 그리스도의 형상으로 만드실 계획을 가지고 계셨습니다. 또 하나님은 인간을 사랑으로 창조하셨습니다. 거룩하고 흠이 없는, 하나님의 형상을 가진 완전한 존재로, 하나님과 영원히 교제할 수 있는 그런 존재로 하나님은 우리를 만드셨습니다.

뿐만 아닙니다. 그 기쁘신 뜻대로 우리를 예정하사 예수 그리스도로 말미암아 자기의 아들들이 되게 하셨습니다. 하나님은 우리를 만드실 때에 예수 그리스도 안에서 창조하셨고, 사랑 안에서 창조하셨고, 자신의 아들로서 창조하셨습니다.

이런 의미에서 예수님은 맏아들입니다. 그리고 우리는 그분의 아들입니다. 우리는 예수님이 태어나시고 2천 년이나 지난 시대에 살고 있지만, 하나님은 창세 이전에 이미 우리를 알고 계셨습니다.

따라서 우리는 예정과 섭리가 구원의 뿌리임을 알 수 있습니다. 우리는 그렇게 간단하게 예수님을 믿은 존재가 아닙니다. 우연히 예수님을 믿고 구원받은 존재가 아닙니다. 우리는 계획된 사람들입니다. 하나님께 미리 알려진 바 된, 하나님의 계획 안에 있는 존재로서 하나님이 영광스럽게 우리를 불러 주셨습니다.

하나님의 목적은 인간들로 하여금 아들의 형상을 본받도록 해서 하나님의 형상을 회복하는 것입니다. 그래서 예수 그리스도를 세상에 보내셔서 우리를 정죄함이 없게 만드시고, 생명의 성령의 법으로 죄와 사망의 법에서 해방시키셨습니다. 또 성령님으로 말미암아 우리를 하나님의 자녀로 인 쳐 주셨으며, 우리가 연약할 때 우리를 감싸 주시고 우리의 실패와 절망과 좌절까지도 합력하여 선을 이루도록 하신 것입니다.

현재의 고난은 장차 올 영광과 족히 비교할 수 없는 것이며 우리의 어떤 슬픔과 고난도 우리를 좌절시키고 절망하게 할 수 없습니다.

하나님은 우리가 이런 축복된 사람들이 되기를 원하십니다. 하나님은 우리 안에서 하나님의 영광이 나타나게 되기를 원하십니다. 우리를 통해서, 우리의 기도를 통해서, 우리의 삶과 가정을 통해서 영광 받기를 원하십니다.

구원의 4단계

또 미리 정하신 그들을 또한 부르시고 부르신 그들을 또한 의롭다 하시고 의롭다 하신 그들을 또한 영화롭게 하셨느니라(롬 8:30).

하나님이 우리를 부르시고, 축복하시고, 그분의 계획 안에 두셔서 우리 모두가 그리스도의 형상에 이르도록 하시는 이 구원을 사도 바울은 4단계로 정리하고 있습니다.

구원의 1단계는 '정하심'입니다. 하나님의 예정과 선택과 섭리가 없었더라면 우리는 이 자리에 올 수 없었을 것입니다. 기계적인 선택과 예정이 아닙니다. 놀라운 사랑의 예정과 선택입니다.

아마 어떤 분들은 교회에 억지로 나오셨을 것입니다. 어떤 분은 점심 한 끼 얻어먹으러 오셨을지도 모르겠습니다. 어떻게 오셨든지 간에, 하나님이 선택해서 부르시지 않았다면 이 자리에 오실 수가 없습니다. 어떤 사람들은 결혼하기 위해서 교회에 오기도 합니다. 예수님은 믿지 않지만 그 여자가 너무 좋아서 결혼하기 위해 예수님을 믿어 주고 세례도 받아 줍니다. 그래도 그 사람은 선택받은 것입니다. 어쩌면 결혼 후 교회도 못 나가게 하고 구박할지도 모르겠습니다. 그러나 20년 후, 어쩌면 30년 후라도 그는 주님 앞으로 돌아옵니다. 하나님이 그 사람을 찾으시기 때문입니다.

왜 하나님이 찾으시겠습니까? 선택했기 때문입니다. 하나님은 우리를 미리 아십니다. 내가 반응하지 못할 뿐이지 하나님은 우리를 사랑하십니다. 하나님이 예정하신 것을 인하여 감사하시기 바랍니다. 하나님이 우리를 섭리 가운데 두신 것을 인하여 감사하시기 바랍니다. 하나님이 선택하신 사람들은 하나님의 사랑에서 벗어날 수 없습니다.

2단계는 '부르심'입니다. 선택하지 않은 사람을 어떻게 부르시겠습니까? '부름을 받았다'는 것은 '선택을 받았다'는 것을 전제합니다. 선택을 받은 사람은 하나님이 반드시 부르십니다. 저는 여러분이 하나님의 부르심에 응답하신 줄로 믿습니다. 그러나 선택을 받았음에도 그 부르심에 응답하지 않는 사람들이 있습니다.

부름을 받은 것은 특권입니다. 이것은 축복입니다. 하나님은 우리를 축복하시기 위해서 부르시기 때문입니다. 하나님은 하늘에 속한 모든 것을 주기 위해서 우리를 찾으십니다. 하나님의 모든 영광을 우리에게 쏟아 부어 주시기 위하여 그렇게 하십니다. 하나님이 우리를 부르실 때 '아멘'으로 응답할 수 있기를 바랍니다.

3단계는 '의롭게 하심'입니다. 1단계인 '정하심'의 단계는, 우리에게 권한이 있는 것이 아니라 하나님이 그렇게 하신 것입니다. "그럼 선택받지 못한 사람은 어떻게 되느냐?"는 생각은 하지 마십시오. 그것은 우리의 소관이 아닙니다. 선택받은 사실에 대해서 먼저 감사하십시오. "왜 저 사람은 선택받지 못했느냐"가 중요한 것이 아니라 "왜 내가 선택되었느냐"가 중요합니다.

선택된 이들을 하나님이 부르십니다. 부르심에 응답하는 사람을 하나님은 '의롭다'고 축복해 주십니다. 비록 죄인이요 구원받을 자격을 잃어버렸을지라도 하나님은 그의 모든 죄를 용서해 주십니다. 하나님이 예수 그리스도를 세상에 보내셔서 그 피로 우리의 죄를 다 씻어 주셨습니다. 죄인이 변하여 의인이 되게 하셨습니다. 마귀의 자식을 하나님의 자녀로 바꾸어 주셨습니다. 우리를 하늘의 상속자로 축복해 주신 것입니다.

우리는 의롭게 됨으로 말미암아 하나님과 다시 화해하는 축복을 받습니다. 저는 여러분이 다 구원받고 하나님 앞에서 의로운 사람으로 변하리라 믿습니다.

4단계는 '영화롭게 함'입니다. 하나님은 '의롭다' 하는 것으로 끝내지 아니하시고 그를 하나님의 영광 가운데 두기를 원하십니다. 구원의 절정은 하나님의 영광입니다. 우리는 믿음으로 의롭다 함을 얻게 되었습니다. 죄를 용서받았습니다. 우리는 하나님의 자녀가 되었습니다. 그러면 그것으로 끝나는 것입니까? 아닙니다. 하나님은 우리가 구원받은 것으로 끝내는 것이 아니라 하나님의 영광에 참여하게 하십니다.

예수 그리스도와 함께 왕 노릇 하도록 만드시는 것입니다. 세상의 모든 사탄의 권세를 짓밟고 승리하신 그리스도와 함께, 하늘의 보좌에 앉은 셀 수 없이 많은 사람들과 함께, 흰옷을 입고 손에 종려나무 가지를 든 천군 천사들과 함께, 장로들과 생물들과 함께, 경배와 찬양을 하나님께 드리는 영광스러운 곳으로 인도해 주십니다.

우리는 하나님의 자녀요, 상속자요, 축복받은 아들의 형상으로 회복된 사람들입니다. 그 영광을 하나님은 우리를 위해 준비하셨습니다. 이제 의롭다 함을 받은 우리는 하나님의 영광 가운데 살 수 있게 되기를 바랍니다. 하나님은 우리를 흠 없고, 거룩하고, 온전한 하나님의 영광 가운데 두기 원하십니다. 죄가 가득한 이 세상에서 우리를 자녀로 삼으시고 모든 것이 합력하여 선을 이루게 하시는 그 하나님이, 이제 마지막으로 우리를 영광 가운데 두시고자 하는 것입니다. 이것이 구원입니다. 이것이 승리하는 그리스도인들의 마지막입니다.

우리는 이미 하나님이 정하시고 부르시고 하나님으로부터 의롭다 하심을 얻은 줄로 믿습니다. 이제 우리의 남은 생애가 하나님의 영광 가운데 거하도록, 하나님이 주시는 그 영광의 축복을 누리도록 그리스도를 바라보며 성령 안에서 날마다 주님 앞에 나아갈 수 있기를 바랍니다.

34

아들까지 주신 사랑

로마서 8:31-34

하나님의 사랑은 넓고 커서 인간의 언어로 다 설명할 수 없습니다. 표현할 수도, 측량할 수도 없습니다. 그래서 어떤 찬송가 작사가는 하나님의 사랑을 이렇게 노래했습니다. "하늘을 두루마리 삼고 바다를 먹물 삼아도 한없는 하나님의 사랑 다 기록할 수 없겠네." 정말 그런 것 같습니다. 하나님을 알면 알수록 그 깊이와 넓이와 사랑을 측량할 길이 없습니다. 인간 안에는 이런 사랑이 없습니다. 하나님이 그 사랑을 우리에게 부어 주셨기 때문에 우리 인간이 그 사랑을 깨닫게 되었습니다.

반드시 선을 이루시는 분

하나님은 사랑이십니다. 그 사랑이 예수님을 통해 나타났습니다. 하나님이 자신의 독생자까지 아끼지 아니하시고 우리에게 내어 주셨습니다. 이것이 하나님의 사랑입니다. 하나님의 사랑은 일시적이지 않습니다. 인간의 사랑처럼 일시적이거나 순간적이지 않고 영원합니다. 우리의 사랑은 조건이 많고 따지는 것이 많습니다. 왜 싸우는지 아십니까? 조건이 많아서 그렇습니다. 조건이 많은 사람은 싸웁니다. 조건이 없는 사람은 싸울 일이 없습니다. 하나님은 우리와 싸우려고 하지 않으십니다. 우리를 사랑하시기 때문입니다.

하나님의 사랑에는 대상이 따로 있지 않습니다. 하나님은 대상에 따라 사랑하시는 것이 아닙니다. 인간은 사랑하는 대상이 누구냐에 따라서 사랑이 달라집니다. 하지만 하나님의 사랑은 대상의 차이가 없습니다. 누구든지 사랑합니다. 나 같은 죄인도 하나님은 외면하지 않으시고 사랑하십니다. 28절과 31절을 보시기 바랍니다.

> 하나님을 사랑하는 자 곧 그의 뜻대로 부르심을 입은 자들에게는 모든 것이 합력하여 선을 이루느니라(롬 8:28).

> 그런즉 이 일에 대하여 우리가 무슨 말 하리요 만일 하나님이 우리를 위하시면 누가 우리를 대적하리요(롬 8:31).

하나님은 우리를 통하여 반드시 선을 이루시고야 맙니다. 우리의 실수와 실패도, 쓰라린 과거의 모든 죄도 하나님은 전부 바꾸어서 선으로 만들어 주십니다. 앞 장에서 우리는, 하나님이 우리로 하여금 그 아들의 형상을 본받게 하신다는 말씀을 보았습니다. 하나님은 우리를 정하시고 예정하셔서 부르시고, 부르신 우리를 의롭다 하시고, 의롭다 하신 우리를 영화롭게 하십니다. 바로 이런 사람들이 구원받은 사람들입니다. 구원은 이런 것입니다. 너무나 좋은 것이며, 감격스러운 것입니다.

　이것이 구원이며, 정말 축복이라면, 우리는 더 이상 근심하고 염려하고 두려워해야 할 이유가 없습니다. 그 네 가지 근거를 사도 바울은 다음과 같은 질문 형식으로 이야기합니다.

우리를 위하시는 분

사도 바울은 네 가지 질문을 통해서 구원받은 자의 축복과 담대함에 대해서 이야기합니다.

　첫 번째 질문은 "만일 하나님이 우리를 위하신다면 누가 우리를 대적할 수 있겠는가?"입니다. 이 세상에서, 전 우주에서 하나님보다 더 강한 존재는 없습니다. 하나님보다 더 높은 자가 어디 있겠습니까? 예수님도 마태복음 28장 18절 이후에서 사랑하는 제자들에게 최후의 명령을 주실 때 이런 말씀을 하셨습니다.

하늘과 땅의 모든 권세를 내게 주셨으니 그러므로 너희는 가서 모든 민족을 제자로 삼아 아버지와 아들과 성령의 이름으로 세례를 베풀고 내가 너희에게 분부한 모든 것을 가르쳐 지키게 하라 볼지어다 내가 세상 끝날까지 너희와 항상 함께 있으리라(마 28:18 - 20).

　우리 하나님은 하늘과 땅의 모든 권세를 가지신 분입니다. 그는 우주를 창조하셨고 자연 법칙을 만드셨고 인간을 만드신 창조주 하나님입니다. 사람들은 노벨상을 받으면 얼마나 좋아하는지 모릅니다. 그러나 구원받은 사람은 노벨상을 받은 것보다 더 큰 감격이 있어야 한다고 생각합니다. 그것과 비교할 수 없는 감격과 감사를 누려야 할 줄 믿습니다.

이 지상에 존재하는 어떤 세력도 하나님과 대항할 수 없습니다. 창조주 하나님이 이 세상을 만드시고, 땅을 만드시고, 우리를 만드셨습니다. 지금도 살아서 역사하시는 그 하나님이 바로 우리의 하나님이요 나의 하나님이라면, 그리고 그분이 우리를 위하신다면 우리가 무엇을 두려워하겠습니까? 누가 우리를 대적할 수 있겠습니까? 사도 바울은 이런 도전을 주는 질문을 하고 있습니다.

"하나님이 우리와 함께하신다"는 것이 무슨 뜻입니까? 하나님이 우리를 위해서 대신 싸우신다는 것입니다. 출애굽기에 보면 하나님이 우리를 위하여 싸우신다고 했습니다. 원수의 손에서 우리를 보호하시고, 길을 잃었을 때 우리의 길을 인도하십니다. 우리를 사랑하시기 때문에 그 위대하신 하나님은 우리를 정하시고, 부르시고, 의롭다 하시고, 영화롭게 하시는 것입니다.

구원받은 여러분! 이제 더 이상 염려하지 않기를 바랍니다. 시시하고 보잘것없고 몇 년이 지나면 다 없어질 문제들, 아니 한 달만 지나도 없어질 문제들 때문에 귀한 인생을 낭비하지 말기를 바랍니다. 그런 것들은 잠깐 지나가고 말 것입니다. 하나님이 우리를 위하시면 세상의 어떤 세력이 우리를 대적할 수 있겠습니까? 우리가 이 믿음을 가질 수 있기를 바랍니다.

모든 것을 주시는 분

두 번째 질문은 32절에 있습니다.

> 자기 아들을 아끼지 아니하시고 우리 모든 사람을 위하여 내주신
> 이가 어찌 그 아들과 함께 모든 것을 우리에게 주시지 아니하겠느
> 냐(롬 8:32).

하나님은 우리를 보호하시고, 위로하시며, 인도하시는 분일 뿐만 아니라 우리를 위하여 자기의 독생자 예수 그리스도까지도 아끼지 아니하시고 우리가 치러야 할 죗값을 대신 치르도록 하신 사랑의 하나님입니다.

대부분의 부모들은 자기 자식이 병들어 고생할 때 "내가 대신 아팠으면 좋겠다"고 말합니다. 자식이 죽어 갈 때 그 부모는 "내가 대신 죽을 수는 없을까?"라고 말합니다. 우리 자녀가 아프면 대신 아프고 싶고, 자녀가 죽게 되었을 때 대신 죽고 싶은 것이 부모의 심정입니다. 그러나 "내 자식을 죽여서라도 사랑하겠다"는 말은 들어 본 적이 없습니다.

내가 죽는 것은 쉽습니다. 그러나 내가 사랑하는 아들을 죽이면서까지 사랑하는 것은 쉬운 일이 아닙니다. 하나님은 우리를 그렇게 사랑하셨습니다. 자기 아들 독생자를 십자가에 매달아 죽이면서까지 우리를 사랑하신 것입니다.

우리 하나님은 "엘리 엘리 라마 사박다니!"라는 아들의 절규를 생생하게 들으면서까지, 괴롭지만 그 아들을 희생하면서까지 "내가 너를 아들로 삼겠다. 내가 너를 아들의 형상으로 만들어 주겠다. 내가 너를 정하고, 부르고, 의롭다 할 뿐만 아니라 네 인생을 영화롭게 만들겠다. 내 영광 가운데 너를 두겠다"는 뜻을 이루신 것입니다. 하나님은 이렇게 우리를 사랑하셨습니다. 하나님이 우리를 위해 아들을 아끼지 않고 십자가에 못 박혀 죽게 하셨다면, 그런 하나님이 무엇을 아끼시겠습니까? 하나님이 우리에게 인색하게 할 것이 무엇이 있겠습니까? 아들까지도 주셨다면 하나님이 아들과 함께 더욱 풍성한 것으로 채워 주시지 않겠습니까? 저는 여러분의 마음속에 이 말씀이 있기를 바랍니다.

병들고, 사업이 어려움을 겪고, 자식들이 떠나가고, 부부 관계가 힘겨운 사람들을 봅니다. 이런 상황에 있는 사람들이 이 말씀을 마음속에 담으면 변화가 오기 시작합니다. 현실이 고달프고 힘들지라도, 오늘 이 하나님의 사랑을 기억하고 그 하나님의 사랑을 마음속에서 회상하고 그것을 믿기 시작하십시오. 그때 우리 안에 기적들이 일어나기 시작할 것입니다. 아들도 아끼지 아니하시고 무조건 쏟아 부으셨던 놀라운 축복들을 경험하게 될 것입니다.

사실 생각해 보면 하나님이 우리에게 주신 것이 너무 많습니다. 우리의 조국, 부모, 건강을 주셨습니다. 좋은 것은 내가 얻어 낸 것이 없습니다. 다 주신 것입니다. 하나님은 우리에게 지혜를 주셨습니다. 좋은 친구들과 사랑하는 가족들을 주셨습니다. 내가 살아가기에 필요한 것들을 하나님은 만들어 주셨습니다.

해와 달과 별, 하늘과 땅과 바다와 고기와 짐승과 꽃과 풀, 그리고 공기와 물과 가축들을 다 주셨는데, 이것들은 너무나 소중해서 값으로 계산할 수 없습니다. 죄를 지은 인간들은, 하나님이 공짜로 주신 것들을 자기 것이라고 주장하면서 값을 매겨 팔고 있습니다. 돈을 주고 살 수 있는 것은 귀한 것이 없습니다. 돈을 가지고 살 수 있는 것으로 천국 갈 수 있는 것은 하나도 없습니다. 귀한 것은 값이 없습니다.

현대의 비극은 무엇입니까? 사랑을 사고파는 것입니다. 돈으로 사고팔 때 그것은 타락합니다. 하나님의 것은 아름답고 소중하며, 하나님은 조건 없이 무한하게 우리에게 모든 것을 다 주셨습니다.

삶에 부족한 것이 많습니까? 건강을 잃었습니까? 외롭습니까? 친구가 없습니까? 걱정하지 마십시오. 아들을 아끼지 않고 주신 그분이 우리에게 무엇을 아끼겠습니까? 다 주십니다. 이 사실을 믿으십시오. 이 사실을 마음속에 받아들이기를 바랍니다. 하나님이 우리를 위하면 누가 우리를 대적하겠습니까? 아들을 아끼지 않고 주신 분이 무엇을 더 아끼시겠습니까?

이 말씀을 믿음으로 받아들이십시오. 그리고 이 말씀을 여러분 안에 두십시오. 그때 이런 축복들이 나타나기 시작할 것입니다.

의롭다 해 주신 분

세 번째 질문은 33절입니다.

> 누가 능히 하나님께서 택하신 자들을 고발하리요 의롭다 하신 이는
> 하나님이시니(롬 8:33).

하나님은 우리를 사랑하시기 때문에 우리를 택하셨습니다. "하나님이 우리를 택하셨다"는 뜻은 무엇일까요? 그것은 우리를 다른 사람과 구별하여 뽑아 주셨다는 말입니다.

우리는 하나님이 구별하여 뽑아 주신 사람들입니다. 수많은 사람들 중 하나가 아닙니다. 하나님은 수많은 사람들 중에서 우리를 택하신 것입니다. 그래서 하나님은 우리의 이름을 기억하고 계십니다. "네 이름을 내 손바닥에 새겼다"고 말씀하십니다. "너는 내 것이라"고 말씀하셨습니다. 우리는 불특정 다수가 아닙니다. 하나님의 부름을 받고 사랑을 받은 한 사람 한 사람입니다.

우리는 하나님의 택함을 받았습니다. 택함을 받은 사람들은 고발을 당하지 않습니다. 죄인은 고발당합니다. 죄가 있다면 사람들

이 우리를 고발할 것입니다. 죄로 인해 죄의 통제를 받게 되고 감옥에 들어가게 될 것입니다. 죄를 지으면 죄의 법칙에 따라야 합니다. 죄를 짓고도 죄의 법칙을 따르지 않을 수는 없습니다.

포로는 포로수용소에서 살아야 하고 죄인은 감옥에서 살아야 합니다. 포로수용소에서 살면 그곳의 법규에 따라야 합니다. 포로들은 늦잠을 잘 수 없습니다. 밥을 먹을 때도 줄을 서서 먹어야 합니다. 입고 싶은 옷도 입지 못합니다. 가고 싶은 곳도 갈 수 없습니다. 이렇게 그 법규 아래서 살아야 합니다.

우리가 죄를 지었다면 죄의 법칙 아래서 살 수밖에 없습니다. 내가 원하는 대로 살아갈 수 없습니다. 우리는 죄의 노예였습니다. 우리는 죄로 말미암아 고발을 당해서 재판을 받게 되었습니다. 그러나 성경을 보십시오. 33절을 보면 우리는 하나님의 선택을 받았고 그 선택은 의롭다 하심을 얻는 것이라고 말하고 있습니다. 선택이라는 말은 의롭다 하심을 의미합니다. 의로워졌기 때문에 우리는 죄로부터 자유함을 얻게 되었습니다. 따라서 죄는 우리를 고발할 수 없게 되었습니다. 마귀가 우리를 고발할 수 없게 되었습니다. 예수님이 그 죄를 모두 감당하셨기 때문입니다.

이제 죄는 능력을 잃어버렸습니다. 분명히 죄는 능력이 있었습니다. 사망의 능력과 나를 고발할 능력이 있었습니다. 나를 죽이고 괴롭히는 능력이 있었습니다. 밤잠을 못 자게 하고 우울증에 빠지게 하고 남을 미워하게 하고 시기하고 질투하도록 만들었습니다.

그렇게 우리는 그 안에서 살았습니다.

그러나 어느 날 예수님이 오셔서 내가 져야 할 짐을 다 지셨습니다. 이것이 의롭게 되었다는 의미입니다. 하나님이 우리를 택하셔서 우리가 예수 그리스도의 십자가의 피로 의롭게 되었다면 누가 우리를 고발하겠습니까? 누가 우리를 괴롭히겠습니까? 우리의 죄가 우리를 괴롭히지 못한다는 사실을 믿기 바랍니다.

그런데 우리는 포로수용소에서 너무 오래 살아서 아직도 악몽을 꿀 때가 많습니다. 자유함을 얻었지만 악몽에 시달릴 수 있습니다. 저는 여러분에게서 악몽이 사라지기를 바랍니다. 죄가 우리를 괴롭힐 수 없습니다. 마귀가 우리를 괴롭힐 수 없습니다. 우리를 고발할 수 없습니다. 이것이 구원입니다.

정죄함을 막아 주신 분

네 번째 질문이 34절에 있습니다.

> 누가 정죄하리요 죽으실 뿐 아니라 다시 살아나신 이는 그리스도 예수시니 그는 하나님 우편에 계신 자요 우리를 위하여 간구하시는 자시니라(롬 8:34).

마귀는 우리 안에 있는 죄를 보고 고소하고 고발해서 검찰에 넘깁니다. 그리고 우리를 정죄합니다. 우리를 심판하려고 합니다. 죄의 삯은 사망입니다. 그래서 사망을 선고합니다.

그러나 예수님이 우리를 위하여 십자가에 못 박혀 죽으심으로 말미암아 우리는 더 이상 정죄함을 받지 않게 되었습니다.

우리는 노예 신분에서 해방을 받았습니다(롬 8:1-2). 빚을 탕감받았습니다. 빼앗긴 토지가 반환되었습니다. 예수 그리스도를 믿고 구원받은 사람은 고소를 당하지 않을 뿐만 아니라 정죄를 당하지 않습니다. 우리는 정죄받지 않습니다. 사망이 더 이상 우리를 괴롭히지 않습니다.

우리가 어떻게 정죄를 받지 않을까요? 34절을 보면 세 가지 근거를 제시하고 있습니다. 첫 번째 근거는 예수 그리스도의 죽음입니다. 그분의 죽음이 우리를 정죄치 못하게 합니다. 예수님이 십자가에서 돌아가심으로 말미암아 죄가 죽었습니다. 마귀가 죽었습니다. 따라서 더 이상 우리를 고발할 수가 없게 되었습니다. 예수 그리스도가 십자가에 못 박혀 돌아가신 이 사건은 우리로 하여금 죄로부터 자유하게 했습니다.

두 번째 근거는 무엇일까요? 예수님이 다시 살아나신 것입니다. 즉 부활입니다. 우리가 정죄받지 않는 근거는 십자가의 죽음이요, 예수님이 죽음에서 다시 살아나신 것입니다. 부활은 우리로 하여금 정죄받지 못하게 합니다. 부활은 우리에게 생명을 줍니다. 심판을 주는 것이 아닙니다. 사망에서 생명으로 옮긴 것입니다. 이것이 구원입니다.

세 번째 근거가 있습니다. 그분이 승천하셔서 지금 하나님 우편에서 우리를 위하여 기도하고 계신다는 것입니다. 나를 위하여 십자가에서 돌아가신 예수님 때문에 정죄함을 받지 않고, 부활하신 예수님 때문에 정죄함을 받지 않을 뿐만 아니라 지금도 하나님 우편에 계셔서 우리를 위하여 중보하고 계시는 예수님 때문에 우리는 정죄함을 받지 않습니다.

성령님은 우리의 연약함을 도와주실 뿐만 아니라 우리가 기도할 수 없을 때에도, 어떻게 기도해야 할지 모를 때에도, 말할 수 없는 탄식으로 우리를 위하여 친히 기도하십니다. 내 안에서 성령님이 기도하십니다(롬 8:26-27 참조). 예수님은 하나님 우편에서 우리를 위하여 기도하십니다.

하나님의 소유된 백성

나 한 사람을 위하여 성령님과 예수님이 기도하신다는 사실은 감격스럽고, 놀라우며 위로와 용기가 됩니다.

예수님과 성령님은 하나이십니다. 두 분은 한 생각을 갖고 계십니다. 성령님은 우리를 위하여 대신 기도해 주십니다. 예수님은 하나님 우편에서 우리를 위하여 기도하고 계십니다. 이렇게 하늘과 땅에서 우리를 위해 기도하십니다.

기도하는 대상이 누구입니까? 우리입니다. 그러니 안심해도 좋지 않겠습니까? 우리는 오늘 죽어도, 망해도, 병들어도 괜찮은 사람들입니다. 우리는 망해도 병들어도 죽을 수 없는 사람들입니다. 우리는 세상에서 여러 가지 환난과 시험을 당해도 실패할 수 없는 사람들입니다. 무엇이 불안합니까? 무슨 염려가 그렇게 많습니까? 무엇이 그렇게 무섭습니까?

하나님이 우리를 지키시고 보호해 주신다는 사실을 믿기 바랍니다. 우리의 미래는 하나님의 손안에 있습니다. 우리를 현실적으로 구원해 주실 뿐만 아니라 앞으로 하나님의 영광 가운데 있게 하신다고 말씀합니다.

출애굽기에 이런 말씀이 있습니다.

내가 애굽 사람에게 어떻게 행하였음과 내가 어떻게 독수리 날개로 너희를 업어 내게로 인도하였음을 너희가 보았느니라 세계가 다 내게 속하였나니 너희가 내 말을 잘 듣고 내 언약을 지키면 너희는 모든 민족 중에서 내 소유가 되겠고 너희가 내게 대하여 제사장 나라가 되며 거룩한 백성이 되리라 너는 이 말을 이스라엘 자손에게 전할지니라(출 19:4-6).

하나님은 우리를 독수리 날개로 보호해 주셨다고 말씀합니다. 우리는 하나님의 소유요 하나님의 나라입니다. 우리는 거룩한 백성이 될 것입니다. 같은 말씀이 베드로전서에도 있습니다.

> 그러나 너희는 택하신 족속이요 왕 같은 제사장들이요 거룩한 나라요
> 그의 소유가 된 백성이니 이는 너희를 어두운 데서 불러 내어 그의 기
> 이한 빛에 들어가게 하신 이의 아름다운 덕을 선포하게 하려 하심이
> 라 너희가 전에는 백성이 아니더니 이제는 하나님의 백성이요 전에는
> 긍휼을 얻지 못하였더니 이제는 긍휼을 얻은 자니라(벧전 2:9-10).

이것이 구원입니다. 놀라운 것입니다. 우리가 하나님의 관심의 대
상이 된 것입니다. 하나님은 모든 것을 합력하여 선을 이루십니다.
아들의 형상에 이를 때까지 우리를 이끌어 주십니다. 우리를 정하시
고 부르시고 의롭다 하시고 마지막에는 우리의 생애를 통하여 우리
를 영화롭게 만들어 주십니다.

이러한 하나님을 찬양하십시오. 십자가에서 돌아가신 예수님, 부
활하신 예수님, 지금도 하나님 우편에 계셔서 우리를 위하여 자지
도 졸지도 아니하시고 기도하시는 예수님이 계십니다. 이 사실을
믿기 바랍니다. 이 말씀을 우리의 마음에 새기기를 바랍니다. 어렵
고 힘들고 고통스럽고 오해를 받고 분할 때, 이 말씀은 우리에게 능
력이 될 것입니다. 그리고 풍성한 삶을 살도록 도와줄 것입니다.

하나님께 더 가까이 나아가십시오. 이 하나님의 사랑을 기억하
면서 세상에 나가 승리할 수 있기를 축원합니다.

35

그리스도의 사랑

로마서 8:35-37

우리는 앞 장에서 하나님이 우리를 얼마나 사랑하시며 축복하시는가를 네 가지 질문을 통해 살펴봤습니다. 첫 번째 질문은 "하나님이 우리를 위하시면 누가 우리를 대적할 수 있겠는가?"입니다. 두 번째 질문은 "자기 아들을 아끼지 아니하시고 모든 사람을 위하여 내어 주신 것이 사실이라면 하나님이 무엇을 더 아끼시겠는가?"입니다. 세 번째 질문은 "만약 하나님이 우리를 택하신 것이 사실이라면 누가 우리를 고발하겠는가?"입니다. 네 번째는 "누가 우리를 정죄하겠는가?"입니다. 사도 바울은 이 질문들을 통해 믿음을 고백한 것입니다.

이제 우리는 자연스럽게 다섯 번째 질문을 하게 됩니다. 35절입니다.

누가 우리를 그리스도의 사랑에서 끊으리요 환난이나 곤고나 박해나 기근이나 적신이나 위험이나 칼이랴(롬 8:35).

하나님이 우리를 위하시는 것이 사실이고, 우리를 위하여 아들까지 아낌없이 주신 것이 사실이고, 우리를 택하시고 부르시고 의롭다 하시고 영화롭게 하신 것이 사실이라면, 무엇이 두렵겠습니까? 도대체 무엇이 우리를 두렵게 합니까? 세상의 모든 권력과 핍박이 우리를 두렵게 할 수 있을까요?

이 모든 것이 사실이라면 우리에게 부족한 것이 무엇입니까? 돈이 없습니까? 건강이 없습니까? 또한 무엇이 불가능하겠습니까? 불가능하다고 생각되는 것이 대체 무엇입니까? 마지막으로, 세상어떤 것이 우리를 그리스도의 사랑에서 끊을 수 있겠습니까?

사도 바울은 지금 믿음의 산을 등반하고 있습니다. "만약 하나님께서 우리를 위하시면 우리가 누구를 두려워하리요"라고 말하면서 한 걸음 한 걸음 올라갑니다. 그리고 마침내 믿음의 산 정상에 선 그는, 하늘을 향하여 손을 펴고 선포합니다. "누가 우리를 그리스도의 사랑에서 끊으리요." 우리가 승리의 개가를 부르며 이런 선포를 할 수 있기를 바랍니다.

사탄이 막을 수 없는 사랑

35절에 "그리스도의 사랑"이라는 단어가 나옵니다. 그리고 39절에는 "하나님의 사랑"이라는 단어가 나옵니다.

그럼, 그리스도의 사랑이란 무엇입니까? 한마디로 말하면 '십자가의 사랑'입니다. 이것은 희생하는 사랑이요 헌신하는 사랑입니다. 죄인에게 베푸는 긍휼과 은혜의 사랑입니다. 즉, 예수 그리스도의 사랑은 십자가의 사랑이요, 희생하는 사랑이요, 긍휼과 은혜의 사랑이요, 조건 없는 사랑을 말합니다. 이런 사랑을 우리에게 부어 주셨습니다.

"누가 우리를 그리스도의 사랑에서 끊으리요"라는 말씀에서 "그리스도의 사랑"은 두 가지 해석이 가능합니다. 그리스도에 대한 우리의 사랑과 우리에 대한 그리스도의 사랑입니다. 여기서는 분명히 그리스도에 대한 우리의 사랑을 의미합니다.

그리스도가 먼저 우리를 십자가에서 조건 없이 사랑하셨습니다. 긍휼과 은혜로, 헌신과 희생으로 우리를 사랑하셨습니다. 이 사랑을 받은 자는 가만히 있을 수가 없습니다. 그리스도를 향한 뜨거운 사랑이 생겨납니다. 그렇다면 누가 우리를 그리스도의 사랑에서 끊을 수 있겠습니까?

예수님은 우리를 사랑하십니다. 사탄은 예수님이 우리를 사랑하시지 못하게 하려고 얼마나 방해했는지 모릅니다. 예수님이 세상에 태어나시지 못하게 하려고, 베들레헴의 모든 여관에 빈방이 하나도 없게 했습니다. 예수님이 태어나신 후에는 헤롯 왕을 이용하여 죽이려고 했습니다.

또 사탄은 예수님이 구속 사역을 하시지 못하도록 베드로를 이용했습니다. 십자가를 지시지 않게 하려고 베드로를 통해 유혹했던 것입니다. 또한 가룟 유다를 이용해서 예수님을 공격하기도 했습니다. 사탄은 마침내 사망 권세를 가지고 예수님을 십자가에 못박아 죽였습니다. 그러나 그것은 마귀의 실수였습니다. 그는 자기도 모르게 구원 사역을 도와주는 역할을 한 것이기 때문입니다. 예수님은 부활하셨습니다.

사탄은 예수님의 사랑을 막을 수 없습니다. 사탄은 하나님의 사랑을 막을 수 없습니다. 그 사랑을 받은 우리가 예수님을 사랑한다면 누가 우리의 이 관계를 끊을 수 있겠습니까?

환난, 곤고, 박해

그러나 우리의 경우는 조금 다릅니다. 예수님을 공격할 수 없는 사탄은, 우리의 영혼을 공격합니다. 하나님을 사랑하지 못하도록, 예수 그리스도를 사랑하지 못하도록, 하나님과의 관계로 나아가지 못하도록, 연약한 우리를 공격합니다. 하나님과의 관계와 그 사랑을 끊어 버리도록 여러 가지 방법으로 우리를 공격하고 있습니다.

첫 번째는 환난입니다. "세상에서는 너희가 환난을 당하나 담대하라 내가 세상을 이기었노라"(요 16:33)라고 말씀하셨습니다. 환난은 우리를 괴롭힙니다.

로마서 2장 9절은 "악을 행하는 각 사람의 영에는 환난과 곤고가 있으리니 먼저는 유대인에게요 그리고 헬라인에게며"라고 말합니다. 여기서 말하는 환난은 무엇입니까? 악한 자가 받는 영적 고통입니다. 외부로부터 오는 압력입니다. 재난과 시련 같은 것들을 가리켜 우리는 '환난'이라고 말합니다.

하나님이 의인과 악인에게 햇빛을 공평하게 주시듯이, 우리는 태어날 때부터 시련과 환난 속에서 자라나고 살아갑니다. 예수님을 잘 믿는 사람은 환난이 없고, 예수님을 믿지 않는 사람은 환난이 있다고 말할 수 없습니다. 예수님을 잘 믿거나 믿지 않거나 상관없이, 우리는 인생의 폭풍과 비바람과 천둥을 만납니다. 이 환난과 시련은 내 잘못으로 올 수도 있고 내 행동과는 상관없이 올 수도 있습니다.

환난이 오면 무슨 생각을 합니까? '내가 도대체 무슨 죄를 지었길래 하나님이 나에게 이런 환난을 주시는가?' 하면서 원망하기 쉽습니다. '하나님은 사랑이신데 왜 이런 환난을 주시는가? 왜 하나님은 우리에게 고난과 환난을 허락하시는가? 하나님에게 능력이 없는 것이 아닐까?' 의심하기도 합니다.

그러나 하나님을 사랑하는 자, 곧 그 뜻대로 부르심을 입은 자들에게는 모든 것이 합력하여 선을 이룹니다. 현재의 고난은 장차 올 영광과 족히 비교할 수 없으며, '하나님이 우리를 위하시면 누가 우리를 대적하겠는가' 하는 믿음을 가진 사람은 환난을 극복하게 됩니다. 오히려 환난은 우리의 믿음을 더욱 자라게 합니다.

두 번째로 우리를 괴롭히는 것은 곤고입니다. 곤고(困苦)는 '좁은 장소'라는 뜻으로, 여유가 없다는 의미입니다. 곤고할 때는 내가 아주 좁은 공간에 들어가 있는 듯한 느낌을 받습니다. 마치 새장에 갇혀 있는 것처럼 불안합니다. 외롭고 고독해집니다.

곤고해질 때 우리는 하나님을 잊어버리고 실망하고 좌절합니다. 포기하고 싶고 자살하고 싶은 충동이 생깁니다. 곤고할 때 우리의 마음과 믿음이 약해지기 쉽습니다. 그러나 하나님을 향한 뜨거운 사랑과 열정을 가진 사람은, 어떠한 작은 방에 갇혀 있을지라도 하나님과의 관계가 끊어지지 않습니다. 하나님을 의심하지 않습니다.

세 번째는 박해입니다. 이것은 환난이나 시련과는 좀 다릅니다. 노골적으로 어떤 사람이 나를 미워하고 거부하고 방해하며 공격하는 것을 의미합니다. 사도 바울은 이런 박해를 받았습니다. 그는 복음을 전한다는 이유로 수없이 갇히고 쫓겨 다녔으며 어떤 때는 돌에 맞아서 기절할 정도로 어려움을 겪었습니다. 스데반도 마찬가지입니다. 그가 성령 충만하여 복음을 전했을 때 사람들은 그를 성 밖으로 끌고 나가 돌로 쳤습니다. 이것이 박해입니다.

사람들은 예수님을 십자가에 못 박았습니다. 유대인들과 로마인들과 바리새인, 서기관들이 합작하여 예수 그리스도를 무참히 십자가에 매달았습니다. 초대 교회 성도들은 신앙을 지킨다는 이유로 당시 권력으로부터 박해를 받았습니다. 십자가에서 사형을 당하기도 했고 사자에게 찢김을 당하기도 했습니다.

박해를 당할 때 우리는 믿음이 약해지기 쉽습니다. 하나님을 쉽게 의심하고, 믿음을 포기하고 싶어집니다. 그러나 믿음의 선진들은 심한 박해 속에서도 신앙을 지켰습니다. 어떤 박해 아래서도 하

나님과의 관계는 끊을 수 없었으며, 그리스도에 대한 사랑도 끊을
수 없었습니다.

기근, 적신, 위험, 칼

네 번째는 기근입니다. 환난을 당하고 박해를 받을 때, 사람들은
직업을 잃어버리기도 하고 집에서 쫓겨나기도 합니다. 어디 가서
밥을 제대로 먹을 수 없습니다. 이것을 가리켜 기근이라고 합니다.
특별히 사도 바울은 배고프고 목마른 경험을 수없이 했습니다. 먹
을 것이 없으면 더 외롭고 고독합니다.

아브라함을 생각해 보십시오. 그는 갈대아 우르를 떠나 하나님
이 지시하신 땅으로 갔습니다. 그런데 그곳에 기근이 있었습니다.
아브라함은 이 기근을 피해 하나님이 원하시지 않는 애굽으로 피
신하게 됩니다. 애굽에서 그는 망신을 당했습니다. 아내를 빼앗길
뻔 했습니다. 이렇게 기근은 우리의 믿음을 흔들어 놓기도 합니다.
육체적인 고통을 주기 때문입니다. 마음은 흔들립니다.

다섯 번째는 무엇입니까? 적신(赤身)입니다. 적신은 입지 못하고
자지 못하고 헐벗는 것을 의미합니다. 사실 인간은 적신으로 와서
적신으로 돌아갑니다. 사도 바울은 자신의 먹지 못함과 자지 못함
과 헐벗음에 대해서 고린도후서 11장 27절에서 이렇게 말합니다.
"또 수고하며 애쓰고 여러 번 자지 못하고 주리며 목마르고 여러

번 굶고 춥고 헐벗었노라."

사도 바울은 편안하게 사는 것처럼 보였지만 사실은 달랐습니다. 따뜻한 집에서 사랑하는 식구들과 함께 좋은 시간도 갖지 못했습니다. 수고하고 애쓰고 자지 못하고 주리고 목마르고 춥고 헐벗었습니다. 이것이 복음 전도자입니다. 그는 편하게 살 수 있었지만, 주님을 사랑했기에 기득권을 다 버리고 스스로 이렇게 기가 막힌 삶을 선택했던 사람입니다.

여러분은 예수님 때문에 배고픈 적이 있습니까? 나의 잘못이 아닌, 예수님 때문에 억울한 일을 당해 본 적이 있습니까?

환난이나 곤고나 핍박이나 기근이나 적신이나, 그 무엇도 복음 전하는 자를 괴롭히지 못합니다. 오히려 그런 것들이 그에게는 영적 도전이 되고 축복이 되고 기쁨이 됩니다.

적신으로 와서 적신으로 가는 것이 인생이지만, 사는 동안만이라도 좀 편하게 살고 싶은 것이 모든 인간의 본능입니다. 그러나 복음을 갖게 되면 우리는 이렇게 헐벗는 경험을 하게 됩니다. 먹지 못하는 상황을 경험하게 됩니다. 박해를 받고 오해를 받고 뺨을 맞고 누명을 쓰고 고통을 겪기도 합니다.

여섯 번째는 위험입니다. 정직하게 진리대로 살려고 하는 사람들은 언제나 위험에 직면하게 됩니다. 그러나 적당히 타협하면서 살려고 하는 사람들은 심각한 위험을 겪지 않을 수도 있습니다. '심각한 위험'은 생존의 위기요, 죽음의 협박입니다. 질병이 우리를 위협합니다. 우리의 원수로부터 살해 위협을 받고 모함을 받기도 합니다. 히브리서 기자는 믿음의 사람들에 대해 이렇게 설명합니다.

> 또 어떤 이들은 조롱과 채찍질뿐 아니라 결박과 옥에 갇히는 시련도 받았으며 돌로 치는 것과 톱으로 켜는 것과 시험과 칼로 죽임을 당하고 양과 염소의 가죽을 입고 유리하여 궁핍과 환난과 학대를 받았으니(히 11:36-37).

믿음을 가졌던 우리의 선배들은 다 이렇게 살았습니다. 위대한 사람들은 다 이렇게 살았습니다. 이것이 정상입니다. 오히려 예수님 때문에 고난받지 않는 것이 부끄럽고 비정상적인 것입니다. 세상에서 환난을 받지 않은 사람들이 천국에 가면 무엇을 받을까요? 세상에서 모든 것을 다 누리고, 다 성취하고, 모든 것을 다 가진 사람이 천국에 가서 무엇을 받겠습니까?

일곱 번째는 칼입니다. 칼은 죽음과 전쟁을 상징합니다. 인간은 죽음 앞에서 약한 존재입니다. 죽이겠다고 하면 조국도, 가족도, 사랑하는 사람도 배신하는 것이 인간입니다. 칼 앞에서 인간은 한없이 약한 존재요 흔들리기 쉬운 존재입니다.

그러나 그리스도 안에 있는 자들은, 성령 안에 있는 자들은 칼도 두렵지 않습니다. 위험도 두렵지 않습니다. 헐벗고 굶주리는 것도 두렵지 않습니다.

우리를 괴롭히는 모든 환난, 우리를 외롭고 고독하게 만드는 곤고함, 우리를 물리적으로 박해하는 것, 자지도 먹지도 못하게 하는 상황들, 위험에 빠뜨리고 죽이려 하는 칼의 위험, 이 모든 것들이 있을지라도 우리는 그리스도의 사랑에서 끊어질 수 없습니다.

그리스도의 모습을 가진 자

우리는 로마서를 통해 "그리스도 예수 안에 있는 자에게는 결코 정죄함이 없나니"(롬 8:1)라는 놀라운 메시지를 들었습니다.

우리는 더 이상 육의 소욕을 따라 살지 않으며 예수 그리스도와 함께 영광의 부활에 참여하게 된 자들입니다. 뿐만 아닙니다. 하나님이 우리를 그분의 아들로 인쳐 주시고 성령님을 보내 주셔서, 양자의 영을 통하여 우리는 상속자로서의 특권을 받게 되었습니다. 어떠한 형태의 고난도 장차 올 영광과 비교할 수 없습니다. 모든 성도들이 받는 손해와 억울함은 축복으로 변할 것입니다.

또한 우리는, 우리가 연약할 때 성령님이 우리를 도우신다는 사실을 배웠습니다. 우리가 기도할 수 없을 때에도 성령님은 우리를 위해 기도하고 계십니다. 한 가지 더 있습니다. 하나님을 사랑하는 자 곧 그 뜻대로 부르심을 입은 자들에게는 모든 것이 합력하여 선을 이루게 됩니다. 이것이 바로 성령님을 받아들이고 하나님의 사랑을 입은 자들이 받는 축복입니다.

하나님께는 우리를 향한 위대한 꿈과 목표가 있습니다. 우리를 아들의 형상으로 만드시는 것입니다. 그것을 위하여 우리를 택하시고 부르시고 우리를 의롭다 하시고 우리를 영화롭게 하셨습니다. 생각해 보십시오. 얼마나 놀라운 축복입니까? 그래서 사도 바울은 "만일 하나님이 우리를 위하시면 누가 우리를 대적하리요"(롬 8:31)라고 말했습니다. 이것이 사실이라면 우리는 세상의 어떤 것도 두려워할 필요가 없습니다. 우리에게는 부족함이 없습니다. 우리에게는 불가능이 없습니다. 능력 주시는 자 안에서 모든 것을 할 수 있습니다.

> 기록된 바 우리가 종일 주를 위하여 죽임을 당하게 되며 도살당할 양같이 여김을 받았나이다 함과 같으니라(롬 8:36).

이 말씀은 구약의 시편 44편 22절을 인용한 구절로서 예수 그리스도의 모습을 보여줍니다. 도살할 양같이 끌려가시는 하나님의 어린 양, 그는 본래 하나님이셨지만 사람의 모양으로 나타나셔서 죽임을 당하는 양같이 되었습니다. 예수 그리스도의 구원을 받은 자들, 성령으로 말미암아 거듭난 자들, 이 세상의 어떤 것도 그리스도의 사랑에서 끊을 수 없다고 믿는 자들, 이들이 바로 예수 그리스도의 모습을 가진 자들입니다.

첫째, 그들은 종일 주를 위하여 죽임당하는 삶을 삽니다. 둘째,

그들은 도살할 양 같은 모습으로 사는 사람들입니다.

> 누구든지 나를 따라오려거든 자기를 부인하고 자기 십자가를 지고
> 나를 따를 것이니라(마 16:24).

이것이 그리스도인의 삶입니다. 우리는 날마다 죽습니다. 그리스도인의 삶은 도살장에 끌려가는 양과 같습니다. 이사야 53장 2 - 3절은 이러한 모습을 설명하고 있습니다. "그는 주 앞에서 자라나기를 연한 순 같고 마른 땅에서 나온 뿌리 같아서 고운 모양도 없고 풍채도 없은즉 우리가 보기에 흠모할 만한 아름다운 것이 없도다 그는 멸시를 받아 사람들에게 버림 받았으며 간고를 많이 겪었으며 질고를 아는 자라 마치 사람들이 그에게서 얼굴을 가리는 것같이 멸시를 당하였고 우리도 그를 귀히 여기지 아니하였도다."

이분이 예수님이십니다. 예수님은 십자가를 지시면서 원망이나 불평을 하지 않으셨습니다. 고난을 당하셨습니다. 이런 사람이 그리스도인입니다. 그리스도인이 세상에서 존재하는 형태는 영웅이나 혁명가가 아닙니다. 영웅이나 혁명가의 모습 속에는 예수님의 모습이 없습니다. 예수님의 모습은 도살장에 끌려가는 양과 같은 모습입니다.

내가 손해를 보지 않으면 다른 사람이 이익을 볼 수 없습니다. 내가 손해를 봐야 누군가 이익을 봅니다. 내가 이익을 추구하면 누

군가 손해를 보게 되어 있습니다.

그리스도인은 손해를 보는 사람입니다. 그리스도인은 당하는 사람입니다. 이런 사람이 어떻게 성공하겠습니까? 세상 사람들은 바보라고 할 것입니다. 건드려도 괜찮다고 생각할 것입니다.

약할 때 강함 주시는 분

그러면 어떻게 이런 사람들이 세상에 존재할 수 있을까요? 해답이 다음 말씀에 있습니다.

> 그러나 이 모든 일에 우리를 사랑하시는 이로 말미암아 우리가 넉 넉히 이기느니라(롬 8:37).

오른뺨을 치면 왼뺨을 돌려 대고, 오 리를 가자고 하면 십 리를 가고, 겉옷을 달라고 하면 속옷까지 내어 주는 바보 같은 사람. 그는 하나님의 사람입니다. 이 사람은 우리를 사랑하시는 이로 말미암아 넉넉히 이깁니다.

세상에서 돈 있고, 힘 있고, 요령이 있고, 똑똑한 사람이 승리할 것 같아도 그렇지 않습니다. 나중에 다 패하게 됩니다. 오히려 당하고 모함받고 어리석고 늘 그리스도만 바라보고 그리스도의 사랑을 신뢰하는 사람들은 모든 것이 합력하여 선을 이룰 뿐만 아니라 우리를 사랑하시는 이로 말미암아 세상에서 넉넉히 이깁니다.

고린도전서 1장 27 - 28절은 아주 신비스럽고 재미있는 말씀입니다.

그러나 하나님께서 세상의 미련한 것들을 택하사 지혜 있는 자들을 부끄럽게 하려 하시고 세상의 약한 것들을 택하사 강한 것들을 부끄럽게 하려 하시며 하나님께서 세상의 천한 것들과 멸시 받는 것들과 없는 것들을 택하사 있는 것들을 폐하려 하시나니(고전 1:27-28).

이런 사람이 승리합니다. 세상에서는 바보 같고 당하기만 하는 사람 같지만, 하나님을 신뢰하고 의지하며 끝까지 가는 사람, 그 사람에게 하나님은 승리의 면류관을 씌우시며 개선가를 부르게 하십니다. 그들은 하나님으로부터 넉넉히 이기는 축복을 받습니다. 바로 이것이 사도 바울이 믿음의 산 정상에 올라가서 외쳤던 메시지입니다.

사랑하는 여러분, 고난을 두려워하지 마십시오. 환난과 역경과 모든 박해를 두려워하지 마십시오. 배고픔과 헐벗음을 두려워하지 마십시오. 위험과 칼을 두려워하지 마십시오. 우리가 믿음으로 계속 나아가기만 하면, 약한 것 같지만 강하고, 죽은 것 같지만 살며, 없는 것 같지만 있고, 불가능한 것 같지만 가능해지는 하나님의 역사를 경험하게 될 것입니다.

36

하나님의 사랑

로마서 8:38-39

앞 장에서 우리는 끊을 수 없는 그리스도의 사랑에 대한 말씀을 나누었습니다. 우리를 사랑하시는 그리스도의 사랑, 그리스도에 대한 우리의 뜨거운 사랑은 세상의 그 어떤 것으로도 끊을 수 없습니다. 로마서 8장 35 - 38절에서는 우리와 그리스도 간의 사랑을 끊으려는 일곱 가지 장애물에 대해 이야기합니다.

믿음의 산 정상을 향하여

첫째는 환난입니다. 두 번째는 곤고, 세 번째는 핍박입니다. 네 번째는 기근이요, 다섯 번째는 적신입니다. 여섯 번째는 위험이고, 일곱 번째는 칼, 즉 죽음과 전쟁입니다.

하지만 어떻게 이런 것들이 그리스도를 향한 우리의 사랑을 끊을 수 있습니까? 사도 바울은 믿음의 등반을 했습니다. 그는 등반하면서 힘들어하지만, 곳곳에 숨어 있는 아름다운 보화들을 하나씩 캐내면서 올라갑니다.

이렇게 시작한 믿음의 산 등반은 "누가 우리를 그리스도의 사랑에서 끊으리요", "누가 우리를 대적하리요", "누가 우리를 송사하리요", "누가 우리를 정죄하리요" 등과 같은 승리의 개선가로 이어지고, 그는 점점 산 정상에 다가갑니다.

마침내 산 정상에 이른 사도 바울은 이런 선언을 합니다.

> 누가 우리를 그리스도의 사랑에서 끊으리요 환난이나 곤고나 박해나 기근이나 적신이나 위험이나 칼이랴 ⋯ 그러나 이 모든 일에 우리를 사랑하시는 이로 말미암아 우리가 넉넉히 이기느니라(롬 8:35-37)

그리고 다음과 같은 믿음의 선언, 사랑의 선언을 합니다.

> 내가 확신하노니 사망이나 생명이나 천사들이나 권세자들이나 현재 일이나 장래 일이나 능력이나 높음이나 깊음이나 다른 어떤 피조물이라도 우리를 우리 주 그리스도 예수 안에 있는 하나님의 사랑에서 끊을 수 없으리라(롬 8:38-39).

이러한 믿음의 고백을 할 수 있기를 바랍니다. 이런 고백을 할 수 있는 정금 같은 신앙의 사람들이 되기를 바랍니다.

믿음의 장애물들

로마서 8장 28절 말씀은 "우리가 알거니와"라는 구절로 시작합니다. 그러나 38절은 "내가 확신하노니"라고 말합니다. 인식이 확신으로 변한 것입니다.

　지식이 사람을 변화시키는 것이 아닙니다. 어떤 면에서는, 지식이 많으면 갈등과 고민이 많습니다. 차라리 무식한 사람이 큰일을 해냅니다. 아는 것은 힘이 아닙니다. 확신하는 것이 힘입니다. 내가 아는 지식에 대한 믿음이 있어야 합니다. 내가 경험한 사건에 대한 확신이 있어야 하는 것입니다.

　오늘날 현대인의 특징이 무엇입니까? 정보와 지식은 있는데 믿음과 확신이 없는 것입니다. 너무나 많은 정보와 지식이 바닷물처럼 흘러넘칩니다. 그런데 내 인생에 대한, 천국에 대한 확신은 흔들리고 있습니다. 이 믿음이 흔들리면 세상이 다 흔들립니다. 우리가 이 세상에서 승리할 수 있는 비결은, 하나님의 사랑에 대해 변함없고 뜨거운 확신을 갖는 것입니다. 사도 바울은 이 뜨거운 확신을 이야기합니다.

　38 - 39절을 보면, 우리의 확신을 흔들고 신앙을 변질시키는, 여러 가지 장애물들을 볼 수 있습니다. 그리스도의 사랑을 끊으려는 일곱 가지 장애물들이 있었듯이, 하나님의 사랑에 대한 확신을 흔들려는 열 가지 장애물들이 있습니다. 첫 번째 장애물은 '사망'입니다. 이것은 육체적 죽음을 말합니다. 또한 그 죽음에 따르는 고통을 말합니다. 대부분의 사람들이 제일 두려워하는 것이 이 죽음입니다. 그러나 사도 바울은 이렇게 말합니다. "사망아 너의 승리가 어디 있느냐 사망아 네가 쏘는 것이 어디 있느냐"(고전 15:55).

죽음보다 강한 것은 사랑입니다. 죽음보다 위대한 것, 죽음을 초월하는 것은 사랑입니다. 그래서 바울이 '사망아! 네가 어떻게 하나님의 사랑을 끊을 수 있겠느냐! 어떻게 하나님의 이 위대한 사랑을 방해할 수 있겠느냐!'라고 말하는 것입니다. 그리스도 안에 있는 사랑은 마귀의 사망의 힘보다 강합니다. 예수님이 "나는 부활이요 생명이니 나를 믿는 자는 죽어도 살겠고 무릇 살아서 나를 믿는 자는 영원히 죽지 아니하리니 이것을 네가 믿느냐"(요 11:25 - 26)라고 말씀하십니다.

우리는 죽음에 대한 공포를 갖고 있습니다. 또 죽어 가는 것에 대한 공포가 있습니다. 하지만 이런 죽음의 공포를 극복한 사람들이 있습니다. 그 중의 한 사람이 스데반입니다. 스데반은 사람들이 자기를 돌로 쳐 죽일 때, 날아온 돌들에 맞아서 찢어지고 피 흘릴 때, 그때 오히려 얼굴이 천사같이 변했습니다. 우리의 얼굴도 천사처럼 변하기를 바랍니다. 특별히 미워하는 사람 앞에서 천사처럼 변하기를 바랍니다. 스데반은 돌 무덤 속에서도 천사의 얼굴을 가졌습니다. 자기를 죽이려는 사람들을 향해 저주는커녕 기도를 했습니다. 죽음을 정복했던 것입니다.

또 다른 한 사람으로, 폴리캅이라는 이가 있습니다. 2세기경의 기독교 지도자였는데, 예수님을 믿는다는 이유로 로마 정부에 의해 처형당했습니다. 처형하기 전, 사람들은 폴리캅을 화형대의 기둥에 묶어 놓고 이렇게 말했습니다. "예수를 부인한다고 말해라.

예수는 사기꾼이라고 말해라. 그러면 너를 살려 줄 것이다." 이때 폴리캅은 대답했습니다. "예수님은 87년 동안 한 번도 나를 배신한 적이 없었소. 그런데 내가 어찌 그의 이름을 배신할 수 있겠습니까? 당신이 나를 불태워 죽인다고 할지라도 나는 그분을 배신할 수 없습니다. 이 죽음은 나의 기쁨입니다."

누가 우리를 그리스도의 사랑에서 끊겠습니까? 누가 그리스도 안에 있는 하나님의 사랑에서 끊겠습니까? 사망이나 죽음도 우리의 신앙과 믿음을 약화시킬 수 없습니다.

두 번째 장애물은 '생명'입니다. 여기서 말하는 생명은, 이 세상에서의 삶을 말합니다. 죽음의 반대 개념입니다. 사람들의 소원은 오래오래 건강하고 행복하게 사는 것입니다. 이 세상에 있는 동안, 누릴 수 있는 모든 특권과 쾌락과 즐거움을 다 누리고 싶어 합니다. 세상에서 가질 수 있는 모든 것이 이 '생명'이라는 단어 안에 포함돼 있습니다.

마귀는 우리를 유혹합니다. "네 생명을 나에게 주면 세상의 모든 부를 주겠다." 예수님도 유혹했습니다. "네가 내게 절하면 이 세상을 너에게 주겠다." 이것이 생명의 유혹입니다. 그래서 높은 지위에 있는 사람들 중에 악한 사람이 많습니다. 그러나 이 생명도 하나님을 향한 우리의 사랑을 끊을 수 없습니다.

세 번째 장애물은 '천사들'입니다. 여기서 말하는 천사들은 하나님의 천사들이 아니라 악한 천사들입니다. 악한 영을 말합니다. 이 악한 영은 우리를 타락시키고 거짓말하게 만듭니다. 우리에게 질병을 주고 우리를 파괴합니다. 이렇게 사탄이 우는 사자와 같이 우리를 삼키려고 할지라도, 하나님에 대한 우리의 사랑을 끊을 수 없습니다.

진짜 신앙은 죽음을 통과한 것입니다. 죽음을 통과해서, 즉 연단을 통과하여 풀무불에서 정금이 나오듯이 나온다는 뜻입니다.

우리의 신앙은 적당히 해서 얻어지지 않습니다. 고난 없이 신앙은 자라지 않습니다. 잘 먹고 잘 자고 만사형통이라면, 무슨 신앙이 있겠습니까? 죽음에 직면했을 때 생명을 아끼지 않는 것, 악한 영들이 집요하게 방해하고 못 살게 굴어도 넘어지거나 흔들리지 않고 의연히 서 있는 것이 신앙입니다. 이런 신앙은 어떤 누구도 흔들 수 없습니다. 어떤 누구도 이 믿음을 끊어 낼 수 없습니다. 그래서 순교도 하는 것입니다.

네 번째 장애물은 '권세자들'입니다. 이것은 통치자들이나 지존자를 의미합니다. 에베소서는 "우리의 씨름은 혈과 육을 상대하는 것이 아니요 통치자들과 권세들과 이 어둠의 세상 주관자들과 하늘에 있는 악의 영들을 상대함이라"(엡 6:12)라고 말씀합니다.

사회적으로 높은 위치에 올라가면 신앙생활을 잘하기가 매우 어렵습니다. 권력이 곧 하나님이 돼 버립니다. 돈이 많으면 돈이 하나님이 됩니다. 정말 그 모든 세상의 부와 화려함을 다 포기하고 하나님을 택하는 것은 쉬운 일이 아닙니다. 우리 주변에는 악한 통치자들, 권세자들이 많습니다. 많은 사람들이 이 권세자에게 가서 아부합니다. 하지만 그들은 그리스도인들을 굶겼고 고문했고 학살했습니다. 사도 바울은 아무리 악한 권세자라 할지라도 우리를 하나님의 사랑에서 끊을 수는 없다고 말합니다.

다섯 번째 장애물은 '현재 일'입니다. 현재 겪고 있는 고통을 말합니다. 당장 먹을 것이 없어서 굶을 수 있습니다. 가난한 자의 심정을 아십니까? 가난한 사람에게는 돈도 빌려 주지 않습니다. 살길이 없습니다. 쫓겨 다니고 모함을 받을 수도 있습니다. 조롱을 당하고 죽임을 당하기도 합니다. 아무리 좋은 일도, 눈앞에서 손해를 보고 고통을 당하면 피하고 싶습니다. 이런 유혹입니다.

여섯 번째 장애물은 현재와 상반되는 개념인 '장래 일'입니다. 이것은 미래에 오게 될 환난과 고통을 의미합니다. 얼마 후에 일어날 일을 알면 불안합니다. 고통을 당하는 것보다 더 무서운 것은 고통에 대한 두려움입니다. 인간은 육체를 가진 연약한 존재들이기 때문에 현재에 받는 고통과 미래에 닥치게 될 재앙들을 피하고 싶어 합니다. 그러나 그리스도의 사랑은 그것을 피하지 않게 합니다. 정면으로 그것과 대결하게 합니다.

일곱 번째 장애물은 '능력'입니다. 이것은 악한 천사나 권세자들이 가지고 있는 우주적인 어떤 힘입니다. 마귀도 초자연적인 능력을 제한적으로 사용합니다. 점을 치거나 점성술을 이용하여 초자연적인 일들을 유도하기도 합니다. 그러나 어떠한 초자연적인 능력이 있다고 할지라도, 우리를 그리스도의 사랑에서 끊을 수는 없습니다. 사도 바울은 39절에서 승리의 개가를 부르고 환희의 고백을 합니다.

여덟 번째 장애물은 '높음'입니다. 영어로는 'power above', 즉 위에 있는 어떤 힘을 말합니다. 다시 말하면 높은 자리에 올라갔을 때 얻을 수 있는 모든 것을 말합니다. 사탄으로부터 받는 모든 세속적인 것들, 권세, 부, 명예, 높은 지위 등을 말합니다.

아홉 번째 장애물은 '깊음'입니다. 이것은 영어로 'power be-low', 즉 아래에 있는 세상을 말합니다. 가장 침체되고 낮은 곳에서 일어날 수 있는 모든 일들을 의미합니다. 가난, 멸시, 천대, 낮은 지위 등이 그것입니다. 우리가 그런 곳에 있으면 굉장히 힘들어집니다. 높은 자리에 가도 굉장히 힘듭니다.

우리는 헌금 한 번 드리는 것도 얼마나 힘듭니까? 주님을 위해 헌신하고 봉사할 때마다 얼마나 계산하고 따집니까? 우리는 하나님을 섬긴다고 하면서 너무나 쉽게 주일에 장사를 합니다. 그러면서도 우리는 주님을 사랑한다고 말합니다. 아무리 좋은 환경도 우리를 유혹할 수 없고, 아무리 낮고 비천한 환경도 나를 좌절시킬 수 없습니다. 이런 것들이 우리를 그리스도의 사랑에서 끊을 수 없습니다. 나의 신앙 고백을 바꿀 수도 없습니다.

참사랑을 위하여

우리는 지금까지 하나님의 사랑에 대한 확신을 흔들려는 장애물들 아홉 가지에 대해 이야기했습니다. 이 모든 시련들, 사망, 생명, 천사들, 권세자들, 능력, 현재 일, 장래 일, 높음, 깊음 같은 것들을 겪으면서 우리의 믿음은 생기고 자라는 것입니다. 이것이 정금 같은 신앙이며, 기적을 일으키는 신앙이며, 세상을 변화시키는 신앙입니다.

이런 의미에서 볼 때, 지금 우리의 신앙이 얼마나 값싸고 천박한지 모릅니다. 잘 대해 주면 좋아하고, 고통을 주면 싫어하고, 박수쳐 주면 교회에 오고, 무시당하면 안 오고…. 우리의 신앙은 대부분 이렇습니다.

헌신이 없는데 어떻게 신앙이 생기겠습니까? 그런 신앙으로 도대체 무슨 일을 하겠습니까? 무슨 기적을 일으키겠습니까? 참 신앙은 죽음을 통과한 신앙입니다. 모든 시련과 역경을 통해, 마치 조개 속에서 진주가 생겨나듯이, 수많은 쇠붙이와 돌이 녹아서 정금이 나오듯이, 신앙은 그렇게 탄생합니다.

이런 신앙을 가진 사람들은 어떤 경우에도 흔들리지 않습니다. 어떤 말에도 상처받지 않습니다. 어떤 손해에도 괴로워하지 않습니다. 모든 것을 배설물과 같이 여기고 오직 고상한 그리스도의 영광을 위하여, 살든지 죽든지 온전히 그리스도께로만 갑니다.

사도 바울은 빌립보서에서 그의 신앙을 이렇게 표현했습니다.

내가 궁핍하므로 말하는 것이 아니라 어떠한 형편에든지 나는 자족하기를 배웠노니 나는 비천에 처할 줄도 알고 풍부에 처할 줄도 알아 모든 일 곧 배부름과 배고픔과 풍부와 궁핍에도 처할 줄 아는 일체의 비결을 배웠노라 내게 능력 주시는 자 안에서 내가 모든 것을 할 수 있느니라(빌 4:11-13).

돌에 맞으면 어떻고, 감옥에 가면 어떻습니까? 배고프면 어떻고, 강도를 만나면 어떻고, 내 주위의 모든 것이 하루아침에 곤두박질치면 어떻습니까? 이런 것은 중요한 것이 아닙니다. 이런 것들로 하나님을 사랑하는지 안 사랑하는지가 결정되지 않습니다. 그런데 우리는 이러한 것들로 하나님의 사랑을 평가하기 쉽습니다. 그래서 사도 바울은 다음과 같이 말합니다.

우리 중에 누구든지 자기를 위하여 사는 자가 없고 자기를 위하여 죽는 자도 없도다 우리가 살아도 주를 위하여 살고 죽어도 주를 위하여 죽나니 그러므로 사나 죽으나 우리가 주의 것이로다(롬 14:7-8).

내가 그리스도와 함께 십자가에 못 박혔나니 그런즉 이제는 내가 사는 것이 아니요 오직 내 안에 그리스도께서 사시는 것이라 이제 내가 육체 가운데 사는 것은 나를 사랑하사 나를 위하여 자기 자신을 버리신 하나님의 아들을 믿는 믿음 안에서 사는 것이라(갈 2:20).

사랑에 빠진 사람을 본 일이 있습니까? 사랑하는 사람은 자신을 볼 수 없습니다. 사랑하는 사람만 보이는 것이 사랑입니다. 내가 병들었다든지, 손해를 보았다든지 하는 상황은 보이지 않습니다. 자기가 잘 보이는 사람은 사랑에 빠진 사람이 아닙니다.

하나님을 정말로 사랑하는 사람은, 다른 사람들이 나에 대해서 무슨 말을 하는가에 관심이 없습니다. 예수님이 무슨 말을 하는가에 관심이 있습니다. 그의 눈에는 오직 예수 그리스도만 보일 뿐입니다.

큰 것을 포기하라

열 번째 장애물은 '다른 어떤 피조물'입니다. 이것은 앞에서 열거한 아홉 가지 외의 모든 것을 말합니다. 우주의 어떤 세력도, 어떤 존재도, 예수 그리스도 안에 있는 하나님의 사랑을 끊을 수 없습니다.

찬송가 94장은 '주 예수보다 더 귀한 것은 없네. 이 세상 부귀와 바꿀 수 없네 / 영 죽을 내 대신 돌아가신 그 놀라운 사랑 잊지 못해 / 세상 즐거움 다 버리고 세상 자랑 다 버렸네 / 주 예수보다 더 귀한 것은 없네. 예수밖에는 없네"라고 노래합니다.

세상 부귀와 예수님을 바꿀 수 없다는 고백을 할 수 있습니까? 대통령직과 예수님을 바꿀 수 있겠습니까? 국회의원직과 예수님을 바꿀 수 있겠습니까? 부귀와 돈과 금과 은을 예수님과 바꿀 수 있습니까?

이 찬송가를 지은 사람의 이야기를 들려드리겠습니다. 1930년대, 미국에 대공황이 있었을 때 이야기입니다. 당시 21세였던 한 청년은 어느 날 아버지로부터 더 이상 대학 학비를 대 줄 수 없게 되었다는 연락을 받습니다. 그는 2학년을 중퇴하고 보험 회사에 들어갑니다. 그런데 멋진 바리톤 목소리로 찬양을 잘했던 그는, 우연히 NBC 방송국의 프레드 알렌이라는 사람의 눈에 띕니다.

얼마 후, 그 청년은 전국으로 방송되는 무대에서 1,500명의 관중이 지켜보는 가운데 "가라 모세"라는 흑인 영가를 부르는데, 이 무대로 엄청난 인기를 얻게 되었습니다. 그래서 고정 출연자 요청이 들어오고, 월급도 제때 못 받고 있던 때에 안정된 출세의 길을 보장받게 됩니다. 그는 너무 기쁘고 즐거웠지만 집으로 돌아오는 길에 고민하기 시작했습니다. 어머니 때문입니다.

그의 어머니는 아들이 하나님의 일을 하기 원했고, 그것을 위해 10년 동안 기도해 왔던 것입니다. 아들의 이야기를 듣고 어머니는 아들에게 한 편의 시가 적힌 종이를 주었습니다. 그 시는 "주 예수보다 귀한 것이 없다"는 내용이었습니다. 아들은 이 시를 읽고 성령의 감화를 받습니다. 그 자리에서 피아노 앞에 앉아 곡을 만들었는데, 그것이 이 찬송가였습니다. 눈물을 흘리면서 이 노래를 부른 뒤, 방송국에 돌아가 정중하게 그 자리를 거절합니다.

그 후로 그는 찬양하는 가수로 변신했는데, 빌리 그레이엄의 전도 집회 때마다 꼭 이 찬송가를 불렀습니다. 그가 바로 유명한 복음 가수인 쉐어 형제입니다. 그는 젊은 나이에 출세와 영광의 길을 거부하고, 복음 전도자의 길을 선택했습니다. 그가 이 찬송가를 부르면 수많은 사람들이 은혜를 받았다고 합니다. 세상에서 돈과 쾌락에 빠져 타락했던 수많은 사람들이 이 찬송가를 듣고 주님께로 돌아왔습니다.

큰 것을 포기하십시오. 우리의 믿음이 그만큼 값진 것이 됩니다. 우리는 너무나 작은 이익에 우리의 신앙을 팔고 있습니다. 신앙과 사업은 다른 것이라고 하면서 하나님의 영광을 가리는 일에 참여하는 것입니다.

사랑하면 포기하라

예수님 때문에 직장을 잃어 본 경험이 있습니까? 예수님의 영광을 가리는 결과를 초래할까 봐 높은 자리를 사양해 본 적 있습니까? 저는 예수님 때문에 결혼을 포기한 사람도 보았습니다. 예수님 때문에 어떤 사람은 건강을 잃기도 하고 어떤 사람은 좋은 일자리를 잃기도 합니다. 여러분은 예수님 때문에 무엇을 잃었습니까? 예수님 때문에 무엇을 포기했습니까? 포기한 만큼이 우리의 믿음입니다. 얻은 것만큼, 소유한 것만큼이 믿음이 아닙니다. 무엇을 포기했느냐가 중요합니다. 집을 포기했다면 집만큼의 믿음이 있습니다.

여러분은 무엇을 잃어 본 경험이 있습니까? 무엇을 포기해 본 적이 있습니까? 그것이 귀한 만큼, 그것이 소중한 만큼, 대가를 치르게 됩니다. 주님의 일을 하면서 돈을 받으려고 하지 마십시오. 봉사를 통해 칭찬받으려고 하지 마십시오. 그것은 다 없어집니다. 예수님을 진정 사랑했던 사람들은, 그의 십자가 사랑 앞에 무릎 꿇지 않을 수 없었고 하나님의 사랑 앞에 삶을 드리지 않을 수 없었습니다.

예수님의 사랑은 우리의 죄를 녹여 주었고, 우리의 상처를 치유해 주었으며, 우리의 방황과 절망과 좌절을 회복시켜 주었습니다. 누가 이 그리스도의 사랑을 끊을 수 있겠습니까? 누가 이 그리스도의 사랑을 막을 수 있겠습니까? 그분의 사랑은 십자가의 사랑이요, 값없이 주신 사랑이요, 조건 없이 희생을 치른 사랑입니다. 십자가의 사랑을 깨닫는 자만이 참된 구원을 얻은 자요, 세상을 이긴 자요, 승리한 사람입니다.